# 异质性面板数据分析

# Heterogeneous Panel Data Analysis

章永辉　著

企业管理出版社

**图书在版编目（CIP）数据**

异质性面板数据分析 / 章永辉著. -- 北京：
企业管理出版社，2025. 4.
ISBN 978-7-5164-3086-6

I. F224.0

中国国家版本馆 CIP 数据核字第 2024US1976 号

书　　名：异质性面板数据分析
作　　者：章永辉
责任编辑：杨向辉　尚　尉
书　　号：ISBN 978-7-5164-3086-6
出版发行：企业管理出版社
地　　址：北京市海淀区紫竹院南路17号　　邮编：100048
网　　址：http：//www.emph.cn
电　　话：编辑部（010）68414643　发行部（010）68701816
电子信箱：qiguan1961@163.com
印　　刷：北京明恒达印务有限公司
经　　销：新华书店
规　　格：160毫米×235毫米　16开本　17.5印张　210千字
版　　次：2025年4月第1版　2025年4月第1次印刷
定　　价：68.00元

# 导 言

面板数据（Panel Data），亦称纵向数据（Longitudinal Data），是通过在多个时间点对同一组个体进行连续观测而得到的数据集。这种数据类型融合了横截面数据与时间序列数据的优势。面板数据具有丰富的信息，它不仅揭示了不同个体间的差异，还记录了同一个体如何随时间演变，从而助力研究者全面洞察经济或社会现象。此外，由于在单一时间点上能够收集到众多个体的数据，因此面板数据通常数据量庞大，这有助于提高参数估计的精确度，使研究结果更加稳健可靠。利用面板数据，研究者能够进行动态分析，探究个体的适应过程和因果关系的时序效应，进而揭示深层次的因果逻辑。面板数据方法已成为经济学、社会学和管理学中极为流行的一种分析工具。

面板数据模型的一项显著优势在于，它允许在考虑个体异质性的同时，对个体间的共性或普遍规律进行建模。在众多研究场景中，研究者更倾向于探索不同个体间的共性规律，这是将个体数据合并建模分析的动机所在。然而，个体异质性的考量同样至关重要。控制个体特有的、不随时间变化的异质性特征，有助于减少遗漏变量偏差，提升估计的准确性。反之，如果忽视了个体间的异质性，可能导致遗漏变量引起的内生性问题；在因果推断框架中，这可能意味着忽略了关键的混淆变量，从而无法准确识别和估计因果效应。在许多应用场景中，个体间的异质性特征本身就是研究的核心。因此，妥善处理面板数据中的异质性，是模型构建成功的关键。本书重点探讨面板数据模型中的异质性问题，包括不同类型异质性的建模、估计和检验等，为处理面板数据分析中的异质性提供了一系列计量经济学工具。

异质性，顾名思义，指的是差异性问题。在面板数据模型中，存在多种类型的异质性，总结起来大概可以分为以下几类：

第一，个体之间的差异。个体之间的差异通常由个体固定效应或异质性系数（参数）来表示。不同个体之间具有不同的参数。但是，完全异质性模型会导致模型自由度损失，因此在过去近十年间，识别和估计面板数据中具有群组特征的异质性得到了广泛的关注。通过将具有相似特征的个体分组，可以揭示群组内的共同规律。例如，在研究不同国家的经济增长模式时，通过数据驱动的方法将国家分为不同群组，分析各群组内国家的共同经济特征，有助于更清晰地理解不同发展阶段国家的经济规律，为制定针对性的经济政策提供依据。

第二，不同时期的差异。时间维度的差异性通常由时间固定效应、具有结构变化或时变特征的系数来表示。特别是，时变系数设定近年来在经济学与金融学研究中受到了广泛关注，允许系数随时间变化有助于理解变量之间关系的动态演变。例如，股市收益率与宏观经济变量之间的关系可能会随着时间推移和经济周期的变化而发生显著变化，通过时变系数分析，可以捕捉这些变化，帮助投资者更准确地预测市场走势。

第三，变量之间关系的差异性（可变性）。这种异质性通过非线性/非参数函数关系来表示，它不预设函数形式，而是让数据本身揭示变量间的关系。这种方法在处理复杂的非线性关系时尤为有效。例如，在研究教育投入与经济增长的关系时，不同阶段的教育投入对经济增长的影响可能不遵循简单的线性关系。通过非参数函数关系分析，可以更准确地描述这种复杂的关系，为政策制定提供更可靠的依据。

除了上述三种异质性，因子结构也被用于对面板数据异质性关系或参数的建模。因子结构由潜在因子及其因子载荷构成，常用于大规模面板数据，能够识别数据中潜在的影响因素以及个体差异性的反应。例如，在研究全球气候变化对农业产出的影响时，不同地区的气候条件和农业生产模式存在显著差异。通过因子结构的异质性关系分析，可以识别出全球气候变化的共同因子及其对不同地区农业产出的差异性影响。

本书汇集和总结了作者在过去几年与多位合作者在异质性面板数据领域的部分研究成果。在此，作者向合作者们表示最诚挚的感谢，没有他们的支持，本书的编纂是不可能完成的。第二章聚焦于群组异质性面板的识别和估计问题，其主要观点来源于作者与刘瑞琪、尚作峰、周前坤合作发表在《Journal of Econometrics》(2020年第215卷第2期)上的论文“Identification and Estimation in Panel Models with Overspecified Group Number”；第三章则关注线性面板数据模型中参数结构性假设的设定检验问题，其主要参考了作者与Alev Atak、杨涛、周前坤在《Econometric Theory》(2023年)发表的论文“Specification Tests for Time-Varying Coefficients Panel Data Models”。第四章和第五章的主要内容分别基于作者与苏良军教授合作的两篇工作论文“Nonparametric Dynamic Panel Data Models with Interactive Fixed Effect: Sieve Estimation and

Specification Testing”和“Testing Cross-Sectional Dependence in Nonparametric Panel Data Models”，其中第四章探讨非参数异质性，而第五章则关注于非参数面板数据模型中扰动项的横截面独立性检验。第六章介绍了一类半参数异质性面板数据模型，其核心内容源自作者与周前坤教授在《Econometric Reviews》(2021年第40卷第10期)发表的论文“Partially Linear Functional-Coefficient Dynamic Panel Models: Sieve Estimation and Specification Testing”。第七章则主要关注大数据背景下的因子结构异质性模型应用，为近年来的因子增广回归模型提供了一个较为全面又具有一定选择性的综述。

在本书的写作过程中得到了夏慧珠女士的大力帮助和支持，她在整理和翻译材料过程中做出了不少贡献。另外，在本书的写作过程中，我非常感谢我家人的理解和支持。在本书的出版过程中，感谢企业管理出版社编辑朋友的大力支持。最后，衷心地感谢刘守英教授、李勇教授、于春海教授、韩松教授、范志勇教授、赵峰教授和熊雪锋博士一直以来的鼓励和帮助。

本书的出版得到了国家自然科学基金面上项目（项目号71973141）的资助。

# 目　录

# 第一章
# 导　论

## 第一节　面板数据中的异质性问题

本节将探讨面板数据模型中的异质性问题，并以线性模型为基础进行阐述。在传统的双向固定效应模型中，我们通常假设

$$Y_{it}=X_{it}'\beta+\alpha_i+\eta_t+\epsilon_{it}, i=1,\ldots,N, t=1,\ldots,T, \tag{1.1}$$

其中，$X_{it}$是可观测的$p\times 1$维解释变量，可能包含被解释变量$Y_{it}$的滞后项，$\beta$是一个$p\times 1$维的未知参数向量，$\alpha_i$是不可观测的个体固定效应，$\eta_t$是不可观测的时间固定效应，$\epsilon_{it}$是扰动项。在该模型设定中，一般而言，$\beta$是主要的兴趣参数。模型（1.1）中假设了不同个体的解释变量系数在不同时期都是相同的，而模型中的异质性特征则由个体和时间固定效应刻画。这种设定尽可能地降低了模型复杂度，又保留了模型中的两种异质性特征，将共同性和异质性做到了一定的权衡。此外，该模型的结果很容易解释，计量方法也比较规范和容易操作。

然而，这种模型设定具有一定的局限性，尤其是共同系数设定很可能在某些实际数据中并不适用。例如，在宏观经济层面，大型经济体与小型经济体的发展轨迹往往存在显著差异，同一个经济体在发展的初期和发展的中后期也会存在显著差异，这说明不同个体可能具有不同的系数，同一个体在不同时间的系数也不尽相同。由此，不少学者考虑下列具有异质性系数或者时变系数的面板数据模型：

$$Y_{it} = X_{it}'\beta_i + \alpha_i + \eta_t + \epsilon_{it}, \tag{1.2}$$

$$Y_{it} = X_{it}'\beta_t + \alpha_i + \eta_t + \epsilon_{it}。 \tag{1.3}$$

当然，这里更加一般的设定是允许系数同时随着$i$和$t$变化，即$\beta_{it}$，但是如果不施加额外的结构，由于自由度的问题，该模型将无法估计。除模型（1.2）和（1.3）之外，群组特征和时变特征也得到了不少关注。群组异质性虽然不是完全的异质性，但是同一个组的个体具有相同系数，不同组具有不同的系数，这一设定有时更加符合实际应用场景。具体地，具有群组结构的面板数据模型可表示为

$$Y_{it} = X_{it}'\beta_{g_i} + \alpha_i + \eta_t + \epsilon_{it}, \tag{1.4}$$

其中，$g_i$表示第$i$个个体所在的组，如$g_i = 1$，表示$i$属于第一组，而$\beta_1$是第一组内个体的共同系数。注意到，$g_i$既可以是已知的，也可以是未知的。目前已有文献研究不同解释变量具有不同的分组特征，如变量1的系数分为3组，而变量2的系数可以分成5组，在增加一定模型复杂度的基础上进一步放松了模型的限制。另外，将参数取值沿着时间维度进行分组，可以得到具备不同参数取值的时间区间，即在每个时间区间上参数取相同值，但不同区间上取值不同。得到通常的结构变化或者结构突变设定，如

$$Y_{it} = X_{it}'\beta_{s_t} + \alpha_i + \eta_t + \epsilon_{it}, \tag{1.5}$$

其中$s_t$表示$t$属于的时间区间，如$s_t = 2$，表示$t$属于第二个区间，$\beta_2$表示第二个区间上的共同系数。另外，非参数方法也常被用于刻画缓慢变化的特征，如

$$Y_{it} = X_{it}'\beta(t/T) + \alpha_i + \eta_t + \epsilon_{it}, \tag{1.6}$$

$$Y_{it} = X_{it}'\beta_i(t/T) + \alpha_i + \eta_t + \epsilon_{it}, \tag{1.7}$$

$$Y_{it} = X_{it}'\beta_{g_i}(t/T) + \alpha_i + \eta_t + \epsilon_{it}, \tag{1.8}$$

其中，$\beta(t/T)$，$\beta_i(t/T)$，$\beta_{g_i}(t/T)$都是时间变量（$t/T$）的未知的光滑函数，表示变量$X_{it}$的时变系数。模型（1.6）假设共同的时变系数，（1.7）假设完全异质的时变系数，而（1.8）的复杂程度介于两者之间，允许群组时变系数。当然，模型（1.8）可以进一步拓展，允许不同的变量系数存在不同的群组结构，同时也允许常数系数和时变系数的混合设置。此外，也有部分文献假设时间固定效应随着时间变量变化，作为面板数据中的时间趋势。

除了系数或参数在个体和时间层面的差异性，解释变量$X_{it}$对被解释变量的影响可能是非线性的，即$X_{it}$对$Y_{it}$的影响不是常数，会随着$X_{it}$或者其他变量$Z_{it}$变化。具有非参数异质性影响的典型代表是下列模型

$$Y_{it} = m(X_{it}) + \alpha_i + \eta_t + \epsilon_{it}, \tag{1.9}$$

其中$m(\cdot)$是一个光滑的未知函数。模型（1.9）可以进一步拓展成

$$Y_{it} = m_i(X_{it}) + \alpha_i + \eta_t + \epsilon_{it},$$

$$Y_{it} = m_t(X_{it}) + \alpha_i + \eta_t + \epsilon_{it},$$

$$Y_{it} = m(X_{1,it}) + \theta X_{2,it} + \alpha_i + \eta_t + \epsilon_{it}。$$

这些模型设定适用于不同的应用场景，为分析不同的经济问题提供了灵活的分析工具。

近些年来，因子结构在面板数据模型中的应用日益增多，引起了学术界的广泛关注。因子结构误差也给面板数据模型异质性建模提供了新的设定工具，如模型（1.1）中的两维固定效应（异质性）很容易从可加形式拓展到乘积形式。具体地，Bai（2009）提出具有因子结构的误差项或交互固定效应的面板数据模型

$$Y_{it} = X_{it}'\beta + \lambda_i' f_t + \epsilon_{it},$$

其中$f_t$为$r$维潜在的因子变量，而$\lambda_i$表示是个体$i$对因子的异质性响应。这种因子误差结构不仅能用于对横截面相关性的建模，也能用于对高维数据的降维，如，在金融中用于资产间高维协方差矩阵的建模。

## 第二节　本书的安排

本书的后续章节将围绕以下主题展开：

第二章关注面板数据模型中的个体异质性，深入探讨具有群组特征的异质性。具体地，研究了一类参数中存在未知群组结构的面板数据模型的识别和估计问题。介绍了一种基于M估计构造的简单快速估计方法，该方法能够正确地识别群成员，为每个群构造一致地系数估计，最后提出信息准则用于确定群组数。此外，发现并证明只要估计中群组数量不少于真实的群组数量，所提出估计量的一

致性不依赖于具体使用的群组数量。这个结果的一个实际含义是，在估计具有未知群组结构的面板模型时，一个稳健的方法是设置稍大的群组数量。此外，该方法不仅适用于线性面板数据模型，也适用于非线性面板数据模型。

第三章关注面板数据模型中常用参数结构的检验问题，为参数的常用结构在实际数据中是否成立提供了一类通用的检验方法。首先为系数的同质性和稳定性系数结构（即模型（1.1）中的常系数$\beta$）提供了一类非参数联合设定检验。然后，将该检验方法扩展到检验面板数据中其他常用的参数结构，如时变系数的同质性（模型（1.7））或异质系数的时间稳定性（模型（1.8））。最后，将联合检验扩展到具有双向固定效应的面板数据模型中。在一定条件下，建立了这些检验统计量的大样本性质，并用模拟验证了检验的有限样本性质，最后用于实际经济例子。

第四章主要考虑面板数据模型中非参数异质性的建模问题。在非参数动态面板数据模型中允许存在交互固定效应，用于刻画模型中的潜在影响因素的异质性影响。基于未知函数的筛分展开，将非参数模型近似线性化，从而得到线性模型的估计量，并由此构造了未知函数的筛分估计量，进一步形成函数是否为线性的模型设定检验。在一定条件下，建立了该模型估计量和检验统计量的大样本性质，并由模拟考察了它们的有限样本性质。

第五章关注非参数异质性模型的设定问题，主要研究了异质非参数面板数据模型中扰动项是否具有横截面独立性的检验问题。基于扰动项的联合密度与边缘概率乘积之间的$L_2$距离平均值，构建了一个“成对横截面独立性”的非参数检验统计量。在样本两个维度$(N,T)\to\infty$时，当原假设横截面相互独立成立时，建立了该检验统计量的渐近正态分布。此外，还表明该检验针对全局备择假设是一致的。通过蒙特卡洛模拟考察了该检验统计量的有限样本表现。

第六章也是主要关注面板数据模型中非参数异质性的建模问题。考虑了一类部分线性函数（变）系数动态面板数据模型，该模型允许某些协变量是线性进入模型，而其他回归变量则是以非线性形式进入模型。基于未知变系数函数的筛分近似，应用一阶差分来消除固定效应，并使用滞后变量作为工具变量，得到该模型的筛分2SLS估计量。当样本大小$N$和$T$联合趋向于无穷大，或者只有$N$趋向于无穷大时，分别建立了参数和非参数部分估计量的渐近性质。该筛分2SLS估计方法适当修正后页适用非平衡动态面板数据。此外，提出了一个模型线性函数设定的非参数检验。基于在原假设和备择假设下的两个估计量之间的加权经验L2-范数距离，构造了一个可行的检验统计量，并在适当条件下，证明了标准化后的检验统计量的大样本性质。通过蒙特卡洛模拟，考察了估计量和检验统计量的有限样本表现并证实了估计量和检验统计量的理论性质。

第七章主要关注因子结构在增广回归中的应用，回顾了因子增广回归模型的基本理论以及该方法在金融应用。具体地，首先介绍面板因子模型及其PCA估计量的理论性质；其次，回顾了时间序列因子增广回归模型，包括扩散指数模型以及模型选择问题；接着，转向讨论非线性模型，包括因子增广分位数回归模型、因子增广非线性模型以及带有结构变化和阈值效应的因子增广模型；然后，回顾了因子增广回归在面板数据回归中的应用；最后，简单介绍了因子增广回归在金融市场中的两个典型应用。

最后是参考文献。

# 第二章 具有未知群组结构参数的面板数据模型：识别和估计

## 第一节　导论

面板数据模型已经在经济学和金融学的实证研究中得到了广泛的运用。面板数据建模中一个具有挑战性的问题是如何控制或建模个体和时间层面的异质性。不幸的是，大部分的异质性是不可观测的（例如，对教育的支付意愿、经济政策的影响等），增加了异质性处理的难度。在实际应用分析中，除了用常用的个体时间固定效应来控制个体时间层面的异质性之外，还有两种相反的方法来处理系数或参数的异质性。我们以个体异质性来做个说明，第一种方法是假设每个个体的系数是同质的（参见，例如，Lancaster，2002；Hahn和Newey，2004；Arellano和Bonhomme，2009）。确实，这种设定能大大减少模型的复杂性，并有助于进行统计推断。然而，在实际应用中，这种共同系数假设可能过于严格，从而有可能出现模型误设并导致估计不准确（参见，例如，Hsiao和Tahmiscioglu，1997；Lee等，1997）。另一种方法是允许个体之间的系数具有异质性（参见，例如，Hsiao和Pesaran，2008；Baltagi等，2008），即每个个体的系数都不一样。这种设定相对更加灵活，有助于避免或缓解模型误设的问题；然而，模型的自由度损失较大，而且可能会丢失个体之间的潜在联系或导致估计效率的损失。

为了允许一部分个体能够享有共同的系数，一个较为合理的假设是在面板中施加群组结构。面板中的群组结构指的是，回归系数在每个群组内相同，但在群组之间不同。近十年来，面板中的群组结构在计量经济学文献中得到了学界相当大的关注。例如，当组成员身份未知时，Lin和Ng（2012）提供了两种方法来估计具有组特定参数的面板数据模型。在Lin和Ng（2012）的相同模型设置下，Sarafidis和Weber（2015）提出了一种修正的$k$均值（k-mean）算法来确定群组数量并估计共同的系数。Su等（2016）提出了一种分类套索（C-Lasso，cluster-Lasso）惩罚方法，用于识别和估计具有潜在群组结构的非线性面板数据模型。基于Su等（2016）的开创性工作，Lu和Su（2017）研究了潜在面板结构中群组数量的确定，Su和Ju（2018）考虑带交互固定效应的面板模型中的潜在分组模式的识别和估计，Su等（2019）应用C-Lasso来识别和估计具有潜在群组结构的时变面板数据模型。对于非参数面板数据模型，Vogt和Linton（2019）提出了一种无需选取带宽参数的方法来识别和估计具有潜在群组结构的非参数回归曲线。

此外，还有另一系列文献研究个体固定效应的群组结构。例如，Bonhomme和Manresa（2015）考虑了一个具有潜在群组结构的固定效应的线性面板模型，在时变的固定效应上提出了一个基于$k$均值算法的“分组固定效应”估计方法；Bester和Hansen（2016）

研究了非线性面板数据模型中群组效应对常见参数估计的渐近影响，即假设群内个体具有相同的固定效应，而不同组具有不同的固定效应。此外，Ando和Bai（2016）扩展了Bonhomme和Manresa（2015），研究了具有未知分组因子结构的线性面板数据模型的识别和估计。

在Lin和Ng（2012）以及Su等（2016）的工作之后，本章提出了一种简单直接的方法来识别和估计具有群组结构的面板数据模型，允许真实的群组数量和群组成员身份均未知。该方法可应用于线性和非线性面板数据模型，并且计算简单快速。除了简单性外，该方法还具有以下几个优点。

首先，本章的主要理论贡献之一，在于在一定的正则条件下证明了只要估计中群组数量不少于真实的群组数量，本章提出的系数估计量的一致性不依赖于具体使用的群组数量。该结果的一个实际含义是，在估计具有未知群组结构的面板模型时，群组数的一个稳健的方法是设置稍大的群组数量。因为数据中的群组数量通常是未知的。这一发现对实证分析至关重要，我们还发现，渐近地，该方法可以将一些真实群组进一步分成子群组，但不能将来自不同群组的个体错误地归类为同一群组。当使用真实的群组数量进行估计时，所有个体都可以以接近一的概率正确分类。

其次，与Su等（2016）提出的C-Lasso方法不同，本章的方法在确定群组数量后是无需选取任何惩罚参数，这对于实证应用来说是一个显著的优势。文献中已经揭示，Lasso类方法在一定条件下能够一致地进行模型选择。然而，一致性结论高度依赖于调参的正确选择（例如，Chand，2012；Kirkland等，2015）。在实证应用中，估计结果可能对调参选择敏感，而且如何在C-Lasso中选择最佳调参仍然是一个未决问题。因此，有一个无惩罚参数的方法来识别面板数据中的群组结构将是极方便的，而本章的方法正好满足了这一特性。此外，与C-Lasso相比，该方法计算简单且速度更快，特别是在非线性模型中的计算优势尤其明显。

最后，一旦正确识别和估计了群组成员身份，该方法的估计表现类似于基于真实群组成员身份的估计。这个“神谕”（“oracle”）性质允许将现有的估计和推断技术与该方法结合使用。例如，对于已分类的群组单元，可以采用Hahn和Newey（2004）或Dhaene和Jochmans（2015）的交叉验证方法来减少非线性面板中固定效应估计量的偏差。

本章的其余部分组织如下。在第二节中，首先介绍具有未知群组结构的固定效应面板数据模型，然后提出了一个估计和分类方法；第三节中建立起估计量的渐近性质；第四节进行一系列蒙特卡洛模拟，以考查该方法的有限样本性质。第五节提供了两个真实数据集的应用。结论部分将在第六节中呈现。附录提供了主要定理和命题的证明思路。

记号：对于任意的方阵$A$，令$\lambda_{\min}(A)$和$\lambda_{\max}(A)$分别表示$A$的最小和最大特征值。令$\|B\|^2=\sqrt{\mathrm{tr}(B'B)}$表示矩阵$B$的Frobenius范数。对于任意正整数$k$，定义整数集合$[k]:=\{1,2,\ldots,k\}$。当$(N,T)\to\infty$时，表示$N$和$T$同时趋于无穷大；而$\overset{P}{\to}$和$\overset{D}{\to}$分别表示当$(N,T)\to\infty$时的依概率和分布收敛。

## 第二节　模型设定和估计方法

令 $Y_{it}$ 为时刻 $t$ 第 $i$ 个个体的实值观测，$X_{it} \in R^p$ 为观察到的协变量向量，其中 $i \in [N]$，$t \in [T]$。假设这 $N$ 个个体属于 $G_0$ 个群组，但是每个群组包含哪些个体是未知的。特别地，$G_0 = 1$ 表示所有个体都在同一组（参见Hahn和Newey，2004）。

为了识别未知的群组结构，一种常见的做法是预先确定群组的数量，记为 $G$，并将 $N$ 个个体分类到 $G$ 个群组中。在实际应用中，由于群组模式的不可观测性，正确地指定 $G$（即 $G = G_0$）是困难的。一个更现实的方法是选择相对较大的 $G$，使得 $G \geqslant G_0$。显然，这种错误设定会给理论研究带来更多挑战。本章提出了一种在这种错误设定下识别群组模式的方法，并研究了其渐近性质。

对于个体 $i$，设 $g_i \in [G]$ 表示群组成员变量，$\beta_{g_i} \in \mathbb{K} \subset R^p$ 表示不可观测的群组特定参数，$\alpha_i \in \mathbb{A} \subset \mathrm{R}$ 表示不可观测的个体异质效应，其中 $\mathbb{K}$ 和 $\mathbb{A}$ 均为紧致集。如果个体 $i$ 和 $j$ 属于同一群组，则 $\beta_{g_i} = \beta_{g_j}$（即它们共享一个公共群组参数，但由于个体层面的异质性，$\alpha_i$ 和 $\alpha_j$ 可能仍然不同）。令 $\underline{\beta} = (\beta_1, \beta_2, \ldots, \beta_G) \in \mathbb{K}^G$ 所有 $G$ 个组的参数，$\underline{\alpha} = (\alpha_1, \alpha_2, \ldots, \alpha_N) \in \mathbb{A}^N$ 表示所有的个体效应向量，$\gamma_N = (g_1, g_2, \ldots, g_N) \in \Gamma_N$ 表示群组成员向量，其中 $\Gamma_N = [G]^N$ 是所有可能的群组分配的集合。我们的主要目标是估计三元组 $\theta_N = (\underline{\beta}, \underline{\alpha}, \gamma_N)$。具体地，通过以下M-估计来实现

$$\hat{\theta}_N = \underset{\theta_N = (\underline{\beta}, \underline{\alpha}, \gamma_N) \in \Theta_N}{\operatorname{argmax}} \frac{1}{NT} \sum_{i=1}^{N} \sum_{t=1}^{T} \psi\left(X_{it}, Y_{it}, \beta_{g_i}, \alpha_i\right), \tag{2.1}$$

其中，$\Theta_N = \mathbb{K}^G \times \mathbb{A}^N \times \Gamma_N$ 表示整个参数空间，$\psi\left(X_{it}, Y_{it}, \beta_{g_i}, \alpha_i\right)$ 表示

给定参数 $\beta_{g_i}$， $\alpha_i$ 时， $Y_{it}$ 关于 $X_{it}$ 的伪似然函数的对数形式。下面例子给出了几个不同面板数据模型中 $\psi\left(X_{it},Y_{it},\beta_{g_i},\alpha_i\right)$ 的显式形式。

**例2.1** 线性面板数据模型： $Y_{it}=\beta_{g_i}'X_{it}+\alpha_i+\epsilon_{it}$，其中 $\epsilon_{it}$ 代表特异性误差。在这种情况下，

$$\psi(x,y,\beta,\alpha)=-(y-x'\beta-\alpha)^2。$$

**例2.2** 二元选择面板模型： $Y_{it}=1\left(\beta_{g_i}'X_{it}+\alpha_i\geqslant\epsilon_{it}\right)$，其中 $\epsilon_{it}$ 是具有常见分布函数F的特异性误差，而 $1(\cdot)$ 表示指示函数。在这种情况下，伪似然函数为

$$\psi(x,y,\beta,\alpha)=y\log F(x'\beta+\alpha)+(1-y)\log\left[1-F(\beta'x+\alpha)\right]。$$

当 $F$ 为标准正态（logistic）分布函数时，上述模型变为probit（logit）模型。

**例2.3** 泊松面板模型：给定 $X_{it}$ 和 $\left(\beta_{g_i},\alpha_i\right)$， $Y_{it}$ 服从均值为 $\exp\left(\beta_{g_i}'X_{it}+\alpha_i\right)$ 的泊松分布。在此时下， $\psi(x,y,\beta,\alpha)$ 为均值为 $\exp(\beta'x+\alpha)$ 的泊松密度函数的对数。

与Su等（2016）提出的惩罚方法（如C-Lasso）不同，我们的M-估计（2.1）需要在预先正则化的参数空间 $\Theta_N$ 上优化目标函数，其中参数 $\beta_{g_i}$ 内在地包含了群组约束。这一重要特性避免了选择惩罚参数。

然而，由于参数空间 $\Theta_N$ 的复杂结构，直接求解（2.1）具有一定的挑战性。因此，本文引入了一个高效的迭代算法。在此之前，引入一些符号：

$$\hat{H}_i(\beta,\alpha)=\frac{1}{T}\sum_{t=1}^{T}\psi\left(X_{it},Y_{it},\beta,\alpha\right),$$

$$\hat{\Psi}_N(\theta_N)=\hat{\Psi}_N\left(\underline{\beta},\underline{\alpha},\gamma_N\right)=\frac{1}{N}\sum_{i=1}^{N}\hat{H}_i\left(\beta_{g_i},\alpha\right),$$

这里$\hat{H}_i$是个体$i$的经验伪似然函数，而$\hat{\Psi}_N(\theta_N)$是群组变量的经验伪似然函数的加总。因此，（2.1）可以重写如下：

$$\hat{\theta}_N=\left(\hat{\underline{\beta}},\hat{\underline{\alpha}},\hat{\gamma}_N\right)=\underset{\theta_N=\left(\underline{\beta},\underline{\alpha},\gamma_N\right)\in\Theta_N}{\operatorname{argmax}}\frac{1}{N}\sum_{i=1}^{N}\hat{H}_i\left(\beta_{g_i},\alpha\right),\tag{2.2}$$

其中，$\hat{\underline{\beta}}=\left(\hat{\beta}_1,\ldots,\hat{\beta}_G\right),\hat{\underline{\alpha}}=\left(\hat{\alpha}_1,\ldots,\hat{\alpha}_N\right)$，以及$\hat{\gamma}_N=\left(\hat{g}_1,\ldots,\hat{g}_N\right)$。本文建议采用以下迭代算法来求解（2.2）：

(a) 选择初始估计值$\underline{\beta}^{(0)}=\left(\beta_1^{(0)},\ldots,\beta_G^{(0)}\right)$。

(b) 更新群组成员身份：对于每个$i\in[N]$，在第$(s+1)$次迭代中，找到

$$g_i^{(s+1)}=\underset{g\in[G]}{\operatorname{argmax}}\max_{\alpha\in\mathbb{A}}\hat{H}_i\left(\beta_g^{(s)},\alpha\right)$$

然后，更新群组成员身份$\gamma_N^{(s+1)}=\left(g_1^{(s+1)},\ldots,g_N^{(s+1)}\right)$。

(c) 更新系数估计：给定群组成员身份$\gamma_N^{(s+1)}$，求解

$$\left(\underline{\beta}^{(s+1)},\underline{\alpha}^{(s+1)}\right)=\underset{\underline{\beta}\in\mathbb{K}^G}{\operatorname{argmax}}\max_{\underline{\alpha}\in\mathbb{A}^N}\hat{\Psi}_N\left(\underline{\beta},\underline{\alpha},\gamma_N^{(s+1)}\right)$$

(d) 重复步骤(b)-(c)直到$\hat{\Psi}_N\left(\underline{\beta}^{(s+1)},\underline{\alpha}^{(s+1)},\gamma_N^{(s+1)}\right)=\hat{\Psi}_N\left(\underline{\beta}^{(s)},\underline{\alpha}^{(s)},\gamma_N^{(s)}\right)$满足某个容差标准。

显然，上述算法本质上是一种修正的$k$均值算法。Bonhomme和Manresa（2015）也提出了类似的算法，用来研究线性面板中固定效应的群组模式。正如Bonhomme和Manresa（2015）所讨论的，修正的$k$均值算法对初始值$\underline{\beta}^{(0)}$的选择较为敏感，他们建议尝试不同的初始值。本章提出以下两种策略来获得初始估计值：

**策略1**：围绕通常的固定效应估计量，随机生成初始估计值$\underline{\beta}^{(0)}=\left(\beta_1^{(0)},\ldots,\beta_G^{(0)}\right)$。对于这种策略，首先将所有个体视为一组，并计算固定效应估计量$\beta^*=\left(\beta_1^*,\ldots,\beta_p^*\right)\in R^p$，然后，对于每个$g\in[G]$，生成$\beta_g^{(0)}=\beta^*+r\delta_g$，其中$r>0$是一些预先指定的常数，$\delta_g$是一个中

心化的$p$维正态随机向量，其方差矩阵是对角线矩阵，对角线元素为$\left|\beta_1^*\right|^2,\ldots,\left|\beta_p^*\right|^2$。

**策略2：** 对于每个$i\in[N]$，令$\hat{\beta}_i^{ML}$和$\hat{\alpha}_i^{ML}$为的$\beta_i^0$和$\alpha_i^0$基于$\left\{\left(X_{it},Y_{it}\right)\right\}_{t=1}^T$的伪极大似然估计，即

$$\left(\hat{\beta}_i^{ML},\hat{\alpha}_i^{ML}\right)=\operatorname{argmax}_{\beta\in\mathbb{K},\alpha\in\mathbb{A}}\hat{H}_i\left(\beta,\alpha\right)。$$

接下来，对$\left(\hat{\beta}_1^{ML},\ldots,\hat{\beta}_N^{ML}\right)$应用标准的$k$均值算法，以$G$个群组，并将估计的群组表示为$\left(\beta_1^{(0)},\ldots,\beta_G^{(0)}\right)$。最后，设置$\underline{\beta}^{(0)}=\left(\beta_1^{(0)},\ldots,\beta_G^{(0)}\right)$为迭代的初始估计值。

在模拟研究和实证应用中，本文尝试了21个不同的初始估计值，其中20个通过策略1随机生成的，1个通过策略2生成的。在使用不同初始估计值，实施提出的算法后，选择导致伪似然函数最大化的那个。模拟结果表明，本章的方法效果非常好；即使使用多个初始值，计算速度也很快。

## 第三节　大样本理论性质

在本节中，主要提供一些渐近结果，如估计的一致性，对于使用过度设定$G$的分类一致性，以及对于在正确设定$G$下估计量的渐近正态性。本章还提供了一个一致地确定群组数量的方法。令$\theta_N^0=\left(\underline{\beta}^0,\underline{\alpha}^0,\gamma_N^0\right)$表示生成观测值$X_{it}$和$Y_{it}$的真实参数，其中$\underline{\beta}^0=\left(\beta_1^0,\ldots,\beta_G^0\right)$，$\underline{\alpha}^0=\left(\alpha_1^0,\alpha_2^0,\ldots,\alpha_N^0\right)$，$\gamma_N^0=\left(g_1^0,g_2^0,\ldots,g_N^0\right)$。此外，令$\mathcal{D}$表示由所有固定效应$\left(\alpha_1^0,\alpha_2^0,\ldots,\alpha_N^0\right)$生成的$\sigma$-域，并

定义 $P_{\mathcal{D}}(\cdot)$、$E_{\mathcal{D}}(\cdot)$ 分别为给定 $\mathcal{D}$ 的条件概率和期望。基于以上符号，定义 $H_i(\beta,\alpha)=E_{\mathcal{D}}\left(\hat{H}_i(\beta,\alpha)\right)$ 和 $\Psi_N(\theta_N)=\Psi_N\left(\underline{\beta},\underline{\alpha},\gamma_N\right)=N^{-1}\sum_i H_i\left(\beta_{g_i},\alpha_i\right)$。

## 一、估计的一致性

这一部分主要为了证明本章所提出的M估计是一致的。在陈述主要定理之前，先介绍一些技术条件。首先，对于每个 $g\in\left[G^0\right]$，定义 $N_g=\sum_{i=1}^{N}1\left(g_i^0=g\right)$,即组 $g$ 内包含的真实个体数。

**假设A1** (a)对于每个 $i\in[N]$，给定 $\mathcal{D}$ 后，$\left\{\left(X_{it}Y_{it},\right),t\in[T]\right\}$ 关于 $i=1,\ldots,N$，互相条件独立。

(b) 对于每个 $i\in[N]$，给定 $\mathcal{D}$ 后，随机过程 $\left\{\left(X_{it}Y_{it},\right),t\in[T]\right\}$ 是条件平稳的且为 $\alpha$-条件混合，其条件混合系数为 $\alpha_{[i]}$。记

$$\alpha(\tau):=\sup_{N\geqslant 1}\max_{1\leqslant i\leqslant N}\alpha_{[i]}(\tau),$$

几乎必然有对所有 $\tau\geqslant 0$ $\alpha(\tau)\leqslant\exp\left(-C_0\tau^{b_0}\right)$ 都成立，其中 $C_0$ 和 $b_0$ 是某些常数。

(c) 对于每个 $i\in[N]$，$H_i(\beta,\alpha)$ 在 $\left(\beta^0_{g_i^0},\alpha_i^0\right)$ 处取得唯一最大值。此外，还满足以下识别条件：对所有 $\epsilon>0$，

$$\chi(\epsilon):=\inf_{N\geqslant 1}\inf_{1\leqslant i\leqslant N}\inf_{\left\|\beta-\beta^0_{g_i^0}\right\|_2^2+\left|\alpha_i-\alpha_i^0\right|^2\geqslant\epsilon}\left[H_i\left(\beta^0_{g_i^0},\alpha_i^0\right)-H_i(\beta,\alpha)\right]>0$$

几乎必然成立。

(d) $d_0:=\inf_{\tilde{g}\neq g}\left\|\beta_g^0-\beta_{\tilde{g}}^0\right\|_2>0$。

(e)存在一个非负函数 $Q(x,y)$，使得对所有 $(\beta,\alpha),\left(\tilde{\beta},\tilde{\alpha}\right)\in\mathbb{K}\times\mathbb{A}$，都有

$$\left|\psi\left(x,y,\beta,\alpha\right)-\psi\left(x,y,\tilde{\beta},\tilde{\alpha}\right)\right|\leqslant Q\left(x,y\right)\left[\left\|\beta-\tilde{\beta}\right\|_2^2+\left|\alpha-\tilde{\alpha}\right|^2\right]^{1/2}$$

成立，且对所有的 $(\beta,\alpha)\in\mathbb{K}\times\mathbb{A}$，都有 $\left|\psi\left(x,y,\beta,\alpha\right)\right|\leqslant Q\left(x,y\right)$ 成立。此外，存在 $b_1\in(0,\infty]$ 和 $B_1>0$，使得以下不等式几乎必然成立：对所有的 $v>0$，都有

$$\sup_{N\geqslant 1}\max_{1\leqslant i\leqslant N}P_{\mathcal{D}}\left(Q\left(X_{i1},Y_{i1}\right)>v\right)\leqslant\exp\left(1-\left(\frac{v}{B_1}\right)^{b_1}\right)。$$

(f) 对于所有的 $g\in\left[G^0\right]$，存在一个正的常数 $\pi_g$，使得当 $N\to\infty$ 时，$N_g/N\to\pi_g$。

**注2.1** A1(a)在给定 $\mathcal{D}$ 的情况下，假定个体之间具有条件横截面独立性。假设A1(b)对观测沿着时间维度的施加条件弱相关性，其相关程度由参数 $b_0$ 控制指数界。条件平稳假设可以放宽，但需要引入额外的符号；Su和Chen（2013）以及Fernández-Val和Weidner（2016）也采用条件平稳和条件 $\alpha$ 混合中使用。假设A1(c)是识别的正则性条件，可以在某些适当条件下逐一验证。假设A1(d)要求不同组的参数之间存在显著的差异性，该条件是为了确保组参数的识别性。Bonhomme和Manresa（2015）以及Su等（2016）也假设了类似的条件。假设A1(e)要求 $\psi$ 是光滑的，并满足一定的指数尾部条件，其尾部概率的衰减率由 $b_1$ 控制。当 $Q$ 是有界函数时，可选择 $B_1=2\|\psi\|_\infty$ 和 $b_1=\infty$。Bonhomme和Manresa（2015）也采用了类似的尾部条件来控制误差项。与其他条件相比，（如对 $Q$ 的有限阶矩假设），指数尾部条件可以得到更好的收敛结果，并且适用于许多常用模型（如例2.1-2.3。）假设A1(f) 排除了具有可忽略比率的组，该条件对于具有有限组数的面板模型是标准且必要的（例如，参见Bonhomme和Manresa，2015；Su等，2016）。

设 $d=b_0b_1/(b_0+b_1)$。由于 $b_0$ 和 $b_1$ 分别表示观测的弱相关性和尾部概率的衰减率（见注2.1 中的讨论），因此可以将 $d$ 视为一个共同控制两者的量。一个特殊情况是对于有界的 $\psi$，当 $b_1=\infty$ 时，有 $d=b_0$。

**假设 A2** $\log N=o\left(T^{\frac{d}{1+d}}\right)$。

**注2.2**与文献中关于 $N$ 和 $T$ 速率的标准假设相比，即，$T/N$ 的比值为一个非零常数（例如，Hahn和Newey，2004），假设A2是一个相对较弱的条件，允许 $N$ 的增长速度指数级地快于 $T$，此时 $T/N$ 的比值趋于零。此外，因为大多数微观数据集的 $T$ 和 $N$ 都相当大。假设A2在实际中也是合理的。

为了证明 $\hat{\theta}_N$ 的一致性，引入 $\Theta_N$ 上定义的伪度量 $d_N$。对于任意的 $\theta_N=(\underline{\beta},\underline{\alpha},\gamma_N)$，$\tilde{\theta}_N=(\underline{\tilde{\beta}},\underline{\tilde{\alpha}},\tilde{\gamma}_N)\in\Theta_N$，定义：

$$d_N(\theta_N,\hat{\theta}_N)=\frac{1}{N}\sum_{i=1}^{N}\left(\left\|\beta_{g_i}-\tilde{\beta}_{\tilde{g}_i}\right\|_2+\left|\alpha_i-\tilde{\alpha}_i\right|\right)$$

具体来说，$d_N(\theta_N,\hat{\theta}_N)$ 衡量了 $(\beta_{g_i},\alpha_i)$ 和 $\left(\tilde{\beta}_{\tilde{g}_i},\tilde{\alpha}_i\right)$ 之间的平均差异。

下面的定理证明了在过度设定群组数时，在伪度量 $d_N$ 下，$\hat{\theta}_N$ 和 $\hat{\beta}_{\hat{g}}$ 具有一致性。

**定理2.1** 假设 $G\geqslant G^0$ 并且假设 A1-A2 成立，那么当 $(N,T)\to\infty$ 时，

$$d_N\left(\hat{\theta}_N,\theta_N^0\right)\xrightarrow{P}0 \text{ 和 } \sup_{1\leqslant i\leqslant N}\left\|\hat{\beta}_{\hat{g}_i}-\beta^0_{g_i^0}\right\|_2\xrightarrow{P}0$$

成立。

定理 2.1 建立了本文中估计量的两个一致性结果，即在假设 $G\geqslant G^0$ 下 $\hat{\theta}_N$ 的平均一致性（Average consistency）和 $\hat{\beta}_{\hat{g}}$ 的一致一致

性（Uniform consistency）。然而，如果 $G<G^0$，则上述结论无效。因为此时来自不同组的个体会被归类到同一组中，这将导致错误分组和系数估计的不一致性。

## 二、群体结构的识别

在面板数据中识别是否存在群组结构是一个基本问题。最近Su等（2016）提出的C-Lasso方法采用惩罚函数来有效地对个体进行分类。本节研究无惩罚的分组方法，并讨论 $G$ 预先指定时该方法的渐近性质。本文的理论和方法在 $G \geqslant G^0$ 时是有效的。

令 $\hat{\gamma}_N = \left(\hat{g}_1, \hat{g}_2, \ldots, \hat{g}_N\right)$ 是在（2.2）中得到的群体成员变量的估计量。该分组方法基于 $\hat{g}_i$，具体如下。对于 $g \in [G]$，定义

$$\hat{C}_g = \left\{ i \in [N] : \hat{g}_i = g \right\},$$

（即 $\hat{C}_g$ 是属于第 $g$ 个估计组的个体的集合）。对于 $g \in \left[G^0\right]$，定义

$C_g^0 = \left\{ i \in [N] : g_i^0 = g \right\}$（即 $C_g^0$ 是真实第g个组的成员集合。）

我们称该分组方法有效，意味着对于任何 $g \in [G]$，存在一个 $\tilde{g} \in \left[G^0\right]$，使得 $\hat{C}_g \subseteq C_{\tilde{g}}^0$ 的概率趋于1。这种性质意味着个体被正确地分组，正式陈述见于定理2.2。

为了证明这个结果，需要对函数 $\psi$ 的平滑性做出更强的假设。为了处理多元函数的偏导数，引入以下的多指标符号。让 $\boldsymbol{k} = \left(k_1, k_2, \ldots, k_{p+1}\right)$ 表示一个多指标，其中 $k_l$ 是非负整数 $l = 1, \ldots, p+1$。对于任意的 $\beta \in \mathbb{K} \subset \mathbf{R}^p$，记 $\beta = \left(\beta_{[1]}, \beta_{[2]}, \ldots, \beta_{[p]}\right)$，其中 $\beta_{[l]}$ 是 $\beta$ 的第 $l$ 个坐标。定义关于 $\beta$ 和 $\alpha$ 的 $\boldsymbol{k}$ 阶偏导数为：

$$D^k\psi(x,y,\beta,\alpha)=\frac{\partial^{|k|}\psi(x,y,\beta,\alpha)}{\partial\beta_{[1]}^{k_1}\cdots\partial\beta_{[p]}^{k_p}\partial\alpha^{k_{p+1}}}$$

其中$|\boldsymbol{k}|=k_1+k_2+\cdots+k_{p+1}$。用$H_i$来表示$\psi$（关于$\beta,\alpha$）的海塞矩阵

$$\ddot{\psi}(x,y,\beta,\alpha)=\begin{pmatrix}\dfrac{\partial^2\psi(x,y,\beta,\alpha)}{\partial\beta'\partial\beta} & \dfrac{\partial^2\psi(x,y,\beta,\alpha)}{\partial\beta'\partial\alpha}\\ \dfrac{\partial^2\psi(x,y,\beta,\alpha)}{\partial\alpha\partial\beta} & \dfrac{\partial^2\psi(x,y,\beta,\alpha)}{\partial^2\alpha}\end{pmatrix}$$

$$\ddot{H}_i(\beta,\alpha)=E_{\mathcal{D}}\left(\ddot{\psi}(X_{i1},Y_{i1},\beta,\alpha)\right)$$

对$i\geqslant 1$，令

$$\mathcal{B}_i=\left\{(\beta,\alpha)\in\mathbb{K}\times\mathbb{A}:\left\|\beta-\beta_{g_i^0}^0\right\|_2+\left|\alpha_i-\alpha_{\underline{0}}^i\right|<a_0,\right\}$$

以及$\mathcal{B}=\bigcup_{i\geqslant 1}\mathcal{B}_i$。对$\psi$和$H_i$的偏导数作如下要求：

**假设 A3**(a) 存在函数$J(x,y)$，常数$a_0>0$和整数$q_0\geqslant 4$，对于任意满足$|k|\leqslant 4$和$(\beta,\alpha)\in\mathcal{B}$，都有：

$$D^k\psi(x,y,\beta,\alpha)\leqslant J(x,y)$$

和

$$\sup_{N\geqslant 1}\sup_{1\leqslant i\leqslant N}E_{\mathcal{D}}\left|J^{q_0}(x,y)\right|<\infty$$

几乎处处成立。

(b) $\sup_{N\geqslant 1}\sup_{1\leqslant i\leqslant N}\lambda_{max}\left(\ddot{H}_i\left(\beta_{g_i^0}^0,\alpha_i^0\right)\right)<0$几乎处处成立。

**注2.3** 假设 A3(a)要求更高阶的平滑性，并且要求伪似然函数的导数存在有限的$q_0$阶矩，以确保正确的分类。类似的假设已经被Hahn和Newey（2004）以及Su等（2016）所采用。假设A3(b)要求真实值处的海塞矩阵的最大特征值在几乎处处意义下一致地远离零，这意味着期望目标函数的海塞矩阵一致地负定。这个假设类似于Su等（2016）中关于剖面伪似然函数的海塞矩阵的条件。注意，

假设A1(c)和A3(b)都是针对伪似然函数的总体对应物所施加的。它们都是非线性面板数据的标准正则条件，前者是参数识别的唯一性条件，后者是用来研究估计量渐近分布的局部条件。一般来说，这两个假设不是彼此的嵌套假设。然而，如果 $H_i(\beta,\alpha)$ 是凸的，而 $(\beta^0_{g_i^0},\alpha_i^0)$ 是局部最大化点，那么假设A3(b)意味着假设A1(c)。

以下是主要定理，它提供了在 $G \geqslant G^0$ 下分组方法的分类一致性。

**定理2.2** 假设 $G \geqslant G^0$ 并且假设 A1-A3 成立。那么，对于每个 $g \in [G]$，存在一个 $\tilde{g} \in [G^0]$，使得

$$\lim_{(N,T)\to\infty} P\left(\hat{C}_g \subseteq C^0_{\tilde{g}}\right) = 1.$$

**注2.4** 定理2.2表明，本文的分组方法在群组数错误设定下是有效的，即几乎必然地，任何估计的组都渐近地属于一个总体的组。这意味着任何一个总体的组，要么与某个估计的组相同，要么被估计的组进一步分割成子组群，不存在个体的错误分组。这是在 $G \geqslant G^0$ 时可以期待的最好结果。在特殊情况下，当 $G = G^0$ 时，定理2.2自然地导致分类一致性（即几乎必然地，对所有的 $g \in [G^0]$，经过适当的重标记，$\hat{C}_g = C^0_g$ 依概率成立。当 $G = G^0$ 时，Su等（2016）也建立分类一致性。

**注2.5** 直观地说，定理2.2意味着，在假设A1-A3成立的条件下，如果 $G > G^0$，则渐近地, 来自同一组的个体可能被分为不同的子组，而来自不同组的个体不会被归类到同一组中。

**注2.6** 定理2.2的另一个重要含义是，在实际数据中由于真实的群体数是未知的，使用相对较大数量的群体数来对数据进行分类，可获得一致的系数估计，因此设置较大组数是一种比较稳健和稳妥的

策略。否则，如果 $G < G^0$，那么参数估计和群组分类都会不一致。

## 三、参数估计量的渐近正态性

在本节中，研究当 $G = G^0$ 时 $\widehat{\underline{\beta}}$ 的渐近正态性。首先，引入当真实的组分配 $\gamma_N^0$ 已知时，$\underline{\beta}$ 的“oracle”估计量 $\tilde{\underline{\beta}}$。定义如下：

$$\tilde{\underline{\beta}} = \underset{\underline{\beta} \in \mathbb{K}^{G^0}}{\operatorname{argmax}} \max_{\alpha_i \in \mathbb{A}} \frac{1}{N} \sum_{i=1}^{N} \hat{H}_i\left(\beta_{g_i}, \alpha_i\right)。$$

显然，由于实际上无法获得 $\gamma_N^0$，$\tilde{\underline{\beta}}$ 是不可行的。实际上，如果 $G = G^0$，可以证明 $\tilde{\underline{\beta}}$ 和 $\widehat{\underline{\beta}}$ 是渐近等价的，如下命题所示。

**命题 2.1** 假设 $G = G^0$ 并且假设 A1-A3 成立，则

$$\lim_{(N,T)\to\infty} P\left(\widehat{\underline{\beta}} = \tilde{\underline{\beta}}\right) = 1。$$

以上命题源自于当 $G = G^0$ 时的定理2.2。在这种情况下，可以几乎确定真实的潜在群体结构，并且渐近地，“oracle”估计量和提出的估计量之间没有区别。因此，为了推导 $\widehat{\underline{\beta}}$ 的渐近正态性，只需推导 $\tilde{\underline{\beta}}$ 的渐近正态性，即在给定 $\gamma_N^0$ 的情况下。为此，提出了一个额外的假设，即假设A4。在此之前，定义

$$\rho_i = E_{\mathcal{D}}^{-1}\left(\frac{\partial^2 \psi}{\partial \alpha^2}\left(X_{i1}, Y_{i1}, \beta_{g_i^0}^0, \alpha_i^0\right)\right) E_{\mathcal{D}}\left(\frac{\partial^2 \psi}{\partial \beta \partial \alpha}\left(X_{i1}, Y_{i1}, \beta_{g_i^0}^0, \alpha_i^0\right)\right),$$

$$U_i\left(x, y, \beta, \alpha\right) = \frac{\partial \psi}{\partial \beta}\left(x, y, \beta, \alpha\right) - \rho_i \frac{\partial \psi}{\partial \alpha}\left(x, y, \beta, \alpha\right),$$

$$R_i\left(x, y, \beta, \alpha\right) = \frac{\partial \psi}{\partial \alpha}\left(x, y, \beta, \alpha\right),$$

$$V_i\left(x, y, \beta, \alpha\right) = \frac{\partial U_i}{\partial \beta}\left(x, y, \beta, \alpha\right),$$

$$\mathcal{I}_i = E_{\mathcal{D}}\left[V_i\left(X_{i1}, Y_{i1}, \beta_{g_i^0}^0, \alpha_i^0\right)\right]。$$

上述符号在非线性面板数据模型文献中是标准的（例如，Hahn

和Newey，2004；Arellano和Hahn，2007）。为了符号的简洁起见，定义：

$U_i^{\alpha}=\frac{\partial U_i^{\alpha}}{\partial\alpha}$，$U_i^{\alpha\alpha}=\frac{\partial^2 U_i^{\alpha}}{\partial\alpha^2}$，$U_{it}=U_i\left(X_{it},Y_{it},\beta_{g_i^0}^0,\alpha_i^0\right)$，$U_{it}^{\alpha}=U_i^{\alpha}\left(X_{it},Y_{it},\beta_{g_i^0}^0,\alpha_i^0\right)$。

类似地，定义 $R_{it}$ 和 $R_{it}^{\alpha}$。对于每个 $i\in[N]$，设 $\Lambda_i$ 是当 $T\to\infty$ 时 $\sum_{t=1}^{T}U_{it}/\sqrt{T}$ 的渐近条件协方差矩阵，其表达式如下：

$$\Lambda_i=\lim_{T\to\infty}\frac{1}{T}E_{\mathcal{D}}\left(\sum_{t=1}^{T}U_{it}\sum_{t=1}^{T}U_{it}'\right)=E_{\mathcal{D}}\left(U_{i1}U_{i1}'\right)+2\sum_{t=1}^{\infty}E_{\mathcal{D}}\left(U_{i1}U_{i,t+1}'\right).$$

在假设A1和A3下，上述极限存在，且关于$i$一致成立。

**假设 A4** (a) 存在一个常数 $B_3\in(0,1)$，使得

$$B_3\leqslant\inf_{N\geqslant1}\inf_{1\leqslant i\leqslant N}\lambda_{\min}\left(\Lambda_i\right)\leqslant\sup_{N\geqslant1}\sup_{1\leqslant i\leqslant N}\lambda_{\max}\left(\Lambda_i\right)\leqslant1/B_3。$$

此外，对每个 $g\in\left[G^0\right]$，存在一个严格正定矩阵 $D_g$ 和一个严格负定矩阵 $W_g$，使得以下收敛结果几乎必然成立：

$$D_g=\lim_{N\to\infty}\frac{1}{N_g}\sum_{i:g_i^0=g}\Lambda_i \text{和} W_g=\lim_{N\to\infty}\frac{1}{N_g}\sum_{i:g_i^0=g}\mathcal{I}_i。$$

(b)对于每个 $g\in\left[G^0\right]$，存在向量 $\Delta_g\in\mathbb{R}^p$，使得以下收敛几乎必然成立：

$$\lim_{(N,T)\to\infty}\frac{1}{N_g}\sum_{i:g_i^0=g}E_{\mathcal{D}}\left\{\left(\frac{\sum_{t=1}^{T}R_{it}}{\sqrt{T}E_{\mathcal{D}}\left(R_{i1}^{\alpha}\right)}\right)\left(\frac{1}{\sqrt{T}}\sum_{t=1}^{T}\left[U_{it}^{\alpha}-\frac{E_{\mathcal{D}}\left(U_{i1}^{\alpha\alpha}\right)}{2E_{\mathcal{D}}\left(R_{it}^{\alpha}\right)}R_{it}\right]\right)\right\}=\Delta_g$$

**注 2.7** 假设A4(a)要求协方差矩阵 $\Lambda_i$ 的特征值都远离零和无穷。假设A4(b)是处理渐近偏差的常见条件；另见Hahn和Newey（2004）和Arellano和Hahn（2007）中的类似假设。

作为本节的主要结果，定理 2.3 表明了 $\underline{\widehat{\beta}}$ 的元素渐近地服从正态分布。

**定理 2.3** 假设 $G=G^0$ 并且假设 A1、A3和A4成立。当 $(N,T)\to\infty$ 时，如果 $N/T\to\kappa\geqslant0$，对每个 $g\in\left[G^0\right]$,在给定 $\mathcal{D}$ 的

条件下，

$$\sqrt{NT}\left(\hat{\beta}_g-\beta_g^0\right)\xrightarrow{D}N\left(-\sqrt{\kappa}W_g^{-1}\Delta_g,\pi_g^{-1}W_g^{-1}D_gW_g^{-1}\right),$$

此外，对于每个$g\in\left[G^0\right]$，有：

$$\sqrt{\pi_g NT}D_g^{-1/2}W_g\left(\hat{\beta}_g-\beta_g^0\right)+\sqrt{\pi_g\kappa}D_g^{-1/2}\Delta_g\xrightarrow{D}N(0,1)。$$

**注 2.8** 定理 2.3 与许多关于具有固定效应的面板数据模型的研究密切相关。首先，$\hat{\beta}_g$的渐近偏差是$\sqrt{N/T}$ 的量级。对于固定效应模型，Hahn 和 Newey （2004） 导出了固定效应估计量的渐近偏差的相同量级。特别地，当$N=o(T)$时，$\hat{\beta}_g$渐近无偏。其次，在给定$\mathcal{D}$的条件下，当$\left(X_{it},Y_{it}\right)$关于$i$和$t$是条件独立时，偏差项具有以下表达式：

$$-\sqrt{\kappa}W_g^{-1}\Delta_g=-\sqrt{\kappa}W_g^{-1}\lim_{N\to\infty}\frac{1}{N_g}\sum_{i:g_i^0=g}\left(\frac{E_{\mathcal{D}}\left(R_{i1}U_{i1}^{\alpha}\right)}{E_{\mathcal{D}}\left(R_{i1}^{\alpha}\right)}-\frac{E_{\mathcal{D}}\left(U_{i1}^{\alpha\alpha}\right)E_{\mathcal{D}}\left(\left|R_{i1}\right|^2\right)}{2E_{\mathcal{D}}^2\left(R_{i1}^{\alpha}\right)}\right)。$$

对于没有群体结构的固定效应模型（即$\pi_g=N_g/N=1$），上述表达式与Arellano和 Hahn （2007） 得到的表达式一致。

**注 2.9** 对于统计推断，需要获得一个偏差校正的估计量和相应的方差-协方差矩阵的估计量。在实际应用中，对于每个组，可以使用Hahn和Newey（2004）和Dhaene和 Jochmans（2015）提出的Jackknife方法，或者使用Arellano和Hahn（2007）建议的带入法（plug-in method）来获得偏差校正的估计量。例如，设$\hat{N}_g$是相应估计组$\hat{\mathcal{C}}_g$中的个体数量，则使用带入法的偏差校正估计量为：

$$\hat{\beta}_g^{BC}=\hat{\beta}_g+\frac{1}{T}\hat{W}_g^{-1}\widehat{\Delta}_g,$$

其中 $\hat{W}_g^{-1}=\sum_{i:g_i^0=g}\frac{\widehat{\mathcal{I}}_i}{\hat{N}_g}$，$\widehat{\mathcal{I}}_i=\hat{E}_T\left[\hat{V}_{it}\right]$，$\hat{V}_{it}=V_i\left(X_{it},Y_{it},\hat{\beta}_{\hat{g}_i},\hat{\alpha}_i\right)$，$\hat{E}_T(\cdot)=T^{-1}\sum_{t=1}^T(\cdot)$表示样本均值，

$$\hat{\Delta}_g = \frac{1}{\hat{N}_g} \sum_{i:\hat{g}_i = g} \hat{E}_T \left\{ \left( \frac{\sum_{t=1}^{T} \hat{R}_{it}}{\sqrt{T} \hat{E}_T \left( \hat{R}_{it}^{\alpha} \right)} \right) \left( \frac{1}{\sqrt{T}} \sum_{t=1}^{T} \left[ \hat{U}_{it}^{\alpha} - \frac{\hat{E}_T \left( \hat{U}_{it}^{\alpha\alpha} \right)}{2\hat{E}_T \left( \hat{R}_{it}^{\alpha} \right)} \hat{R}_{it} \right] \right) \right\}$$

其中，$\hat{R}_{it} = R_i\left(X_{it}, Y_{it}, \hat{\beta}_{\hat{g}_i}, \hat{\alpha}_i\right)$，$\hat{R}_{it}^{\alpha} = R_i^{\alpha}\left(X_{it}, Y_{it}, \hat{\beta}_{\hat{g}_i}, \hat{\alpha}_i\right)$，$\hat{U}_{it}^{\alpha} = U_i^{\alpha}\left(X_{it}, Y_{it}, \hat{\beta}_{\hat{g}_i}, \hat{\alpha}_i\right)$，$\hat{U}_{it}^{\alpha\alpha} = U_i^{\alpha\alpha}\left(X_{it}, Y_{it}, \hat{\beta}_{\hat{g}_i}, \hat{\alpha}_i\right)$。类似地，方差和协方差矩阵可由来 $\hat{\pi}_g^{-1}\hat{W}_g^{-1}\hat{D}_g\hat{W}_g^{-1}$ 来估计，其中，$\hat{\pi}_g = \hat{N}_g / N$，$\hat{D}_g = \frac{1}{\hat{N}_g}\sum_{i:\hat{g}_i=g}\hat{\Lambda}_i$，$\hat{\Lambda}_i = T\hat{E}_T\left(\hat{U}_{it}\right)\hat{E}_T\left(\hat{U}_{it}'\right)$，$\hat{U}_{it} = U_i\left(X_{it}, Y_{it}, \hat{\beta}_{\hat{g}_i}, \hat{\alpha}_i\right)$。值得注意的是，在实际应用中，$\hat{\beta}_g$ 可由偏差校正估计量 $\hat{\beta}_g^{BC}$ 替代。如果读者对偏差校正估计量感兴趣，可参阅 Arellano 和 Hahn（2007）。

## 四、群组数量的确定

尽管本章的估计和分类一致性结果适用于过度设定的 $G$，但估计群体数量仍然是有意义的，原因如下：估计 $G$ 可以为估计和分类选择群体数量提供指导，而且统计推断需要正确估计 $G$。在本节中，提出了一种基于信息准则的方法来解决这个问题，并建立其理论有效性。令 $\hat{\theta}_N^G$ 为使用 $G$ 作为群体数量的估计量。为估计 $G^0$，定义以下信息准则函数：

$$PC(G) = \hat{\Psi}_N\left(\hat{\theta}_N^G\right) - \eta_{NT}G$$

其中 $\eta_{NT} > 0$ 是一个惩罚参数，用于排除极大且不太可能的 $G$ 的选择。通过以下方式估计 $G^0$：

$$\hat{\mathrm{G}} = \underset{\mathrm{G}\in[\mathrm{G}_{\max}]}{\operatorname{argmax}}\ \mathrm{PC}(\mathrm{G}) \tag{2.3}$$

其中 $G_{max}$ 是预先确定的 $G$ 的上限。

以下定理提供了 $\hat{G}$ 是 $G^0$ 的一致估计量。

**定理 2.4** 若假设 A1 和 A3 成立，如果 $\log N = o\left(T^{\frac{d}{2(1+d)}}\right)$，$\eta_{NT} T^{\frac{1}{2(1+d)}} \to \infty$，$\eta_{NT} \to 0$，那么

$$\lim_{(N,T)\to\infty} P\left(\hat{G} = G^0\right) = 1 \text{。}$$

请注意，定理2.4中的速率条件 $\log N = o\left(T^{\frac{d}{2(1+d)}}\right)$ 稍微强于假设A2，尽管两个条件都允许 $N$ 与 $T$ 指数级增长。由于 $\eta_{NT}$ 在确定群体数量方面起着关键作用，遵循 Su 等（2016）的做法，通过尝试一系列候选值来选择 $\eta_{NT}$（有关详细信息，请参见本章第二节）。

## 第四节　蒙特卡罗模拟

为了考察本文中估计方法的有限样本表现，并将其与 C-Lasso 进行比较，本章设计了三种数据生成过程（DGPs），涵盖了静态和动态模型的线性和非线性面板数据模型。在这些 DGPs 中，固定效应 $\alpha_i$，关于 $i$ 独立，从标准正态分布中抽取并进行3个标准偏差的截断；从标准正态分布中独立地抽取误差 $u_{it}$。此外，$u_{it}$ 也独立于所有的回归变量。将群体数量设置为三个，即 $G^0 = 3$，且每个群体数量由 $N_1 = \lfloor 0.3N \rfloor, N_2 = \lfloor 0.3N \rfloor, N_3 = N - N_1 - N_2$ 给出，其中 $N$ 是横截面单位的总数量，$\lfloor \cdot \rfloor$ 表示取整函数。

DGP 1（线性面板模型）

$$y_{it}=\alpha_i+X_{it}'\beta_{g_i}+u_{it},$$

其中 $X_{it}=\left(0.2\alpha_i+e_{it1},0.2\alpha_i+e_{it2}\right)'$，$e_{it1}$，$e_{it2}\sim\text{iid}\,N\left(0,1\right)$，并且与 $\alpha_i$ 独立。三个群体的真实系数分别为 $\left(0.4,1.6\right)$，$\left(1,1\right)$ 和 $\left(1.6,0.4\right)$。

DGP 2（线性动态面板数据模型）

$$y_{it}=\alpha_i\left(1-\gamma_{g_i}\right)+\gamma_{g_i}y_{i,t-1}+X_{it}'\beta_{g_i}+u_{it},$$

其中，$X_{it}$ 的生成方式同DGP 1。三个群体的真实系数分别为 $\left(0.4,1.6,1\right)$，$\left(0.6,1,-1\right)$ 和 $\left(0.8,0.4,1.6\right)$。

DGP 3（动态概率面板数据模型）

$$y_{it}=1\left(\gamma_{g_i}y_{i,t-1}+X_{it}'\beta_{1,g_i}+\beta_{2,g_i}+\alpha_i>u_{it}\right),$$

其中 $X_{it}=0.1\alpha_i+e_{it}$，$e_{it}\sim\text{iid}\,N\left(0,1\right)$ 且独立于所有其他变量。三个群体的真实系数分别为 $\left(1,-1,0.5\right)$，$\left(0.5,0,-0.25\right)$ 和 $\left(0,1,0\right)$。值得注意的是，在这个模型设定中，$\gamma_{g_i}$ 和 $\beta_{1,g_i}$ 是可识别的，而 $\beta_{2,g_i}$ 是不可识别的，原因在于它和个体固定效应 $\alpha_i$ 无法拆分开来。

对于所有三个 DGPs，考虑了不同的样本大小组合：$N=\left(100,200\right)$ 和 $T=\left(15,25,50\right)$。在每次模拟中，群组成员资格保持不变，并使用多个群组数量（即 $G=3,4,5$）来估计系数。模拟次数设置为 $R=1000$。由于本章的目标是一致地估计回归系数、群组成员和群组数量，采用以下三个标准来比较所提出的 M 估计和 C-Lasso 的有限样本表现。

（1）**估计系数的一致性**。对于 $G\geqslant G^0$，通过每个个体估计的系数的均方根误差（RMSE）来评估估计的一致性，定义如下：

$$\text{RMSE}=\sqrt{\frac{1}{N}\sum_{i=1}^{N}\left\|\hat{\beta}_{\hat{g}_i}-\beta_{g_i^0}^0\right\|_2^2}。$$

当 $G=G^0$ 时，还考虑了类似于Su等（2016）的另一种RMSE，定义如下：

$$\text{GRMSE}=\sqrt{\frac{1}{G^0}\sum_{g=1}^{G^0}\left\|\hat{\beta}_g-\beta_g^0\right\|_2^2}\text{。}$$

（2） **群组数量估计 $\hat{G}$ 的一致性**。群组数量的选择一致性通过模拟中选择真实群组数量（$\hat{G}=G^0=3$）的经验百分比来衡量。

（3） **分类一致性**。评估正确指定个体群组成员资格的百分比，在适当的重新标记，该标准定义为：

$$\frac{1}{N}\sum_{i=1}^{N}1\left(\hat{g}_i=g_i^0\right)\text{。}$$

DGPs 1-3的模拟结果总结在表2-1到表2-4中。从模拟结果可以发现：

首先，表2-1提供了在 $G^0=3$ 下使用不同数量的群组进行M-估计和C-Lasso的RMSE。从表2-1中可以观察到，对于M-估计和C-Lasso，随着 $N$ 或 $T$ 的增加，不论 $G$ 的选择如何，RMSE迅速减小。此外，总体上，本章的方法RMSE比C-Lasso的更小。

其次，表2-2汇报了 $G^0$ 被预先指定时的估计结果。可以看到M-估计量和C-Lasso的群组RMSE（GRMSE）在 $N$ 和 $T$ 增加时迅速减小，并且当样本容量足够大时，两种方法的表现与理想的估计量（知道真实群组成员时统计）相似，这与定理2.1中的发现一致。与C-Lasso相比，本章的方法在线性（DGPs 1-2）和非线性（DGP 3）模型的有限样本表现更好。值得一提的是，无论哪种样本大小，在动态线性面板（DGP 2）中，本章的方法获得的GRMSE几乎与理想估计量相同。

第三，表2-3总结了使用 $PC(G)$ 标准和C-Lasso进行群组数量选择的准确性。注意到，在考虑的所有线性和非线性面板中，当样本容量足够大时，群组数量的确定是相当准确的，即选择真实群组数量的百分比非常接近1，这与使用C-Lasso的情况相当。

最后，表2-4呈现了正确分类的模拟结果。可以观察到，对于线性和非线性面板，具有足够大的样本量时，分类相当准确，且明显具有一致性，验证了定理2.2。此外，与C-Lasso相比，本章的方法在线性和非线性动态面板（DGPs 1-3）中具有更好的分类准确性。

总的来说，模拟结果表明，与C-Lasso方法相比，本文的方法在估计准确性、群组选择一致性和分类准确性方面都有更好的表现。因此，可以说，模拟结果证实了本章关于具有未知群组结构的面板的识别和估计的理论结果。

表2-1　　系数估计的RMSE（$G^0=3$）

| 组数（G） | | | 3 | | 4 | | 5 | |
|---|---|---|---|---|---|---|---|---|
| | N | T | C-Lasso | M-Est | C-Lasso | M-Est | C-Lasso | M-Est |
| DGP 1 | 100 | 15 | 0.190 | 0.189 | 0.217 | 0.225 | 0.234 | 0.238 |
| | 100 | 25 | 0.113 | 0.12 | 0.14 | 0.145 | 0.157 | 0.165 |
| | 100 | 50 | 0.036 | 0.028 | 0.068 | 0.066 | 0.083 | 0.088 |
| | 200 | 15 | 0.188 | 0.186 | 0.214 | 0.221 | 0.233 | 0.238 |
| | 200 | 25 | 0.109 | 0.122 | 0.136 | 0.150 | 0.153 | 0.163 |
| | 200 | 50 | 0.032 | 0.046 | 0.065 | 0.09 | 0.080 | 0.106 |
| DGP 2 | 100 | 15 | 0.115 | 0.245 | 0.178 | 0.341 | 0.224 | 0.415 |
| | 100 | 25 | 0.055 | 0.195 | 0.117 | 0.234 | 0.154 | 0.352 |
| | 100 | 50 | 0.036 | 0.092 | 0.131 | 0.166 | 0.109 | 0.258 |
| | 200 | 15 | 0.111 | 0.201 | 0.174 | 0.324 | 0.201 | 0.428 |
| | 200 | 25 | 0.048 | 0.157 | 0.167 | 0.235 | 0.184 | 0.248 |
| | 200 | 50 | 0.028 | 0.035 | 0.074 | 0.158 | 0.101 | 0.143 |

续表

| 组数（G） | | | 3 | | 4 | | 5 | |
|---|---|---|---|---|---|---|---|---|
| | N | T | C-Lasso | M-Est | C-Lasso | M-Est | C-Lasso | M-Est |
| DGP 3 | 100 | 15 | 0.296 | 0.366 | 0.512 | 0.623 | 0.571 | 0.732 |
| | 100 | 25 | 0.190 | 0.187 | 0.256 | 0.242 | 0.277 | 0.268 |
| | 100 | 50 | 0.119 | 0.142 | 0.173 | 0.163 | 0.182 | 0.179 |
| | 200 | 15 | 0.286 | 0.278 | 0.381 | 0.532 | 0.399 | 0.503 |
| | 200 | 25 | 0.185 | 0.170 | 0.240 | 0.302 | 0.261 | 0.256 |
| | 200 | 50 | 0.116 | 0.110 | 0.162 | 0.174 | 0.176 | 0.168 |

表2-2　　系数估计的GRMSE（ $G^0=3$ ）

| | DGP 1 | | | DGP 2 | | | DGP 3 | | |
|---|---|---|---|---|---|---|---|---|---|
| N,T | M-Est | C-Lasso | Oracle | M-Est | C-Lasso | Oracle | M-Est | C-Lasso | Oracle |
| 100,15 | 0.070 | 0.062 | 0.048 | 0.083 | 0.132 | 0.082 | 0.180 | 0.332 | 0.135 |
| 100,25 | 0.042 | 0.044 | 0.037 | 0.055 | 0.088 | 0.055 | 0.110 | 0.164 | 0.091 |
| 100,50 | 0.034 | 0.029 | 0.025 | 0.036 | 0.043 | 0.036 | 0.077 | 0.089 | 0.066 |
| 200,15 | 0.050 | 0.048 | 0.036 | 0.060 | 0.095 | 0.06 | 0.125 | 0.279 | 0.094 |
| 200,25 | 0.031 | 0.035 | 0.026 | 0.043 | 0.063 | 0.043 | 0.080 | 0.123 | 0.068 |
| 200,50 | 0.021 | 0.023 | 0.018 | 0.029 | 0.035 | 0.029 | 0.054 | 0.065 | 0.047 |

表2-3　　估计组数的频率（ $G^0=3$ ）

| 组数（G） | | 1 | | 2 | | 3 | | 4 | | 5 | |
|---|---|---|---|---|---|---|---|---|---|---|---|
| | N,T | M | C | M | C | M | C | M | C | ME | C |
| DGP 1 | 100,15 | 0 | 0 | 0.004 | 0 | 0.976 | 0.994 | 0.020 | 0.004 | 0 | 0.002 |
| | 100,25 | 0 | 0 | 0 | 0 | 0.996 | 1 | 0.004 | 0 | 0 | 0 |
| | 100,50 | 0 | 0 | 0 | 0 | 0.988 | 1 | 0.012 | 0 | 0 | 0 |
| | 200,15 | 0 | 0 | 0 | 0 | 0.996 | 0.089 | 0.004 | 0.106 | 0 | 0.004 |
| | 200,25 | 0 | 0 | 0 | 0 | 1 | 1 | 0 | 0 | 0 | 0 |
| | 200,50 | 0 | 0 | 0 | 0 | 1 | 1 | 0 | 0 | 0 | 0 |

续表

| 组数（G） | | 1 | | 2 | | 3 | | 4 | | 5 | |
|---|---|---|---|---|---|---|---|---|---|---|---|
| | N,T | M | C | M | C | M | C | M | C | ME | C |
| DGP 2 | 100,15 | 0 | 0 | 0.002 | 0.249 | 0.473 | 0.734 | 0.372 | 0.003 | 0.153 | 0.005 |
| | 100,25 | 0 | 0 | 0 | 0.010 | 0.939 | 0.980 | 0.060 | 0.005 | 0.001 | 0.005 |
| | 100,50 | 0 | 0 | 0 | 0 | 0.995 | 1 | 0.005 | 0 | 0 | 0 |
| | 200,15 | 0 | 0 | 0 | 0.028 | 0.669 | 0.972 | 0.221 | 0 | 0.110 | 0 |
| | 200,25 | 0 | 0 | 0 | 0 | 0.963 | 1 | 0.037 | 0 | 0 | 0 |
| | 200,50 | 0 | 0 | 0 | 0 | 0.998 | 1 | 0.002 | 0 | 0 | 0 |
| DGP 3 | 100,15 | 0 | 0 | 0.081 | 0.129 | 0.612 | 0.583 | 0.262 | 0.192 | 0.045 | 0.096 |
| | 100,25 | 0 | 0 | 0.058 | 0.096 | 0.810 | 0.646 | 0.128 | 0.242 | 0.004 | 0.016 |
| | 100,50 | 0 | 0 | 0.007 | 0 | 0.895 | 0.986 | 0.098 | 0.014 | 0 | 0 |
| | 200,15 | 0 | 0 | 0.063 | 0.121 | 0.705 | 0.662 | 0.221 | 0.235 | 0.011 | 0.018 |
| | 200,25 | 0 | 0 | 0 | 0.002 | 0.881 | 0.986 | 0.106 | 0.014 | 0 | 0 |
| | 200,50 | 0 | 0 | 0.002 | 0 | 0.932 | 1 | 0.066 | 0 | 0 | 0 |

表2-4　　正确分组的频率（$G^0=3$）

| | DGP 1 | | DGP 2 | | DGP 3 | |
|---|---|---|---|---|---|---|
| N,T | M-Est | C-Lasso | M-Est | C-Lasso | M-Est | C-Lasso |
| 100,15 | 0.902 | 0.889 | 0.995 | 0.943 | 0.752 | 0.703 |
| 100,25 | 0.934 | 0.958 | 1 | 0.952 | 0.909 | 0.893 |
| 100,50 | 0.966 | 0.996 | 1 | 1 | 0.979 | 0.945 |
| 200,15 | 0.903 | 0.898 | 0.995 | 0.923 | 0.883 | 0.856 |
| 200,25 | 0.967 | 0.972 | 0.999 | 0.944 | 0.929 | 0.893 |
| 200,50 | 0.995 | 0.996 | 1 | 0.981 | 0.980 | 0.955 |

# 第五节　实证应用

在本节中，将上述的估计和分类方法应用于两个数据集，并分别考虑线性面板数据模型和二元选择面板数据模型。

## 一、妇女劳动力市场参与影响因素研究

第一个数据集来自收入动态调查面板（PSID，Panel Survey of Income Dynamics），包含了从1979年到1988年这10年间的664名已婚妇女的数据。考虑以下具有固定效应的动态概率面板数据模型：

$$y_{it}=1\left(\gamma_{g_i}y_{i,t-1}+X_{it}'\beta_{1,g_i}+\alpha_i>u_{it}\right),$$

其中，如果妇女 $i$ 在时期 $t$ 参与，则 $y_{it}$ 取值为1；否则为零；$\alpha_i$ 表示个体固定效应，$\epsilon_{it}$ 为服从标准正态分布的误差项，其他自变量为

$$X_{it}=\left(\#children_{it},logincome_{it},race,eduwife,agewife,agewife^2\right)',$$

其中，$\#children_{it}$ 表示介于0到17岁之间的孩子数量，$logincome_{it}$ 是消费者价格指数调整过的丈夫劳动收入的对数，$race$ 是一个指示函数，如果是黑人则取值为1，否则为0，$eduwife$ 是女性的受教育年数，$agewife$ 是女性的年龄（除以10），$agewife^2$ 是年龄的平方。Hyslop（1999）和 Carro（2007）也考虑了类似的变量

由本文的分类方法，将原始样本分为两组（即，$G=2$）。完整样本和两个组的描述统计信息如表2-5所示。从表2-5可以看出，这两个组在某些变量上的呈现了相当程度的差异。例如，相对而言，第二组的个体有更多的孩子，黑人比例较低，年龄较小，而第

一组的个体则受教育年数更长。观察到第二组个体的劳动参与率平均值为0.7898，而第一组为0.3982，这说明，第二组比第一组明显地更有加入劳动力市场的倾向。

表2-5　　描述统计量

| | 全样本 | | | 组1 | | | 组2 | | |
|---|---|---|---|---|---|---|---|---|---|
| 变量 | 最小值 | 均值 | 最大值 | 最小值 | 均值 | 最大值 | 最小值 | 均值 | 最大值 |
| $y_{it}$ | 0 | 0.574 | 1 | 0 | 0.398 | 1 | 0 | 0.789 | 1 |
| #children | 0 | 1.76 | 7 | 0 | 1.691 | 6 | 0 | 1.841 | 7 |
| logincome | 5.806 | 10.471 | 13.846 | 5.806 | 10.483 | 12.995 | 6.64 | 10.46 | 13.85 |
| race | 0 | 0.164 | 1 | 0 | 0.179 | 1 | 0 | 0.147 | 1 |
| eduwife | 5 | 12.05 | 1.8 | 5 | 12.13 | 18 | 5 | 11.95 | 18 |
| agewife | 1.8 | 3.557 | 6.3 | 1.9 | 3.671 | 6.2 | 1.8 | 3.424 | 6.3 |
| agewife2 | 3.24 | 13.41 | 39.69 | 3.61 | 14.25 | 38.44 | 3.24 | 12.43 | 36.69 |

对于估计得到的组成员，对每个组以及整个样本应用了固定效应probit回归。估计结果总结如表2-6所示。在上述估计中可以得到一些有趣的发现。首先，注意到上一年的劳动力参与、丈夫的收入和妻子的年龄对整个样本和两个组的影响方向保持一致，即使这些影响在不同组之间可能存在较大差异。其次，种族在整个样本和第一组中对劳动力参与率有负面影响，而在第二组中不再显著。从描述统计中注意到，第二组的黑人妻子比例相对较低，这表明该组中种族的影响被其他变量抵消了。最后，观察到妻子的教育在整个样本和第一组中不显著，而在第二组中显著，这表明教育对第二组个体的劳动力参与确实有积极显著影响。

**表2-6　　　　　　　　女性就业市场参与估计结果**

| 变量 | 全样本 | 组1 | 组2 |
|---|---|---|---|
| $y_{i,t-1}$ | 2.0504*** | 2.1779*** | 0.8835*** |
| #children | 0.0000 | 0.0395 | 0.0915** |
| logincome | 0.1933*** | 0.2408*** | 0.1787** |
| race | 0.1735** | 0.938 | 0.1215 |
| eduwife | 0.0096 | 0.0088 | 0.0257** |
| agewife | 1.2635*** | 1.8465*** | 2.6434*** |
| agewife2 | 0.1610*** | 0.2297*** | 0.3097*** |

注：*，**和***分别表示在10%，5%和1%的水平上显著。

## 二、总生产函数的估计

第二个实证应用是分析总量生产函数，这对经济学家理解经济增长、技术变革、国家之间的生产率差异和生产效率至关重要。在接下来的内容中，将本章的方法应用于Penn World Table第9.0版本的总量生产数据。本文采用一个平衡面板数据集，涵盖了1950年至2014年间全球43个国家的数据。按照Glass等（2016）的方法，考虑以下线性模型：

$$y_{it} = \beta_{k,g_i} k_{it} + \beta_{l,g_i} l_{it} + \beta_{pub,g_i} pub_{it} + \beta_{xm,g_i} xm_{it} + \alpha_i + error_{it}$$

其中，$y_{it}, k_{it}, l_{it}$ 分别表示第 $i$ 个国家在第 $t$ 年的实际对数GDP、资本存量和从业人口数量。此外，$pub_{it}$ 是政府/公共支出，$xm_{it}$ 是净贸易开放度，定义为商品出口减去进口。基于本章的估计方法和分组准则，整个样本分为了三个组。

表2-7报告了全样本和三个子组的估计参数及相应的显著性。在1%的水平下，所有估计系数都极具显著性，除了在10%的水平下组1中的 $xm$ 系数不显著。全样本的资本和劳动弹性分别估计为0.6366

和0.3845，大约总和为1，与Cobb-Douglas模型中的惯例相符（适当缩放）。这两个弹性在组2和组3之间相似，资本弹性较高，而在组1中，资本弹性估计值为0.4113，比劳动弹性小约0.2。此外，就*pub*系数而言，组1 和3相当接近，估计系数约为1。但是，组2中的*pub*斜率为−3.4091，显示出显著差异。最后，对于三组而言，*xm*对*y*的影响是不同的，即组1没有影响，组2的系数为-0.6887，组3的系数为0.8006，为正影响。

**表2-7　　总生产估计结果**

| 变量 | 全样本 | 组1 | 组2 | 组3 |
|---|---|---|---|---|
| *k* | 0.6366*** | 0.4113*** | 0.6533*** | 0.6152*** |
| *l* | 0.3845*** | 0.6005*** | 0.5610*** | 0.5771*** |
| pub | 0.7636*** | 1.0805*** | −3.4091*** | 1.0224*** |
| xm | 0.5649*** | 0.1609 | −0.6887*** | 0.8006*** |

注：*，**和***分别表示在10%，5%和1%的水平上显著。

# 第六节　结论

在本章中，考虑了在真实群组数量和群组成员信息未知的情况下面板数据模型的识别和估计问题。本章提出了一种基于M-估计程序来估计感兴趣的参数和对个体进行分类的方法，并提出了一个信息准则函数来确定未知群组的数量。该方法适用于线性和非线性面板。本章研究了估计、分类和确定群组数量的渐近性质。作为一个重要的理论贡献，本章发现只要在估计中采用的群组数量不低于真实群组数，文中提出的估计量的一致性与在估计中使用的群组数量无关。这一结果的重要实践含义是，分组过多的危害是有限的，可以安全地使用相对较大的群组数量来估计模型。本章进行蒙特卡洛模拟来考察所提出方法的有限样本性质，并且验证了本章的理论发现。

# 附录

在这个附录中，提供了论文主要结果的证明思路。这些证明使用了一些技术性引理，它们的证明可以在原文的补充材料中找到。首先，定义一些符号。称随机变量 $\zeta_{NT}$ 是 $o_{P_{\mathcal{D}}}(r_{NT})$，如果对于任意正数 $\epsilon$，都有 $P_{\mathcal{D}}\left(\zeta_{NT} > r_{NT}^{-1}\epsilon\right) = o_P(1)$ 成立。类似地，称随机变量 $\zeta_{NT}$ 是 $o_{P_{\mathcal{D}}}(r_{NT})$，如果对于任意正数 $\epsilon$，存在 $C_\epsilon > 0$ 使得 $P_{\mathcal{D}}\left(\zeta_{NT} > r_{NT}^{-1}C_\epsilon\right) \leqslant \epsilon + o_P(1)$。称事件 $A_{NT}$ 在给定 $\mathcal{D}$ 的条件下以接近1的概率发生，当且仅当 $P_{\mathcal{D}}\left(A_{NT}^c\right) = o_P(1)$。通过 $o_{P_{\mathcal{D}}}$，$O_{P_{\mathcal{D}}}$ 的定义以及控制收敛定理（DCT, Dominated Convergence Theorem），可以证明以下关系 $P_{\mathcal{D}}$ 与 $P$ 的陈述：

(s.1) 如果 $\zeta_{NT} = o_{P_{\mathcal{D}}}(r_{NT})$，则 $\zeta_{NT} = o_P(r_{NT})$。

(s.2) 如果 $\zeta_{NT} = O_{P_{\mathcal{D}}}(r_{NT})$，则 $\zeta_{NT} = O_P(r_{NT})$。

(s.3) 如果一个事件 $A_{NT}$ 在给定 $\mathcal{D}$ 的条件下以接近1的概率发生，那么 $A_{NT}$ 也以概率趋近于1的方式发生。

## 一、定理2.1的证明

**定理2.1证明** 通过建立三个命题来完成定理2.1的证明。命题A1证明了定理2.1的第一部分，而命题A2-A3证明了定理2.1的第二部分。每个命题证明中使用的技术性引理都会在相应的命题之前给出。

**引理A1.** 在假设A1下，对于所有 $0<\epsilon<R$，其中

$$R=\sup_{\beta_1,\beta_2\in\mathbb{K},\alpha_1,\alpha_2\in\mathbb{A}}\left\|\beta_1-\beta_2\right\|_2+\left|\alpha_1-\alpha_2\right|$$

几乎必然有不等式

$$\inf_{d_N\left(\theta_N,\theta_N^0\right)\geqslant\epsilon}\left[\Psi_N\left(\theta_N^0\right)-\Psi_N\left(\theta_N\right)\right]\geqslant\frac{\epsilon}{2R}\chi\left(\epsilon^2/8\right)$$

成立。

**引理A2.** 假设A1成立。那么存在正常数 $C_3,C_4,C_5$，使得不等式

$$\sup_{1\leqslant i\leqslant N}P_{\mathcal{D}}\left(\sup_{(\beta,\alpha)\in\mathbb{K}\times\mathbb{A}}\left|\hat{H}_i(\beta,\alpha)-H_i(\beta,\alpha)\right|>10z\right)\leqslant C_4\left[1+\frac{1}{z^{2(p+2)}}\right]\times$$
$$\left[\left(1+\frac{T^{\frac{1}{1+d}}z^2}{C_5}\right)^{-T^{\frac{d}{1+d}}/4}+\frac{1}{d}\exp\left(-C_3T^{\frac{d}{1+d}}z^d\right)+\frac{\exp\left(-C_3T^{\frac{d}{1+d}}z^d\right)}{1-\exp\left(-C_3T^{\frac{d}{1+d}}z^d\right)}\right]$$

对所有 $z>0$，$N\geqslant1$ 和 $T^{\frac{d}{1+d}}\geqslant4(p+2)$ 几乎必然成立。此外，由条件 $\log N=o\left(T^{\frac{d}{1+d}}\right)$ 可得

$$\sup_{1\leqslant i\leqslant N}\sup_{(\beta,\alpha)\in\mathbb{K}\times\mathbb{A}}\left|\hat{H}_i(\beta,\alpha)-H_i(\beta,\alpha)\right|=o_{P_{\mathcal{D}}}(1)=o_P(1)。$$

并且进一步有，

$$\sup_{\theta_N\in\Theta_N}\left|\hat{\Psi}_N\left(\theta_N\right)-\Psi_N\left(\theta_N\right)\right|=o_{P_{\mathcal{D}}}(1)=o_P(1)。$$

引理A2给出以下集中不等式（concentration inequality）：

$$S_{NT} := \sup_{1\leqslant i\leqslant N}\sup_{(\beta,\alpha)\in\mathbb{K}\times\mathbb{A}}\left|\hat{H}_i(\beta,\alpha)-H_i(\beta,\alpha)\right| = o_{P_{\mathcal{D}}}(1) = o_P(1)。$$

这在证明中起着关键作用。此外，$\hat{\Psi}$ 的定义隐含了如下不等式：

$$\sup_{\theta_N\in\Theta_N}\left|\hat{\Psi}_N(\theta_N)-\Psi_N(\theta_N)\right| =$$

$$\sup_{\left(\underline{\beta},\underline{\alpha},\gamma_{NT}\right)\in\mathbb{K}\times\mathbb{A}\times\Gamma_N}\left|\frac{1}{N}\sum_{i=1}^{N}\left[\hat{H}_i\left(\beta_{g_i},\alpha_i\right)-H_i\left(\beta_{g_i},\alpha_i\right)\right]\right| \leqslant S_{NT}。$$

**命题A1.** 设 $G \geqslant G^0$，并且假设A1-A2成立。那么

$$d_N\left(\hat{\theta}_N,\theta_N^0\right) = o_{P_{\mathcal{D}}}(1) = o_P(1)。$$

**证明：** 根据 $\hat{\theta}_N$ 的定义，有不等式

$$\Psi_N\left(\theta_N^0\right)-S_{NT} \leqslant \hat{\Psi}_N\left(\theta_N^0\right) \leqslant \hat{\Psi}_N\left(\hat{\theta}_N\right) \leqslant \Psi_N\left(\hat{\theta}_N\right)+S_{NT} \leqslant \Psi_N\left(\theta_N^0\right)+S_{NT}。$$

这个不等式和引理A2确立了下列收敛结果

$$\hat{\Psi}_N\left(\hat{\theta}_N\right)-\Psi_N\left(\theta_N^0\right) = o_{P_{\mathcal{D}}}(1)。\qquad (A.1)$$

在区间 $(0,R)$ 中固定一个值 $\epsilon$，其中 $R=\sup_{\beta_1,\beta_2\in\mathbb{K},\alpha_1,\alpha_2\in\mathbb{A}}\|\beta_1-\beta_2\|_2+|\alpha_1-\alpha_2|$。引理A1给出了下界

$$\Psi_N\left(\theta_N^0\right)-\Psi_N\left(\hat{\theta}_N\right) \geqslant \left[\Psi_N\left(\theta_N^0\right)-\Psi_N\left(\hat{\theta}_N\right)\right]1\left(d_N\left(\hat{\theta}_N,\theta_N^0\right)\geqslant\epsilon\right)$$

$$\geqslant c_0 1\left(d_N\left(\hat{\theta}_N,\theta_N^0\right)\geqslant\epsilon\right),$$

其中 $c_0=\epsilon\chi\left(\epsilon^2/8\right)/(4R)$。由此结论和（A.1），推导出 $P_{\mathcal{D}}$ $\left(d_N\left(\hat{\theta}_N,\theta_N^0\right)\geqslant\epsilon\right)$ 在概率上收敛于零。这与(s.1)一起给出了期望的结果。

命题A1证明了定理2.1的第一部分。为了证明第二部分（见命题A3），需要更多的符号。对于 $\beta\in\mathbb{K}$，定义

$$\hat{\alpha}_i(\beta) := \underset{\alpha\in\mathbb{A}}{\operatorname{argmax}}\,\hat{H}_i\left(\underline{\beta},\underline{\alpha}\right)。$$

对于 $\underline{\beta} := \left(\beta_1,\beta_2,\ldots,\beta_G\right)\in\mathbb{K}^G$，定义

$$\hat{\gamma}_N\left(\underline{\beta}\right) := \underset{\gamma_N\in\Gamma_N}{\operatorname{argmax}}\ \max_{\underline{\alpha}\in\mathbb{A}^N} \hat{\Psi}_N\left(\underline{\beta},\underline{\alpha}\right), \tag{A.2}$$

其中，$\left(\hat{g}_1\left(\underline{\beta}\right),\hat{g}_2\left(\underline{\beta}\right),\ldots,\hat{g}_N\left(\underline{\beta}\right)\right)$ 是 $\hat{\gamma}_N\left(\underline{\beta}\right)$ 包含的所有元素。当 $G\neq G^0$ 时，为了度量两个向量 $\left(\hat{\beta}_1,\hat{\beta}_2,\ldots,\hat{\beta}_G\right)$ 和 $\left(\beta_1^0,\beta_2^0,\ldots,\beta_0^{G^0}\right)$ 不同时的差距或距离，定义一个映射 $\sigma:\left[G^0\right]\to\left[G\right]$ 如下：

$$\sigma\left(g\right) = \underset{\tilde{g}\in[G]}{\operatorname{argmin}}\left\|\hat{\beta}_{\tilde{g}} - \beta_g^0\right\|_2,\ 对于\ g\in\left[G^0\right], \tag{A.3}$$

如果有多个最小值，只需选择其中一个。

**引理A3.** 假设A1下，几乎必然有以下利普希茨条件成立：

$$\sup_{N\geqslant 1}\sup_{1\leqslant i\leqslant N}\sup_{(\beta_1,\alpha_1)\neq(\beta_2,\alpha_2)\in\mathbb{K}\times\mathbb{A}}\frac{|H_i(\beta_1,\alpha_1)-H_i(\beta_2,\alpha_2)|}{\left(\left\|\beta_1-\beta_2\right\|_2^2+\left|\alpha_1-\alpha_2\right|^2\right)^{1/2}}\leqslant B_2, \tag{A.4}$$

其中，如果 $0<b_1<\infty$，则 $B_2=\int_0^\infty \exp\left(1-\left(t/B_1\right)^{b_1}\right)dt$；如果 $b_1=\infty$，则 $B_2=B_1$。

**命题A2** 假设A1-A2成立，并且 $G\geqslant G^0$。那么有：

$$\max_{g\in\left[G^0\right]}\left\|\hat{\beta}_{\sigma(g)}-\beta_g^0\right\|_2 = o_{P_D}\left(1\right) = o_P\left(1\right)。$$

**证明：** 回顾 $N_g=\sum_{i=1}^N 1(g_i^0=g)$ 表示群 $g$ 的大小。根据 $\sigma$ 的定义，对于 $g\in\left[G^0\right]$，有

$$\begin{aligned}\left\|\hat{\beta}_{\sigma(g)}-\beta_g^0\right\|_2 &= \frac{1}{N_g}\sum_{i=1}^N 1(g_i^0=g)\left\|\hat{\beta}_{\sigma\left(g_i^0\right)}-\beta_{g_i^0}^0\right\|_2\\ &\leqslant \frac{1}{N_g}\sum_{i=1}^N 1(g_i^0=g)\left\|\hat{\beta}_{\hat{g}_i}-\beta_{g_i^0}^0\right\|_2。\end{aligned}$$

因此，得到最大值

$$\max_{g\in\left[G^0\right]}\left\|\hat{\beta}_{\sigma(g)}-\beta_g^0\right\|_2 \leqslant \max_{g\in\left[G^0\right]}\frac{N}{NN_g}\sum_{i=1}^N\left\|\hat{\beta}_{\hat{g}_i}-\beta_{g_i^0}^0\right\|_2 \leqslant \max_{g\in\left[G^0\right]}\frac{1}{N_g}d_N\left(\hat{\theta}_N,\theta_N^0\right)。$$

于是，根据假设A1(f)和命题A1，得出所期望的结果。

**引理A4.** 假设A1-A2成立。那么

$$\sup_{1\leqslant i\leqslant N}\left|\hat{\alpha}_i\left(\beta^0_{g^0_i}\right)-\alpha^0_i\right|=o_{P_{\mathcal{D}}}(1)=o_P(1)\text{。}$$

此外，如果 $\beta_{T_i},i\in[N]$ 是满足 $\sup_{1\leqslant i\leqslant N}\left\|\beta_{T_i}-\beta^0_{g^0_i}\right\|_2=o_{P_{\mathcal{D}}}(1)$ 的随机向量，则

$$\sup_{1\leqslant i\leqslant N}\left|\hat{\alpha}\left(\beta_{T_i}\right)-\alpha^0_i\right|=o_{P_{\mathcal{D}}}(1)=o_P(1)\text{。}$$

**命题A3.** 假设 $G\geqslant G^0$ 并且假设A1-A2成立，那么

$$\sup_{1\leqslant i\leqslant N}\left\|\hat{\beta}_{\hat{g}_i}-\beta^0_{g^0_i}\right\|_2=o_{P_{\mathcal{D}}}(1)=o_P(1)\text{。}$$

**证明：**根据不等式

$$\hat{H}_i\left(\hat{\beta}_{\sigma(g^0_i)},\hat{\alpha}\left(\hat{\beta}_{\sigma(g^0_i)}\right)\right)\leqslant\hat{H}_i\left(\hat{\beta}_{\hat{g}_i},\hat{\alpha}\left(\hat{\beta}_{\hat{g}_i}\right)\right)$$

以及 $S_{NT}$ 的定义，可推导出

$$H_i\left(\hat{\beta}_{\sigma(g^0_i)},\hat{\alpha}\left(\hat{\beta}_{\sigma(g^0_i)}\right)\right)-S_{NT}\leqslant\hat{H}_i\left(\hat{\beta}_{\sigma(g^0_i)},\hat{\alpha}\left(\hat{\beta}_{\sigma(g^0_i)}\right)\right)\leqslant H_i\left(\hat{\beta}_{\hat{g}_i},\hat{\alpha}\left(\hat{\beta}_{\hat{g}_i}\right)\right)+S_{NT}\text{。}$$

因此，

$$C_{NT}:=\sup_{1\leqslant i\leqslant N}\left[H_i\left(\hat{\beta}_{\sigma(g^0_i)},\hat{\alpha}\left(\hat{\beta}_{\sigma(g^0_i)}\right)\right)-H_i\left(\hat{\beta}_{\hat{g}_i},\hat{\alpha}\left(\hat{\beta}_{\hat{g}_i}\right)\right)\right]\leqslant 2S_{NT}\text{。}\quad\text{(A.5)}$$

固定一个常数 $\epsilon>0$，并设定 $A_{NT}=\sup_{1\leqslant i\leqslant N}\left\|\hat{\beta}_{\hat{g}_i}-\beta^0_{g^0_i}\right\|_2\geqslant\epsilon$。根据假设A1(c)有

$$\begin{aligned}&\inf_{1\leqslant i\leqslant N}\left\{H_i\left(\beta^0_{g^0_i},\alpha^0_i\right)-H_i\left(\hat{\beta}_{\hat{g}_i},\hat{\alpha}\left(\hat{\beta}_{\hat{g}_i}\right)\right)\right\}\\&\geqslant\inf_{1\leqslant i\leqslant N}\left\{H_i\left(\beta^0_{g^0_i},\alpha^0_i\right)-H_i\left(\hat{\beta}_{\hat{g}_i},\hat{\alpha}\left(\hat{\beta}_{\hat{g}_i}\right)\right)\right\}1\left(A_{NT}\right)\\&\geqslant\chi\left(\epsilon^2\right)I\left(A_{NT}\right)\text{。}\end{aligned}\quad\text{(A.6)}$$

引理A3和三角不等式推导出

$$\begin{aligned}D_{NT}&:=\sup_{1\leqslant i\leqslant N}\left(H_i\left(\beta^0_{g^0_i},\alpha^0_i\right)-H_i\left(\hat{\beta}_{\sigma(g^0_i)},\hat{\alpha}\left(\hat{\beta}_{\sigma(g^0_i)}\right)\right)\right)\\&\leqslant\sup_{1\leqslant i\leqslant N}B_2\left[\left\|\hat{\beta}_{\sigma(g^0_i)}-\beta^0_{g^0_i}\right\|_2+\left|\hat{\alpha}_i\left(\beta^0_{g^0_i}\right)-\alpha^0_i\right|\right]\text{。}\end{aligned}\quad\text{(A.7)}$$

根据命题A2有

$$\sup_{1\leqslant i\leqslant N}\left\|\hat{\beta}_{\sigma\left(g_i^0\right)}-\beta_{g_i^0}^0\right\|_2\leqslant\max_{g\in\left[G^0\right]}\left\|\hat{\beta}_{\sigma(g)}-\beta_g^0\right\|_2=o_{P_{\mathcal{D}}}(1)。\tag{A.8}$$

因此，应用引理A4，其中 $\beta_{T_i}=\hat{\beta}_{\sigma\left(g_i^0\right)}$，得到

$$\sup_{1\leqslant i\leqslant N}\left|\hat{\alpha}\left(\hat{\beta}_{\sigma\left(g_i^0\right)}\right)-\alpha_i^0\right|=o_{P_{\mathcal{D}}}(1)。\tag{A.9}$$

由不等式（A.7）-（A.9）进一步可推导出

$$D_{NT}=o_{P_{\mathcal{D}}}(1)。\tag{A.10}$$

结合（A.5），（A.6），（A.10）和引理A2有

$$\chi\left(\epsilon^2\right)I\left(A_{NT}\right)\leqslant C_{NT}+D_{NT}\leqslant 2S_NT+D_{NT}=o_{P_{\mathcal{D}}}(1)。$$

这表明 $P_{\mathcal{D}}\left(A_{NT}^c\right)=o_{P_{\mathcal{D}}}(1)=o_P(1)$，这就是期望得到的结果。

**定理2.1的证明**。这是命题A1和A3的直接推论。**证毕**。

## 二、定理2.2和2.3证明

为了比较 $G\neq\tilde{G}$ 时 $\underline{\beta}=\left(\beta_1,\beta_2,\ldots,\beta_G\right)\in\mathbb{K}^G$ 和 $\underline{\tilde{\beta}}=\left(\tilde{\beta}_1,\tilde{\beta}_2,\ldots,\tilde{\beta}_G\right)\in\mathbb{K}^{\tilde{G}}$，引入如下豪斯多夫距离：

$$d_H\left(\underline{\beta},\underline{\tilde{\beta}}\right)=\max\left\{\max_{g\in\left[G^0\right]}\min_{\tilde{g}\in\left[\tilde{G}\right]}\left\|\tilde{\beta}_{\tilde{g}}-\beta_g\right\|_2,\max_{\tilde{g}\in\left[\tilde{G}\right]}\min_{g\in\left[G^0\right]}\left\|\tilde{\beta}_{\tilde{g}}-\beta_g\right\|_2\right\}。$$

定义 $\underline{\beta}^0$ 的 $\eta$ 邻域为 $\mathcal{N}_\eta=\left\{\underline{\beta}\in\mathbb{K}^G:d_H\left(\underline{\beta},\underline{\tilde{\beta}}\right)<\eta\right\}$。对于每个 $\underline{\beta}\in\mathcal{N}_\eta$，记集合 $\mathcal{A}_\eta\left(\underline{\beta},g\right)=\left\{\tilde{g}\in[G]:\left\|\tilde{\beta}_{\tilde{g}}-\beta_g\right\|_2<\eta\subseteq[G]\right\}$，对 $g\in\left[G^0\right]$。在这里，$\mathcal{A}_\eta\left(\underline{\beta},\cdot\right)$ 起着重新标记的作用，将 $\left[G^0\right]$ 中的标签与 $[G]$ 中的标签关联起来。

在证明定理2.2之前，需要介绍两个引理。

**引理A5.** 假设A1-A2成立并且$G \geqslant G^0$。那么有

$$d_H\left(\hat{\underline{\beta}}, \underline{\beta}^0\right) = o_{P_{\mathcal{D}}}(1) = o_P(1) 。$$

**引理A6.** 假设A1, A3成立并且$G \geqslant G^0$。对于足够小的$\eta > 0$，有以下结论：

(i) 对所有$\underline{\beta} \in \mathcal{N}_\eta$，$\left\{\mathcal{A}_\eta\left(\underline{\beta}, g\right), g \in \left[G^0\right]\right\}$是$[G]$的一个划分，并且每个$\mathcal{A}_\eta\left(\underline{\beta}, g\right)$对所有$g \in \left[G^0\right]$内都是非空的。

(ii) $P_{\mathcal{D}}\left(\sup_{\underline{\beta} \in \mathcal{N}_\eta} \sup_{1 \leqslant i \leqslant N} 1\left(\hat{g}_i\left(\underline{\beta}\right) \notin \mathcal{A}_\eta\left(\underline{\beta}, g_i^0\right)\right) > 0\right) = o_P(1)$。

(iii) 如果$G = G^0$，那么对所有$g \in \left[G^0\right]$，每个$\mathcal{A}_\eta\left(\underline{\beta}, g\right)$恰好包含一个元素，因此$\mathcal{A}_\eta\left(\underline{\beta}, \cdot\right)$是$\left[G^0\right]$的一个置换（permutation）。在该置换下，

$$P_{\mathcal{D}}\left(\sup_{\underline{\beta} \in \mathcal{N}_\eta} \sup_{1 \leqslant i \leqslant N} 1\left(\hat{g}_i\left(\underline{\beta}\right) \neq g_i^0\right) > 0\right) = o_P(1) 。$$

**定理2.2的证明。** 根据$d_H$的定义和引理A5，得出结论：对于$0 < \eta < d_0 / 2$，条件概率给定$\mathcal{D}$接近于1时，$\left\{\mathcal{A}_\eta\left(\hat{\underline{\beta}}, g\right), g \in \left[G^0\right]\right\}$是$[G]$的一个划分，且对于所有的$g \in \left[G^0\right]$，每个$\mathcal{A}_\eta\left(\hat{\underline{\beta}}, g\right)$都非空。

接下来根据引理A6和给定$\mathcal{D}$，$\hat{\underline{\beta}} \in \mathcal{N}_\eta$以条件概率接近于1成立这一事实，有

$$1 - P_{\mathcal{D}}\left(\hat{g}_i \in \mathcal{A}_\eta\left(\hat{\underline{\beta}}, g_i^0\right), \forall i \in [N]\right) = o_P(1) 。$$

通过DCT，可得

$$\lim_{(N,T) \to \infty} P\left(\hat{g}_i \in \mathcal{A}_\eta\left(\hat{\underline{\beta}}, g_i^0\right), \forall i \in [N]\right) = 1 。$$

最后，假设对于某个$g \in [G]$，存在$i, j \in \hat{\mathcal{C}}_g$，则$\hat{g}_i = \hat{g}_j = g$。从上述论证可知，在给定$\mathcal{D}$条件概率接近于1，$g \in \mathcal{A}_\eta\left(\hat{\underline{\beta}}, g_i^0\right)$且$g \in \mathcal{A}_\eta\left(\hat{\underline{\beta}}, g_j^0\right)$。注意，在给定$\mathcal{D}$的条件概率接近于1，$\mathcal{A}_\eta\left(\hat{\underline{\beta}}, g\right)$，其

中 $g \in [G^0]$，是 $[G]$ 的一个划分，因此可以得出 $g_i = g_j$。现在定义 $\tilde{g} = g_i^0 = g_j^0 \in [G^0]$，则 $i, j \in \mathcal{C}_{\tilde{g}}$。因此，在给定 $\mathcal{D}$ 的条件概率接近于1，对于每个 $g \in [G]$，存在 $\tilde{g} \in [G^0]$，使得 $\hat{\mathcal{C}}_g \subset \mathcal{C}_{\tilde{g}}$。

命题2.1和定理2.3的证明。

**命题2.1的证明**。假设 $G = G^0$，则在定理2.2的证明中，在适当的重新标记下，对于每个 $g \in [G^0]$，有 $P_{\mathcal{D}}\left(\hat{\mathcal{C}}_g \neq \mathcal{C}_g\right) = o_P(1)$。进一步地，有 $1 - P_{\mathcal{D}}\left(\hat{g}_i = g_i^0, \forall i \in [N]\right) = o_P(1)$。由于在事件 $\hat{g}_i = g_i^0, \forall i \in [N]$ 上，有 $\hat{\underline{\beta}} = \tilde{\underline{\beta}}$。因此，完成证明。

**引理A7**.假设A1、A3、A4成立且 $N = O(T)$，则对于所有的 $g \in [G^0]$，并给定 $\mathcal{D}$ 的条件下，

$$\sqrt{N_g T}\left(\tilde{\beta}_g - \beta_g^0\right) + W_g^{-1}\Delta_g \xrightarrow{D} N\left(0, W_g^{-1} D_g W_g^{-1}\right)$$

几乎必然成立。此外，对于所有的 $g \in [G^0]$，

$$\sqrt{N_g T} D_g^{-\frac{1}{2}} W_g\left(\beta_g - \beta_g^0\right) + \sqrt{\frac{N_g}{T}} D_g^{-\frac{1}{2}} \Delta_g \xrightarrow{D} N(0,1)。$$

**定理2.3的证明**。在定理2.1的证明中，证明了在给定 $\mathcal{D}$ 的条件下，事件 $\hat{\underline{\beta}} = \tilde{\underline{\beta}}$ 发生的概率接近于1。因此，渐近分布可以由以上渐近等价性和引理A7得出。**证毕**。

## 三、定理2.4的证明

在证明定理2.4之前，我们首先提供两个引理。

**引理A8**. 在假设A1、A3和 $G < G^0$ 下，存在一个常数 $B_4$，使得以下条件几乎必然成立：

$$\left[\hat{\Psi}_N\left(\theta_N^0\right) - \hat{\Psi}_N\left(\hat{\theta}_N\right)\right] \geqslant B_4 > 0。$$

**引理A9.** 假设A1、A3和 $G>G^0$ 成立。那么条件 $\log N = o\left(T^{\frac{d}{2(1+d)}}\right)$ 隐含着

$$\left|\hat{\Psi}_N\left(\theta_N^0\right)-\hat{\Psi}_N\left(\hat{\theta}_N\right)\right| = O_{P_D}\left(T^{-\frac{1}{4(1+d)}}\right)。$$

**定理2.4的证明。**只需证明对于每个 $G \neq G^0$，

$$P_D\left(PC(G) > PC\left(G^0\right)\right) = o_P(1) \tag{A.11}$$

成立。现在考虑两种情况，即 $G<G^0$ 和 $G>G^0$。

**欠拟合情况，** $G<G^0$：通过直接检查和引理A8，对于足够大的 $(N,T)$，得到

$$\begin{aligned} PC\left(G^0\right)-PC(G) &= \hat{\Psi}_N\left(\hat{\theta}_N^{G^0}\right)-\hat{\Psi}_N\left(\theta_N^0\right)-\hat{\Psi}_N\left(\hat{\theta}_N^G\right)+\hat{\Psi}_N\left(\theta_N^0\right)-\eta_{NT}\left(G^0-G\right) \\ &\geqslant \hat{\Psi}_N\left(\theta_N^0\right)-\hat{\Psi}_N\left(\hat{\theta}_N^G\right)-\eta_{NT}\left(G^0-G\right) \\ &\geqslant \hat{\Psi}_N\left(\theta_N^0\right)-\hat{\Psi}_N\left(\hat{\theta}_N^G\right)-\eta_{NT}\left(G^0-G\right)-2S_{NT} \\ &\geqslant B_4/2+o_P(1)。 \end{aligned} \tag{A.12}$$

由于 $\eta_{NT} \to 0$，根据（A.12），得知对于 $G<G^0$ 的情况，（A.11）成立。

**过拟合情况，** $G>G^0$：根据引理A9，得到

$$\begin{aligned} PC\left(G^0\right)-PC(G) &= \hat{\Psi}_N\left(\hat{\theta}_N^{G^0}\right)-\widehat{\Psi}_N\left(\theta_N^0\right)-\widehat{\Psi}_N\left(\hat{\theta}_N^G\right)+\hat{\Psi}_N\left(\theta_N^0\right)-\eta_{NT}\left(G^0-G\right) \\ &= O_{P_D}\left(T^{-\frac{1}{4(1+d)}}\right)+\eta_{NT}\left(G-G^0\right)。 \end{aligned}$$

由于 $\eta_{NT}T^{\frac{1}{4(1+d)}} \to \infty$ 且 $G>G^0$，所以对于 $G>G^0$ 的情况，（A.11）成立。**证毕。**

# 第三章
# 时变系数面板数据模型的估计和设定检验

## 第一节　导论

面板数据能够跟踪给定个体随时间变化的特征，并和横截面或时间序列数据集相比具有多种优势（见Hsiao，1985，1995），因此面板数据模型已在实证研究中得到了广泛地应用。关于面板数据的特征和优点，感兴趣的读者，可参考面板数据的标准教材，如Wooldridge（2010）和Hsiao（2014）。在过去几十年中，计量经济学家和统计学家已经提出并研究了各种形式的面板数据模型，不同的模型设定适用于不同的应用场景。例如，当面板数据中的个体对协变量的反应显示出明显的差异性时，采用异质面板数据模型将更加适宜。Lombardia和Sperlich（2008）对部分参数具有特定群组结构的面板数据模型进行了估计，并给出了相应的统计推断方法。其他相关的异质性或群组结构模型，代表性的研究包括Su等（2016）和Lumsdaine等（2023）。当然，除了群组结构，异质性也可以有其他形式。Kneip等（2012）研究了具有异质时间趋势的面板数据模型；Boneva等（2015）提出了一类异质面板数据的半参数模型；Gao等（2020）研究了具有横截面相关性的异质面板数据模型。此外，面板中异质性的一个常见来源是个体可能表现出横截面相关性。为了适应这一特征，研究人员研究了具有交互固定效应（Fixed Effects, FEs）或潜在因子结构的面板。举例来说，Pesaran（2006）提出了一种公共相关效应估计量（CCE，Common correlated effect estimator）；Bai（2009）考虑了一种迭代主成分估计量；Hsiao等（2022）提出了一种用于面板交互效应模型的变换估计量。另请参见Moon和Weidner（2015），和Hsiao（2018）等。

在一些实际数据中经常会观察到的一个特征是，个体可能会在不同的时间段作出不同的反应。一种可能性是个体可能会在某些时间发生结构性变化；有兴趣读者可以参考Bada等（2022）。另一种可能性是，个体的反应在时间上持续发生变化。这种行为可以由时变系数（TVC，Time-Varying Coefficient) 半参数模型来建模。近期，这一研究领域已经得到了广泛关注。如，Li等（2011）提出了局部线性虚拟变量方法，用于估计带有固定效应和TVC的面板模型，这是Cai等（2000）和Cai（2007）的面板数据模型的推广；Robinson（2012）研究了具有横截面相关性的非参数趋势面板数据模型的核估计；Chen等（2012）在Robinson（2012）的非参数面板趋势模型中包括了线性外生回归变量，并得到了一个部分线性函数结构；Atak等（2011）提出一个具有公共平滑时间趋势的半参数非平衡面板数据模型，并用以研究英国的气候变化。关于时变或函数系数面板数据模型的其他相关文献，请参见Chen和Hong（2012）、Feng等（2016）和Zhao等（2018）。

TVC文献中提到的几乎所有论文都假设横截面单位具有相同的常数系数向量，并且个体单位之间的异质性是通过可加的不可观测个体固定效应来捕捉的。即使同质性假设（即斜率系数是同质的）大大减少了参数空间的维度，显著简化了估计和推断，但这种假设在某些实际应用中可能是不合适的，并且在出现异质性时施加同质性约束经常导致对关键兴趣参数的偏倚估计，而且可能进一步导致误导性的推断结论（参见，例如，Hsiao和Tahmiscioglu，1997；Lee等，1997）。因此，一个相对保守的设定是允许个体特定或群体特定的斜率系数。例如，Ma等（2020）考虑对具有个体特定的时变因子载荷和截距的经验资产定价模型进行检验；Su等（2019）提出了一种具有分组TVC的面板数据模型，并应用Su等（2016）中的C-Lasso来联合估计TVC和组成员；Liu等（2020）研究了一类具有个体特定TVC和公共因子的面板数据模型。

由于系数的稳定性和/或同质性设定在获取面板数据模型的一致估计和有效统计推断中起着关键作用，因此对参数结构进行一定的设定或诊断检验是必要的。在面板数据模型的文献中，已有不少检验考察时间或个体之间的参数同质性。例如，Pesaran和Yamagata（2008）考虑在大型线性面板中检验斜率的同质性；Zhang等（2012）和Hidalgo和Lee（2014）在同质线性斜率的半参数面板数据模型中，提出了一种是否具有公共时间趋势的非参数检验；Bartolucci等（2015）研究了面板数据广义线性模型中时不变（对时变）且不可观察的异质性的检验；Jin和Su（2013）提供了一种针对具有横截面相关性的非参数面板数据模型的可合并性（poolability）检验；Chen和Huang（2018）考查在假设所有系数在个体之间是共同的情况下，对系数的稳定性进行非参数Wald型检验；Gao等

（2020）提供了一种在允许个体特定和非参数时间趋势的情况下恒定斜率的同质性检验；Ma等（2020）检验了对于具有异质时变因子载荷的资产定价模型，所有个体特定的时间趋势是否联合为零。

然而，在面板数据模型的文献中尚无检验系数同质性和稳定性联合结构的方法。联合结构意味着在面板中的所有系数在时间序列和横截面维度上都是固定常数，也就是通常的同质线性面板数据模型。为了填补这一空白，本章提出了一种针对异质TVC面板数据模型联合结构的非参数检验方法。证明了在横截面和时间维度趋于无穷大时，检验统计量在原假设和一系列Pitman局部备择假设下，经过适当标准化后，渐近地服从正态分布。我们提出了一种自助采样程序，用以改善检验的有限样本性能。更重要的是，本文提供了一种统一的方法来检验常用的面板数据模型设定。

该方法的基本思想是在原假设下估计模型，然后对广义残差中的信息做进一步的参数或非参数回归分析。因此，上述想法提供了一种统一的构造结构检验的方法，具有一定的灵活性，不局限于联合检验，也可以检验参数沿时间变化或在个体之间的差异性。事实上，正如在本章第四节中探讨的那样，该方法可以扩展到个体之间系数同质性或时间上系数稳定性的检验，并在实证分析中用于环境库兹涅茨曲线（EKC，Environment Kuznets Curve）的估计和模型设定选择。根据检验结果，联合同质性和稳定性结构，以及稳定性结构均被拒绝，而具有同质时变系数的模型更适用于这个应用问题。

本章的其余部分组织如下。在第二节中，介绍了基本框架，包括模型、感兴趣的假设以及基于原假设下估计的提出的检验统计量。第三节研究了检验的大样本理论。在第四节中，考虑将检验扩展到具有同质时变系数、稳定异质系数和双向固定效应的面板模型。第五节进行了一系列蒙特卡洛模拟，以研究检验的有限样本表现。第六节将本章的检验应用于研究环境库兹涅茨曲线。第七节总结。附录中包含了主要定理（3.1和3.2）的证明思路和一些额外的模拟结果。证明用到的其他引理以及证明，主要定理的详细证明，请参考原文的在线附录。

**符号说明**。我们使用 $\lambda_{\min}(A)$、$\lambda_{\max}(A)$ 和 $\mathrm{tr}(A)$ 分别表示矩阵 $A$ 的最小特征值、最大特征值和迹。对于任意的 $n\times m$ 矩阵 $A$，令 $A'$ 表示其转置，令 $\|A\|_F=\left[\mathrm{tr}(AA')\right]^{1/2}$ 表示其Frobenius范数。我们使用p.s.d.（p.d.）作为“正半定（正定）”的缩写。符号 $\rightarrow_p$ 和 $\rightarrow_d$ 分别表示依概率收敛和依分布收敛。$(N,T)\rightarrow\infty$ 表示 $N$ 和 $T$ 同时趋向于无穷大。

# 第二节　模型基本框架

在本节中，我们首先介绍异质时变系数（TVC）面板数据模型和感兴趣的主要假设，然后给出构造本文检验方法的基本思想，即在原假设下使用约束估计，并最终基于辅助的具有TVC结构的时间序列回归提出一个可行的检验统计量。

## 一、模型和假设

考虑以下具有固定效应和时间趋势的异质时变系数面板数据模型：

$$Y_{it}=X_{it}'\beta_{it}+f_{it}+\alpha_i+\epsilon_{it}, i=1,\ldots,N, t=1,\ldots,T, \quad (3.1)$$

其中，$Y_{it}$是标量因变量，$X_{it}$是一个$d$维时变外生解释变量构成的向量，$\alpha_i$表示个体特定的不可观测效应，可能与回归变量$X_{it}$任意相关，$\epsilon_{it}$是个体特异性的随机误差。感兴趣的参数是未知的时变系数向量$\beta_{it}$和时间趋势$f_{it}$。在非参数时变回归的文献中（例如，Cai，2007；Li等，2011；Chen等，2012；Robinson，2012；Zhang等，2012；Chen和Huang，2018），假设$\beta_{it}$和$f_{it}$都在长时间跨度内缓慢变化，如下所示：对于$t=1,\ldots,T$，

$$\beta_{it}=\beta_i(\tau_t) \text{和} f_{it}=f_i(\tau_t), \quad (3.2)$$

其中，$\tau_t=t/T$是表示时间回归变量，$\beta_i(\cdot):[0,1]\to \mathrm{IR}^{\mathrm{d}}$和$f_i(\cdot):[0,1]\to \mathbf{R}$都是未知的平滑函数。我们注意到，$\tau_t$的取值是依赖于$T$的，这个事实对于推导渐近性是重要的。为了方便起见，我们继续使用$\tau_t$。为了在（3.1）中的识别$f_i(\cdot)$和$\alpha_i$，我们加上识别条件：对于$i=1,\ldots,N$，

$$\int_0^1 f_i(\tau)d\tau=0。$$

将由回归变量（$X_{it}$和1）解释的$Y_{it}$中的成分表示为

$$g_{it}\equiv g_i(X_{it},\tau_t)\equiv X_{it}'\beta_{it}+f_{it}$$

（3.1）和（3.2）中的模型设定具有一般性，当不同的结构被赋予未知函数$\beta_i(\cdot)$和$f_i(\cdot)$时，可以包括各种现有的面板数据模型作为

特殊情况：

（1）如果对于所有 $i$，$\beta_i(\cdot)=\beta$ 并且 $f_i(\cdot)=0$，那么模型（3.1）变为许多教科书中的具有固定效应的标准同质线性面板数据模型（参见Baltagi，2012；Hsiao，2014；Pesaran，2015）：$Y_{it}=X_{it}'\beta+\alpha_i+\epsilon_{it}$。

（2）如果对于所有 $i$，$\beta_i(\cdot)=\beta_i$ 并且 $f_i(\cdot)=0$，模型（3.1）变为具有固定效应的异质线性面板数据模型（参见Hsiao，2014；Pesaran，2015；Hsiao和Pesaran，2008）：$Y_{it}=X_{it}'\beta_i+\alpha_i+\epsilon_{it}$。

（3）如果对于所有 $i$，$\beta_i(\cdot)=\beta(\cdot)$ 并且 $f_i(\cdot)=f(\cdot)$，模型（3.1）变为具有固定效应的公共时变系数面板数据模型（参见Li等，2011；Chen等，2012；Silvapulle 等，2016；Chen和Huang，2018）：$Y_{it}=X_{it}'\beta(\tau_t)+f(\tau_t)+\alpha_i+\epsilon_{it}$。

（4）当 $\beta_i(\cdot)=\beta_i$ 或 $\beta$，$f_i(\cdot)\neq 0$ 或 $f_i(\cdot)=f(\cdot)\neq 0$，模型（3.1）成为下列具有共同或异质性系数和非参数时间趋势的线性面板数据模型：

$$Y_{it}=f(\tau_t)+X_{it}'\beta+\alpha_i+\epsilon_{it}, \tag{3.4}$$

$$Y_{it}=f_i(\tau_t)+X_{it}'\beta+\alpha_i+\epsilon_{it}, \tag{3.5}$$

$$Y_{it}=f(\tau)+X_{it}'\beta_i+\alpha_i+\epsilon_{it}, \tag{3.6}$$

$$Y_{it}=f_i(\tau_t)+X_{it}'\beta_i+\alpha_i+\epsilon_{it}。 \tag{3.7}$$

Chen等（2012）、Zhang等（2012）、Atak等（2011）和Gao等（2020）分别研究了模型（3.4）-（3.7）。

（5）如果没有解释变量，即对所有 $i$ 都有 $\beta_i(\cdot)=0$，那么模型（3.1）成为非参数趋势面板数据模型：

$$Y_{it}=f\left(\tau_t\right)+\alpha_i+\epsilon_{it}$$

$$Y_{it}=f_i\left(\tau_t\right)+X_{it}'\beta+\alpha_i+\epsilon_{it}$$

其中，Robinson（2012）研究了上面的共同趋势模型，而后者允许异质性时间趋势。

（6）当系数$\beta$存在未知的组结构时（即当$i$和$j$在同一组中时有$\beta_i=\beta_j$），模型（3.1）就成为Su等（2016）中的具有时间不变系数的异质线性面板数据模型，或者是Su等（2019）中具有缓慢变化系数的异质面板数据模型。

本章对模型（3.1）中参数的同质性和稳定性进行联合检验感兴趣。原假设是

$$H_0\text{：存在某个 }\beta^0\in R^d\text{ 以及所有}\left(i,t\right)\text{，有}\left(\beta_{it},f_{it}\right)=\left(\beta^0,0\right) \tag{3.8}$$

而备择假设为

$$H_1\text{：存在某些}\left(i,t\right)\neq\left(j,s\right)\text{，}\left(\beta_{it},f_{it}\right)\neq\left(\beta_{js},f_{js}\right) \tag{3.9}$$

当原假设成立时，所有横截面单位在解释变量$X_{it}$上共享相同的时间不变斜率，并且没有时间趋势。那么模型（3.1）就成为具有固定效应的传统同质线性面板数据模型，这是经验应用中最广泛使用的设置。可以通过常规的固定效应估计量或一阶差分（FD, First Difference）估计量来估计模型。当$X_{it}$包括因变量的滞后项或内生变量时，我们可以通过广义矩估计法或工具变量法来估计模型，并且可以证明，在额外假设和更繁琐的推导下，本章所提出的检验统计量仍然是有效的。

对于上述假设检验问题，可以按照瓦尔德（Wald）、拉格朗日乘数（LM）或似然比检验（LR）的思路构建检验统计量。在本章中，基于在原假设下估计的残差提出了一个非参数结构的检验（基

于方程（3.8））,原因如下：首先，在原假设下的受限估计通常估计的参数较少，比没有限制的估计要简单得多；第二，具有参数限制（个体间同质性和随时间稳定性）的简约模型通常是许多实证研究的起点；第三，我们提出的检验在通过探索残差底层信息拟合简单且常用的模型时提供了诊断检查；最后，这种检验策略为在面板数据模型中检验其他常用结构（如同质性、稳定性或参数的组模式）提供了统一的方法。

## 二、检验统计量

首先考虑在原假设 $H_0$ 下对模型进行估计。模型（3.1）简化为

$$Y_{it} = X_{it}'\beta_0 + \alpha_i + \epsilon_{it}。\tag{3.10}$$

可以通过固定效应（FE，Fixed Effect）或一阶差分（FD，First Difference）估计量来估计 $\beta_0$。出于演示目的，我们采用在实证研究中更加广泛使用固定效应估计量:

$$\hat{\beta}_{FE} = \left(\sum_{i=1}^{N} X_i' M_T X_i\right)^{-1} \sum_{i=1}^{N} X_i' M_T Y_i,\tag{3.11}$$

其中 $M_T = I_T - \iota_T\iota_T'/T$，$\iota_T$ 是 $T\times 1$ 维的每个元素为 1 的向量，$X_i = \left(X_{i1},\cdots,X_{iT}\right)'$，$Y_i = \left(Y_{i1},\cdots,Y_{iT}\right)'$。此时，我们可以用 $\hat{g}_{it} \equiv X_{it}'\hat{\beta}_{FE}$ 估计 $g_{it}$。

记 $g_{P,it} = X_{it}'\beta_P$，其中 $\beta_P = \left(\sum_{i=1}^{N} E\left(X_i' M_T X_i\right)\right)^{-1} \sum_{i=1}^{N} E\left(X_i' M_T Y_i\right)$。记 $\hat{u}_{it} = Y_{it} - \hat{g}_{it}$ 为增广的残差，$\eta_{it} = \hat{g}_{it} - g_{P,it}$ 为估计 $g_{P,it}$ 时的“估计误差”。将 $\hat{u}_{it}$ 做如下分解:

$$\hat{u}_{it} = \left(g_{it} - g_{P,it}\right) + \left(g_{P,it} - \hat{g}_{it}\right) + \alpha_i + \epsilon_{it} \equiv g_{it}^{\dagger} - \eta_{it} + u_{it},\tag{3.12}$$

其中，$u_{it}=\alpha_i+\epsilon_{it}$是广义误差项。注意到无论在原假设还是备择假设下$\eta_{it}$都是渐进可忽略的，且

$$g_{it}^{\dagger}=f_i\left(\tau_t\right)+X_{it}'\left[\beta_i\left(\tau_t\right)-\beta_P\right]\equiv f_i\left(\tau_t\right)+X_{it}'\beta_i^{\dagger}\left(\tau_t\right)。\qquad(3.13)$$

显然，在原假设下，有$\beta_i\left(\tau_t\right)=\beta_0=\beta_P$和$f_i\left(\tau_t\right)=0$，故对所有的$i$和$t$，都有$g_{it}^{\dagger}=0$；然而，在备择假设下，$\beta_{it},f_{it}$会随着$i$和$t$变化，因此一般有$\beta_i^{\dagger}\left(\tau_t\right)\neq 0$或$f_i\left(\tau_t\right)\neq 0$，从而$g_{it}^{\dagger}\neq 0$。

在原假设和备择假设下，$g_{it}^{\dagger}$具有不同的表现，这促使我们考虑下列统计量

$$\Gamma_{NT}^{0}=\frac{1}{NT}\sum_{i=1}^{N}\sum_{t=1}^{T}g_{it}^{\dagger 2}。$$

显然，根据构造，在原假设下$\Gamma_{NT}^{0}=0$；在备择假设下，$\Gamma_{NT}^{0}>0$。然而，由于$g_{it}^{\dagger}$是未知的，$\Gamma_{NT}^{0}$是不可行的。因此，我们需要得到$g_{it}^{\dagger}$的一致估计量。

注意到$\hat{u}_{it}$是$u_{it}$在$H_0$下的一致估计，在$H_1$下是$g_{it}^{\dagger}+u_{it}$的一致估计，我们可以由$\{\hat{u}_{it}\}_{t=1}^{T}$来估计$\{g_{it}^{\dagger}\}_{t=1}^{T}$：通过将$\hat{u}_{it}$回归到$X_{it}$和1上，且设置系数为时变的。具体来说，对于每个$i=1,\ldots,N$，我们考虑以下带有TVCs的辅助时间序列回归：

$$\hat{u}_{it}=f\left(\tau_t\right)+X_{it}'\beta_i^{*}\left(\tau_t\right)+\alpha_i+\epsilon_{it}^{*},t=1,\ldots,T,\qquad(3.14)$$

其中$\epsilon_{it}^{*}\equiv\epsilon_{it}-\eta_{it}$。注意到$f\left(\cdot\right)$和$\beta_i^{*}\left(\cdot\right)$都是未知的函数，定义在$\left[0,1\right]$上，可以通过核方法（例如，Li 等，2011；Chen 和 Huang，2018）或通过筛分方法（例如，Su 和Zhang，2016；Dong 和Linton，2018；Zhang 和Zhou，2021）来估计。在本章中，考虑模型（3.14）中未知函数的筛分估计。

让 $L^2\left[0,1\right]=\{m\left(\tau\right):\int_0^1 m^2\left(\tau\right)d\tau<\infty\}$，其中 $\left\langle m_1,m_2\right\rangle=\int_0^1 m_1\left(\tau\right)$

$m_2(\tau)d\tau$是内积，引致的范数是$\|m\|=\langle m,m\rangle^{1/2}$。按照 Dong 和 Linton（2018），选择余弦函数作为基函数。令$B_0(\tau)=1$，并且$B_j(\tau)=\sqrt{2}\cos(j\pi\tau)$，对于$j\geqslant 1$。那么，$\{B_j(\tau)\}_{j=1}^{\infty}$形成了希尔伯特空间$L^2[0,1]$的正交基，使得$\langle B_i,B_j\rangle=\delta_{ij}$，其中$\delta_{ij}$是克罗内克函数。对于任何未知的连续函数$m\in L^2[0,1]$，它可以写成：

$$m(\tau)=\sum\nolimits_{j=0}^{\infty}\pi_j B_j(\tau)，其中\ \pi_{\mathrm{j}}\equiv\langle m,B_j\rangle。$$

对于模型（3.14），进一步假设$\beta_{il}^{\dagger}(\cdot)\in L^2[0,1]$，$l=1,\ldots,d$，并且$f_i(\cdot)\in L^2[0,1]$，于$i=1,\ldots,N$。令$B^K(\cdot)=(B_0(\cdot),B_1(\cdot),\ldots,B_{K-1}(\cdot))'$和$B_{-1}^K(\cdot)=(B_1(\cdot),\ldots,B_{K-1}(\cdot))'$是两个基函数序列，分别用来逼近未知函数$\beta_{il}^{\dagger}(\cdot)$对于$l=1,\ldots,d$和$f_i(\cdot)$。注意到从$B_{-1}^K(\cdot)$中排除常数项是因为对$f_i(\cdot)$的识别限制。然后，对于每个$i$，我们得到：

$$\beta_{il}^{\dagger}(\cdot)=\sum\nolimits_{j=0}^{\infty}\vartheta_{\beta,il,j}B_j(\cdot)=\vartheta_{\beta,il}'B^K(\cdot)+r_{\beta_{il}^{\dagger}}^{(K)}(\cdot),l=1,\ldots,d, \qquad (3.15)$$

$$f_i(\cdot)=\sum\nolimits_{j=1}^{\infty}\vartheta_{f,i,j}B_j(\cdot)=\vartheta_{f,i}'B_{-1}^K(\cdot)+r_{f_i}^{(K)}(\cdot), \qquad (3.16)$$

其中$\vartheta_{\beta,il,j}=\langle\beta_{il}^{\dagger},B_j\rangle$和$\vartheta_{f,i,j}=\langle f_i,B_j\rangle$对于整数$j\geqslant 1$，$\vartheta_{\beta,il}=(\vartheta_{\beta,il,0},\ldots,\vartheta_{\beta,il,K-1})'$，$\vartheta_{f,i}=(\vartheta_{f,i,1},\ldots,\vartheta_{f,i,K-1})'$，$r_{\beta_{il}^{\dagger}}^{(K)}(\cdot)=\sum\nolimits_{j=K}^{\infty}\vartheta_{\beta,il,j}B_j(\cdot)$，和$r_{f_i}^{(K)}(\cdot)=\sum\nolimits_{j=K}^{\infty}\vartheta_{f,i,j}B_j(\cdot)$。根据Newey（1997）的假设3，当$K\to\infty$时，对于$i=1,\ldots,N$，当$\beta_{il}^{\dagger}(\cdot)$和$f_i(\cdot)$具有$\kappa$阶连续导数时，有：$\sup_{\tau\in[0,1]}\left|r_{\beta_{il}^{\dagger}}^{(K)}(\tau)\right|=O(K^{-\kappa})$，$\sup_{\tau\in[0,1]}\left|r_{f_i}^{(K)}(\tau)\right|=O(K^{-\kappa})$。因此我们可以分别用$\vartheta_{\beta,il}'B^K(\cdot)$近似$\beta_{il}^{\dagger}(\cdot)$和用$\vartheta_{f,i}'B_{-1}^K(\cdot)$近似$f_i(\cdot)$。记$B_t\equiv B_K(\tau_t)$和$B_{-1,t}\equiv B_{-1}^K(\tau_t)$，其中，省略了对$K$的依赖性以简化符号。使用（3.15）和（3.16）中的近似得到：

$$g_{it}^{\dagger}=X_{it}'\beta_{it}^{\dagger}+f_{it}\approx\sum\nolimits_{l=1}^{d}X_{it,l}B_t'\vartheta_{\beta,il}+B_{-1,t}'\pi_{f,i}=Z_{it}'\vartheta_i,$$

其中$\vartheta_i\equiv\left(\vartheta_{f,i}',\mathrm{vec}(\vartheta_{\beta,i})'\right)'$，$\vartheta_{\beta,i}=\left(\vartheta_{\beta,i1}^{i},\ldots,\vartheta_{\beta,id}'\right)$，并且$Z_{it}\equiv$

$\left(B_{-1,t}',\left(X_{it}\otimes B_t\right)'\right)'$，$\otimes$表示克罗内克积。因此，基于筛近似的线性时间序列回归模型为：

$$\hat{u}_{it}=Z_{it}'\vartheta_i+\alpha_i+v_{it},t=1,\ldots,T, \tag{3.17}$$

其中 $v_{it}=\epsilon_{it}-\eta_{it}+r_{it}^{\dagger}$，并且 $r_{it}^{\dagger}\equiv g_{it}^{\dagger}-Z_{it}'\vartheta_i=\sum_{l=1}^{d}r_{\beta_{il}^{\dagger}}^{(K)}\left(\tau_t\right)X_{it,l}+r_{f_i}^{(K)}\left(\tau_t\right)$ 来自 $g_{it}^{\dagger}$ 的筛近似误差。将模型（3.17）重写为向量形式：

$$\hat{u}_i=Z_i\vartheta_i+\iota_T\alpha_i+v_i, \tag{3.18}$$

其中 $\hat{u}_i=\left(\hat{u}_{i1},\ldots,\hat{u}_{iT}\right)'$，$Z_i=\left(Z_{i1}',\ldots,Z_{iT}'\right)'$，并且 $v_i=\left(v_{i1},\ldots,v_{iT}\right)'$。对于 $\vartheta_i$ 和相应的 $g_{it}^{\dagger}$ 的估计量，使用普通最小二乘（OLS）估计量：

$$\hat{\vartheta}_i=\left(Z_i'M_TZ_i\right)^{-1}Z_i'M_T\hat{u}_i\text{ 和 }\hat{g}_{it}^{\dagger}=Z_{it}'\hat{\vartheta}_i。 \tag{3.19}$$

基于筛分估计量 $\hat{g}_{it}^{*}$ 估计 $\Gamma_{NT}^{0}$ 如下：

$$\Gamma_{NT}=\frac{1}{NT}\sum_{i=1}^{N}\sum_{t=1}^{T}\hat{g}_{it}^{\dagger 2}=\frac{1}{NT}\sum_{i=1}^{N}\hat{\vartheta}_i'Z_iZ_i'\hat{\vartheta}_i \tag{3.20}$$

$$=\frac{1}{NT}\sum_{i=1}^{N}\hat{u}_i'M_TZ_i\left(Z_i'M_TZ_i\right)^{-1}Z_i'M_T\hat{u}_i。 \tag{3.21}$$

注意，在 $H_0$ 下，$\hat{u}_{it}=u_{it}+X_{it}'\left(\beta_0-\hat{\beta}_{FE}\right)\approx u_{it}$，那么 $\Gamma_{NT}\approx\Gamma_{NT}^{*}\equiv\frac{1}{NT}\sum_{i=1}^{N}\epsilon_i'A_i\epsilon_i$，其中 $A_i\equiv M_TZ_i\left(Z_i'M_TZ_i\right)^{-1}Z_i'M_TZ_i\left(Z_i'M_TZ_i\right)^{-1}Z_i'M_T$。注意到 $\Gamma_{NT}^{*}$ 是 $\epsilon_i$ 的二次型的横截面平均值。当 $X_{it}$ 是严格外生的，我们可以很容易可推导出 $E\left[\Gamma_{NT}^{*}\right]$ 和 $\mathrm{Var}\left[\Gamma_{NT}^{*}\right]$ 作为渐近偏差和方差。

在下一节中，将证明在 $H_0$ 和一组常规条件下，经过适当的中心化和缩放后，$\Gamma_{NT}$ 在渐近意义下服从标准正态分布。

# 第三节　渐近理论

在本节中，研究上述检验统计量的大样本性质。

## 一、假设

分别用记号$\max_{i,t}$和$\min_{i,t}$表示关于下标$i$和$t$求最大值和最小值。为了研究在原假设下$\Gamma_{NT}$的渐近性质，采用以下假设：

**假设1.** (i) $\{(X_i,\epsilon_i)\}_{i=1}^N$在$i$上是独立的，其中$X_i=(X_{i1},\ldots,X_{iT})'$和$\epsilon_i=(\epsilon_{i1},\ldots,\epsilon_{iT})'$。

(ii) 对于每个$i$，$\{(X_{it},\epsilon_{it})\}_{t=1}^T$是具有混合系数$\alpha_i(l)$的强混合（strong mixing）序列，满足$\alpha(l)=\max_{1\leqslant i\leqslant N}\{\alpha_i(l)\}\leqslant C_\alpha\rho^l$对于某些$C_\alpha<\infty$和$\rho\in[0,1)$。

(iii) $\{\in_{it}\}_{t=1}^T$是关于信息集序列$\{\mathcal{F}_t\}_{t=1}^T$的鞅差序列（MDS，Martingale Difference Sequence），满足$E(\epsilon_{it}\mid\mathcal{F}_t)=0$，其中$\mathcal{F}_t$是由$\{X_{it},X_{i,t-1},\epsilon_{i,t-1},\ldots,X_{i1},\epsilon_{i1}\}_{i=1}^N$生成的$\sigma-$域。

(iv) $\max_{i,t}E|\epsilon_{it}|^{16(1+\eta)}<\infty$ 和$\max_{i,t}E\mid X_{it}\mid^{16(1+\eta)}<\infty$, $\eta$为某一大于0的常数。

(v) $\mathrm{Var}(X_{it})=\Sigma_i(\tau_t)$，其中 $\Sigma_i(\cdot)$是在$[0,1]$上分段连续的$d\times d$矩阵函数，具有可数的不连续点。存在正常数$\underline{c}_{xx}$和$\overline{c}_{xx}$，使得：

$$0<\underline{c}_{xx}\leqslant\min_{1\leqslant i\leqslant N}\inf_{\tau\in[0,1]}\lambda_{\min}(\Sigma_i(\tau))\leqslant\max_{1\leqslant i\leqslant N}\sup_{\tau\in[0,1]}\lambda_{\max}(\Sigma_i(\tau))\leqslant\overline{c}_{xx}<\infty。$$

令$\tilde{X}_{it}^{(\epsilon)}\equiv(1,X'_{it})'\epsilon_{it}$，并记$\mathrm{Var}\left(X_{it}^{(\epsilon)}\right)=\Sigma_i^{(\epsilon)}(\tau_t)$，其中$\Sigma_i^{(\epsilon)}(\cdot)$是一个在$[0,1]$上分段连续的$(d+1)\times(d+1)$矩阵函数，具有可数的不连续

点。存在正常数 $\underline{c}_{xx}$ 和 $\bar{c}_{xx}^{(\epsilon)}$ 使得：

$$0<\underline{c}_{xx}^{(\epsilon)}\leqslant\min_{1\leqslant i\leqslant N}\inf_{\tau\in[0,1]}\lambda_{\min}\left(\Sigma_i^{(\epsilon)}(\tau)\right)\leqslant\max_{1\leqslant i\leqslant N}\sup_{\tau\in[0,1]}\lambda_{\max}\left(\Sigma_i^{(\epsilon)}(\tau)\right)\leqslant\bar{c}_{xx}^{(\epsilon)}<\infty。$$

**假设2.** 当 $(N,T)\to\infty$ 时，$K\to\infty$，$K^2/N\to0$，$NK/T^2\to0$，且 $K^2(\log T)^4/T\to0$。

关于上述假设，我们评论如下：假设1(i) 要求 $\{(X_i,\epsilon_i)\}_{i=1}^N$ 关于 $i$ 是独立的，这在 Lee 和Robinson（2016）和Su 等（2019）中也使用过；这个假设可以放宽以允许误差项之间的横截面弱相关，如 Bai（2009），Chen 等（2012），和Lee 和 Robinson（2016）中的讨论，但证明会更加复杂；对于具有双向固定效应的模型，可以用 $(X_i,\epsilon_i)$ 条件于所有固定效应生成的 $\sigma-$域的横截面独立性来替换上述独立性假设。假设1(ii)要求 $\{(X_{it},\epsilon_{it})\}_{t=1}^T$ 是具有几何衰减率的强混合序列，很容易验证许多著名的线性过程如自回归-移动平均过程和非线性过程满足该假设。注意，混合系数 $\alpha_i(l)$ 定义为：

$$\alpha_i(l)=\sup_{k\in Z}\alpha\left(\mathcal{F}_{-\infty,k}^i,\mathcal{F}_{k+l,\infty}^i\right)=\sup_{k\in Z}\sup_{A\in\mathcal{F}_{-\infty,k}^i,B\in\mathcal{F}_{k+l,\infty}^i}\left|P(A\cap B)-P(A)P(B)\right|,$$

其中 $\mathcal{F}_{n,m}^i$ 是由 $\{(X_{it},\epsilon_{it}),n<t\leqslant m\}$ 生成的 $\sigma-$域（Bosq，1998，第19页）。假设 1(iv) 在 $\epsilon_{it}$ 上施加了鞅差结构（martingale difference squence，MDS），这在 Chen 和 Huang（2018）中也采用过。MDS假设适用于 $X_{it}$ 中包含滞后因变量时的情况，可以进一步放宽这个假设，但是证明会更加复杂。假设1(iv) 规定了 $\epsilon_{it}$ 和 $X_{it}$ 的一些高阶矩条件。这些条件是验证涉及 $Z_{it}\epsilon_{it}$ 或 $X_{it}\epsilon_{it}$ 的二次型四阶矩的关键条件。注意，在估计中不需要施加这样的高阶矩。假设1(v)和(vi)允许 $X_{it}$ 和 $\tilde{X}_{it}^{(\epsilon)}$ 的方差随时间变化，并要求它们的特征值是有界且远离0。当前的混合条件可以放宽为 $\alpha(l)\leqslant Cl^{-\theta}$，其中 $\theta$ 为某一正数。有

了较弱的混合条件，我们需要面对 $\theta$ 和矩条件之间的权衡，类似于附录中引理 A8 中的条件（见原文）。假设2 提供了样本大小 $(N,T)$ 和基函数数量 $K$ 之间的相对速率。注意 $K^2/N\to 0$ 用于证明渐近方差项估计量 $\hat{V}_{NT}$ 的一致性；$NK/T\to 0$ 和 $K^2(\log T)^4/T\to 0$ 用于证明命题 A.10 中的中心极限定理（CLT，Central Limiting Theorem）。这些要求是非常温和的，包括了各种组合的 $(N,T,K)$。它允许 $T/N\to c\in[0,\infty)$。为了说明这一点，如果使用 $K\propto T^{1/5}$（如模拟中所选），则 $T$ 和 $N$ 之间关系的条件简化为 $N/T^{1.8}\to 0$ 和 $T^{0.4}/N\to 0$。显然，它允许 $N=T^b$ 与 $b\in(0.4,1.8)$。注意，因为在 $H_0$ 下没有筛近似误差。在 $H_0$ 下可以让 $K$ 固定，这意味着定理 3.1 和 3.4(i)（下面将介绍）在 $K$ 固定时仍然成立。

## 二、原假设下渐近分布

首先引入一些符号。记 $\hat{Q}_{i,\dot{z}\dot{z}}=T^{-1}\sum_{t=1}^{T}\dot{Z}_{it}\dot{Z}_{it}'$ 和 $\hat{Q}_{i,zz}=T^{-1}\sum_{t=1}^{T}Z_{it}Z_{it}'$，其中 $\dot{Z}_{it}=Z_{it}-\bar{Z}_i$ 和 $\bar{Z}_i=T^{-1}\sum_{t=1}^{T}Z_{it}$。令 $Q_{i,\dot{z}\dot{z}}\equiv T^{-1}\sum_{t=1}^{T}E\left[\dot{Z}_{it}\dot{Z}_{it}'\right]$，$Q_{i,zz}\equiv T^{-1}\sum_{t=1}^{T}E\left[Z_{it}Z_{it}'\right]$，$\Omega_i\equiv T^{-1}\sum_{t=1}^{T}E(\breve{Z}_{it}\breve{Z}_{it}'\epsilon_{it}^2)$ 和 $\hat{\Omega}_i\equiv T^{-1}\sum_{t=1}^{T}\hat{Z}_{it}\hat{Z}_{it}'\hat{\epsilon}_{r,it}^2$，其中 $\breve{Z}_{it}=Z_{it}-E\left(\bar{Z}_i\right)$，$\hat{\epsilon}_{r,it}=\hat{u}_{it}-\bar{\hat{u}}_i$ 和 $\bar{\hat{u}}_i=T^{-1}\sum_{t=1}^{T}\hat{u}_{it}$。进一步，记 $\hat{\mathbb{Q}}_i=\hat{Q}_{i,\dot{z}\dot{z}}^{-1}\hat{Q}_{i,zz}\hat{Q}_{i,\dot{z}\dot{z}}^{-1}$ 和 $\mathbb{Q}_i=Q_{i,\dot{z}\dot{z}}^{-1}Q_{i,zz}Q_{i,\dot{z}\dot{z}}^{-1}$。为了获得 $\Gamma_{NT}$ 的渐近分布，定义：

$$\mathbb{B}_{NT}=\frac{1}{\sqrt{N}}\sum_{i=1}^{N}\operatorname{tr}\left(\mathbb{Q}_i\Omega_i\right)\text{和}\mathbb{V}_{\mathrm{NT}}=\frac{2}{N}\sum_{i=1}^{N}\operatorname{tr}\left(\mathbb{Q}_i\Omega_i\mathbb{Q}_i\Omega_i\right)。\qquad(3.20)$$

注意 $\mathbb{Q}_i$ 和 $\Omega_i$ 都是定义良好的矩阵。很容易证明 $\mathbb{B}_{NT}=O\left(N^{1/2}K\right)$ 和 $\mathbb{V}_{NT}=O(K)$，且它们可以由样本对应物来估计：

$$\hat{\mathbb{B}}_{NT}=\frac{1}{\sqrt{N}}\sum_{i=1}^{N}\operatorname{tr}\left(\hat{\mathbb{Q}}_i\hat{\Omega}_i\right)\text{和}\hat{\mathbb{V}}_{NT}=\frac{2}{N}\sum_{i=1}^{N}\operatorname{tr}\left(\hat{\mathbb{Q}}_i\hat{\Omega}_i\hat{\mathbb{Q}}_i\hat{\Omega}_i\right)。\qquad(3.21)$$

最后，可以得到标准化后的检验统计量：

$$\hat{J}_{NT}=\frac{N^{1/2}T\Gamma_{NT}-\widehat{\mathbb{B}}_{NT}}{\widehat{\mathbb{V}}_{NT}^{1/2}}。\tag{3.22}$$

下面的定理提供了在原假设$H_0$下$\hat{J}_{NT}$的渐近分布。

**定理3.1**　若假设1-2成立，在$H_0$下，当$(N,T)\to\infty$时，$\hat{J}_{NT}\xrightarrow{d}N(0,1)$。

**注3.1** (i) 证明过程较为复杂，感兴趣的读者可以参考原文附录。上述定理表明我们的检验统计量$\hat{J}_{NT}$在$H_0$下是渐近枢轴的。原则上，可以将$\hat{J}_{NT}$与单侧临界值$z_\alpha$进行比较，即标准正态分布的上$\alpha$百分位数，并在$\hat{J}_{NT}>z_\alpha$时拒绝原假设，显著性水平为$\alpha$。(ii) 注意在原假设$H_0$下，$f_i(\cdot)=0$和$\beta^*(\cdot)=0$，这可以精确地表示为任何$K$基函数的线性组合。在$K$固定时，定理3.1中的极限分布仍然成立，但在实际应用中，为了提高检验的统计功效，使用具有发散数量的基函数。(iii) 可以修改检验统计量来检验系数的子向量的结构或仅检验时间趋势。

## 三、局部备择假设下的渐近分布

为了研究所提出的检验的局部功效属性，考虑以下 Pitman 局部备择假设：

$$H_{1,\gamma_{NT}}:\beta_{it}=\beta_0+\gamma_{NT}\Delta_{\beta,it}\text{和}f_{it}=\gamma_{\mathrm{NT}}\Delta_{f,it}。$$

当$(N,T)\to\infty$时，$\gamma_{NT}\to 0$，$\Delta_{\beta,it}=\Delta_{\beta,i}(\tau_t)$，$\Delta_{f,it}=\Delta_{f,i}(\tau_t)$，其中对于某些$i$，$\Delta_{\beta,i}(\cdot):[0,1]\to\mathrm{R}^d$和$\Delta_{f,i}(\cdot):[0,1]\to\mathrm{R}$，是非零且连续的函数。显然，$\gamma_{NT}$控制了局部备择假设接近原假设的速度。令$g_{\Delta,it}\equiv X_{it}'\Delta_{\beta,it}+\Delta_{f,it}$，$g_{\Delta,i}=(g_{\Delta,i1},\ldots,g_{\Delta,iT})'$和$\bar{g}_{\Delta,it}=X_{it}'\bar{\Delta}_\beta$，其中

$\bar{\Delta}_{\beta}=N^{-1}\sum_{i=1}^{N}E\left[X_i'M_TX_i\right]^{-1}\sum_{i=1}^{N}E\left[X_i'M_Tg_{\Delta,i}\right]$。然后，可以定义：$\breve{g}_{\Delta,it}=g_{\Delta,it}-\bar{g}_{\Delta,it}=X_{it}'\left(\Delta_{\beta,it}-\bar{\Delta}_{\beta}\right)+\Delta_{f,it}$和$\Phi_{\Delta,NT}\equiv\frac{1}{NT}\sum_{i=1}^{N}\sum_{t=1}^{T}\breve{g}_{\Delta,it}^2$。

在建立$\hat{J}_{NT}$在局部备择假设$H_{1,\gamma_{NT}}$下的极限行为之前，需要对函数$\Delta_{\beta,i}(\cdot)$和$\Delta_{f,i}(\cdot)$提出一些额外的假设。

**假设3.** 对于$l=1,\ldots,d$和每个$i=1,\ldots,N$，$\Delta_{\beta,il}(\cdot)$和$\Delta_{f,i}(\cdot)$都是$\kappa$阶连续可导的函数，其中$\kappa\geqslant 2$。

**假设4.** 当$(N,T)\to\infty$时，$\lim\limits_{(N,T)\to\infty}\bar{\Delta}_{\beta}$存在，并且$\Phi_{\Delta}=\text{plim}_{(N,T)\to\infty}\Phi_{\Delta,NT}>0$。

下面的定理给出了在$H_{1,\gamma_{NT}}$下$\hat{J}_{NT}$的渐近分布。

**定理**3.2 若假设1–4 成立，当$H_{1,\gamma_{NT}}$成立时，若$(N,T)\to\infty$，则有

$$\hat{J}_{NT}\xrightarrow{d}N\left(\Phi_{\Delta},1\right),$$

其中$\gamma_{NT}\equiv N^{-1/4}T^{-1/2}\mathbb{V}_{NT}^{1/4}$。

**注3.2** (i) 定理3.2 意味着检验在$H_{1,\gamma_{NT}}$下具有非平凡的渐近功效，能识别以速率 $O\left(N^{-1/4}T^{-1/2}K^{1/4}\right)$偏离$H_0$的备择假设。注意到$\mathbb{V}_{NT}=O(K)$（见原文附录中的引理 A.6）。随着$\Phi_{\Delta}$的大小增加，功效增加。显然，随着$N$或$T$的增加，功效增加，并且随着$T$增加的速度比$N$增加的速度快，这与 Su 等（2019）中的面板数据模型检验中的发现类似。

(ii) 局部备择假设$H_{1,\gamma_{NT}}$包括仅沿时间或跨个体的偏差，这意味着我们提出的检验可以检测同质系数的不稳定性或 TVCs 的异质性。

(iii) 我们的检验可能在大多数$\breve{g}_{\Delta,it}$接近 0 使得$\Phi_{\Delta,NT}$的极限概率为 0 或接近 0 的“稀疏”备择假设下具有低或没有功效。我们需要

一定比例的个体显著偏离原假设，以便可以检测到这种偏差。注意到，低功效问题是几乎所有大型面板数据模型中平均类型检验的常见问题。可以采用 Fan等 （2015） 中的功效增强方法，在备择假设具有稀疏结构时提高检验功效。

为了研究$\hat{J}_{NT}$在$H_1$下的全局一致性，让$\gamma_{NT}=1$。注意到在随后的推论中对$\gamma_{NT}=1$时加强了假设3，这等价于假设在$H_1$下$\beta_i(\cdot)$和$f_i(\cdot)$是$\kappa$阶连续可微的。在假设1-4下，可以证明，在$H_1$成立时，$\mathrm{plim}_{(N,T)\to\infty}\Gamma_{NT}=\Phi_\Delta$，$\widehat{\mathbb{B}}_{NT}=O_p\left(N^{1/2}K\right)$，并且$\widehat{\mathbb{V}}_{NT}=O_p\left(K\right)$。

下面的推论给出了在$H_1$下成立时$\hat{J}_{NT}$的全局一致性。

**推论 3.1.** 假设1-4 成立。在$H_1$成立时，若$(N,T)\to\infty$，则有

$$N^{-1/2}T^{-1}\widehat{\mathbb{V}}_{NT}^{1/2}\hat{J}_{NT}\xrightarrow{p}\Phi_\Delta。$$

**注 3.3** 推论3.1 说明$\hat{J}_{NT}$在$H_1$下以$O_p\left(N^{1/2}T/K^{1/2}\right)$的速率发散到无穷大，这意味着对于任何序列$d_{NT}=o\left(N^{1/2}T/K^{1/2}\right)$，当$(N,T)\to\infty$时，$P\left(\hat{J}_{NT}>d_{NT}\right)\to1$。注意到在$H_1:\beta_{it}=\beta_0+\Delta_{\beta,it}$和$f_{it}=\Delta_{f,it}$下，检验的功效来自于$\left\|\Delta_{\beta,it}\right\|$和$\left\|\Delta_{f,it}\right\|$的大小。估计$\Delta_{\beta,it}$的偏差是$\left\|\Delta_{\beta,it}\right\|$的一个高阶小项，因此估计偏差与$\left\|\Delta_{\beta,it}\right\|$相比在渐近意义上是可忽略的。这也适用于$\Delta_{f,it}$的估计，因此估计的一致性足以保证检验的功效。因此，不同于通常在非参数估计中进行推断，我们并不需要偏差比标准差小（从数学上讲，这种情况下$N^{1/2}TK^{-(1/2+2\kappa)}\to0$）。

**注 3.4** 在实际应用中选择最优的筛项数$K$是重要的。据我们所知，目前还没有关于使用筛分回归方法进行非参数检验时最优$K$的相关理论性工作。在实际中，一种可能的解决方案是，在控制size大小的情况下，通过最大化功效来选择$K$，类似于在基于核函数的检

验中选择最优带宽，如 Horowitz 和 Spokoiny （2003），Gao 和 King （2004），或 Gao和 Gijbels （2008）。我们没有在理论上追求$K$的最优选择，而是将其留作未来的研究选项；相反，我们提出基于该检验的一些独特特征来选择$K$。定理 3.1 意味着只要$K$不发散得太快（即使在$K$固定时），$H_0$下的结果仍就成立。这表明检验的大小不应该对$K$的选择非常敏感。就功效而言，直觉表明，当$\beta_i(\cdot)$和$f_i(\cdot)$被更精确地估计时，检验应该更有力。理论上，应该设置$K \propto T^{1/(2\kappa+1)}$以最小化均方根误差（RMSE，Root Mean Squared Errors）。在实际应用中，可以通过留一法交叉验证（LOOCV，Leave-One-Out Cross-validation）方法选择$K$，详细信息见第五节的）。第五节的模拟结果基本上证实了这些发现；检验的size大小对$K$的选择不很敏感，并且使用 LOOCV 方法选择的$K$使得检验更加具有功效。

**注3.5** 一步法的检验统计量可以如下构建。对每个$i$，直接将去均值的$Y_{it}$回归到去均值的$Z_{it}$上，并获得拟合系数$\vartheta_i = \left(Z_i' M_T Z_i\right)^{-1} Z_i' M_T Y_i$。注意$X_{it}$是$Z_{it}$的一个子向量$Z_{it} \equiv \left(B_{-1,t}', X_{it}', \otimes B_{-1,t}\right)'$。然后，在$H_0$下，$X_{it}$的系数保持恒定，不随着$i$变化，而$Z_{it}$中的其余部分的系数应该是0。利用这个观察，我们可以继续研究统计量：

$$\tilde{\Gamma}_{NT} = \frac{1}{NT}\sum_{i=1}^{N}\sum_{t=1}^{T}\left[X_{it}'\left(\tilde{\vartheta}_{X_i} - \frac{1}{N}\sum_{i=1}^{N}\tilde{\vartheta}_{X_i}\right) + \left(Z_{-X,it}'\tilde{\vartheta}_{-X_i}\right)\right]^2,$$

其中$\tilde{\vartheta}_{X_i}$表示$\tilde{\vartheta}_i$中$X_{it}$对应的估计系数，$Z_{-X,it}$表示从$Z_{it}$中移除$X_{it}$后的向量，$\tilde{\vartheta}_{-X_i}$从$\tilde{\vartheta}_i$中挑选$Z_{-X,it}$对应的系数。可以证明，这种一步法程序在$(N,T)\to\infty$时与本文的程序是相互等价的。本章更加专注于两步法程序，原因在于该方法为面板数据模型中的结构检验提供统一的框架和方法。

**注3.6.** 我们的证明可以应用于只有固定数量观测值缺失的非平衡面板。假设对于每个 $i$，有 $c_i(c_i \geq 0)$ 个缺失观测值，且 $\max_{1 \leq i \leq N} c_i \leq C < \infty$。对于每个 $i$，只有固定数量的观测值缺失。在这种情况下，缺失观测值在 $T \to \infty$ 时对于每个 $i$ 的估计是渐近可忽略的。因此，所有证明仍然成立。如果某些 $i$ 的缺失观测值数量趋向无穷大，则需要进行仔细和繁琐的处理。我们将此问题留作未来的工作。

## 四、自助程序

众所周知，如果使用标准正态临界值（见 Li 和Wang, 1998; Su 和 Hoshino, 2016），基于非参数估计的检验在有限样本中通常会出现严重的检验水平扭曲（size distortion）。基于筛分近似的检验的经验水平（empirical size）很可能对基函数数量的选择敏感，会在有限样本中失真。因此，建议使用自助（Bootstrap）方法来获得自助 $p$ 值，以期可以更加准确的接近有限样本统计量的分布。在本章中，遵循Hansen（2000）采用固定回归变量（fixed regressors）的自助程序来获得自助 $p$ 值。具体地，自助法步骤如下：

1. 在 $H_0$ 下获得 $\hat{\beta}_{FE}$ 和 $\hat{u}_{it}$。对于每个 $i$，将 $\hat{u}_{it}$ 做具有TVCs时间序列回归到 $X_{it}$ 和 1 上，以获得拟合值 $\hat{g}_{it}^{\dagger}$，残差 $\hat{\epsilon}_{r,it}$，然后计算 $\hat{J}_{NT}$。

2. 对于每个 $i$，获得Wild自助误差：$\epsilon_{r,it}^{*} = \hat{\epsilon}_{r,it}\xi_{it}$，其中 $\xi_{it} \sim \text{IID}\, N(0,1)$。然后通过固定回归变量 $X_{it}$ 生成 $Y_{it}$ 的自助样本 $Y_{it}^{*}$：$Y_{it}^{*} = X_{it}'\hat{\beta}_{FE} + \hat{\alpha}_i + \epsilon_{r,it}^{*}$，其中 $\hat{\alpha}_i = T^{-1}\sum_{t=1}^{T}\left(\hat{u}_{it} - \hat{g}_{it}^{\dagger}\right)$。

3. 给定自助重采样 $\{Y_{it}^{*}, X_{it}\}$，使用所有数据估计线性同质面板数据模型，并运行 $N$ 个带由TVC的辅助时间序列回归，如步骤 1。获得拟合值 $\hat{g}_{it}^{*}$ 和残差 $\hat{\epsilon}_{r,it}^{*}$。基于 $\{\hat{g}_{it}^{*}, \hat{\epsilon}_{r,it}^{*}\}$ 计算自助检验统计量 $\hat{J}_{NT}^{*}$。

4. 重复步骤2-3 共B 次，将计算出来的自助统计量索引为 $\{\hat{J}^*_{NT,b}\}_{b=1}^{B}$。通过 $p^* = B^{-1}\sum_{b=1}^{B} 1\left(\hat{J}^*_{NT,b} \geqslant \hat{J}_{NT}\right)$ 计算自助 $p$ 值。

上述自助程序的实现是直接的。注意在自助重采样中，步骤 2 中对参数的线性和同质性施加了原假设。记 $\mathcal{W}_{NT} \equiv \{(X_{it}, Y_{it}) : i = 1,\ldots,N, t = 1,\ldots,T\}$ 为观察到的样本。回想 $\hat{\Omega}_i = T^{-1}\sum_{t=1}^{T} \dot{Z}_{it}\dot{Z}'_{it}\hat{\epsilon}^2_{r,it}$。下一个定理建立了上述自助程序的渐近有效性。

**定理3.3**若定理 3.1 或 3.2 中的假设成立，并且

$$0 < \min_{1\leqslant i\leqslant N} \lambda_{\min}\left(\hat{\Omega}_i\right) \leqslant \max_{1\leqslant i\leqslant N} \lambda_{\max}\left(\hat{\Omega}_i\right) < \infty,$$

当 $(N,T)\to\infty$ 时，依概率有

$$\hat{J}^*_{NT} \xrightarrow{d^*} N(0,1)$$

成立，其中 $d^*$ 表示在给定 $\mathcal{W}_{NT}$ 的条件下自助概率测度下的弱收敛。

**注 3.7** (i) 定理 3.3的证明在原文附录中给出。注意 $\xi_{it}$ 是跨 $i$ 和 $t$ 独立同分布 $N(0,1)$，并且证明比定理 3.1 的证明简单得多。(ii) 我们为 $0 < \min_{1\leqslant i\leqslant N} \lambda_{\min}\left(\hat{\Omega}_i\right) \leqslant \max_{1\leqslant i\leqslant N} \lambda_{\max}\left(\hat{\Omega}_i\right) < \infty$ 这一条件在 $T$ 较大时几乎必然成立提供了一组低层次的条件，并在引理 A.9（见在线材料） 中证明了其有效性。

## 第四节　几个拓展

在本节中，考虑几个扩展，即提供了对异质性系数稳定性的检验和对 TVCs 同质性的检验。这些参数设定也是实证研究中常用

的。之后，我们考虑了包含个体和时间固定效应的面板数据模型。在以下内容中，为应用研究人员提供本节结果的概览。

首先考虑检验：

$$H_{s0}:\left(\beta_i(\cdot),f_i(\cdot)\right)=\left(\beta_i,0\right)$$

对于某些 $\beta_i\in \mathrm{IR}^{\mathrm{d}}$ 和所有 $i$=1,…,$N$ 成立， vs (versus) 备择假设 $H_{s1}:\left(\beta_i(\cdot),f_i(\cdot)\right)\neq\left(\beta_i,0\right)$ 对于某些 $i$ 和所有 $\beta_i\in\mathbb{R}^{\mathrm{d}}$ 成立。在 $H_{s0}$ 下的模型为具有异质性系数的线性模型：

$$Y_{it}=X_{it}'\beta_i+\alpha_i+\epsilon_{it},i=1,\ldots,N,t=1,\ldots,T。$$

然后，考虑检验：

$$H_{h0}:\left(\beta_i(\cdot),f_i(\cdot)\right)=\left(\beta_0(\cdot),f_0(\cdot)\right)$$

对于某些函数 $\left(\beta_0(\cdot),f_0(\cdot)\right)$ 和所有 $i$=1,…,$N$ 成立，vs备择假设 $H_{h1}:\left(\beta_i(\cdot),f_i(\cdot)\right)\neq\left(\beta_j(\cdot),f_j(\cdot)\right)$ 对于某些 $i\neq j$ 成立。在 $H_{h0}$ 下，模型是一个具有同质性 TVCs 的面板数据模型：

$$Y_{it}=X_{it}'\beta_0\left(\tau_t\right)+f_0\left(\tau_t\right)+\alpha_i+\epsilon_{it},i=1,\ldots,N,t=1,\ldots,T。$$

对于这两种情况，我们提出了检验统计量，建立了它们的理论性质，并通过模拟研究了它们的有限样本性质。

接着将前文的检验结果扩展到包含双向固定效应的面板数据模型。此时，所考虑的模型变为：

$$Y_{it}=X_{it}'\beta_{it}+\alpha_i+\lambda_t+\epsilon_{it},i=1,\ldots,N,t=1,\ldots,T,$$

其中在模型(3.1)中增加了额外的时间固定效应 $\lambda_t$。原假设仍然是模型中参数同质性和稳定性的联合检验：

$$H_{2W,0}:\beta_{it}=\beta_0$$

对于某些 $\beta_0\in R^d$ 和所有 $\left(i,t\right)$ 成立，vs备择假设 $H_{2W,1}:\beta_{it}\neq\beta_{js}$ 对于某

些$(i,t)\neq(j,s)$成立。为了研究检验的局部功效，考虑以下Pitman 局部备择假设：

$$H_{2W,1,\gamma_{NT}}:\beta_{it}=\beta_0+\gamma_{NT}\Delta_{\beta,it}$$

其中，当$(N,T)\to\infty$时$\gamma_{NT}\to 0$，$\Delta_{\beta,it}=\Delta_{\beta,i}(\tau_t)$，并且对于某些$i\neq j$，$\Delta_{\beta,i}(\cdot)\neq\Delta_{\beta,j}(\cdot)$，$\Delta_{\beta,i}(\cdot)$是时间变量的非零连续函数。

## 一、检验异质性系数的稳定性

除了在$H_0$中的同质线性面板数据模型，研究者也可能对估计具有异质性恒定斜率系数的面板数据模型（如，Hsiao 和 Pesaran, 2008）感兴趣。对于该模型，假设检验问题是：

$$H_{s0}:(\beta_i(\cdot),f_i(\cdot))=(\beta_i,0)$$

对于所有$i$都成立，vs备择假设$H_{s1}:(\beta_i(\cdot),f_i(\cdot))\neq(\beta,0)$对于某些$i$和所有$\beta\in R^d$成立。为了研究检验统计量的局部功效，考虑以下Pitman 局部备择假设：

$$H_{s1,\gamma_{NT}}:\beta_{it}=\beta_{0i}+\gamma_{NT}\Delta_{\beta,it}\text{和}f_{it}=\gamma_{NT}\Delta_{f,it},$$

其中，当$(N,T)\to\infty$时，$\gamma_{NT}\to 0$，$\Delta_{\beta,it}=\Delta_{\beta,i}(\tau_t)$，$\Delta_{f,it}=\Delta_{f,i}(\tau_t)$，并且$\Delta_{\beta,i}(\cdot)$和$\Delta_{f,i}(\cdot)$为非零的连续函数。在$H_{s0}$下，模型(3.1)变为通常的异质线性面板数据模型：

$$Y_{it}=X_{it}'\beta_i+\alpha_i+\epsilon_{it}\text{。}$$

注意到上述模型中的$\beta_i$可通过每个个体的时间序列数据的线性回归来估计，$\beta_i$和$g_{it}$的估计量分别为：

$$\hat{\beta}_i=(X_i'M_TX_i)^{-1}X_i'M_TY_i\text{和}\hat{g}_{it}=X_{it}'\hat{\beta}_i\text{。}$$

增广残差是$\hat{u}_{it}=Y_{it}-\hat{g}_{it}$，对于$t=1,\ldots,T$。如前面所述，考虑$N$个辅

助的时间序列回归，并按照（3.20）来构造检验统计量 $\Gamma_{NT}$。具体地，定义

$$\widehat{\mathbb{B}}_{NT}=N^{-1/2}\sum_{i=1}^{N}\mathrm{tr}\left(\widehat{\mathbb{Q}}_i\hat{\Omega}_i\right)\text{和}\widehat{\mathbb{V}}_{NT}=\frac{2}{N}\sum_{i=1}^{N}\mathrm{tr}\left(\widehat{\mathbb{Q}}_i\hat{\Omega}_i\widehat{\mathbb{Q}}_i\hat{\Omega}_i\right)。$$

那么，检验 $H_{s0}$ vs $H_{s1}$ 的统计量由

$$\hat{J}_{NT}=\frac{N^{1/2}T\Gamma_{NT}-\widehat{\mathbb{B}}_{NT}}{\sqrt{\widehat{\mathbb{V}}_{NT}}}$$

给出。令 $g_{\Delta,it}\equiv X_{it}'\Delta_{\beta,it}+\Delta_{f,it}$ 和 $g_{\Delta,i}=\left(g_{\Delta,i1},\ldots,g_{\Delta,iT}\right)'$。令 $\bar{\beta}_{\Delta i}=E\left[X_i'M_TX_i\right]^{-1}E\left[X_i'M_Tg_{\Delta,i}\right]$ 和 $\bar{g}_{\Delta,it}=X_{it}'\bar{\beta}_{\Delta i}$。然后定义 $\breve{g}_{\Delta,it}=g_{\Delta,it}-\bar{g}_{\Delta,it}$ 和 $\Phi_{\Delta,NT}\equiv\frac{1}{NT}\sum_{i=1}^{N}\sum_{t=1}^{T}\left(\breve{g}_{\Delta,it}\right)^2$。

**假设 4*.** 当 $(N,T)\to\infty$ 时，$\lim_{T\to\infty}\bar{\beta}_{\Delta i}$ 存在，并且 $\Phi_\Delta=\mathrm{plim}_{(N,T)\to\infty}\Phi_{\Delta,NT}>0$。

下面的定理给出了在 $H_{s0}$ 和 $H_{s1,\gamma_{NT}}$ 下 $\hat{J}_{NT}$ 的渐近分布。

**定理3.4** (i) 假设1-2 成立。当 $(N,T)\to\infty$ 时，在 $H_{s0}$ 下，$\hat{J}_{NT}\xrightarrow{d}N(0,1)$。

(ii) 假设1-3和 4*成立。在 $H_{s1,\gamma_{NT}}$ 下，当 $(N,T)\to\infty$ 时，$\hat{J}_{NT}\xrightarrow{d}N(\Phi_\Delta,1)$，其中 $\gamma_{NT}=O\left(N^{-1/4}T^{-1/2}\mathbb{V}_{NT}^{1/4}\right)$。

为了研究 $\hat{J}_{NT}$ 在 $H_{s1}$ 下的全局一致性，令 $\gamma_{NT}=1$。下面的推论给出了在 $H_{s1}$ 下 $\hat{J}_{NT}$ 的全局一致性。

**推论3.2.** 假设1–3 和 4* 成立。当 $(N,T)\to\infty$ 时，在 $H_{s1}$ 下，

$$\mathbb{V}_{NT}^{1/2}N^{-1/2}T^{-1}\hat{J}_{NT}\xrightarrow{p}\Phi_\Delta。$$

## 二、检验TVCs的同质性

另一个面板数据模型的自然设定假设同质性 TVCs（如，Li

等，2011；Chen 和 Huang，2018）。那么，对于该类模型，检验 TVCs 的同质性成为重要的问题之一。具体来说，我们现在考虑检验以下原假设：

$$H_{h0}:\left(\beta_i(\cdot),f_i(\cdot)\right)=\left(\beta_0(\cdot),f_0(\cdot)\right)$$

对于所有 $i$ 成立，vs抗备择假设：

$$H_{h1}:\left(\beta_i(\cdot),f_i(\cdot)\right)\neq\left(\beta_j(\cdot),f_j(\cdot)\right)$$

对于某些 $i\neq j$ 成立。为了进行局部功效分析，还考虑 Pitman 局部备择假设：

$$H_{h1,\gamma_{NT}}:\beta_{it}=\beta_0\left(\tau_t\right)+\gamma_{NT}\Delta_{\beta,it}\text{和}f_{it}=f_0\left(\tau_t\right)+\gamma_{NT}\Delta_{f,it}\text{，}$$

其中，当 $(N,T)\to\infty$ 时，$\gamma_{NT}\to 0$，$\Delta_{\beta,it}=\Delta_{\beta,i}(\tau_t)$，$\Delta_{f,it}=\Delta_{f,i}(\tau_t)$，并且 $\left(\Delta'_{\beta,i}(\cdot),\Delta_{f,i}(\cdot)\right)'\neq\left(\Delta'_{\beta,j}(\cdot),\Delta_{f,j}(\cdot)\right)'$ 对于某些 $i\neq j$，$\Delta_{\beta,i}(\cdot)$ 和 $\Delta_{f,i}(\cdot)$ 都是时间变量的非零连续函数。

当 $H_{h0}$ 成立时，模型（3.1）简化为：

$$Y_{it}=X'_{it}\beta\left(\tau_t\right)+f\left(\tau_t\right)+\alpha_i+\epsilon_{it}\text{。}\tag{3.23}$$

注意到 $\beta(\cdot)$ 和 $f(\cdot)$ 都是未知的，和之前一样，我们考虑模型（3.23）的筛估计。让 $B_t^L\equiv B^L\left(\tau_t\right)$，$B_{-1,t}^L\equiv B_{-1}^L\left(\tau_t\right)$，和 $Z_{it}^L\equiv\left(B_{-1,t}^L,\otimes X_{it}B_t^L\right)'$。同样地，定义 $\Pi=\left(\Pi'_f,\mathrm{vec}\left(\Pi_\beta\right)'\right)'$，其中 $\Pi_f=\left(\Pi_{f,1},\ldots,\Pi_{f,L-1}\right)'$，$\Pi_{f,k}=\left\langle f(\cdot),B_k(\cdot)\right\rangle$，$\Pi_\beta=\left(\Pi_{\beta,1},\ldots,\Pi_{\beta,d}\right)'$，$\Pi_{\beta,l}=\left(\Pi_{\beta,l1},\ldots,\Pi_{\beta,l,L-1}\right)'$，$\Pi_{\beta,lk}=\left\langle\beta_l(\cdot),B_k(\cdot)\right\rangle$，$k=1,\ldots,L-1$。从而我们有

$$f(\cdot)\approx B_{-1}^L(\cdot)\Pi_f\text{和 }\beta_l(\cdot)\approx\Pi_{\beta,l}B^L(\cdot)\text{，}\ l=1,\ldots,d\text{。}$$

因此，我们有 $g_{it}=X'_{it}\beta_t+f_t\approx Z_{it}^{L'}\Pi$，并且得到的线性化面板数据模型为：

$$Y_{it}=Z_{it}^{L'}\Pi+\alpha_i+\epsilon_{r,it}^{\dagger}\text{，}$$

其中 $\epsilon_{r,it}^{\dagger}=\epsilon_{it}+r_{g,it}$，并且 $r_{g,it}=g_{it}-Z_{it}^{L'}\Pi$ 是 $g_{it}$ 的筛近似误差。$\Pi$ 的通常固定效应筛估计量为：

$$\hat{\Pi}_{FE}=\left(\sum_{i=1}^{N}Z_i^{L'}M_TZ_i^L\right)^{-1}\sum_{i=1}^{N}Z_i^{L'}M_TY_i。\quad(3.24)$$

基于（3.24），$\Pi_f$ 和 $\Pi_\beta$ 的筛估计量分别由 $\hat{\Pi}_f$ 和 $\hat{\Pi}_\beta$ 表示。然后 $f(\cdot),\beta(\cdot)$，和 $g_{it}$ 由

$$\hat{f}(\cdot)=B_{-1}^L(\cdot)\hat{\Pi}_f,\hat{\beta}(\cdot)=\hat{\Pi}_\beta B^L(\cdot)\text{ 和 }\hat{g}_{it}=Z_{it}^{L'}\hat{\Pi}_{FE}$$

估计。增广残差现在由 $\hat{u}_{it}=Y_{it}-\hat{g}_{it}$ 给出。如第二节所述，我们可以运行辅助时间序列回归，并根据（3.20）构造检验统计量 $\Gamma_{NT}$。基于 $\hat{\epsilon}_{r,it}=\hat{u}_{it}-\bar{\hat{u}}_i$，我们计算 $\widehat{\mathbb{B}}_{NT}$ 和 $\widehat{\mathbb{V}}_{NT}$ 作为（3.3）。那么，一个可行的检验统计量为

$$\hat{J}_{NT}=\frac{N^{1/2}T\Gamma_{NT}-\widehat{\mathbb{B}}_{NT}}{\sqrt{\widehat{\mathbb{V}}_{NT}}}$$

让 $g_{\Delta,it}\equiv X_{it}'\Delta_{\beta,it}+\Delta_{f,it}$ 和 $g_{\Delta,i}=(g_{\Delta,i1},\cdots,g_{\Delta,iT})'$。同样地，让 $\bar{g}_{\Delta,it}=Z_{it}^{L'}\bar{\Pi}_\Delta$，其中 $\bar{\Pi}_\Delta=\sum_{i=1}^{N}E\left[\dot{Z}_i^{L'}\dot{Z}_i^L\right]^{-1}\sum_{i=1}^{N}E\left[\dot{Z}_i^{L'}g_{\Delta,i}\right]$。我们进一步定义：

$$\breve{g}_{\Delta,it}=g_{\Delta,it}-\bar{g}_{\Delta,it}=X_{it}'\left(\Delta_{\beta,it}-\bar{\Pi}_\Delta\right)+\Delta_{f,it},\quad \Phi_{\Delta,NT}\equiv\frac{1}{NT}\sum_{i=1}^{N}\sum_{t=1}^{T}\left(\breve{g}_{\Delta,\text{it}}\right)^2。$$

然后，对于 $\hat{J}_{NT}$，我们有以下定理。

**定理 3.5** (i) 假设1-2 以及附录 D 中的假设 3* 和 5 成立。那么在 $H_{h0}$ 下，当 $(N,T)\to\infty$ 时，$\hat{J}_{NT}\xrightarrow{d}N(0,1)$。

(ii) 假设 1-2 及附录 D 中的假设3*、4** 和 5 成立。当 $(N,T)\to\infty$ 时，在 $H_{h1,\gamma_{NT}}$ 成立时，

$$\hat{J}_{NT}\xrightarrow{d}N(\Phi_\Delta,1),$$

其中，$\gamma_{NT}=N^{-1/4}T^{-1/2}\mathbb{V}_{NT}^{1/4}$，$\Phi_\Delta=\lim_{(N,T)\to\infty}\Phi_{\Delta,NT}$。

为了研究$\hat{J}_{NT}$在$H_{h1}$下的全局一致性，令$\gamma_{NT}=1$。下面的推论给出了在$H_{h1}$下$\hat{J}_{NT}$的全局一致性。

**推论 3.3.** 假设1、2、4 以及原文附录D中的假设3[*] 成立。当$(N,T)\to\infty$时，在$H_1$下，

$$\mathbb{V}_{NT}^{1/2}N^{-1/2}T^{-1}\hat{J}_{NT}\overset{p}{\to}\Phi_{\Delta}\text{。}$$

上述结果表明$\hat{J}_{NT}$在$H_1$下以$O_p\left(N^{1/2}T/K^{1/2}\right)$的速率发散到无穷大，这意味着对于任何序列 $d_{NT}=o\left(N^{1/2}T/K^{1/2}\right)$，当$(N,T)\to\infty$时，$P\left(\hat{J}_{NT}>d_{NT}\right)\to1$。

## 三、双向固定效应面板数据模型的检验

在实证研究中，双向固定效应经常用来捕捉个体特定和时期特定的异质性。我们的方法可以用来检验包含双向固定效应的面板数据模型中参数结构的有效性。现在考虑以下模型：

$$Y_{it}=X_{it}'\beta_{it}+\alpha_i+\lambda_t+\epsilon_{it},i=1,\ldots,N,t=1,\ldots,T,\tag{3.25}$$

其中$\lambda_t$是时间效应。此外，通过在趋势函数和时间固定效应上施加一些额外的识别限制，可以将异质性平滑时间趋势$f_{it}$纳入模型。原假设与模型（3.24）中的相同，是对参数同质性和稳定性的联合检验：

$$H_{2W,0}:\beta_{it}=\beta_0$$

对于某些$\beta_0\in\mathbb{R}^{\mathrm{d}}$和所有$(i,t)$成立，vs备择假设$H_{2W,1}:\beta_{it}\neq\beta_{js}$对于某些$(i,t)\neq(j,s)$成立。

为了研究检验的局部功效，我们考虑以下 Pitman 局部备择假设：

$$H_{2W,1,\gamma_{NT}}:\beta_{it}=\beta_0+\gamma_{NT}\Delta_{\beta,it}$$

其中当$(N,T)\to\infty$时，$\gamma_{NT}\to 0$，$\Delta_{\beta,it}=\Delta_{\beta,i}(\tau_t)$并且$\Delta_{\beta,i}(\cdot)\neq\Delta_{\beta,j}(\cdot)$对于某些$i\neq j$，$\Delta_{\beta,i}(\cdot)$是时间回归变量的非零连续函数。

记$\ddot{a}_{it}=a_{it}-\bar{a}_t-\bar{a}_i+\bar{a}$，其中$\bar{a}_t=N^{-1}\sum_{j=1}^N a_{jt}$和$\bar{a}=(NT)^{-1}\sum_{j=1}^N\sum_{s=1}^T a_{js}$。在本章中，$a=X$或$Y$。那么，$\beta_0$的双向固定效应估计量可表示为

$$\hat{\beta}_{2W,FE}=\left(\sum_{i=1}^N\sum_{t=1}^T\ddot{X}_{it}\ddot{X}_{it}'\right)^{-1}\sum_{i=1}^N\sum_{t=1}^T\ddot{X}_{it}\ddot{Y}_{it},$$

其中$\ddot{X}_{it}$和$\ddot{Y}_{it}$是去中心化的$X_{it}$和$Y_{it}$。同样，定义增广残差：

$$\hat{u}_{it}=Y_{it}-X_{it}'\hat{\beta}_{2W,FE}=X_{it}'\beta_{it}^{\dagger}+\eta_{it}+\alpha_i+\lambda_t+\epsilon_{it},$$

其中$\beta_{it}^{\dagger}=\beta_{it}-\beta_0$，$\beta_P=\sum_{i=1}^N\sum_{t=1}^T E\left(\ddot{X}_{it}\ddot{X}_{it}'\right)^{-1}\sum_{i=1}^N\sum_{t=1}^T E\left(\ddot{X}_{it}\ddot{Y}_{it}\right)$，$\eta_{it}=X_{it}'\left(\beta_P-\hat{\beta}_{2W,FE}\right)$。在$H_{2W,0}$下，$\beta_{it}=\beta_P$且$\hat{\beta}_{2W,FE}=\beta_P+O_p\left[(NT)^{-1/2}\right]$，这意味着$\hat{u}_{it}\approx\alpha_i+\lambda_t+\epsilon_{it}$；在$H_{2W,1}$下，$\beta_{it}^{\dagger}=\beta_{it}-\beta_P$是时间回归变量的非零函数，通常$g_{it}^{\dagger}=X_{it}'\beta_{it}^{\dagger}\neq 0$。因此，我们可以通过：

$$\Gamma_{NT}^0=\frac{1}{NT}\sum_{i=1}^N\sum_{t=1}^T\left(g_{it}^{\dagger}\right)^2$$

构造一个检验统计量。为了获得$\Gamma_{NT}^0$，需要估计$g_{it}^{\dagger}$。注意到增广残差具有双向固定效应：

$$\hat{u}_{it}\approx X_{it}'\beta_{it}^{\dagger}+\alpha_i+\lambda_t+\epsilon_{it}。$$

我们不能在不考虑时间固定效应的情况下，通过$N$个辅助时间序列回归来估计$g_{it}^{\dagger}$。如果$\lambda_t$可以被视为时间趋势的函数，仍然可以使用TVC时间序列回归来估计$\beta_{it}^{\dagger}$和$\lambda_t$，如前所述。如果没有对$\lambda_t$的平滑结构，可以假设$X_{it}=\mu_i^{(x)}(\tau_t)+V_{it}$且$E(V_{it})=0$。令$\mu_{it}^{(x)}=\mu_i^{(x)}(\tau_t)$。那么$X_{it}$和$g_{it}$的横截面均值可以分别写为：

$$\bar{X}_t=\frac{1}{N}\sum_{i=1}^N\mu_{it}^{(x)}+\frac{1}{N}\sum_{i=1}^N V_{it}=\bar{\mu}^{(x)}(\tau_t)+O_p\left(N^{-1/2}\right)$$

$$\bar{g}_t = \frac{1}{N}\sum_{i=1}^{N}\mu_{it}^{(x)\prime}\beta_{it}^{\dagger} + \frac{1}{N}\sum_{i=1}^{N}V_{it}^{\prime}\beta_{it}^{\dagger} = G(\tau_t) + O_p\left(N^{-1/2}\right)$$

其中 $\bar{u}^{(x)}(\tau_t) = \lim_{N\to\infty} N^{-1}\sum_{i=1}^{N}\mu_{it}^{(x)}$ 和 $G(\tau_t) = \lim_{N\to\infty} N^{-1}\sum_{i=1}^{N}\mu_{it}^{(x)\prime}\beta_{it}^{\dagger}$。一种方法是使用横截面去均值来消除 $\lambda_t$，并获得：

$$\begin{aligned}\hat{u}_{it}^{c} &= X_{it}^{c\prime}\beta_{it}^{\dagger} + \bar{X}_t^{\prime}\beta_{it}^{\dagger} - \bar{g}_t + \alpha_i^c + \epsilon_{it}^c + \eta_{it}^c \\ &\approx X_{it}^{c\prime}\beta_{it}^{\dagger} + \left[\bar{\mu}^{(x)}(\tau_t)^{\prime}\beta_i^{\dagger}(\tau_t) - G(\tau_t)\right] + \alpha_i^c + \epsilon_{it}^c \\ &\equiv X_{it}^{c\prime}\beta_{it}^{\dagger} + (f_{it}^c + \alpha_i^c + \epsilon_{it}^c)\end{aligned}$$

这里 $a_{it}^c = a_{it} - N^{-1}\sum_{j=1}^{N}a_{jt}$，$\alpha_i^c = \alpha_i - N^{-1}\sum_{j=1}^{N}\alpha_j$，$a = \hat{u}, X, \epsilon$。显然，如模型（3.14），上述模型具有 TVCs（$\beta_{it}^{\dagger}$）和平滑时间趋势（$f_{it}^c$）。我们仍然可以通过带TVCs的将 $\hat{u}_{it}^c$ 非参数回归到 $X_{it}^c$ 和 1 上来估计 $\beta_i^{\dagger}(\cdot)$ 和 $f_{it}^c$。让 $Z_{it}^c \equiv (X_{it}^c \otimes B_t)$，$Z_i^c = \left(Z_{i1}^{c\prime},\ldots,Z_{it}^{c\prime}\right)^{\prime}$，和 $\hat{u}_i^c = \left(\hat{u}_{i1}^c,\ldots,\hat{u}_{iT}^c\right)^{\prime}$。线性化模型给出：

$$\hat{u}_{it}^c = \mathrm{vec}\left(\vartheta_{\beta,i}\right)^{\prime} Z_{it}^c + B_{-1,t}^{\prime}\vartheta_{f,i} + \alpha_i^c + \epsilon_{it}^{*},$$

其中 $\epsilon_{it}^{*}$ 包括了 $\epsilon_{it}$ 和筛近似误差。Sieve展开的系数 $\left(\vartheta_{\beta,i}\right)$ 的OLS估计量为 $\mathrm{vec}\left(\hat{\vartheta}_{\beta,i}\right) = \left(Z_i^{c\prime}M_B Z_i^c\right)^{-1} Z_i^{c\prime}M_B\hat{u}_i^c$，其中，$M_B = I_T - B\left(B^{\prime}B\right)^{-1}B^{\prime}$ 且 $B = \left(B_1,\ldots,B_T\right)^{\prime}$。因此，$\hat{g}_{it}^{\dagger} = Z_{it}^{c\prime}\mathrm{vec}\left(\hat{\vartheta}_{\beta,i}\right)$，我们可以由下式估计 $\Gamma_{NT}^0$：

$$\Gamma_{NT} = \frac{1}{NT}\sum_{i=1}^{N}\sum_{t=1}^{T}\left(\hat{g}_{it}^{\dagger}\right)^2$$

记 $\hat{Q}_{i,1}^c = Z_{it}^{c\prime}M_B Z_i^c / T, \hat{Q}_{i,0}^c = Z_i^{c\prime}Z_i^c / T, \widehat{\mathbb{Q}}_i^c = \left(\hat{Q}_{i,1}^c\right)^{-1}\hat{Q}_{i,0}^c\left(\hat{Q}_{i,1}^c\right)^{-1}$，$\hat{\Omega}_i^c = T^{-1}\sum_{t=1}^{T}Z_{it}^c Z_{it}^{c\prime}\hat{\epsilon}_{r,it}^2$，其中 $\hat{\epsilon}_{r,it} = \hat{u}_{it} - \bar{\hat{u}}_i - \bar{\hat{u}}_t + \bar{\hat{u}}$ 并且 $Z_{it}^c$ 是 $M_B Z_i^c$ 的第 $t$ 行。为了获得 $\Gamma_{NT}$ 的渐近分布，我们定义：

$$\widehat{\mathbb{B}}_{NT}^c = \frac{1}{\sqrt{N}}\sum_{i=1}^{N}\mathrm{tr}\left(\widehat{\mathbb{Q}}_i^c\hat{\Omega}_i^c\right) \text{和} \widehat{\mathbb{V}}_{\mathrm{NT}}^c = \frac{2}{N}\sum_{i=1}^{N}\mathrm{tr}\left(\widehat{\mathbb{Q}}_i^c\hat{\Omega}_i^c\widehat{\mathbb{Q}}_i^c\hat{\Omega}_i^c\right)。$$

那么，可行检验统计量为

$$\hat{J}_{NT}=\frac{N^{1/2}T\hat{\Gamma}_{NT}-\widehat{\mathbb{B}}_{NT}^{c}}{\sqrt{\widehat{\mathbb{V}}_{NT}^{c}}}。$$

让 $g_{\Delta,it}\equiv X_{it}'\Delta_{\beta,it}$，$g_{\Delta,i}=\left(g_{\Delta,i1},\dots,g_{\Delta,iT}\right)'$。同样地，让 $\bar{g}_{\Delta,it}=X_{it}'\bar{\Delta}_{\beta}$，其中 $\bar{\Delta}_{\beta}=\sum_{i=1}^{N}E\left[\ddot{X}_{it}\ddot{X}_{it}'\right]^{-1}\sum_{i=1}^{N}E\left[\ddot{X}_{it}\ddot{g}_{\Delta,it}\right]$。进一步定义：

$$\breve{g}_{\Delta,it}=g_{\Delta,it}-\bar{g}_{\Delta,it}\text{和}\Phi_{\Delta,\mathrm{NT}}\equiv\frac{1}{NT}\sum_{i=1}^{N}\sum_{t=1}^{T}\left(\breve{g}_{\Delta,\mathrm{it}}\right)^{2}。$$

对 $\hat{J}_{NT}$ 在 $H_{2W,0}$ 和 $H_{2W,1}$ 下的大样本性质进行研究。在这里，我们只提供主要结果，严格的证明留为未来的工作。当 $(N,T)\to\infty$ 时，有：

(i) 在 $H_{2W,0}$ 下，$\hat{J}_{NT}\xrightarrow{d}N(0,1)$；

(ii) 在 $H_{2W,1,\gamma_{NT}}$ 下，$\hat{J}_{NT}\xrightarrow{d}N(\Phi_{\Delta},1)$，其中 $\gamma_{NT}=N^{-1/4}T^{-1/2}\left(\widehat{\mathbb{V}}_{NT}^{c}\right)^{1/4}$，$\widehat{\mathbb{V}}_{NT}^{c}$ 是 $\mathbb{V}_{NT}^{c}$ 的样本对应物估计量，并且 $\Phi_{\Delta}=\mathrm{plim}_{(N,T)\to\infty}\Phi_{\Delta,NT}$；

(iii) 在 $H_{2W,1}$ 下，$\mathbb{V}_{NT}^{c1/2}N^{-1/2}T^{-1}\hat{J}_{NT}\xrightarrow{p}\Phi_{\Delta}$。

这些结果表明，在 $H_{2W,1}$ 下，$\hat{J}_{NT}$ 以 $O_p\left(N^{1/2}T/K^{1/2}\right)$ 的速率发散到无穷大。这意味着对于任何序列 $d_{NT}=o\left(N^{1/2}T/K^{1/2}\right)$，给定 $\Phi_{\Delta}>0$，当 $(N,T)\to\infty$ 时，$P\left(\hat{J}_{NT}>d_{NT}\right)\to1$。

# 第五节 蒙特卡洛模拟

## 一、系数同质性和稳定性的联合检验

在这一部分中，我们进行一系列蒙特卡洛模拟，以评估本文提出的面板数据模型中系数同质性和稳定性联合检验的有限样本性能。考虑以下六种数据生成过程（DGP）：

DGP 1. 同质性恒定系数： $Y_{it}=2X_{it}+\alpha+\epsilon_{it}$。

DGP 2. 同质性时间变化系数（TVCs）：

$$Y_{it}=f_0\left(\tau_t\right)+\beta_0\left(\tau_t\right)X_{it}+\alpha_i+\epsilon_{it}。$$

DGP 3. 异质性恒定系数： $Y_{it}=\beta_i X_{it}+\alpha_i+\epsilon_{it}$，其中 $\beta_i\sim\text{IID }U\left[0.7,1.3\right]$。

DGP 4. 完全异质性TVCs：

$$Y_{it}=\delta_{1i}f_0\left(\tau_t\right)+\delta_{2i}\beta_0\left(\tau_t\right)X_{it}+\alpha_i+\epsilon_{it}$$

其中 $\delta_{1i}\sim\text{IID }U\left[0.5,1.5\right]$ 和 $\delta_2\sim\text{IID }U\left[-0.5,0.5\right]$。

DGP 5. 分组异质性TVCs：

$$Y_{it}=\begin{cases}0.5f_0\left(\tau_t\right)+0.5\beta_0\left(\tau_t\right)X_{it}+\alpha_i+\epsilon_{it}, & i=1,\ldots,\lceil N/3\rceil\\ 0.75f_0\left(\tau_t\right)+0.75\beta_0\left(\tau_t\right)X_{it}+\alpha_i+\epsilon_{it}, & i=\lceil N/3\rceil+1,\ldots,\lceil 2N/3\rceil\\ f_0\left(\tau_t\right)+\beta_0\left(\tau_t\right)X_{it}+\alpha_i+\epsilon_{it}, & i=\lceil 2N/3\rceil+1,\ldots,N\end{cases}。$$

DGP 6. 具有突然结构性断裂的同质性恒定系数：

$$Y_{it}=\begin{cases}0.25X_{it}+\alpha+\epsilon_{it}, & t<T/2\\ -0.25X_{it}+\alpha_i+\epsilon_{it}, & t\geqslant T/2\end{cases}。$$

在所有DGP中，固定效应 $\alpha_i$ 遵循独立同分布 $N\left(0,1\right)$，回归变量 $X_{it}$ 的生成如下：

$$X_{it}=0.5\alpha_i+\frac{2\exp\left[10\left(\tau_t-\mu\right)\right]}{\left(1+\exp\left[10\left(\tau_t-\mu\right)\right]\right)}+\epsilon_{x,it},$$

其中 $\epsilon_{x,it}\sim\text{IID}N\left(0,1\right)$ 和 $\mu_i\sim\text{IID}U\left[0.05,0.1\right]$，误差 $\epsilon_{it}$ 是条件异方差的，$\epsilon_{it}=\rho_0X_{it}^2+0.5\varepsilon_{it}$,其中 $\varepsilon_{it}\sim\text{IID}N\left(0,1\right)$。在DGP2、4和5中，我们设置：

$$f_0\left(\tau\right)=\tau^2-\tau+\frac{1}{6}\text{ 和 }\beta_0\left(\tau\right)=\frac{\exp\left[\left(\tau\text{-}0.5\right)/0.4\right]}{1+\exp\left[\left(\tau\text{-}0.5\right)/0.4\right]}$$

用于生成平滑趋势函数和TVC函数。

DGP 1用于考察统检验计量的水平（size）研究，其他五个DGP用于联合检验同质性和稳定性的功效比较。在模型设定检验统计量的构造中，使用余弦函数作为筛近似未知函数的基函数。遵循注3.4中的讨论选择$K$。注意$d=1$（以加法方式估计$\beta_t(\cdot)$和$f_t(\cdot)$），假设$\kappa \geqslant 2$。理论上，考虑到最少平滑函数（即$\kappa=2$），应该设置$K \propto T^{1/5}$以最小化均方根误差（RMSE）。在实际应用中，建议采用LOOCV 方法选择的$K_{cv}$。后续模拟发现，$K_{cv}$几乎在所有 DGPs 中表现良好，因此在实际分析中推荐使用。为了考查检验对不同基函数数量选择的敏感性，考虑了一系列数值$K_c=\lceil CT^{1/5}\rceil$,其中$C=1,1.5,2$。使用不同的样本大小组合：$T=25,50$ 和$N=25,50$。对于每种样本大小组合，模拟次数为 1,000 次。对于自助法，考虑 299 次重采样用于检验的水平研究和功效比较。

DGPs 1-6 进行了采用$K_{cv}$的同质性和稳定性联合检验，模拟结果总结在表 3-1中。使用 $K_c=\lceil CT^{1/5}\rceil$对于水平研究（DGP 1）和功效研究（DGPs 2-6）的结果报告在表 3-2 和附录中的表 3-2A中。我们总结结果如下。首先，对于 DGP 1，我们的检验统计量的经验水平非常接近它们相应的名义值（1%，5% 和 10%），无论在估计使用$K_c$序列还是 LOOCV 选择筛项的数量$K_{cv}$。这符合我们的直觉，因为检验的水平结果即使在固定$K$下也成立，如注3.4中所讨论。其次，所提出的检验对 DGPs 2-6 具有很高的功效：(i) 一般来说，当使用$K_{cv}$时检验的功效更大，功效能对$K_c$的选择敏感（见附录中表3-A2）；(ii) 对于所有六个 DGP，实证功效随着$N$或$T$的增加而趋向于 1，并且当$T$增加时比，$N$ 增加时速度更快，这证实了$\hat{J}_{NT}$在$H_1$下随着$T$增加比$N$ 增加时发散得更快，如推论 3.1 所示；(iii) DGP 6中参数是同质的，但沿时间有跳跃；尽管推论 3.1 没有包括沿时间参数跳跃的情况，模拟显示，当 $T=50$ 时，检验的经验功效接近 1。最后一点是，使用自助临界值的大小结果比使用基于正态的临界值的结果更好（见附录中表3-A1）。总的来说，在所有场景中，我们提出的检验统计量模拟表现非常好。

表3-1　DGPs 1-6 的模拟结果（基于LOOCV选取的 $K$）

| | | DGP 1 | | | DGP 2 | | |
|---|---|---|---|---|---|---|---|
| T | N | 10% | 5% | 1% | 10% | 5% | 1% |
| 25 | 25 | 0.104 | 0.057 | 0.012 | 0.533 | 0.37 | 0.143 |
| 25 | 50 | 0.108 | 0.06 | 0.017 | 0.724 | 0.556 | 0.267 |
| 50 | 25 | 0.099 | 0.052 | 0.011 | 0.978 | 0.945 | 0.766 |
| 50 | 50 | 0.116 | 0.061 | 0.014 | 1.000 | 0.998 | 0.976 |
| | | DGP 3 | | | DGP 4 | | |
| T | N | 10% | 5% | 1% | 10% | 5% | 1% |
| 25 | 25 | 0.721 | 0.602 | 0.369 | 0.658 | 0.537 | 0.306 |
| 25 | 50 | 0.859 | 0.775 | 0.549 | 0.819 | 0.712 | 0.476 |
| 50 | 25 | 0.985 | 0.996 | 0.866 | 0.978 | 0.941 | 0.813 |
| 50 | 50 | 1.000 | 0.998 | 0.988 | 0.999 | 0.998 | 0.941 |
| | | DGP 5 | | | DGP 6 | | |
| T | N | 10% | 5% | 1% | 10% | 5% | 1% |
| 25 | 25 | 0.639 | 0.481 | 0.232 | 0.668 | 0.495 | 0.246 |
| 25 | 50 | 0.808 | 0.682 | 0.421 | 0.842 | 0.715 | 0.412 |
| 50 | 25 | 0.988 | 0.957 | 0.835 | 0.998 | 0.992 | 0.928 |
| 50 | 50 | 1.000 | 0.998 | 0.988 | 1.000 | 1.000 | 0.996 |

表 3-2　Size的稳健性研究（DGP 1 采用不同的 $K$）

| | | $K_1$ | | | $K_2$ | | | $K_3$ | | |
|---|---|---|---|---|---|---|---|---|---|---|
| T | N | 10% | 5% | 1% | 10% | 5% | 1% | 10% | 5% | 1% |
| 25 | 25 | 0.099 | 0.057 | 0.019 | 0.092 | 0.048 | 0.018 | 0.112 | 0.06 | 0.01 |
| 25 | 50 | 0.108 | 0.052 | 0.023 | 0.109 | 0.062 | 0.02 | 0.09 | 0.042 | 0.012 |
| 50 | 25 | 0.125 | 0.055 | 0.009 | 0.107 | 0.051 | 0.007 | 0.099 | 0.044 | 0.012 |
| 50 | 50 | 0.102 | 0.034 | 0.007 | 0.097 | 0.053 | 0.008 | 0.108 | 0.052 | 0.011 |

## 二、第四节中的模拟分析

考虑与检验$H_0$ vs $H_1$时相同的DGPs，用于第四节中 $H_{s0}$ vs $H_{s1}$以及 $H_{h0}$ vs $H_{h1}$ 的检验。对于异质性系数稳定性的检验，DGPs 1 和 3 用于检验水平研究，DGPs 2 和 4-6 用于功效分析。对于 TVCs 同质性的检验，DGPs 1、2 和 6 用于水平研究，DGPs 3-5 用于功效比较。注意，DGP 6 满足$H_{h0}$，但它们带有非平滑的 $\beta_0(\cdot)$ 和$f_0(\cdot)$。因此，考虑到筛近似误差在渐近意义上不是可忽略的，我们预计在检验$H_{h0}$ vs $H_{h1}$时，DGP 6 的检验水平会有所偏差。在第四节中，考虑包含个体和时间固定效应的面板数据模型的检验，我们在所有 DGPs 中添加了时间固定效应$\lambda_t$并去除了时间趋势函数。例如，DGPs 1 和 2 分别变为：

$$Y_{it}=2X_{it}+\alpha_i+\lambda_t+\epsilon_{it}\text{和}\ Y_{it}=\beta_0(\tau_t)X_{it}+\alpha_i+\epsilon_{it}\text{。}$$

其他DGPs 也类似修改。个体固定效应 $\alpha_i$ 的分布改为独立同分布$N\left(0,1/\sqrt{2}\right)$。时间固定效应 $\lambda_t$的分布为独立同分布$N\left(0,1/\sqrt{2}\right)$。回归变量$X_{it}$改为：

$$X_{it}=0.5\alpha_i+0.5\lambda_t+\frac{2\exp\left[10(\tau_t-\mu)\right]}{\left(1+\exp\left[10(\tau_t-\mu)\right]\right)}+\epsilon_{x,it}$$

其中$\epsilon_{x,it}\sim \text{IID}\ N(0,1)$和$\mu_i\sim \text{IID}\ U[0.05,0.1]$，误差$\epsilon_{it}$是条件异方差的，$\epsilon_{it}=0.05X_{it}^2+0.5\varepsilon_{it}$，其中$\varepsilon_{it}\sim \text{IID}\ N(0,1)$。$\alpha_i$，$\lambda_t$，$\epsilon_{x,it}$，$\mu_i$，和$\epsilon_{it}$ 是相互独立的。正如之前，DGP 1 用于检验size研究，DGPs 2-6 用于检验的功效研究。

附录的表3-A3，3-A4，3-A5报告了上述结果。我们考虑了两类$K$的选择方式，$K_{cv}$由 LOOCV 方法选择；$K_c=\lceil CT^{1/5}\rceil$，其中$C=1,1.5,2$，用来研究检验结果对调整参数的敏感性。重复次数和

bootstrap重采样次数与上一节相同。从附录的表 3-A3到3-A5 可以看出，本章提出的检验在水平上表现相当好，并且对$K$的选择不敏感。当然，也看到在DGP 6 中检验 $H_{h0}$ vs $H_{h1}$ 时出现了一些size偏差。原因是在该 DGP 中$\beta$和$f$是非平滑的，并且不满足平滑性条件。但是，本章的检验在功效方面表现非常好，特别是当使用$K_{cv}$时；但功效可能对$K$的选择是敏感。总结来说，在小样本中本章提出的扩展检验统计量表现较为合理。

## 第六节　估计环境库兹涅茨曲线

在这一部分中，我们将提出的检验应用于某国环境保护局国家空气污染物排放趋势数据库中发布的排放数据，并研究环境库兹涅茨曲线（EKC，Environment Kuznets Curve）。我们主要感兴趣的是检验用于 EKC 估计的面板数据模型中参数同质性和稳定性的有效性。EKC 假设可以追溯到 Grossmann 和 Krueger（1993, 1995）的开创性工作，并在世界银行变得流行。关于这个主题的理论和实证文献非常庞大，并且持续增长，并且不断出现争议性的发现。许多实证研究寻求建立人均收入和环境退化之间的倒 U 形关系，这意味着污染水平在获得一定水平的繁荣之前会增加。然而，Millimet 等（2003）质疑了倒 U 形关系，他们使用半参数部分线性面板模型拟合数据，并拒绝了参数设定。最近，Li 等（2016）在 EKC 中检测到多个结构性断裂。这些发现表明，人均收入和环境退化之间的回归关系可能被错误设定，并且可能随时间变化。注意到Li 等（2016）中的检验假设了同质性，并且可能存在系数在个体间异质性的问题。为了缓解这个问题，我们使用本章的检验重新调查了 EKC 的参数设定。具体地，考虑以下回归模型：

$$\ln\left(Pol_{it}\right)=\beta_{1,it}\ln\left(Inc_{it}\right)+\beta_{2,it}\left(\ln\left(Inc_{it}\right)\right)^2+f_{it}+\alpha_i+\epsilon_{it}, \qquad (3.26)$$

其中 $i=1,\ldots,N$， $t=1,\ldots,T$， $\ln\left(Pol_{it}\right)$ 是按人均计算的二氧化硫（SO2）污染物排放量的对数，以千克为单位， $\ln\left(Inc_{it}\right)$ 表示第 $i$ 个州在时间 $t$ 的收入对数， $\alpha_i$ 是未观测到的州特定固定效应； $\beta_{1,it}$ 和 $\beta_{2,it}$ 是第 $i$ 个个体的时间变化斜率系数， $f_{it}$ 是异质性时间趋势。据推测，时间趋势 $f_t$ 与国家之间的污染排放有关。我们联合检验 $\left(\beta_{1,it},\beta_{2,it},f_{it}\right)$ 的同质性和稳定性。我们使用的数据来自 Millimet 等（2003），包括 48 个州（ $N=48$ ）和从 1929 年到 1994 年的年份（ $T=66$ ）。我们将二氧化硫排放的公吨测量单位转换为千克，以实现与人均收入系列的量级可比。为了应用同质性和稳定系数的联合检验，我们首先在原假设下估计模型，即：

$$\ln\left(Pol_{it}\right)=\beta_1\ln\left(Inc_{it}\right)+\beta_2\left(\ln\left(Inc_{it}\right)\right)^2+\alpha_i+\epsilon_{it}。 \qquad (3.27)$$

估计和检验程序如第二节中讨论。模型（3.27）的固定效应估计给出了以下结果：

$$\hat{\beta}_1=9.5706^{***}(0.4358)\text{和}\hat{\beta}_2=-0.5608^{***}(0.0247), \qquad (3.28)$$

其中标准误在括号中报告。 $\beta_1$ 和 $\beta_2$ 的估计量在 1% 的显著性水平上都是显著的，我们得到了一个倒 U 形的EKC。

在检验中，我们运行 $N$ 个辅助回归，将增广残差对 $\ln\left(Inc_{it}\right)$ 和 $\left(\ln\left(Inc_{it}\right)\right)^2$ 带有 TVCs 和平滑时间趋势。对于未知函数的筛近似，我们采用余弦函数作为基函数，并考虑不同函数的一系列数字。与模拟中的设置一致，我们设置 $K_1=K_2=\lceil C\cdot 66^{1/5}\rceil$ 和 $K_3=\max\{2,K_1-1\}$，其中 $C=1,1.5,2$，$K_1$，$K_2$，和 $K_3$ 是 $\beta_{1i}(\cdot)$，$\beta_{2i}(\cdot)$，和 $f_i(\cdot)$ 的筛项数量。我们还考虑了由 LOOCV 方法选择的 $K_{cv}$。在寻找 $K_{cv}$ 时，我们将 $K_{cv}$ 的最小值设为 2，最大值设为6，考虑到 $T$ 仅为 66。我们报告了使用 2,000 次自助重采样的自助 $p$ 值。表 3-3 中报告了检验同质性和稳定性的结果。我们发现几乎所有的 $p$ 值都小于 0.05，这为拒绝模型（3.26）中参数的同质性和稳定性限制提供了强有力的证据。我们还应用了第四节中开发的 $H_{s0}$ 和 $H_{h0}$ 的检验，表 3-3 中报告了结果。对于所有 $K$ 的值，$H_{s0}$ 在 5% 的水平上被拒绝，而 $H_{h0}$ 对于所有 $K$ 的值都没有在 5% 的水平上被拒绝。基于表 3-3 中的结果，具有同质性的TVCs 设定更适合这个应用。

**表3-3　　自助法 $p$ 值（Bootstrap次数=2000）**

| 检验\筛项数 | $c=1$ | $c=1.5$ | $c=2$ | $K_{cv}$ |
|---|---|---|---|---|
| $H_0$ vs $H_1$ | 0.000 | 0.027 | 0.048 | 0.009 |
| $H_{s0}$ vs $H_{s1}$ | 0.000 | 0.000 | 0.000 | 0.001 |
| $H_{h0}$ vs $H_{h1}$ | 0.093 | 0.175 | 0.212 | 0.258 |

基于检验结果，我们在 $H_{h0}$ 下进行估计，其中：

$$\ln(Pol_{it})=\beta_1(\tau_t)\ln(Inc_{it})+\beta_2(\tau_t)(\ln Inc_{it})^2+f(\tau_t)+\alpha_i+\epsilon_{it}。$$

图 3-1 报告了带有 95% 置信区间（CI，confidential interval）的估计值。95% CI 是使用固定回归变量的自助程序获得的。我们只报告了使用 LOOCV 获得的 $L_{cv}$ 的结果，使用其他数量的筛项的结果非常相似。我们可以看到，估计的 $\hat{\beta}_1(\cdot)$ 和 $\hat{\beta}_2(\cdot)$ 在 $t$ 上的平均值与方程（3.28）中的固定效应估计值一致，但估计值随时间变化。值得注意的是，$T=28$ 时 $\beta$ 的一个估计值的符号是相反的。我们对 $T=28$

时的 $Y$ 减去 $X$ 进行回归，发现 $\hat{\beta}_1$ 和 $\hat{\beta}_2$ 的符号与固定效应估计值相反，并且是显著的。

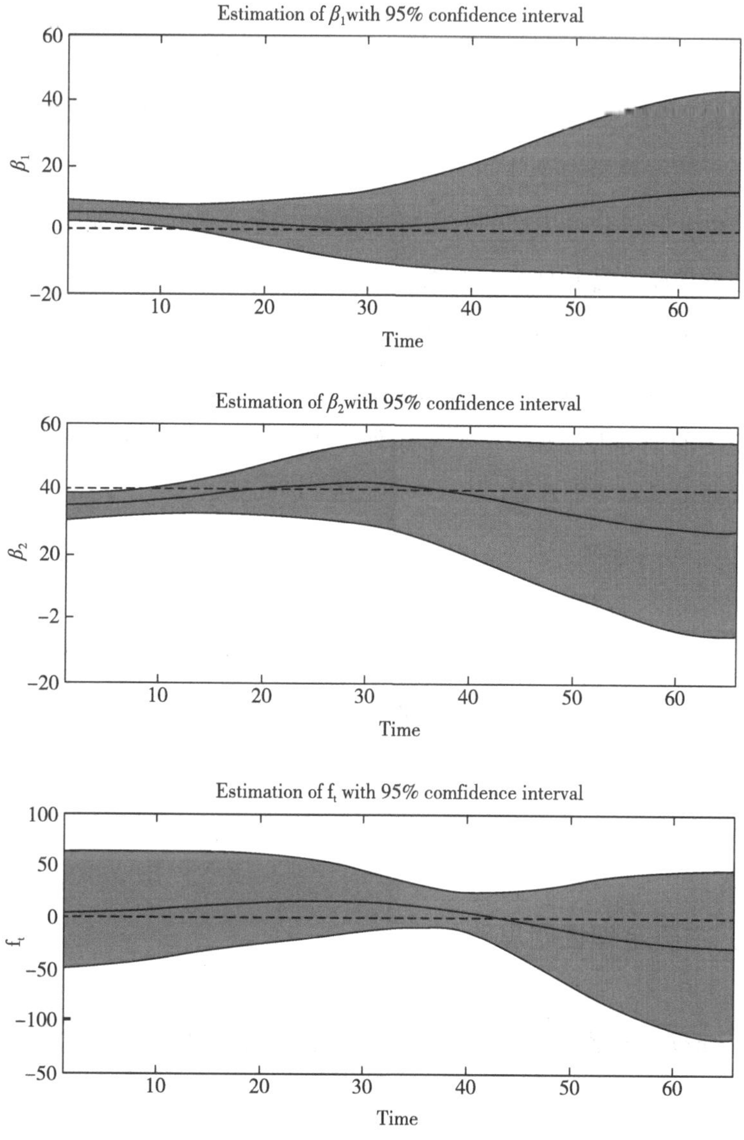


**图 3-1　同质性时变系数和时间趋势估计结果**

**（拟合曲线和 95% 逐点置信区间）**

# 第七节　结论和讨论

本章提供了面板数据模型中系数同质性和稳定性的联合非参数化检验。我们建立了该检验统计量的理论性质，并将检验推广到高维面板数据模型中个体间的同质性和时间上的稳定性。本文建议使用自助$p$值以获得更好的有限样本性能。通过模拟，证明了本章所提出的检验在各种情况下具有出色的有限样本表现。此外，已经通过分析 EKC 来说明这类假设检验的实用性。值得注意的是，为了方便起见，我们假设了模型的误差项是横截面独立的。但是，只需进行更多的推导并添加一些额外条件，我们的方法可以允许误差项之间的横截面相关性存在。

# 附录

## 一、主要定理证明思路

**定理 3.1 的证明**：在原假设$H_0$下，$\hat{J}_{NT}$的极限分布是定理3.2中的一个特例，其中对所有$i$，$\Delta_{\beta,i}(\cdot)=0$和$\Delta_{f,i}(\cdot)=0$，或者$\gamma_{NT}=0$。见定理 3.2 的证明。

**定理 3.2 的证明**：我们首先研究在$H_{1,\gamma_{NT}}$下增广残差$\hat{u}_{it}$的行为。

回顾一下，$\bar{\Delta}_\beta$ 定义为 $\bar{\Delta}_\beta = \sum_{i=1}^N E\left[X_i' M_T X_i\right]^{-1} \sum_{i=1}^N E\left[X_i' M_T g_{\Delta,i}\right]$。在 $H_{1,\gamma_{NT}}$ 下，我们可以根据 $\beta_P$ 的定义（见第 3.2.2 节），重写 $\beta_P = \beta_0 + \gamma_{NT}\bar{\Delta}_\beta$。然后有 $\hat{\beta}_{FE} - \beta_P = \gamma_{NT}\nu_{\Delta,NT} + \upsilon_{NT} \equiv \upsilon_{NT}$ 且 $\beta_{it} - \beta_P = \gamma_{NT}\Delta_{\beta,it}^c$，其中 $\Delta_{\beta,it}^c = \Delta_{\beta,it} - \bar{\Delta}_\beta$。由此可得 $g_{\Delta,it} - \bar{g}_{\Delta,it} - X_{it}'(\beta_{it} - \beta_P) + \gamma_{NT}\Delta_{f,it} = \gamma_{NT}\breve{g}_{\Delta,it}$，其中 $\breve{g}_{\Delta,it} \equiv X_{it}'\Delta_{\beta,it}^c + \Delta_{f,it}$。那么 $\hat{u}_{it} = \gamma_{NT}\breve{g}_{\Delta,it} - X_{it}'\upsilon_{NT} + \alpha_i + \epsilon_{it}$ 且

$$\hat{u}_i = \gamma_{NT}\breve{g}_{\Delta,i} - X_i\upsilon_{NT} + 1_T\alpha_i + \epsilon_i。$$

利用上述分解，我们有

$$\Gamma_{NT} = \frac{1}{NT^2}\sum_{i=1}^N\left(\epsilon_i + \gamma_{NT}\breve{g}_{\Delta,i} - X_i\upsilon_{NT}\right)' K_i\left(\epsilon_i + \gamma_{NT}\breve{g}_{\Delta,i} - X_i\upsilon_{NT}\right) = \sum_{l=1}^6 \Gamma_{NT}^{(l)}$$

其中

$$\Gamma_{NT}^{(1)} \equiv \frac{1}{NT^2}\sum_{i=1}^N \epsilon_i' K_i \epsilon_i, \Gamma_{NT}^{(2)} \equiv \frac{\gamma_{NT}^2}{NT^2}\sum_{i=1}^N \left(\breve{g}_{\Delta,i}\right)' K_i \breve{g}_{\Delta,i}$$

$$\Gamma_{NT}^{(3)} \equiv \frac{1}{NT^2}\sum_{i=1}^N \left(\upsilon_{NT}\right)' X_i' K_i X_i \upsilon_{NT}, \Gamma_{NT}^{(4)} \equiv \frac{2\gamma_{NT}}{NT^2}\sum_{i=1}^N \epsilon_i' K_i \breve{g}_{\Delta,i}$$

$$\Gamma_{NT}^{(5)} \equiv -\frac{2}{NT^2}\sum_{i=1}^N \epsilon_i' K_i X_i \upsilon_{NT}, \Gamma_{NT}^{(6)} \equiv -\frac{2\gamma_{NT}}{NT^2}\sum_{i=1}^N \left(\breve{g}_{\Delta,i}\right)' K_i X_i \upsilon_{NT}.$$

因此，$\hat{J}_{NT}$ 可以分解如下：

$$\hat{J}_{NT} = \left(J_{NT} + \sum_{l=2}^{6}\frac{N^{1/2}T\Gamma_{NT}^{(l)}}{\mathbb{V}_{NT}^{1/2}} + \frac{\mathbb{B}_{NT} - \widehat{\mathbb{B}}_{NT}}{\mathbb{V}_{NT}^{1/2}}\right)\left(\frac{\mathbb{V}_{NT}^{1/2}}{\widehat{\mathbb{V}}_{NT}^{1/2}}\right),$$

其中 $J_{NT} \equiv \frac{N^{1/2}T\Gamma_{NT}^{(1)} - \mathbb{B}_{NT}}{\mathbb{V}_{NT}^{1/2}}$。令 $\hat{J}_{NT}^{(l)} \equiv \frac{N^{1/2}T\Gamma_{NT}^{(l)}}{\mathbb{V}_{NT}^{1/2}}$，$l = 2,\ldots,6$。

我们主要通过建立下列结论来完成定理的证明：当 $(N,T) \to \infty$ 时，

(i) $J_{NT} \xrightarrow{d} N(0,1)$；

(ii) $\hat{J}_{NT}^{(2)} = \Phi_\Delta + o_p(1)$；

(iii)对于 $l = 3,4,5,6$，$\hat{J}_{NT}^{(l)} = o_p(1)$；

(iv) $\mathbb{B}_{NT}-\widehat{\mathbb{B}}_{NT}=o_p\left(\sqrt{K}\right)$；

(v) $\widehat{\mathbb{V}}_{NT}/\mathbb{V}_{NT}=1+o_p(1)$。

具体的证明细节，在此略去。

## 二、其他的模拟结果

该部分包括了下列模拟结果：

表3-A1. 基于正态分布临界值的检验水平（DGP 1，$H_0$ vs $H_1$）

表3-A2. 检验功效对$K$敏感性研究（DGPs 2-6，$H_0$ vs $H_1$）

表3-A3. $H_{s0}$ vs $H_{s1}$（同质性参数的稳定性）检验结果

表3-A4. $H_{h0}$ vs $H_{h1}$（时变参数的同质性）的检验结果

表3-A5. 双向固定效应面板数据模型的$H_0$ vs $H_1$的检验结果

表 3-A1　　基于正态分布临界值的检验水平（DGP 1）

| | | $K_1$ | | | $K_2$ | | | $K_3$ | | | $K_{cv}$ | | |
|---|---|---|---|---|---|---|---|---|---|---|---|---|---|
| T | N | 10% | 5% | 1% | 10% | 5% | 1% | 10% | 5% | 1% | 10% | 5% | 1% |
| 25 | 25 | 0.086 | 0.052 | 0.024 | 0.095 | 0.062 | 0.026 | 0.095 | 0.071 | 0.028 | 0.091 | 0.053 | 0.016 |
| 25 | 50 | 0.111 | 0.072 | 0.033 | 0.13 | 0.085 | 0.034 | 0.096 | 0.057 | 0.027 | 0.116 | 0.077 | 0.027 |
| 50 | 25 | 0.071 | 0.049 | 0.013 | 0.084 | 0.047 | 0.018 | 0.084 | 0.057 | 0.025 | 0.067 | 0.041 | 0.017 |
| 50 | 50 | 0.078 | 0.041 | 0.011 | 0.082 | 0.047 | 0.012 | 0.101 | 0.067 | 0.027 | 0.07 | 0.058 | 0.011 |
| 100 | 25 | 0.055 | 0.038 | 0.011 | 0.058 | 0.035 | 0.012 | 0.074 | 0.042 | 0.013 | 0.062 | 0.038 | 0.010 |
| 100 | 50 | 0.06 | 0.03 | 0.009 | 0.06 | 0.042 | 0.014 | 0.08 | 0.048 | 0.02 | 0.057 | 0.036 | 0.014 |

表3-A2　　检验功效对 $K$ 敏感性研究（DGPs 2-6）

| | | | $K_1$ | | | $K_2$ | | | $K_3$ | | |
|---|---|---|---|---|---|---|---|---|---|---|---|
| DGP | T | N | 10% | 5% | 1% | 10% | 5% | 1% | 10% | 5% | 1% |
| 2 | 25 | 25 | 0.369 | 0.237 | 0.08 | 0.246 | 0.145 | 0.046 | 0.182 | 0.101 | 0.028 |
| | 25 | 50 | 0.525 | 0.374 | 0.149 | 0.343 | 0.220 | 0.063 | 0.206 | 0.122 | 0.028 |
| | 50 | 25 | 0.923 | 0.813 | 0.520 | 0.855 | 0.727 | 0.388 | 0.794 | 0.615 | 0.293 |
| | 50 | 50 | 0.992 | 0.973 | 0.852 | 0.975 | 0.932 | 0.746 | 0.980 | 0.959 | 0.857 |

续表

| | | | $K_1$ | | | $K_2$ | | | $K_3$ | | |
|---|---|---|---|---|---|---|---|---|---|---|---|
| DGP | T | N | 10% | 5% | 1% | 10% | 5% | 1% | 10% | 5% | 1% |
| 3 | 25 | 25 | 0.594 | 0.483 | 0.252 | 0.484 | 0.326 | 0.147 | 0.401 | 0.285 | 0.125 |
| | 25 | 50 | 0.754 | 0.626 | 0.390 | 0.655 | 0.509 | 0.269 | 0.521 | 0.387 | 0.162 |
| | 50 | 25 | 0.962 | 0.910 | 0.762 | 0.934 | 0.887 | 0.704 | 0.914 | 0.845 | 0.609 |
| | 50 | 50 | 0.995 | 0.991 | 0.954 | 0.995 | 0.977 | 0.908 | 0.980 | 0.959 | 0.857 |
| 4 | 25 | 25 | 0.559 | 0.423 | 0.203 | 0.437 | 0.318 | 0.145 | 0.341 | 0.215 | 0.093 |
| | 25 | 50 | 0.690 | 0.569 | 0.336 | 0.583 | 0.457 | 0.244 | 0.454 | 0.296 | 0.137 |
| | 50 | 25 | 0.944 | 0.901 | 0.709 | 0.929 | 0.847 | 0.611 | 0.888 | 0.771 | 0.521 |
| | 50 | 50 | 0.999 | 0.987 | 0.938 | 0.998 | 0.998 | 0.981 | 0.977 | 0.943 | 0.764 |
| 5 | 25 | 25 | 0.516 | 0.360 | 0.142 | 0.362 | 0.234 | 0.088 | 0.256 | 0.148 | 0.044 |
| | 25 | 50 | 0.664 | 0.500 | 0.249 | 0.492 | 0.330 | 0.127 | 0.333 | 0.203 | 0.077 |
| | 50 | 25 | 0.944 | 0.884 | 0.653 | 0.914 | 0.812 | 0.552 | 0.867 | 0.731 | 0.478 |
| | 50 | 50 | 0.999 | 0.984 | 0.933 | 0.989 | 0.966 | 0.858 | 0.979 | 0.934 | 0.764 |
| 6 | 25 | 25 | 0.471 | 0.332 | 0.125 | 0.364 | 0.217 | 0.069 | 0.212 | 0.131 | 0.045 |
| | 25 | 50 | 0.662 | 0.497 | 0.204 | 0.492 | 0.311 | 0.090 | 0.261 | 0.138 | 0.042 |
| | 50 | 25 | 0.988 | 0.964 | 0.831 | 0.980 | 0.949 | 0.755 | 0.965 | 0.893 | 0.632 |
| | 50 | 50 | 1.000 | 0.999 | 0.991 | 1.000 | 0.997 | 0.761 | 0.998 | 0.989 | 0.904 |

**表 3-A3**　　$H_{s0}$ **vs** $H_{s1}$（同质性参数的稳定性）检验结果

| | | | $K_1$ | | | $K_2$ | | | $K_3$ | | | $K_{cv}$ | | |
|---|---|---|---|---|---|---|---|---|---|---|---|---|---|---|
| DGP | T | N | 10% | 5% | 1% | 10% | 5% | 1% | 10% | 5% | 1% | 10% | 5% | 1% |
| 1 | 25 | 25 | 0.087 | 0.044 | 0.007 | 0.076 | 0.038 | 0.006 | 0.092 | 0.044 | 0.013 | 0.073 | 0.032 | 0.007 |
| | 25 | 50 | 0.074 | 0.039 | 0.01 | 0.091 | 0.043 | 0.009 | 0.106 | 0.051 | 0.014 | 0.063 | 0.028 | 0.002 |
| | 50 | 25 | 0.078 | 0.034 | 0.007 | 0.090 | 0.037 | 0.005 | 0.103 | 0.047 | 0.011 | 0.073 | 0.032 | 0.006 |
| | 50 | 50 | 0.078 | 0.034 | 0.007 | 0.09 | 0.037 | 0.005 | 0.103 | 0.047 | 0.011 | 0.073 | 0.032 | 0.006 |
| 2 | 25 | 25 | 0.767 | 0.606 | 0.32 | 0.589 | 0.41 | 0.152 | 0.33 | 0.192 | 0.049 | 0.95 | 0.877 | 0.647 |
| | 50 | 25 | 0.912 | 0.839 | 0.591 | 0.764 | 0.608 | 0.298 | 0.476 | 0.293 | 0.088 | 0.998 | 0.986 | 0.889 |
| | 25 | 50 | 0.999 | 0.994 | 0.952 | 0.997 | 0.985 | 0.890 | 0.977 | 0.937 | 0.764 | 1.000 | 1.000 | 0.999 |
| | 50 | 50 | 1.000 | 1.000 | 0.999 | 1.000 | 1.000 | 0.992 | 0.999 | 0.998 | 0.964 | 1.000 | 1.000 | 1.000 |
| 3 | 25 | 25 | 0.094 | 0.037 | 0.006 | 0.081 | 0.045 | 0.007 | 0.083 | 0.039 | 0.005 | 0.081 | 0.032 | 0.003 |
| | 25 | 50 | 0.076 | 0.041 | 0.004 | 0.103 | 0.047 | 0.005 | 0.095 | 0.038 | 0.004 | 0.073 | 0.032 | 0.005 |
| | 50 | 25 | 0.094 | 0.043 | 0.009 | 0.103 | 0.047 | 0.011 | 0.098 | 0.049 | 0.008 | 0.083 | 0.043 | 0.008 |
| | 50 | 50 | 0.091 | 0.041 | 0.007 | 0.084 | 0.031 | 0.004 | 0.098 | 0.0.-035 | 0.003 | 0.072 | 0.033 | 0.005 |

续表

| | | | $K_1$ | | | $K_2$ | | | $K_3$ | | | $K_{cv}$ | | |
|---|---|---|---|---|---|---|---|---|---|---|---|---|---|---|
| DGP | T | N | 10% | 5% | 1% | 10% | 5% | 1% | 10% | 5% | 1% | 10% | 5% | 1% |
| 4 | 25 | 25 | 0.141 | 0.073 | 0.019 | 0.131 | 0.059 | 0.013 | 0.108 | 0.048 | 0.011 | 0.168 | 0.092 | 0.018 |
| | 25 | 50 | 0.177 | 0.093 | 0.018 | 0.142 | 0.077 | 0.016 | 0.101 | 0.048 | 0.010 | 0.151 | 0.082 | 0.022 |
| | 50 | 25 | 0.313 | 0.187 | 0.056 | 0.269 | 0.154 | 0.047 | 0.219 | 0.123 | 0.022 | 0.364 | 0.232 | 0.057 |
| | 50 | 50 | 0.432 | 0.300 | 0.100 | 0.333 | 0.215 | 0.057 | 0.286 | 0.175 | 0.052 | 0.431 | 0.289 | 0.115 |
| 5 | 25 | 25 | 0.520 | 0.354 | 0.119 | 0.333 | 0.199 | 0.06 | 0.241 | 0.128 | 0.034 | 0.761 | 0.624 | 0.311 |
| | 25 | 50 | 0.692 | 0.545 | 0.237 | 0.496 | 0.324 | 0.109 | 0.33 | 0.204 | 0.048 | 0.904 | 0.814 | 0.556 |
| | 50 | 25 | 0.963 | 0.913 | 0.694 | 0.884 | 0.794 | 0.506 | 0.773 | 0.654 | 0.370 | 0.999 | 0.992 | 0.931 |
| | 50 | 50 | 0.999 | 0.994 | 0.958 | 0.987 | 0.966 | 0.832 | 0.974 | 0.917 | 0.706 | 1.000 | 1.000 | 0.998 |
| 6 | 25 | 25 | 0.947 | 0.856 | 0.612 | 0.783 | 0.64 | 0.333 | 0.542 | 0.375 | 0.143 | 0.993 | 0.982 | 0.894 |
| | 25 | 50 | 0.994 | 0.98 | 0.885 | 0.933 | 0.865 | 0.626 | 0.704 | 0.549 | 0.255 | 1.000 | 1.000 | 0.994 |
| | 50 | 25 | 1.000 | 1.000 | 0.998 | 1.000 | 1.000 | 0.995 | 0.999 | 0.998 | 0.976 | 1.000 | 1.000 | 1.000 |
| | 50 | 50 | 1.000 | 1.000 | 1.000 | 1.000 | 1.000 | 1.000 | 1.000 | 1.000 | 0.998 | 1.000 | 1.000 | 1.000 |

**表 3-A4** $H_{h0}$ vs $H_{h1}$ 的检验结果

| | | | $K_1$ | | | $K_2$ | | | $K_3$ | | | $K_{cv}$ | | |
|---|---|---|---|---|---|---|---|---|---|---|---|---|---|---|
| DGP | T | N | 10% | 5% | 1% | 10% | 5% | 1% | 10% | 5% | 1% | 10% | 5% | 1% |
| 1 | 25 | 25 | 0.104 | 0.063 | 0.023 | 0.104 | 0.044 | 0.012 | 0.106 | 0.051 | 0.015 | 0.110 | 0.056 | 0.011 |
| | 25 | 50 | 0.099 | 0.045 | 0.012 | 0.100 | 0.047 | 0.012 | 0.114 | 0.054 | 0.015 | 0.095 | 0.053 | 0.014 |
| | 50 | 25 | 0.093 | 0.056 | 0.016 | 0.098 | 0.057 | 0.009 | 0.121 | 0.066 | 0.019 | 0.100 | 0.051 | 0.012 |
| | 50 | 50 | 0.099 | 0.045 | 0.012 | 0.106 | 0.054 | 0.016 | 0.105 | 0.052 | 0.011 | 0.120 | 0.060 | 0.017 |
| 2 | 25 | 25 | 0.110 | 0.065 | 0.016 | 0.103 | 0.055 | 0.009 | 0.112 | 0.063 | 0.013 | 0.110 | 0.061 | 0.013 |
| | 25 | 50 | 0.100 | 0.054 | 0.012 | 0.118 | 0.065 | 0.022 | 0.088 | 0.046 | 0.013 | 0.094 | 0.046 | 0.012 |
| | 50 | 25 | 0.104 | 0.056 | 0.015 | 0.108 | 0.055 | 0.008 | 0.106 | 0.058 | 0.019 | 0.107 | 0.058 | 0.009 |
| | 50 | 50 | 0.094 | 0.055 | 0.015 | 0.099 | 0.048 | 0.013 | 0.106 | 0.058 | 0.013 | 0.122 | 0.059 | 0.017 |
| 3 | 25 | 25 | 1.000 | 1.000 | 1.000 | 1.000 | 1.000 | 1.000 | 1.000 | 0.998 | 0.990 | 1.000 | 1.000 | 0.999 |
| | 25 | 50 | 1.000 | 1.000 | 1.000 | 1.000 | 1.000 | 1.000 | 0.999 | 0.999 | 0.999 | 1.000 | 1.000 | 1.000 |
| | 50 | 25 | 1.000 | 1.000 | 1.000 | 1.000 | 1.000 | 1.000 | 1.000 | 1.000 | 1.000 | 1.000 | 1.000 | 1.000 |
| | 50 | 50 | 1.000 | 1.000 | 1.000 | 1.000 | 1.000 | 1.000 | 1.000 | 1.000 | 1.000 | 1.000 | 1.000 | 1.000 |

续表

| | | | $K_1$ | | | $K_2$ | | | $K_3$ | | | $K_{cv}$ | | |
|---|---|---|---|---|---|---|---|---|---|---|---|---|---|---|
| DGP | T | N | 10% | 5% | 1% | 10% | 5% | 1% | 10% | 5% | 1% | 10% | 5% | 1% |
| 4 | 25 | 25 | 0.545 | 0.406 | 0.187 | 0.422 | 0.287 | 0.116 | 0.373 | 0.230 | 0.100 | 0.650 | 0.506 | 0.283 |
| | 25 | 50 | 0.720 | 0.587 | 0.333 | 0.584 | 0.441 | 0.198 | 0.426 | 0.283 | 0.121 | 0.825 | 0.726 | 0.472 |
| | 50 | 25 | 0.933 | 0.867 | 0.656 | 0.904 | 0.820 | 0.583 | 0.869 | 0.764 | 0.510 | 0.978 | 0.942 | 0.826 |
| | 50 | 50 | 0.994 | 0.986 | 0.897 | 0.986 | 0.955 | 0.846 | 0.973 | 0.943 | 0.808 | 0.999 | 0.994 | 0.978 |
| 5 | 25 | 25 | 0.313 | 0.206 | 0.072 | 0.257 | 0.156 | 0.055 | 0.224 | 0.132 | 0.049 | 0.361 | 0.255 | 0.099 |
| | 25 | 50 | 0.407 | 0.292 | 0.105 | 0.326 | 0.202 | 0.080 | 0.238 | 0.143 | 0.054 | 0.495 | 0.369 | 0.173 |
| | 50 | 25 | 0.605 | 0.490 | 0.239 | 0.577 | 0.441 | 0.218 | 0.506 | 0.358 | 0.149 | 0.732 | 0.609 | 0.363 |
| | 50 | 50 | 0.790 | 0.689 | 0.431 | 0.720 | 0.589 | 0.364 | 0.724 | 0.586 | 0.341 | 0.910 | 0.829 | 0.586 |
| 6 | 25 | 25 | 0.098 | 0.052 | 0.010 | 0.098 | 0.051 | 0.012 | 0.096 | 0.047 | 0.010 | 0.095 | 0.056 | 0.024 |
| | 25 | 50 | 0.090 | 0.047 | 0.014 | 0.076 | 0.048 | 0.005 | 0.115 | 0.070 | 0.018 | 0.081 | 0.043 | 0.009 |
| | 50 | 25 | 0.082 | 0.036 | 0.007 | 0.092 | 0.048 | 0.015 | 0.090 | 0.052 | 0.023 | 0.094 | 0.048 | 0.008 |
| | 50 | 50 | 0.102 | 0.051 | 0.010 | 0.101 | 0.050 | 0.013 | 0.081 | 0.039 | 0.006 | 0.096 | 0.050 | 0.009 |

**表 3-A5　两维固定效应面板数据模型的 $H_0$ vs $H_1$ 的检验结果**

| | | | $K_1$ | | | $K_2$ | | | $K_3$ | | | $K_{cv}$ | | |
|---|---|---|---|---|---|---|---|---|---|---|---|---|---|---|
| DGP | T | N | 10% | 5% | 1% | 10% | 5% | 1% | 10% | 5% | 1% | 10% | 5% | 1% |
| 1 | 25 | 25 | 0.119 | 0.058 | 0.014 | 0.115 | 0.050 | 0.010 | 0.104 | 0.058 | 0.016 | 0.119 | 0.065 | 0.011 |
| | 25 | 50 | 0.092 | 0.046 | 0.006 | 0.097 | 0.045 | 0.009 | 0.108 | 0.047 | 0.012 | 0.089 | 0.050 | 0.005 |
| | 50 | 25 | 0.102 | 0.055 | 0.012 | 0.102 | 0.056 | 0.008 | 0.104 | 0.053 | 0.005 | 0.089 | 0.057 | 0.016 |
| | 50 | 50 | 0.104 | 0.053 | 0.014 | 0.102 | 0.056 | 0.014 | 0.104 | 0.052 | 0.014 | 0.093 | 0.044 | 0.011 |
| 2 | 25 | 25 | 0.603 | 0.474 | 0.230 | 0.451 | 0.323 | 0.134 | 0.408 | 0.278 | 0.100 | 0.740 | 0.629 | 0.386 |
| | 25 | 50 | 0.804 | 0.707 | 0.461 | 0.674 | 0.518 | 0.279 | 0.532 | 0.395 | 0.199 | 0.925 | 0.844 | 0.669 |
| | 50 | 25 | 0.915 | 0.835 | 0.658 | 0.825 | 0.733 | 0.496 | 0.807 | 0.695 | 0.427 | 0.987 | 0.974 | 0.921 |
| | 50 | 50 | 0.996 | 0.983 | 0.934 | 0.978 | 0.960 | 0.843 | 0.958 | 0.919 | 0.743 | 1.000 | 0.999 | 0.999 |
| 3 | 25 | 25 | 1.000 | 1.000 | 1.000 | 1.000 | 1.000 | 1.000 | 1.000 | 1.000 | 1.000 | 1.000 | 1.000 | 1.000 |
| | 25 | 50 | 1.000 | 1.000 | 1.000 | 1.000 | 1.000 | 1.000 | 1.000 | 1.000 | 1.000 | 1.000 | 1.000 | 1.000 |
| | 50 | 25 | 1.000 | 1.000 | 1.000 | 1.000 | 1.000 | 1.000 | 1.000 | 1.000 | 1.000 | 1.000 | 1.000 | 1.000 |
| | 50 | 50 | 1.000 | 1.000 | 1.000 | 1.000 | 1.000 | 1.000 | 1.000 | 1.000 | 1.000 | 1.000 | 1.000 | 1.000 |

续表

| | | | $K_1$ | | | $K_2$ | | | $K_3$ | | | $K_{cv}$ | | |
|---|---|---|---|---|---|---|---|---|---|---|---|---|---|---|
| DGP | T | N | 10% | 5% | 1% | 10% | 5% | 1% | 10% | 5% | 1% | 10% | 5% | 1% |
| 4 | 25 | 25 | 0.728 | 0.596 | 0.351 | 0.610 | 0.471 | 0.255 | 0.507 | 0.368 | 0.176 | 0.837 | 0.744 | 0.517 |
| | 25 | 50 | 0.927 | 0.866 | 0.669 | 0.782 | 0.675 | 0.438 | 0.720 | 0.571 | 0.339 | 0.970 | 0.935 | 0.821 |
| | 50 | 25 | 0.975 | 0.947 | 0.823 | 0.946 | 0.890 | 0.717 | 0.892 | 0.815 | 0.575 | 0.997 | 0.992 | 0.965 |
| | 50 | 50 | 1.000 | 0.999 | 0.984 | 0.994 | 0.990 | 0.947 | 0.987 | 0.964 | 0.879 | 1.000 | 1.000 | 1.000 |
| 5 | 25 | 25 | 0.675 | 0.557 | 0.295 | 0.581 | 0.459 | 0.222 | 0.498 | 0.359 | 0.161 | 0.821 | 0.732 | 0.509 |
| | 25 | 50 | 0.898 | 0.818 | 0.589 | 0.788 | 0.671 | 0.408 | 0.685 | 0.554 | 0.294 | 0.965 | 0.939 | 0.819 |
| | 50 | 25 | 0.953 | 0.920 | 0.790 | 0.900 | 0.851 | 0.666 | 0.889 | 0.810 | 0.599 | 0.995 | 0.992 | 0.956 |
| | 50 | 50 | 0.998 | 0.995 | 0.979 | 0.998 | 0.985 | 0.930 | 0.989 | 0.971 | 0.873 | 1.000 | 1.000 | 1.000 |
| 6 | 25 | 25 | 0.930 | 0.865 | 0.673 | 0.872 | 0.802 | 0.595 | 0.808 | 0.712 | 0.453 | 0.978 | 0.967 | 0.878 |
| | 25 | 50 | 0.995 | 0.988 | 0.947 | 0.985 | 0.958 | 0.873 | 0.953 | 0.915 | 0.774 | 1.000 | 1.000 | 0.992 |
| | 50 | 25 | 1.000 | 1.000 | 1.000 | 1.000 | 0.999 | 0.987 | 0.999 | 0.997 | 0.973 | 1.000 | 1.000 | 1.000 |
| | 50 | 50 | 1.000 | 1.000 | 1.000 | 1.000 | 1.000 | 1.000 | 1.000 | 1.000 | 1.000 | 1.000 | 1.000 | 1.000 |

# 第四章
# 具有交互固定效应的非参数动态面板数据模型：筛分估计和设定检验

## 第一节　引言

近年来，具有横截面相关的大型面板数据模型（大$N$大$T$）受到越来越多的关注；参见Hsiao（2014）和Pesaran（2015）。交互固定效应（Interactive fixed effects，以下简称IFE），又称多因子误差结构，已成为处理截面相关最常用的方法之一。使用一些对截面相关个体具有不同影响的时变公共因子，IFE将时间和个体效应相乘地纳入模型，并且能够比传统的双重固定效应更灵活地捕获未观察到的异质性。由于这些原因，IFE在计量经济学文献中已经得到了广泛的研究。Pesaran（2006）提出了具有多因子结构误差的线性同质或异质静态面板的共同相关（Common correlated effects，CCE）估计量；Bai（2009）系统地研究了具有IFE的线性静态同质面板的主成分分析（Principal Component Analysis，PCA）估计。Moon和Weidner（2016）在Bai（2009）的模型中加入了动态和低秩解释变量，并使用Kato（1980）的线性算子的摄动理论研究了估计量的渐近性质。此外，Moon和Weidner（2015）证明了，在一定条件下，只要估计中使用的因子数量个数不低于真实的因子数量，回归系数的最小二乘（LS）估计量的极限分布不依赖于估计中使用的因子数量。关于IFE的其他相关工作，参见Lu和Su（2016）对动态线性面板的收缩（shrinkage）估计，Ahn等（2001，2013）对大$N$小$T$的广义矩估计（GMM，generalized moment method）方法，Kapetanios和Pesaran（2007），Bai和Ng（2006a），以及Greenway-McGgrevy等（2012）对因子增强回归（FAR，factor-augmented Regression），Pesaran和Tosetti（2011）对IFE和空间误差相关的面板数据模型，Avaruccia和Zaffaroni（2012）对广义最小二乘估计（Generalized least squares，GLS），以及Bai和Li（2014）的最大似然估计（Maximum likelihood estimator，MLE）。有关面板因子模型的更多信息，请读者参阅Bai和Ng（2008）的非常全面的综述文章。

注意到上述所有工作都聚焦在具有IFE的面板数据模型中回归关系的线性设定上。然而，线性函数形式可能被错误设定，从而导致估计不一致。作为一种稳健的替代方法，固定效应的面板数据模型中的非参数设定得到了广泛的研究；参见Henderson等（2008）、Baglan（2009）、Y. Lee（2014）、Su和Lu（2013）等。然而，除了Freyberger（2012）、Su和Jin（2012）、Jin和Su（2013）和Su等（2015）之外，对具有IFE的非参数面板数据模型的研究仍然比较有限。当$N$较大且$T$固定时，Freyberger（2012）研究了非参数面板数据模型的识别和估计，其中多维潜在因子以未知的时变结构函数的形式非加性地（non-additive）进入模型。Su和Jin（2012）研究了Pesaran（2006）模型的非参数版本的CCE估计。Jin和Su（2013）提出了在具有IFE的静态非参数面板数据模型中的可合并性（Poolability）检验。Su 等（2015）基于线性原假设下得到的估计残差，提出了对具有IFE的面板数据模型中的线性函数形式的模型设定检验。

在本章中，我们考虑如下具有IFE的非参数面板数据模型

$$Y_{it}=g\left(X_{it}\right)+\lambda_i^{0\prime}f_t^0+e_{it}，\quad i=1,\cdots,N，\quad t=1,\cdots,T， \tag{4.1}$$

其中，$X_{it}$是一个$d\times1$的可观测解释回归变量向量，可能包含$d_y$个被解释变量的滞后项$Y_{i,t-1},\ldots,Y_{i,t-d_y}$以及$d_x\times1$维的外生向量$X_{1,it}$，$g(\cdot)$是一个未知的平滑函数，$f_t^0$和$\lambda_i^0$分别是$R\times1$的公共因子和因子载荷向量，$e_{it}$是特定的误差项。请注意，$\lambda_i^0$，$f_t^0$和$e_{it}$均是不可观测的。$\lambda_i^0$，$f_t^0$的上标“0”表示它们是真实参数。

模型（4.1）的设定非常灵活，包含了多种不同的面板数据模型作为特例。比如，当$f_t^0=\left(1,\eta_t^0\right)'$和$\lambda_i^0=\left(\alpha_i^0,1\right)'$时，我们有

$$\lambda_i^{0\prime}f_t^0=\eta_t^0+\alpha_i^0。$$

此时，模型（4.1）就变为通常的双向固定效应（Two-way fixed effects）。当IFE采用加法形式时，Y. Lee（2014），Henderson等（2008），Su和Lu（2013），和Baglan（2009）分别研究了具有不同设定的$g(\cdot)$的面板数据模型。在本章中，在理论部分，我们假设真实因子数$R$已知，在实证应用部分将简要介绍如何确定$R$。本章主要关注非参数函数$g(\cdot)$的估计。

为了估计模型，首先通过筛分方法（sieve method）来线性近似未知函数$g(\cdot)$，然后按照Bai（2009），Moon和Weidner（2015, 2016）的方法采用剖面二乘（Profile least squares）估计。在一定条件下，推导估计量的收敛速度，并基于剖面LS目标函数的二次逼近建立了估计量的渐近正态分布。同时，分解渐近偏差的不同来源，

并提供了一个一致的偏差校正估计量。

此外，我们还提出了基于筛分LS估计量的常用线性函数形式的设定检验。在文献中，已经有各种用于面板数据模型中函数形式的非参数设定检验；有关线性关系的一些检验，请参阅Y.J. Lee（2014），Lin等（2014）和Su和Lu（2013）等。然而，这些检验都不适用于具有IFE的面板数据模型。唯一的例外是Su等（2015），他们提出了一种适用于具有IFE的面板数据模型的基于原假设下回归残差的线性检验。该检验可以视为在拟合线性面板数据模型后的诊断检验。一旦线性的原假设被拒绝，就应采用某种非参数或者非线性估计量。另外，本章基于原假设下的线性估计量和备择假设下的筛分LS估计量之间的加权经验L2距离构建了检验统计量，建立了检验统计量在原假设和一系列Pitman局部备择假设下的渐近分布。为了改善检验的有限样本表现，我们还提出了一种自主抽样程序来获得自主抽样$p$值，并证明其渐近有效性。

**符号说明**：令$\mu_i(\cdot)$，$\mu_{max}(\cdot)$和$\mu_{min}(\cdot)$分别表示某个对称矩阵的第$i$大（特征值按重复次数计算）、最大和最小特征值。用$\|A\|_F\left(\equiv\left[tr\left(A'A\right)\right]^{1/2}\right)$和$\|A\|_F\left(\equiv\left[\mu_1\left(A'A\right)\right]^{1/2}\right)$分别表示矩阵$A$的Frobenius范数和谱范数。对于一个$n\times m$矩阵$B$，令$P_B=B\left(B'B\right)^{-1}B'$和$M_B=I_n-P_B$，其中$I_n$为$n\times n$单位矩阵，当$A$不是列满秩矩阵时$(\cdot)^{-1}$表示Moore-Penrose广义逆。对于任意实方阵$A$和$B$，我们使用$A<B$（或$A\leqslant B$）表示$B-A$是正（半）定的。对于一个正定（p.d.，positive definite）对称矩阵$A$，我们使用$A^{1/2}$和$A^{-1/2}$分别表示满足$A^{1/2}A^{1/2}=A$和$A^{-1/2}A^{-1/2}=A^{-1}$的唯一对称矩阵。对于实数$a$，$\lfloor a\rfloor$表示其整数部分，$\lceil a\rceil$表示严格小于$a$的最大整数。我们使用“a.s.”和“w.p.a.1”分别表示“几乎必然”和“具有接近一的概

率”。此外，算子 $\xrightarrow{P}$ 和 $\xrightarrow{D}$ 分别表示依概率收敛和依分布收敛。$(N,T)\to\infty$ 表示 $N$ 和 $T$ 同时趋于无穷。

## 第二节 筛分最小二乘估计

在这一部分，我们介绍未知函数 $g$ 的筛分剖面最小二乘估计（sieve profile least squares estimator）。由于模型（4.1）中的 $g(\cdot)$ 是未知的，可以用筛分方法对它进行估计。关于筛分方法的优秀综述，请参阅Chen（2007，2013）。接下来，令 $p_k(x)$，$k=1,2,\cdots$，表示一系列已知的、可以逼近某个给定函数空间任何函数的基函数（如样条、幂级数、Fourier级数等）。令 $K\equiv K_{N,T}$ 表示某个整数；当 $(N,T)\to\infty$ 时，$K\to\infty$。记 $p^K(x)\equiv(p_1(x),\ldots,p_K(x))'$，并令 $p_{it}\equiv p^K(X_{it})$ 和 $p_{it,k}\equiv p_k(X_{it})$。

我们可以用Sieve基函数（basis function）的某个线性组合 $p^K(x)'\beta_0$ 来代替 $g(x)$，在满足下文的假设2(iii)时，该线性组合能很好地近似 $g(x)$。因此我们考虑以下线性化的面板数据模型：

$$Y_{it}=p_{it}'\beta^0+\lambda_i^{0\prime}f_t^0+u_{it} \tag{4.2}$$

其中 $u_{it}\equiv e_{it}+e_{g,it}$，这里 $e_{g,it}\equiv e_g(X_{it})\equiv g(X_{it})-p_{it}'\beta^0$ 为逼近误差。用矩阵表示，模型（4.2）可以重写为

$$\mathbf{Y}=\sum_{k=1}^{K}\beta_k\mathbf{P}_k+\lambda^0 f^{0\prime}+\mathbf{u} \tag{4.3}$$

其中 $\mathbf{Y}$、$\mathbf{P}_k$ 和 $\mathbf{u}$ 是第 $(i,t)$ 元素分别为 $Y_{it}$、$p_{k,it}$ 和 $u_{it}$ 的 $N\times T$ 的矩阵，

$\lambda^0=\left(\lambda_1^0,\cdots,\lambda_N^0\right)'$，$f^0=\left(f_1^0,\cdots,f_T^0\right)'$。在一些正则条件下，随着筛分空间变得更加密集，$e_{g,it}$趋于0，并在生成的误差$u_{it}$渐近地变得可以忽略。

接下来，我们将进行估计。由于（4.2）中的函数形式是线性的，我们可以通过LS方法来直接估计（4.3），这在Bai（2009）和Moon和Weidner（2015, 2016）中有详细介绍。这里近似的LS目标函数为：

$$L_{NT}\left(\beta,\lambda,f\right)=\frac{1}{NT}\sum_{i=1}^{N}\left(Y_i-P_i\beta-f\lambda_i\right)'\left(Y_i-P_i\beta-f\lambda_i\right),\tag{4.4}$$

其中$Y_i=\left(Y_{i1},\ldots,Y_{iT}\right)'$，$P_i=\left(p_{i1}',\ldots,p_{iT}'\right)'$。$\beta^0$的筛分LS估计量定义为

$$\hat{\beta}=\underset{\beta\in\mathbb{R}^K}{\operatorname{argmin}}\,L_{NT}\left(\beta\right),$$

其中$L_{NT}\left(\beta\right)$为轮廓LS目标函数，具体定义为

$$\begin{aligned}L_{NT}\left(\beta\right)&=\min_{\lambda\in\mathbb{R}^{N\times R},f\in\mathbb{R}^{T\times R}}L_{NT}\left(\beta,\lambda,f\right)\\&=\min_{f\in\mathbb{R}^{T\times R}}\frac{1}{NT}tr\left[\left(\mathbf{Y}-\sum_{k=1}^{K}\beta_k\mathbf{P}_k\right)M_f\left(\mathbf{Y}-\sum_{k=1}^{K}\beta_k\mathbf{P}_k\right)'\right]\\&=\frac{1}{NT}\sum_{t=R+1}^{T}\mu_t\left[\left(\mathbf{Y}-\sum_{k=1}^{K}\beta_kP_k\right)'\left(\mathbf{Y}-\sum_{k=1}^{K}\beta_k\mathbf{P}_k\right)\right]。\end{aligned}$$

Moon和Weidner（2015）证明了上述三个表达式的等价性。注意到最后的目标函数涉及$T\times T$矩阵的$T-R$个最小特征值的计算。该目标函数既不是凸的，也不是关于$\beta$可导的，且没有闭式解来处理最小化问题。因此，必须通过数值优化找到解决方案，通常采用多个起始值来搜索全局最小值。在下文的模拟和实证分析中，我们发现使用将Bai（2009）的PCA估计量作为初始值具有非常好的表现。获得$\hat{\beta}$后，可以利用下式估计$g\left(x\right)$：

$$\hat{g}\left(x\right)=\hat{\beta}'p^K\left(x\right)。\tag{4.5}$$

值得一提的是，（4.5）中的表达式是我们发展渐近理论的起点。参考Moon和Weidner（2016）的做法，我们同样采用Kato（1980）中的线性算子扰动理论，推导出 $L_{NT}\left(\hat{\beta}\right)$ 在 $\beta^0$ 处的渐近展开。关键思想是形成如下的分解：

$$\mathbf{Y}-\sum_{k=1}^{K}\hat{\beta}_k\mathbf{P}_k=\underbrace{\lambda^{0}f^{0\prime}}_{\text{主项}}+\underbrace{\sum_{k=1}^{K}\left(\beta_k^0-\hat{\beta}_k\right)\mathbf{P}_k+\mathbf{e}+\mathbf{e}_g}_{\text{3个扰动项}}, \tag{4.6}$$

这里 $\mathbf{e}$ 和 $\mathbf{e}_g$ 是第 $(i,t)$ 个元素分别为 $e_{it}$ 和 $e_{g,it}$ 的 $N\times T$ 矩阵。与Moon和Weidner（2016）的分解相比，（4.6）的扰动项额外包含一个维度趋于无穷（$K\to\infty$）的系数估计误差部分，和一个sieve近似误差 $\mathbf{e}_g$。借助线性算子的扰动理论，我们计算了 $L_{NT}\left(\hat{\beta}\right)$ 关于 $\hat{\beta}_k-\beta_k^0,k=1,\cdots,K$，的二次展开。基于这个展开式，推导了 $\hat{g}(\cdot)$ 的渐近展开表达式，并在适当条件下建立了其渐近正态性。

# 第三节　估计量的渐近性质

在本节中，我们首先推导 $\hat{g}(x)$ 的收敛速度，然后建立其渐近分布。我们进一步分析渐近偏差的来源，并提出了一个偏差校正估计量。

## 一、收敛速度

设 $\mathcal{X}\equiv\mathcal{Y}\times\mathcal{X}_1\subset R^{d_y}\times R^{d_x}$ 是 $X_{it}$ 的支撑集。典型的筛分逼近和回归函数估计要求 $\mathcal{X}$ 是紧致的；参见Andrews（1991）和Newey

（1997）。在大多数经济学应用中，要求$X_{1,it}$的支撑集是紧集是合理的。然而，由于$X_{it}$中存在滞后因变量，$\mathcal{Y}$的有界性不再合理。参考Ai和Chen（2003）、Chen等（2005）、Su和Jin（2012）以及Y. Lee（2014），对某个$\omega>0$，我们使用加权的sup-norm度量，定义$\|g\|_{\infty,\omega}\equiv\sup_{x\in\mathcal{X}}\left[|g(x)|\left(1+\|x\|^2\right)^{-\omega/2}\right]$。显然，如果$\omega=0$，该范数简化为适用于紧支撑集的常规sup-norm。

对于具有紧支撑集的函数，一个典型的平滑性假设是它属于Hölder空间。设$\boldsymbol{\alpha}\equiv(\alpha_1,\cdots,\alpha_d)'$为$d$维的非负整数构成的向量，$|\boldsymbol{\alpha}|\equiv\sum_{l=1}^{d}\alpha_l$。对任意的$x=(x_1,\cdots,x_d)'\in\mathcal{X}$，将$g$的第$|\boldsymbol{\alpha}|$阶导数记为$\nabla^{\alpha}g(x)\equiv\partial^{|\alpha|}g(x)/\partial x_1^{\alpha_1}\cdots\partial x_d^{\alpha_d}$。$\gamma$阶（$\gamma>0$）Hölder空间$\Lambda^{\gamma}(\mathcal{X})$由所有的函数$g:\mathcal{X}\to R$构成，其中$g$满足当$\gamma-\lceil\gamma\rceil\in(0,1]$时，其前$\lceil\gamma\rceil$阶导数有界，而第$\lceil\gamma\rceil$阶导数关于指数$\gamma-\lceil\gamma\rceil$是Hölder连续。定义Hölder范数：

$$\|g\|_{\Lambda^{\gamma}}\equiv\sup_{x\in\mathcal{X}}|g(x)|+\max_{|\alpha|=\lceil\gamma\rceil}\sup_{x\neq x^*}\frac{\left|\nabla^{\alpha}g(x)-\nabla^{\alpha}g(x^*)\right|}{\|x-x^*\|^{\gamma-\lceil\gamma\rceil}}。$$

对于无界的支撑集，参考Chen等（2005），我们引入了加权Hölder空间的概念。

**定义4.1** 加权Hölder空间$\Lambda^{\gamma}(\mathcal{X},\omega)$为：

$$\Lambda^{\gamma}(\mathcal{X},\omega)\equiv g:\left\{\mathcal{X}\to R,g(\cdot)\left[1+\|\cdot\|^2\right]^{-\omega/2}\in\Lambda^{\gamma}(\mathcal{X})\right\},$$

则半径为$c$的加权Hölder球为：

$$\Lambda_c^{\gamma}(\mathcal{X},\omega)\equiv\left\{g\in\Lambda^{\gamma}(\mathcal{X},\omega):\left\|g(\cdot)\left[1+\|\cdot\|^2\right]^{-\omega/2}\right\|_{\Lambda^{\gamma}}\leqslant c\right\}。$$

如果对于某个$\gamma>0$，$c>0$，$\omega\geqslant0$，有$g\in\Lambda_c^{\gamma}(\mathcal{X},\omega)$成立，则函数$g$在$\mathcal{X}$上$H(\gamma,\omega)$-光滑。

接下来，我们将介绍一些在渐近分析中起重要作用的矩阵。令

$$Q_{NT} \equiv \frac{1}{NT}\sum_{i=1}^{N}\sum_{t=1}^{T} p_{it}p_{it}' \text{和} W_{NT} \equiv \frac{1}{NT}\sum_{i=1}^{N}\sum_{t=1}^{T} Z_{it}Z_{it}',$$

这里

$$Z_{it} \equiv p_{it} - \frac{1}{N}\sum_{j=1}^{N}\alpha_{ij}p_{jt} - \frac{1}{T}\sum_{s=1}^{T}\eta_{ts}p_{is} + \frac{1}{NT}\sum_{j=1}^{N}\sum_{s=1}^{T}\alpha_{ij}\eta_{ts}p_{is}。\qquad (4.7)$$

其中，$\alpha_{ij} \equiv \lambda_i^{0\prime}\left(\lambda^{0\prime}\lambda^0/N\right)^{-1}\lambda_j^0$，$\eta_{ts} \equiv f_t^{0\prime}\left(f^{0\prime}f^0/T\right)^{-1}f_s^0$。显然，$Z_{it}$ 是 $p_{it}$ 连续两次去掉分别由列向量 $\lambda^0$ 和 $f^0$ 张成的两个线性空间上的投影后得到的 $K\times 1$ 维残差向量。请注意，$Z_{k,it} = \left(M_{\lambda^0}\mathbf{P}_k M_{f^0}\right)_{it}$，$k = 1,\cdots,K$。

我们首先提供一组在筛分估计量收敛速率推导中使用的假设。

**假设1.** (i) 存在某个 $R\times R$ 矩阵 $\Sigma_\lambda$，当 $N\to\infty$ 时，有 $\lambda^{0\prime}\lambda^0/N \xrightarrow{P} \Sigma_\lambda > 0$；

(ii) 存在某个 $R\times R$ 矩阵 $\Sigma_f$，当 $N\to\infty$ 时，有 $f^{0\prime}f^0/T \xrightarrow{P} \Sigma_f > 0$；

(iii) $\|\mathbf{e}\| = O_P\left[\max\left(N^{1/2},T^{1/2}\right)\right]$。

**假设2.** (i) $g(0)=0$；

(ii) 对于某个 $\frac{\gamma}{d} > 1/2$ 和 $\omega \geqslant 0$，$g(\cdot)$ 为定义在 $\mathcal{X}$ 上的 $H(\gamma,\omega)$-光滑函数；

(iii) 对于任何 $H(\gamma,\omega)$-光滑的函数 $g(x)$，存在筛分空间 $\mathcal{G}_K \equiv \left\{g(\cdot) = p^K(\cdot), \beta\in R^K\right\}$ 基函数的线性组合 $\Pi_{\infty,K}g \equiv \beta^{0\prime}p^K(\cdot)$，存在某个 $\bar{\omega} > \omega+\gamma$，使得 $\left\|g(\cdot)-\Pi_{\infty,K}g\right\|_{\infty,\bar{\omega}} = O\left(K^{-\frac{\gamma}{d}}\right)$；

(iv) $\left\|Q_{NT}-E\left(Q_{NT}\right)\right\|_F = o_P(1)$，$0<\mu_K\left(E\left(Q_{NT}\right)\right)\leqslant \mu_1\left(E\left(Q_{NT}\right)\right)<\infty$ 关于 $K$ 一致成立，且对某个 $q_0 > 8$ 和 $\nu \geqslant 0$，有

$$\max_{i,t}\max_{1\leqslant k\leqslant K}\left[E\left|p_k^K\left(X_{it}\right)\right|^{q_0}\right]^{1/q_0} \leqslant O\left(K^\nu\right)$$

(v) $\max_{i,t}\mu_1\left[E\left(p_{it}p_{it}'\right)\right]<\infty$；

(vi) $\max_{i,t} E\|X_{it}\|^{2\bar{\omega}} < \infty$ 且 $\operatorname*{plim}_{(N,T)\to\infty} \frac{1}{NT}\sum_{i=1}^{N}\sum_{t=1}^{T}\left(1+\|X_{it}\|^2\right)^{\bar{\omega}/2} < \infty$。

**假设3.** (i) $\frac{1}{\sqrt{NT}}\operatorname{tr}\left[\mathbf{P}_k'\mathbf{e}\right] = O_P(1)$，$k=1,\cdots,K$ 且 $\frac{1}{NT}\sum_{i=1}^{N}\sum_{t=1}^{T} Z_{it}e_{it} = O_P\left(\sqrt{K/T}\delta_{NT}^{-1}\right)$，这里 $\delta_{NT} = \min\left(N^{1/2}, T^{1/2}\right)$；

(ii) $\left\|W_{NT} - E(W_{NT})\right\|_F = o_P(1)$，$0 < \mu_K\left(E(W_{NT})\right) \leqslant \mu_1\left(E(W_{NT})\right) < \infty$，当 $K\to\infty$ 时，关于 $K$ 一致成立；

(iii) 令 $\mathbf{P}_{(a)} = \sum_{k=1}^{K} a_k \mathbf{P}_k$，这里 $a = (a_1,\cdots,a_K)' \in \mathbb{R}^K$，$\|a\|=1$，则对某个 $\underline{C}>0$ 和 $\bar{C}<\infty$，有

$$\min_{\{a\in\mathbb{R}^K:\|a\|=1\}} \sum_{l=2R+1}^{N} \mu_l\left(\frac{1}{NT}\mathbf{P}_{(a)}'\mathbf{P}_{(a)}'\right) \geqslant \underline{C}$$

且 $\frac{1}{\sqrt{NT}}\left\|\mathbf{P}_{(a)}\right\| \leqslant \bar{C} < \infty$ w.p.a.1成立。

**假设4.** 当 $(N,T)\to\infty$ 时，$K\to\infty$，$K\delta_{NT}^{-2}\to 0$。

假设1(i)-(iii)在具有IFE的面板数据模型文献中广泛使用。假设2(i)对未知函数施加位置限制，主要是为了识别非参数函数。假设2(ii)对 $g(\cdot)$ 施加平滑条件，假设2(iii)量化了筛分逼近误差的阶。假设2的(iv)的第一部分通常通过切比雪夫不等式在一些数据相关结构下验证，如下面的假设5所施加的。假设2（iv）的第二部分表明 $E(Q_{NT})$ 的所有特征值均一致有界且远离0，这是筛分估计文献中对适当归一化筛分的标准条件。如果原始筛分向量 $p^K(\cdot)$ 不满足此条件，我们可以参考Newey（1997）的方法，假设存在非奇异常数方阵 $B$，使得 $Bp^K(\cdot)$ 满足此条件。在不失一般性的情况下，遵循Newey（1997）并假设 $B=I_K$。假设2(iv)对 $p_k^K(X_{it})$ $(k=1,\cdots,K)$ 的矩有上界限制。先前的非参数筛分方法文献中通常假设 $K$ 的增长序列 $\varsigma_K$，满足 $\sup_{x\in\mathcal{X}}\left\|p^K(x)\right\| \leqslant \varsigma_K$，或对某个正数 $q$ 假设 $\max_{i,t}\sup_{1\leqslant k\leqslant K} E\left|p_k(X_{it})\right|^q < \infty$。当支撑集 $\mathcal{X}$ 是紧集时，对 $\left\|p^K(x)\right\|$ 的

一致有界假设是合适的；众所周知，对于幂级数，$\varsigma_K = O(K)$，对于样条，$\varsigma_K = O(K^{1/2})$。然而，对于无界支撑集来说，这些可能不合适。在某些情况下，$p_k(X_{it})$矩的后一个约束看起来与假设$0 < \mu_K(E(Q_{NT})) < \infty$相矛盾。假设2(iv)的第三部分非常一般化，允许$X_{it}$是无界的，对于每个基函数具有有限的$q_0$阶矩。对于有界基函数如Fourier级数，$\nu = 0$。假设2(iv)的一个推论是$\left(E\left\|p^K(X_{it})\right\|^\rho\right)^{1/\rho} \leqslant \left\{\sum_{k=1}^{K}\left[E\left|p^K(X_{it})\right|^\rho\right]^{\frac{2}{\rho}}\right\}^{\frac{1}{2}} \leqslant O(K^{\nu+1/2})$，由明科夫斯基不等式可得。请注意，由于条件矩是随机的并且可能仍然无界，我们不能假设$E_{\mathfrak{D}}\left|p_k(X_{it})\right|^q$是有界的，其中$\mathfrak{D}$是所有因子和因子载荷所形成的$\sigma-$域。假设2(v)类似于2(iv)的第一部分。假设2(vi)对$X_{it}$施加矩条件，概率极限的存在可以在一些温和条件下得到证明。

假设3(i)是较为合理的，并且可以适用于各种数据生成过程(DGPs)。第一部分要求筛分回归因子$p_k(X_{it})$的弱外生性，这类似于Moon和Weidner（2015，2016）以及Su等（2015）假设的$(NT)^{-\frac{1}{2}}\operatorname{tr}(X_k'\mathbf{e}) = O_P(1)$，可以通过切比雪夫不等式进行验证。第二部分中的概率阶包括两个组成部分：$O_P\left(\sqrt{K/(NT)}\right)$和$O_P\left(\sqrt{K}/T\right)$，它们分别来自于方差和由于（3.1）中$Z_{it}$和$e_{it}$之间相关性引起的内生性偏差。当数据在给定$\mathfrak{D}$条件下在$i$和$t$维度上相互独立时，第二项将消失。下一节中的假设5将给出一些允许沿时间维度存在弱相关性的充分条件。假设3(ii)类似于假设2(iv)，要求矩阵$E(W_{NT})$的所有特征值在$K$趋于无穷时渐近一致地有界且远离0。请注意，$Z_{it}$是$p_{it}$的残差向量，在将其在由因子$(f^0)$的列和因子载荷$(\lambda^0)$生成的空间上的两个连续线性投影移除后得到。这排除了残差筛分回归因子$Z_{it}$之间的渐近多重共线性，并隐含地要求基函数集合$\left\{p_k^K(\cdot), k=1,\cdots,K\right\}$

不包含任何常数项。假设3(iii)对于筛分估计量的一致性证明是必要的。它要求筛分项都是由Moon和Weidner（2016）定义的高秩回归因子。低秩回归因子，如时间不变或个体不变回归因子，值得特别关注，并可以类似于Moon和Weidner （2016）进行处理。假设3(iii)还隐含着$(NT)^{-1/2}\|\mathbf{P}_k\|$，$k=1,\cdots,K$，是一致有界的。假设4对$N$、$T$和$K$以何种相对速率趋于无穷施加了条件。

$W_{NT}$对应于典型高斯拟极大似然估计中的Hessian矩阵。假设3(ii)隐含着$g(x)$只能被识别为位置平移，这解释了假设2(i)中的位置限制。当真实函数$g(\cdot)$不满足假设2(i)时，我们可以将$g(x)$写成$g(x)=\tilde{g}(x)+g(0)$，其中$\tilde{g}(x)\equiv g(x)-g(0)$满足$\tilde{g}(x)=0$。“常数项” $g(0)$可以被吸收到附加的固定效应中，或者当没有附加固定效应时，可以作为一个特殊因子（即，$\tilde{f}_t=1$和$\tilde{\lambda}_i=g(0)$）来估计。当然，后一种处理方式往往会导致效率损失。显然，$\tilde{f}_t=1$是可观测因子的一个特殊例子，之后将简要讨论如何在存在可观测和不可观测因子的情况下估计面板数据模型。

设$\Phi\equiv\lambda^0\left(\lambda^{0\prime}\lambda^0\right)^{-1}\left(f^{0\prime}f^0\right)^{-1}f^{0\prime}$。设$C_{NT}^{(1)}$和$C_{NT}^{(2)}$是$K\times1$维向量，其中第$k$个元素分别为

$$C_{NT,k}^{(1)}\equiv\frac{1}{NT}\operatorname{tr}\left(M_{\lambda^0}\mathbf{P}_k M_{f^0}\mathbf{u}'\right) \tag{4.8}$$

$$\begin{aligned}C_{NT,k}^{(2)}&\equiv-\frac{1}{NT}\operatorname{tr}\left(\mathbf{P}_k\Phi'\mathbf{u}M_{f^0}\mathbf{u}'M_{\lambda^0}+\mathbf{P}_k M_{f^0}\mathbf{u}'M_{\lambda^0}\mathbf{u}\Phi'+\mathbf{P}_k M_{f^0}\mathbf{u}'\Phi\mathbf{u}'M_{\lambda^0}\right)\\&\equiv C_{NT,k}^{(2,a)}+C_{NT,k}^{(2,b)}+C_{NT,k}^{(2,c)},\end{aligned} \tag{4.9}$$

定义$C_{NT}^{(2,a)}$，$C_{NT}^{(2,b)}$和$C_{NT}^{(2,c)}$是第$k$个元素分别为$C_{NT,k}^{(2,a)}$，$C_{NT,k}^{(2,b)}$和$C_{NT,k}^{(2,c)}$的$K\times1$维向量。在下述定理中，我们将推导$\hat{g}(x)$的一个渐进展开并建立其收敛速度。

**定理4.1** 若假设1-4成立，那么下列分解成立

$$\hat{g}(x)-g(x)=p^K(x)'W_{NT}^{-1}\left(C_{NT}^{(1)}+C_{NT}^{(2)}\right)+p^K(x)'\upsilon_{R,NT}-e_g(x), \quad (4.10)$$

其中，$\upsilon_{R,NT}$为一个$K\times 1$维向量，且$\left\|\upsilon_{R,NT}\right\|=O_P\left[\left(\delta_{NT}^{-2}K^{1/2}+K^{-\gamma/d}\right)\left(K^{-\gamma/d}+\delta_{NT}^{-1}\right)^{1/2}\right]$。进一步有

$$\max_{i,t}E_X\left[\hat{g}(X_{it})-g(X_{it})\right]^2=O_P\left(K\delta_{NT}^{-4}+K^{-2\gamma/d}\right), \quad (4.11)$$

$$\frac{1}{NT}\sum_{i=1}^{N}\sum_{t=1}^{T}\left[\hat{g}(X_{it})-g(X_{it})\right]^2=O_P\left(K\delta_{NT}^{-4}+K^{-2\gamma/d}\right), \quad (4.12)$$

其中，$E_X(\cdot)$表示只关于$X_{it}$取期望。

**注4.1** 在（4.10）中，将$\hat{g}(x)-g(x)$分解为三部分：第一部分对渐近方差和偏差有贡献，第二部分汇总了$L_{NT}(\hat{\beta})$的渐近展开的高阶项，第三部分表示筛分逼近误差。定理4.1还报告了（4.11）和（4.12）中总体和样本均方误差（MSE）的收敛速率。从上述定理证明过程可以发现，$O_P\left(K\delta_{NT}^{-4}\right)$总结了四个项的贡献：一个是常见的$O_P(K/(NT))$阶的渐近方差项，另外三个是三个二次渐近偏差项，分别为$O_P(K/T^2)$，$O_P(1/N^2)$和$O_P(1/T^2)$。接下来，我们将在$\hat{g}(\cdot)$的渐近分布研究中讨论不同渐近偏差项的来源。在假设8成立的情况下，（4.10）中的第二部分在渐近意义下是可以忽略的。很容易证明，使总体或样本MSE最小化得到的$K$的最佳选择，即$K_{opt}$，满足$K_{opt}\propto\delta_{NT}^{4/[2\gamma/d+1]}$，从而产生阶数为$O_P\left(\delta_{NT}^{-4/[d/2\gamma+1]}\right)$的最小MSE。如果$N$和$T$以相同的速度趋于无穷，则$K_{opt}\propto N^{\frac{2}{\frac{2\gamma}{d}+1}}$，且最佳的MSE为$O_P\left(N^{-2\left[\frac{2\gamma/d}{2\gamma/d+1}\right]}\right)$。当$\gamma\to\infty$时，$\mathrm{MSE}_{\min}$的速率逐渐接近参数速率$N^{-2}$。如果$X_{it}$是严格外生的，并且在给定$\mathfrak{D}$条件下，误差项的横截面异方差性和序列相关性都不存在，我们将在后面看到（4.11）或（4.12）中的速率变为$O_P\left(K^{-2\gamma/d}+K/(NT)\right)$，这与Newey（1997）中横截面回归情况的速率相同。

## 二、渐近分布

为了研究渐近分布，我们介绍以下几个符号：

$$\tilde{W}_{NT}\equiv\frac{1}{NT}\sum_{i=1}^{N}\sum_{t=1}^{T}\tilde{Z}_{it}\tilde{Z}_{it}',\Omega_{NT}\equiv\frac{1}{NT}\sum_{i=1}^{N}\sum_{t=1}^{T}\tilde{Z}_{it}\tilde{Z}_{it}'e_{it}^{2},$$

这里

$$\tilde{Z}_{it}\equiv p_{it}-\frac{1}{N}\sum_{j=1}^{N}\alpha_{ij}E_{\mathfrak{D}}\left(p_{jt}\right)-\frac{1}{T}\sum_{s=1}^{T}\eta_{ts}E_{\mathfrak{D}}\left(p_{js}\right)+\frac{1}{NT}\sum_{j=1}^{N}\sum_{s=1}^{T}\alpha_{ij}\eta_{ts}E_{\mathfrak{D}}\left(p_{js}\right)。$$

令 $W\equiv E_{\mathfrak{D}}\left(W_{NT}\right)$，$\Omega\equiv E_{\mathfrak{D}}\left(\Omega_{NT}\right)$，并记 $\tilde{Z}_{i}=\left(\tilde{Z}_{i1}',\cdots,\tilde{Z}_{iT}'\right)'$。

我们增加下述假设。

**假设5**. (i) 对每一个 $i=1,\cdots,N$，$\left\{\left(X_{it},e_{it}\right):t=1,2,\cdots\right\}$ 是 $\mathfrak{D}$-条件强混合的，且混合系数为 $\left\{\alpha_{\mathfrak{D},i}(t),1\leqslant t\leqslant T-1\right\}$。设 $\rho>0$ 和 $8+4\rho\leqslant q_0$，这里 $q_0$ 由假设2(iv)给定，则 $\alpha_{\mathfrak{D}}(\cdot)\equiv\max_{1\leqslant i\leqslant N}\alpha_{\mathfrak{D},i}(\cdot)$ 几乎必然（a.s.）满足

$$\sum_{s=1}^{\infty}s^{2}\alpha_{\mathfrak{D}}^{\frac{1+\rho}{2+\rho}}(s)<\infty,\sum_{s=1}^{\infty}s^{2}\alpha_{\mathfrak{D}}^{\frac{3+2\rho}{4+2\rho}}(s)<\infty;$$

(ii) 对于每个 $i=1,\cdots,N$，$E\left[e_{it}\mid\mathcal{F}_{NT,t-1}\right]=0$ 几乎必然成立，其中 $\mathcal{F}_{NT,t-1}\equiv\sigma\left\{\lambda^{0},f^{0},\left(X_{it},X_{i,t-1},e_{i,t-1},X_{i,t-2},e_{i,t-2},\cdots\right)_{i=1}^{N}\right\}$；

(iii) $\left(e_{i},X_{i}\right),i=1,\cdots,N$，给定 $\mathfrak{D}$ 后相互独立。

**假设6**. 对于 $\rho>0$ 和 $8+4\rho\leqslant q_0$，这里 $q_0$ 由假设2(iv)给定，则

(i) $\max_{i,t}E\left|e_{it}\right|^{8+4\rho}<\infty$；

(ii) $\max_{i}E\left\|\lambda_{i}^{0}\right\|^{8+4\rho}<\infty$，$\max_{t}\left\|Ef_{t}^{0}\right\|^{8+4\rho}<\infty$。

**假设7**. $0<\mu_{K}\left(\tilde{W}\right)\leqslant\mu_{1}\left(\tilde{W}\right)<\infty$ 几乎必然成立（a.s.）且当 $K\to\infty$ 时，有 $0<\mu_{K}\left(\tilde{\Omega}\right)\leqslant\mu_{1}\left(\tilde{\Omega}\right)<\infty$ 在 $K$ 上几乎一致成立。

**假设8**. 当 $(N,T)\to\infty$ 时，有 $K\to\infty$ 且

$$\max\left\{\sqrt{NT}K^{-\gamma/d},K^{3/4+\nu}\delta_{NT}^{-1},\sqrt{NTK}\delta_{NT}^{-2}\left(K^{-\gamma/2d}+\delta_{NT}^{-1/2}+K^{1+2\nu}\delta_{NT}^{-2}\right)\right\}\to 0,$$

这里$\gamma/d>1+2\nu$。

假设5(i)对每个单独的时间序列$\left\{\left(X_{it},e_{it}\right),t=1,\cdots,T\right\}$施加了具有代数混合速率的$\mathfrak{D}$强混合。关于$\mathfrak{D}$－强混合的定义，请参见原文的补充附录中的定义E.1。Prakasa Rao（2009）将这种无条件强混合的概念扩展到条件强混合。事实证明，一些关于强混合过程的著名不等式都有它们的条件版本。请参见Su等（2015）中的引理E.1-E.3。正如Su和Chen（2013）所提到的，带IFE的简单面板AR(1)模型通常不会产生强混合过程，除非假设因子载荷是非随机的。为了允许随机个体固定效应，我们使用了这个概念。值得注意的是，条件混合也在Hahn和Kuersteiner（2011）、Ahn和Moon（2014）、Y. Lee（2014）、Su和Chen（2013）、Gagliardini和Gouriéroux（2014）以及Su等（2015）等文献中被使用或讨论。假设5(ii)对$\left\{\left(e_t,X_t\right),\mathcal{F}_{NT,t}\right\}_{t=1}^{T}$施加了鞅差序列（m.d.s.）结构。假设5(iii)假设在给定$\mathfrak{D}$的情况下，个体观测之间是独立的。其中一个推论是所有横截面相关性都来自公共因子$f_t^0$。假设6对$e_{it}$、$\lambda_i^0$和$f_t^0$施加了矩条件。假设6(ii)对因子和因子载荷施加了存在性$(8+4\rho)$阶矩条件，从而放宽了Moon和Weidner（2015，2016）中$\|f_t^0\|$和$\|\lambda_i^0\|$的一致有界性。假设7对$\tilde{W}$和$\tilde{\Omega}$的特征值施加了一些限制：(i)$E\left(\tilde{W}\right)$和$E\left(\tilde{\Omega}\right)$的特征值都有界且远离零，并且(ii)$\left\|\tilde{W}-E\left(\tilde{W}\right)\right\|_F=o_P(1)$与$\left\|\tilde{\Omega}-E\left(\tilde{\Omega}\right)\right\|_F=o_P(1)$。假设8规定了$N$、$T$和$K$的趋向$\infty$的相对速度。请注意，允许$N/T=c\in[0,\infty]$。当$N/T\in(0,\infty)$时，在额外要求$\gamma/d>\frac{3}{2}+2\nu$成立时，该假设可以简化为$N/K^{\gamma/d}+K^{3/2+2\nu}/N\to 0$，即$K\in\left(N^{d/\gamma},N^{\frac{1}{1.5+2\nu}}\right)$。

定义 $V_K(x)\equiv p^K(x)'\tilde{W}^{-1}\tilde{\Omega}\tilde{W}^{-1}p^K(x)$ 和 $A_{NT}\equiv\sqrt{NT}V_K^{-\frac{1}{2}}(x)$ 。令 $b_1$、$b_2$ 和 $b_3$ 表示 $K\times 1$ 向量，它们的第 $k$ 个元素分别为 $b_{1,k}\equiv\frac{1}{N}\text{tr}\left[P_{f^0}E_{\mathfrak{D}}(\mathbf{e}'\mathbf{P}_k)\right]$ ，$b_{2,k}\equiv\frac{1}{T}\text{tr}\left[E_{\mathfrak{D}}(\mathbf{ee}')M_{\lambda^0}\mathbf{P}_k\Phi'\right]$ 和 $b_{3,k}\equiv\frac{1}{N}\text{tr}\left[E_{\mathfrak{D}}(\mathbf{e}'\mathbf{e})M_{f^0}\mathbf{P}_k{}'\Phi\right]$ 。定义 $b_s(x)=\frac{1}{\sqrt{NT}}A_{NT}p^K(x)'\tilde{W}^{-1}b_s$ ，$s=1,2,3$ 。记 $k_{NT}\equiv\sqrt{N/T}$ ，定义

$$B_K(x)\equiv -k_{NT}b_1(x)-k_{NT}^{-1}b_2(x)-k_{NT}b_3(x)\text{。}\tag{4.13}$$

以下定理建立了 $\hat{g}(x)$ 的渐近正态性。

**定理4.2** 令假设1-8成立。则当 $(N,T)\to\infty$ 时有

$$A_{NT}\left[\hat{g}(x)-g(x)\right]-B_K(x)\xrightarrow{D}N(0,1)$$

**注4.2.** 在定理4.2证明过程中可以看到 $A_{NT}\left[\hat{g}(x)-g(x)\right]$ 展开式中的主导项由 $c_{NT}C_{NT}^{(1)}$ 给出，第二项为 $c_{NT}C_{NT}^{(2)}$ ，这里 $c_{NT}=A_{NT}p^K(x)'W_{NT}^{-1}$ ，且 $C_{NT}^{(2)}$ 的三项由（4.12）给出。首先，$c_{NT}C_{NT}^{(1)}$ 对渐近方差和第一个渐近偏差项 $(-k_{NT}b_1(x))$ 有贡献。特别是，该偏差是固定效应导致的冗余参数偏差，由线性动态面板数据模型中 $Z_{it}$ 和 $e_{it}$ 相关引起的。这是为了消除因子载荷而做了时间维度的转换，转换后的变量 $Z_{it}$ 和误差项 $e_{it}$ 之间存在序列相关性。其次，在给定 $\mathfrak{D}$ 条件下误差的横截面异方差性使得 $c_{NT}C_{NT}^{(2,a)}$ 导致第二个渐近偏差项 $(-k_{NT}b_2(x))$ ；如果对于某个 $\sigma^2>0$ ，有 $E_{\mathfrak{D}}(\mathbf{e}'\mathbf{e})=I_N\sigma^2$ ，意味着误差项没有横截面相关的异方差性，由 $\Phi'M_{f^0}=\lambda^0\left(\lambda^{0\prime}\lambda^0\right)^{-1}\left(f^{0\prime}f^0\right)^{-1}f^{0\prime}M_{f^0}=0$ ，那么很容易得到 $b_{2,k}=\frac{1}{T}\text{tr}\left[E_{\mathfrak{D}}(\mathbf{ee}')M_{\lambda^0}\mathbf{P}_k\Phi'\right]=\frac{1}{T}\text{tr}\left[M_{\lambda^0}\mathbf{P}_k\Phi'\right]=0$ 。类似地，$c_{NT}C_{NT}^{(2,a)}$ 对第三个渐近偏差项 $(-k_{NT}b_3(x))$ 也有贡献，且这是由于在给定 $\mathfrak{D}$ 条件下误差的时间维度的异方差性导致的。在给定 $\mathfrak{D}$ 条件下误差项 $e_{it}$

在 $i$ 和 $t$ 两个维度上在是独立同分布的特殊情况下，最后两个偏差项消失。

## 三、偏差校正估计量

在这一部分中，我们提出了对 $g(x)$ 的偏差校正估计量。对于一个 $n\times n$ 矩阵 $A$，令 $A^{tD}$ 为对角截断矩阵，其 $(i,j)$ 元素由 $A_{ij}^{tD}=A_{ij}\mathbf{1}(i=j)$ 给出，其中 $\mathbf{1}(\cdot)$ 是通常的指示函数。令 $M_T$ 为一个满足当 $T\to\infty$ 时有 $M_T/T+1/M_T\to 0$ 的正整数。对于一个 $T\times T$ 矩阵 $B$，令 $B^{tR}$ 为右截断矩阵 $B$，其 $(i,j)$ 元素由 $B_{ts}^{tR}=B_{ts}\mathbf{1}(t<s<t+M_T)$ 给出。

为了构建渐近偏差和方差的一致估计，需要在适当的限制条件下对 $\lambda^0$ 和 $f^0$ 进行一致估计。我们使用与Bai（2009）相同的识别限制条件：$f'f/T=I_R$ 和 $\lambda'\lambda=$ 对角矩阵。给定 $\hat{\beta}$，可以得到以下非线性方程组的解 $\left(\hat{\lambda},\hat{f}\right)$：

$$\left[\frac{1}{NT}\sum_{i=1}^{N}\left(Y_i-P_i\hat{\beta}\right)\left(Y_i-P_i\hat{\beta}\right)'\right]\hat{f}=\hat{f}\mathbf{V}_{NT},\tag{4.14}$$

其中 $\mathbf{V}_{NT}$ 是一个对角矩阵，由上述方括号中的矩阵的最大 $R$ 个特征值按降序排列组成，并且

$$\hat{\lambda}\equiv\left(\hat{\lambda}_1,\cdots,\hat{\lambda}_N\right)'=T^{-1}\left[\hat{f}'\left(Y_1-P_1\hat{\beta}\right),\cdots,\hat{f}'\left(Y_N-P_N\hat{\beta}\right)\right]'。\tag{4.15}$$

投影矩阵 $P_{f^0}$ 和 $P_{\lambda^0}$ 可以分别由 $P_{\hat{f}}\equiv\hat{f}\hat{f}'/T$ 和 $P_{\hat{\lambda}}\equiv\hat{\lambda}\left(\hat{\lambda}'\hat{\lambda}\right)^{-1}\hat{\lambda}'$ 估计。则 $M_{\hat{f}}\equiv I_T-P_{\hat{f}}$，$M_{\hat{\lambda}}\equiv I_N-P_{\hat{\lambda}}$ 和 $\hat{\Phi}\equiv\hat{\lambda}'\left(\hat{\lambda}'\hat{\lambda}\right)^{-1}\left(\hat{f}'\hat{f}\right)^{-1}\hat{f}$ 分别是 $M_{f^0}$、$M_{\lambda^0}$ 和 $\Phi$ 的估计量。定义 $\hat{e}_{it}\equiv Y_{it}-\hat{g}\left(X_{it}\right)-\hat{\lambda}_i'\hat{f}_t$，$\hat{\alpha}_{ij}\equiv\hat{\lambda}_i'\left(\hat{\lambda}'\hat{\lambda}/N\right)^{-1}\hat{\lambda}_j$，$\hat{\eta}_{ts}\equiv\hat{f}_t'\left(\hat{f}'\hat{f}/T\right)^{-1}\hat{f}_s$，以及

$$\hat{Z}_{it}\equiv p_{it}-\frac{1}{N}\sum_{j=1}^{N}\hat{\alpha}_{ij}p_{jt}-\frac{1}{T}\sum_{s=1}^{T}\hat{\eta}_{ts}p_{is}+\frac{1}{NT}\sum_{j=1}^{N}\sum_{s=1}^{T}\hat{\alpha}_{ij}\hat{\eta}_{ts}p_{js}。$$

定义

$$\hat{W}_{NT} \equiv \frac{1}{NT}\sum_{i=1}^{N}\sum_{t=1}^{T}\hat{Z}_{it}\hat{Z}_{it}', \hat{\Omega}_{NT} \equiv \frac{1}{NT}\sum_{i=1}^{N}\sum_{t=1}^{T}\hat{Z}_{it}\hat{Z}_{it}'\hat{e}_{it}^{2},$$

$\hat{V}_K(x) \equiv p^K(x)'\hat{W}_{NT}^{-1}\hat{\Omega}_{NT}\hat{W}_{NT}^{-1}p^K(x)$ 和 $\hat{A}_{NT} \equiv \sqrt{NT/\hat{V}_K(x)}$，它们分别是 $W_{NT}$、$\Omega_{NT}$、$V_K(x)$ 和 $A_{NT}$ 的估计量。对于 $b_1$、$b_2$ 和 $b_3$，定义它们对应的估计值为 $\hat{b}_1$、$\hat{b}_2$ 和 $\hat{b}_3$，其第 $k$ 个元素分别为 $\hat{b}_{1,k} \equiv \frac{1}{N}\mathrm{tr}\left[\left(\hat{\mathbf{e}}'\mathbf{P}_k\right)^{tR} P_{\hat{f}}\right]$、$\hat{b}_{2,k} \equiv \frac{1}{T}\mathrm{tr}\left[\left(\hat{\mathbf{e}}\hat{\mathbf{e}}'\right)^{tD} M_{\hat{\lambda}}\mathbf{P}_k\hat{\Phi}'\right]$ 和以及 $\hat{b}_{3,k} \equiv \frac{1}{N}\mathrm{tr}\left[\left(\hat{\mathbf{e}}'\hat{\mathbf{e}}\right)^{tD} M_{\hat{f}}\mathbf{P}_k'\hat{\Phi}\right]$，其中 $\hat{\mathbf{e}}$ 是一个 $N\times T$ 矩阵，其 $(i,t)$ 元素为 $\hat{e}_{it}$。令

$$\hat{B}_K(x) = -\hat{A}_{NT}p^K(x)'\hat{W}_{NT}^{-1}\left(T^{-1}\hat{b}_1 + N^{-1}\hat{b}_2 + T^{-1}\hat{b}_3\right)$$
$$\equiv -k_{NT}\hat{b}_1(x) - k_{NT}^{-1}\hat{b}_2(x) - k_{NT}\hat{b}_3(x),$$

和

$$\hat{\beta}_{bc} \equiv \hat{\beta} + \hat{W}_{NT}^{-1}\left(T^{-1}\hat{b}_1 + N^{-1}\hat{b}_2 + T^{-1}\hat{b}_3\right)。$$

那么 $g(x)$ 的偏差校正估计量为

$$\hat{g}_{bc} \equiv p^K(x)'\hat{\beta}_{bc} = \hat{g}(x) - \hat{A}_{NT}^{-1}\hat{B}_K(x)。$$

为了一致地估计渐进偏差和方差，我们增加如下假设。

**假设9.** (i) 当 $(N,T)\to\infty$ 时，$N/T = c \in (0,\infty)$，$M_T \to \infty$，并且

$$K^{\frac{1}{2}+\nu}\left[\sum_{\tau=M_T}^{\infty}\alpha_{\mathfrak{D}}^{\frac{3+2\rho}{4+2\rho}}(\tau) + \frac{M_T}{\sqrt{T}}\right] \to 0;$$

(ii) 当 $(N,T)\to\infty$ 时，$TK^{-\gamma/d} \to 0$，$K^{3+2\nu}/T \to 0$，其中 $\gamma/d > 3+2\nu$。

假设9设定了 $N$、$T$、$K$ 和 $M_T$ 趋于无穷大的相对速率。为了简化符号表示，在这里我们只考虑 $N$ 和 $T$ 以与Y. Lee（2014）和Moon和Weidner（2016）相同的速度趋于无穷大的情况。假设9(i)给出了

偏差校正带宽参数$M_T$和筛分基函数$K$数目的条件。假设9(ii)对$K$趋于无穷大的速率施加了限制。

以下定理建立了偏差校正估计量$\hat{g}_{bc}\left(x\right)$的渐近分布。

**定理4.3** 若假设1-9成立，那么当$\left(N,T\right)\to\infty$时，有

$$\hat{A}_{NT}\left[\hat{g}_{bc}\left(x\right)-g\left(x\right)\right]\xrightarrow{D}N\left(0,1\right)。$$

**注4.3** 原则上，可以基于上述定理的结果进行推断。在所述假设下，筛分估计的近似偏差在渐近情况下消失，因此无需估计这种近似偏差，这在筛分文献中似乎是标准的。然而，Hansen（2015）表明，在有限样本中，这种近似偏差可能非常重要。他提出了一种允许在渐近正态分布中存在非中心化参数的检验统计量，这表明了筛分近似的作用。对于IID数据，Hansen（2015）给出了一种稳健的方法来估计这种非中心化参数，并进行有效的推断。我们猜想他的方法可以扩展到面板数据模型的设置中，用于处理由于估计因子和因子载荷的存在而引起了许多挑战。

## 第四节　线性函数的设定检验

在本节中，将考虑具有IFE的常用线性动态面板数据模型的设定检验。本章提出了一种基于比较原假设下的线性估计量和备择假设下的筛分估计量的检验统计量。

## 一、假设和检验统计量

对于模型（4.1），想要检验如下原假设：

$$H_0:\Pr\left[g\left(X_{it}\right)=X_{it}'\theta^0\right]=1,\quad \theta^0\in\Theta, \tag{4.16}$$

这里$\Theta$是$R^d$的一个紧子集。备择假设是

$$H_1:\Pr\left[g\left(X_{it}\right)=X_{it}'\theta\right]<1\text{ 对所有的 }\theta\in\Theta\text{ 均成立。} \tag{4.17}$$

为了便于分析渐近局部功效，考虑以下一系列Pitman局部备择假设：

$$H_1\left(\gamma_{NT}\right):g\left(X_{it}\right)=X_{it}'\theta^0+\gamma_{NT}\Delta\left(X_{it}\right), \tag{4.18}$$

其中$\Delta(\cdot)\equiv\Delta_{NT}(\cdot)$是一个可测的非线性函数，且当$(N,T)\to\infty$时，$\gamma_{NT}\to 0$。定义$\Delta_i\equiv\left(\Delta\left(X_{i1}\right),\cdots,\Delta\left(X_{iT}\right)\right)'$和$\boldsymbol{\Delta}\equiv\left(\Delta_1,\cdots,\Delta_N\right)'$。

我们提出了一个针对$H_0$ V S $H_1$的检验，通过比较$g(\cdot)$的两个估计量之间的加权经验$L_2$ – 距离来进行。直观地说，在线性原假设成立的情况下，两个估计量都是一致的，而只有筛分估计量在备择假设下是一致的。因此，若原假设不成立，则在渐近的情况下，两个估计量之间的$L_2$ – 距离将会过大。为此，考虑以下检验统计量：

$$\Gamma_{NT}=\frac{1}{NT}\sum_{i=1}^{N}\sum_{t=1}^{T}\left[\hat{g}_{bc}\left(X_{it}\right)-\hat{g}^{(l)}\left(X_{it}\right)\right]^2 w_{it},$$

其中$\hat{g}^{(l)}(x)=x'\hat{\theta}$，$\hat{\theta}$是Moon和Weidner（2016）在$H_0$成立情况下的系数$\theta$的线性估计量；$w_{it}=w\left(X_{it}\right)$，$w(x)$是用户指定的非负加权函数。类似的检验统计量已经在文献中的各种其他情境中提出；例如，Härdle和Mammen（1993）以及Hong和White（1995）。我们将证明，在适当中心化和缩放后，$\Gamma_{NT}$在线性假设下是渐近正态分布的。

## 二、在局部备择假设下的渐近分布

定义一系列矩阵如下：

$$Q_{wxx,NT} \equiv \frac{1}{NT}\sum_{i=1}^{N}\sum_{t=1}^{T} w_{it} X_{it} X'_{it}, Q_{wxx} \equiv E_{\mathfrak{D}}\left[Q_{wxx,NT}\right],$$

$$Q_{wpx,NT} \equiv \frac{1}{NT}\sum_{i=1}^{N}\sum_{t=1}^{T} w_{it} p_{it} X'_{it}, Q_{wpx} \equiv E_{\mathfrak{D}}\left[Q_{wpx,NT}\right]。$$

定义$D_{NT}$为一个$d\times d$矩阵，其第$(k_1,k_2)$个元素为

$$D_{NT,k_1k_2} \equiv \frac{1}{NT}\mathrm{tr}\left(M_{\lambda^0} X_{k_1} M_{f^0} X'_{k_2}\right)。 \tag{4.19}$$

令$D \equiv E_{D}\left[D_{NT}\right]$。令$\Upsilon_{NT}$是一个$d\times 1$维向量，其中第$k$个元素为$\Upsilon_{NT,k} \equiv \frac{1}{NT}\mathrm{tr}\left(M_{\lambda^0} X_k M_{f^0} \Delta'\right)$。

我们还需增加下列假设：

**假设10.**(i) $\Delta(x)$是$H(\gamma,\omega)$-光滑的，存在$\beta_{\Delta}^0 \in R^K$，$\left\|\beta_{\Delta}^0\right\| < \infty$，使得

$$\left\|\Delta(\cdot) - p^K(\cdot)'\beta_{\Delta}^0\right\|_{\infty,\bar{\omega}} = O\left(K^{-\gamma/d}\right);$$

(ii) $A^{\Delta} \equiv \mathrm{plim}_{(N,T)\to\infty} \frac{1}{NT}\sum_{i=1}^{N}\sum_{t=1}^{T}\left(\Delta_{it} - X'_{it} D_{NT}^{-1} \Upsilon_{NT}\right)^2 w_{it} < \infty$。

**假设11.**(i)存在$\underline{C}_Q$和$\bar{C}_Q$满足$0 < \underline{C}_Q \leqslant \mu_d(Q_{wxx}) \leqslant \mu_1(Q_{wxx}) \leqslant \bar{C}_Q < \infty$；

(ii) 存在$C_Q$满足$\left\|Q_{wpx}\right\| \leqslant C_Q < \infty$；

(iii) 存在$\underline{C}_D$和$\bar{C}_D$满足当$(N,T)\to\infty$时，有$0 < \underline{C}_D \leqslant \mu_d(D) \leqslant \mu_1(D) \leqslant \bar{C}_D < \infty$。

**假设12.** 当$(N,T)\to\infty$时，$N/T = c \in (0,\infty)$，对于某个V>0，有$\gamma/d > 3+4\nu$，$M_T/T \to 0$，$K^{3+4\nu}/T \to 0$，$TK^{-\gamma/d} \to 0$，和$K^{\frac{1}{4}+\nu}\left\{\sum_{\tau=M_T}^{\infty} \alpha_{\mathfrak{D}}^{\frac{3+2\rho}{4+2\rho}}(\tau) + \frac{M_T}{\sqrt{T}}\right\} \to 0$。

假设11对某些矩阵的特征值施加了一些限制。$Q_{wxx}$ 和 $D$ 都是 $d\times d$ 矩阵，很容易验证假设11(i)和(iii)；而假设11(ii)是一个高水平（high level）的假设。令 $Q_w \equiv \begin{pmatrix} Q_{wpp} & Q_{wpx} \\ Q'_{wpx} & Q_{wxx} \end{pmatrix}$ 为 $Q_{wpp}$ 的一个增广版。在sieve估计的文献中，通常假设 $\mu_1\left(Q_{wxx}\right)$ 在大样本中对 $K$ 一致地有上限。在这个条件和假设11(i)下，如果进一步要求 $\mu_1\left(Q_w\right)\leqslant C<\infty$，那么很容易证明 $\left\|Q_{wpx}\right\|^2=\mu_1\left(Q_{wpx}Q'_{wpx}\right)\leqslant\mu_1\left(Q_{wpp}\right)\mu_1\left(Q_{wxx}\right)<\infty$。注意假设12对 $N$、$T$、$K$ 和 $M_T$ 的要求比筛分估计的偏差校正要求弱得多。这主要是因为在原假设或局部备择假设下，模型要么是线性的，要么是带有一个较小项的线性的。

我们定义检验统计量：

$$J_{NT}\equiv\frac{NT\Gamma_{NT}-\mathbb{B}_{NT}}{\sqrt{\mathbb{V}_{NT}}},$$

其中

$$\mathbb{B}_{NT}\equiv\operatorname{tr}\left(\tilde{W}^{-1}Q_{wpp}\tilde{W}^{-1}\tilde{\Omega}\right),$$

$$\mathbb{V}_{NT}\equiv 2\operatorname{tr}\left(\tilde{W}^{-1}Q_{wpp}\tilde{W}^{-1}\tilde{\Omega}\tilde{W}^{-1}Q_{wpp}\tilde{W}^{-1}\tilde{\Omega}\right),$$

分别是渐近偏差和方差项。注意到 $\mathbb{B}_{NT}$ 和 $\mathbb{V}_{NT}$ 都是未知的，因此 $J_{NT}$ 是不可行的。建议通过以下方式分别估计它们：

$$\widehat{\mathbb{B}}_{NT}\equiv\operatorname{tr}\left(\hat{W}_{NT}^{-1}Q_{wpp,NT}\hat{W}_{NT}^{-1}\hat{\Omega}_{NT}\right),$$

$$\widehat{\mathbb{V}}_{NT}\equiv 2\operatorname{tr}\left(\hat{W}_{NT}^{-1}Q_{wpp,NT}\hat{W}_{NT}^{-1}\hat{\Omega}_{NT}\hat{W}_{NT}^{-1}Q_{wpp,NT}\hat{W}_{NT}^{-1}\hat{\Omega}_{NT}\right),$$

其中 $\hat{W}_{NT}\equiv(NT)^{-1}\sum_{i=1}^{N}\sum_{t=1}^{T}\hat{Z}_{it}\hat{Z}'_{it}$，$\hat{\Omega}_{NT}\equiv(NT)^{-1}\sum_{i=1}^{N}\sum_{t=1}^{T}\hat{Z}_{it}\hat{Z}'_{it}\hat{e}_{it}^2$。随后可以得到一个可行的检验统计量：

$$\hat{J}_{NT}\equiv\frac{NT\Gamma_{NT}-\widehat{\mathbb{B}}_{NT}}{\widehat{\mathbb{V}}_{NT}}。\tag{4.20}$$

以下定理建立了$\hat{J}_{NT}$在$H_1(\gamma_{NT})$下的渐近分布。

**定理4.4** 若假设1-8和10-12成立，则在$H_1(\gamma_{NT})$下，当$\gamma_{NT} \equiv (NT)^{-1/2}\mathbb{V}_{NT}^{1/4}$时，有

$$\hat{J}_{NT} \xrightarrow{D} N(A^{\Delta},1)。$$

**注4.4** 以上定理的证明较为繁琐，具体详见工作论文的附录B。我们通过两步来完成该定理的证明：

(i)在$H_1(\gamma_{NT})$下，$J_{NT} \xrightarrow{D} N(A^{\Delta},1)$；

(ii)证明$\hat{J}_{NT} - J_{NT} = o_P(1)$。

证明（i）的思路是将$J_{NT}$表示为退化的二阶$U$-统计量加上一些较低阶的项，然后应用de Jong（1987）关于独立但非同分布（INID）观测的中心极限定理。正如Su等（2015）提到的，尽管de Jong（1987）中的中心极限定理适用于与INID观测相关的二阶$U$-统计量，但通过仔细检查原始证明，发现它也适用于条件独立但非同分布（CINID）观测。考虑到$\widehat{\mathbb{V}}_{NT} = O_P(K)$，我们有$\gamma_{NT} = (NT)^{-1/2}\widehat{\mathbb{V}}_{NT}^{1/4} = O_P\left((NT)^{-1/2}K^{1/4}\right)$。这表明$\hat{J}_{NT}$具有识别或检测出以$(NT)^{-1/2}K^{1/4}$速率收敛到原假设的局部备择假设的能力。渐近局部功效函数满足当$(N,T)\to\infty$时，有$\Pr\left(\hat{J}_{NT} > z \mid H_1(\gamma_{NT})\right) \to 1-\Phi\left(z-A^{\Delta}\right)$，其中$\Phi(\cdot)$是标准正态累积分布函数。注意到$O(\gamma_{NT})$是当$f_t^0$和$\lambda_i^0$可观测时所能得到的速率。尽管不可观测因子$f_t^0$和因子载荷$\lambda_i^0$只能得到更慢的收敛速度（$N^{-1/2}$是前者的收敛速度，$T^{-1/2}$是后者的收敛速度），这表明$f_t^0$和$\lambda_i^0$的估计的更慢的收敛速度对$J_{NT}$的渐近分布并没有产生不利的一阶渐近影响。

当$H_0$成立时，$A^{\Delta}=0$，$\hat{J}_{NT}$的渐近分布为$N(0,1)$。下面的推论说明了这一点。

**推论4.1** 若假设1-8和11-12成立，则在$H_0$下，$\hat{J}_{NT} \xrightarrow{D} N(0,1)$。

**注4.5.** 原则上，可以将$\hat{J}_{NT}$与单侧临界值$z_\alpha$（即标准正态分布的上侧第$\alpha$分位数）进行对比，若$\hat{J}_{NT} > z_\alpha$则在显著性$\alpha$下，拒绝原假设。另一种方法是使用自助抽样法的$p$-值；参见下一小节。

**注4.6** 为了理解在全局备择假设下$\hat{J}_{NT}$的渐近行为，需要在$H_1$成立的前提下，研究$\hat{\theta}$的渐近性质。在这种情况下，定义一个伪真参数$\theta^*$作为$\hat{\theta}$的概率极限。则$\bar{\Delta}(X_{it}) \equiv g(X_{it}) - X_{it}'\theta^*$不等于0几乎必然成立。对于$i=1,\ldots,N$，定义$\bar{\Delta}_i \equiv \left[\bar{\Delta}(X_{i1}),\cdots,\bar{\Delta}(X_{iT})\right]'$，以及$\bar{\Delta} \equiv \left(\bar{\Delta}_1,\cdots,\bar{\Delta}_N\right)'$。在额外假设$\|\bar{\Delta}\| = o_P\left[(NT)^{1/2}\right]$下，可以证明$\hat{\theta}-\theta^* = D_{NT}^{-1}\bar{\mathrm{Y}}_{NT} + o_P(1)$，其中$\bar{\mathrm{Y}}_{NT}$是一个$d\times 1$向量，其第$k$个元素为$\bar{\mathrm{Y}}_{NT,k} \equiv (NT)^{-1}\operatorname{tr}\left(M_{\lambda^0}\mathbf{X}_k M_{f^0}\bar{\Delta}'\right)$。通过一些计算，可以证明$\Gamma_{NT} = \dfrac{1}{NT}\sum_{i=1}^{N}\sum_{t=1}^{T}\bar{\Delta}(X_{it})^2 w_{it} + o_P(1) = O_P(1)$。结合在$H_1$下成立的$\widehat{\mathbb{B}}_{NT} = O_P(K)$和$\mathbb{V}_{NT} = O_P\left(\sqrt{K}\right)$，这意味着检验统计量$\hat{J}_{NT}$在$H_1$下按照$O_P\left(NT/\sqrt{K}\right)$的速率发散。也就是说，在$H_1$下，对任意非随机序列$b_{NT} = o(NT/K)$，随着$(N,T)\to\infty$，有$\Pr\left(\hat{J}_{NT} > b_{NT} \mid H_1\right) \to 1$。因此，该检验在全局备择假设下实现了一致性。

**注4.7** 稍作修改，该检验也可以应用于检验具有IFE的各种其他模型的设定。首先，可以考虑具有IFE的部分线性面板数据模型，其中$g(X_{it}) = g_1(X_{1,it}) + \theta_2^{0\prime}X_{2,it}$，$X_{it} = \left(X_{1,it}', X_{2,it}'\right)'$，$g_1(\cdot)$是一个未知的平滑函数。在这种情况下，假设检验问题为

$$H_0': \Pr\left[g_1(X_{1,it}) = \theta_1^{0\prime}X_{1,it}\right] = 1 \text{ 对于某个 } \theta_1^0 \in \Theta_1 \text{ 成立，} \quad \text{v.s.}$$

$$H_1': \Pr\left[g_1(X_{1,it}) \neq \theta_1' X_{1,it}\right] < 1 \text{ 对于所有 } \theta_1 \in \Theta_1 \text{ 成立。}$$

对于该假设检验问题，可以继续应用前文提出的检验思想，在原假设和备择假设下分别估计模型，而不强加其部分线性结构

的方式来估计 $g(\cdot)$。但是，这种检验可能会在效率上遭受一些损失，因为它在备择假设下没有强加部分线性结构。或者，可以将第五节中具有IFE的部分线性面板模型的筛分估计量与原假设下的线性估计量进行比较，构建一个检验统计量，并建立其渐近分布理论。其次，我们的检验也可以应用于包含加性和乘性固定效应的模型。令 $(\lambda_{a,1},\cdots,\lambda_{a,N})$ 是 $N$ 个个体固定效应。可以将个体 $i$ 在时间 $t$ 的公共成分写为 $\lambda_{a,i}f_{a,t}+\lambda_i^{0\prime}f_t^0=\vec{\lambda}_i^{0\prime}\vec{f}_t^0$，这里 $f_{a,t}=1$，$\vec{f}_t^0=(1,f_t^{0\prime})'$ 和 $\vec{\lambda}_i^0=(\lambda_{a,i},\lambda_i^{0\prime})'$。在这种情况下，$f_{a,t}$ 是已知的，可以在优化过程中获得筛分LS估计量，而无需估计 $f_{a,t}$。通过一些小的修改，我们可以为得到的估计量和检验统计量建立渐近分布。第三，还可以修改检验统计量，用于检验以下假设：

$$H_0'':\Pr\left[g(X_{it})=0\right]=1 \text{ vs. } H_1'':\Pr\left[g(X_{it})=0\right]<1\text{。}$$

这个检验问题在非线性自回归面板数据模型（例如，$Y_{it}=g(Y_{i,t-1})+\lambda_i^{0\prime}f_t^0+e_{it}$）中尤为重要，因为这等同于检验动态效应的存在。在资产定价文献中检验异常效应的存在也很重要。显然，可以通过比较筛分估计量 $g(\cdot)$ 和0来构造一个检验统计量，这是本文检验的一个特殊情况。

## 三、检验的自助程序

尽管在原假设下 $\hat{J}_{NT}$ 渐近地服从 $N(0,1)$，但在有限样本中依赖正态临界值进行统计推断的做法是不明智的，因为该检验具有非参数性质。此外，尽管因子和因子载荷估计的收敛速度较慢不会影响检验统计量的渐近正态分布，但在有限样本中往往会产生不利影响（参见Su和Chen，2013）。因此，基于标准正态分布临界值的检验在有限样本中往往会出现严重的功效失真。因此，建议使用Bootstrap程序来获取Bootstrap $p-$值。该程序遵循Hansen（2000）的固定回归变量的Bootstrap的思路，并按以下步骤进行：

1. 在$H_0$下，获得线性估计量$\hat{\theta}$，$\hat{f}_t^{(l)}$，$\hat{\lambda}_i^{(l)}$和$\hat{e}_{it}^{(l)}$，其中上标"$(l)$"表示在线性原假设下的估计；在$H_1$下，获得偏差校正的筛分估计量：$\hat{\beta}_{bc}$，$\hat{f}_t$，$\hat{\lambda}_i$和$\hat{e}_{it}$。基于$\hat{g}_{bc}(X_{it})=\hat{\beta}_{bc}'p^K(X_{it})$，$\hat{\theta}'X_{it}$，$\hat{\lambda}_i$，$\hat{f}_t$和$\hat{e}_{it}$计算检验统计量$\hat{J}_{NT}$。

2. 对于$i=1,\cdots,N$，按如下方式获得初始Bootstrap误差$\{e_{it}^*\}_{t=1}^T$：$e_{it}^*=v_{it}\hat{e}_{it}^{(l)}$，其中$v_{it}$服从独立同分布的$N(0,1)$。然后，保持$\left(X_{it},\hat{f}_t^{(l)},\hat{\lambda}_i^{(l)}\right)$不变，生成$Y_{it}$的Bootstrap模拟值$Y_{it}^*$：$Y_{it}^*=X_{it}'\hat{\theta}+\hat{\lambda}_i^{(l)'}\hat{f}_t^{(l)}+e_{it}^*$，$i=1,\cdots,N$和$t=1,\cdots,T$。

3. 给定Bootstrap重抽样$\{Y_{it}^*,X_{it}\}$，获得筛分LS估计量$\hat{g}_{bc}^*(X_{it})$，$\hat{\lambda}_i^*$，$\hat{f}_t^*$和$\hat{e}_{it}^*$以及线性估计量$\hat{\theta}^*$，$\hat{\lambda}_i^{(l)*}$，$\hat{f}_t^{(l)*}$和$\hat{e}_{it}^{(l)*}$。基于$\hat{g}_{bc}^*(X_{it})$，$X_{it}'\hat{\theta}^*$，$\hat{f}_t^*$，$\hat{\lambda}_i^*$和$\hat{e}_{it}^*$计算Bootstrap检验统计量$\hat{J}_{NT}^*$。

4. 重复步骤2-3共B次，并将Bootstrap统计量标记为$\left\{\hat{J}_{NT,b}^*\right\}_{b=1}^B$。计算Bootstrap $p-$值：$p^*=B^{-1}\sum_{b=1}^B 1\left(\hat{J}_{NT,b}^*\geq\hat{J}_{NT}\right)$。

上述Bootstrap程序的实施是很直接的。注意，在步骤2中我们加了线性原假设。由于将回归变量视为固定值，因此Bootstrap样本中没有动态结构。

下一个定理证明了上述Bootstrap程序的渐近有效性。

**定理4.5** 假设定理4.4中的条件成立。那么在概率意义下，$\hat{J}_{NT}^*\xrightarrow{D^*}N(0,1)$，其中$\xrightarrow{D^*}$表示在观测到的样本$W_{NT}$的Bootstrap概率测度条件下的弱收敛，其中$W_{NT}\equiv\{(X_{it},Y_{it}):i=1,\cdots,N,t=1,\cdots,T\}$。

# 第五节　一些扩展

在本节中，我们讨论了模型和方法的两个可能的扩展。第一个是带IFE的部分线性动态面板数据模型，第二个是同时具有可观测和不可观测因子的非参数面板数据模型。

## 一、具有交互固定效应的部分线性动态面板模型

在本节中，概述如何估计具有IFE的部分线性动态面板数据模型的基本思想。设$L_{it}$为一个$d_L \times 1$维由线性回归变量构成的向量，$X_{it}$为$d_x \times 1$维由非线性回归变量构成的向量。那么模型可以写成：

$$Y_{it} = g\left(X_{it}\right) + L_{it}'\theta^0 + \lambda_i^{0\prime} f_t^0 + e_{it}, i = 1, \cdots, N, t = 1, \cdots, T。\qquad (4.21)$$

一般情况下，被解释变量的滞后项可能进入参数或非参数的部分。众所周知，当被解释变量的滞后项进入非参数部分时，情况会比较复杂。不失一般性，本章中，我们假设若模型中含有被解释变量的滞后项，则把它作为是$X_{it}$中的元素。为了区别，假设$L_{it}$不能写成$X_{it}$的任何形式的确定性函数，并且满足某些秩条件；参见Robinson（1988）。在模型（4.21）中，我们对$g(\cdot)$和$\theta^0$的估计感兴趣。

模型（4.21）的设定主要有以下几个优点。首先，当$d_x + d_L$很大时，由于与非参数估计相关的维度问题，$X_{it}$和$L_{it}$很难同时进入非参数部分。（4.21）的部分线性模型是缓解这个问题的一种方式。其次，通常很难允许$X_{it}$中的离散回归变量进行非参数筛分估计。如果$X_{it}$包含一个离散回归变量$X_{it}^d$，则记$X_{it} = \left(X_{it}^{c\prime}, X_{it}^{d\prime}\right)'$和$x = \left(x^{c\prime}, x^{d\prime}\right)'$，

对于 $x^d$ 的每一个可能值，可以在条件 $X_i^d = x^d$ 满足时，估计 $g(x)=g(x^c,x^d)$；或者参考Ma等（2015），使用离散回归变量的离散核与筛分方法近似估计 $g(x)$。但是，这两种方法似乎都不太容易实行。因此，许多实证研究者更倾向于将离散回归变量作为参数部分进行处理。此外，在部分线性模型中，线性成分的斜率系数易于解释。

我们可以直接将之前提出的方法直接扩展到部分线性面板数据模型中。首先，使用 $g(\cdot)$ 的筛分逼近来线性化模型：

$$Y_{it} = L_{it}'\theta^0 + p_{it}'\beta^0 + \lambda_i^{0\prime} f_t^0 + u_{it},$$

其中 $u_{it} = e_{it} + e_{g,it}$，$e_{g,it} = g(X_{it}) - p_{it}'\beta^0$ 和 $p_{it} = p^K(X_{it})$。设 $\mathbf{L}_l$ 是一个 $N \times T$ 矩阵，它的第 $(i,t)$ 个元素为 $L_{l,it}$。接下来，我们考虑 $\theta$ 和 $\beta$ 的轮廓最小二乘估计：

$$\left(\hat{\theta},\hat{\beta}\right) = \underset{\theta\in R^{d_L},\beta\in\mathbb{R}^K}{\operatorname{argmin}} L_{NT}(\theta,\beta),$$

其中

$$L_{NT}(\theta,\beta) = \sum_{t=R+1}^{T}\mu_t\left[\left(\mathbf{Y}-\sum_{l=1}^{d_L}\mathbf{L}_l\theta_l-\sum_{k=1}^{K}\mathbf{P}_k\beta_k\right)'\left(\mathbf{Y}-\sum_{l=1}^{d_L}\mathbf{L}_l\theta_l-\sum_{k=1}^{K}\mathbf{P}_k\beta_k\right)\right],$$

则 $g$ 的筛估计量和前面一样，仍为

$$\hat{g}(\cdot) = p^K(\cdot)'\hat{\beta}。$$

为了研究 $\hat{\theta}$ 和 $\hat{g}(\cdot)$ 的渐进性质，我们介绍一些符号。令

$$Z_{L,it} \equiv L_{it} - \frac{1}{N}\sum_{j=1}^{N}\alpha_{ij}L_{jt} - \frac{1}{T}\sum_{s=1}^{T}\eta_{ts}L_{is} + \frac{1}{NT}\sum_{j=1}^{N}\sum_{s=1}^{T}\alpha_{ij}\eta_{ts}L_{js},$$

$$W_{L,NT} \equiv \frac{1}{NT}\sum_{i=1}^{N}\sum_{t=1}^{T}Z_{L,it}Z_{L,it}', W_{Lp,NT} \equiv \frac{1}{NT}\sum_{i=1}^{N}\sum_{t=1}^{T}Z_{L,it}Z_{it}',$$

和

$$\mathbb{W}_{NT} \equiv \begin{pmatrix} W_{NT} & W'_{Lp,NT} \\ W_{Lp,NT} & W_{L,NT} \end{pmatrix}。$$

令 $Z_{Ll,it} = \left(M_{\lambda^0} \mathbf{L}_l M_{f^0}\right)_{it}$，$l = 1, \cdots, d_L$。定义

$$Z^{\dagger}_{L,it} = Z_{L,it} - W'_{Lp,NT}\left(W_{NT}\right)^{-1} Z_{it}。$$

这是将 $\left\{Z_{L,it}\right\}$ 回归到 $\left\{Z_{it}\right\}$ 的最小二乘估计的残差向量。令 $L^{\dagger}_{it} = L_{it} - W_{Lp,NT}\left(W_{NT}\right)^{-1} p_{it}$，它的第 $l$ 个元素记为 $L^{\dagger}_{l,it}$。记 $\mathbf{L}^{\dagger}_l$ 是第 $(i,t)$ 个元素为 $L^{\dagger}_{l,it}$ 的 $N \times T$ 矩阵，$l = 1, \cdots, d_L$。定义

$$W^{\dagger}_{L,NT} = W_{L,NT} - W_{Lp,NT} W^{-1}_{NT} W'_{Lp,NT},$$

$$W^{\dagger}_{NT} = W_{NT} - W'_{Lp,NT} W^{-1}_{NT} W_{Lp,NT},$$

$$W^{\dagger}_{L} = E_{\mathcal{D}}\left(W_{L,NT}\right) - E_{\mathcal{D}}\left(W_{Lp,NT}\right)\left[E_{\mathcal{D}}\left(W_{NT}\right)\right]^{-1} E_{\mathcal{D}}\left(W'_{Lp,NT}\right),$$

$$W^{\dagger} = E_{\mathcal{D}}\left(W_{NT}\right) - E_{\mathcal{D}}\left(W'_{Lp,NT}\right)\left[E_{\mathcal{D}}\left(W_{L,NT}\right)\right]^{-1} E_{\mathcal{D}}\left(W_{Lp,NT}\right)。$$

令 $C^{(L1\dagger)}_{NT}$ 和 $C^{(L2\dagger)}_{NT}$ 是 $d_L \times 1$ 维向量，它们的第 $l$ 个元素分别是

$$C^{(L1\dagger)}_{NT,l} \equiv \frac{1}{NT} \operatorname{tr}\left(M_{\lambda^0} \mathbf{L}^{\dagger}_l M_{f^0} \mathbf{u}'\right) \tag{4.22}$$

$$C^{(L2\dagger)}_{NT,l} \equiv -\frac{1}{NT} \operatorname{tr}\left(\mathbf{L}^{\dagger}_l \Phi' \mathbf{u} M_{f^0} \mathbf{u}' M_{\lambda^0} + \mathbf{L}^{\dagger}_l M_{f^0} \mathbf{u}' M_{\lambda^0} \mathrm{u} \Phi' + \mathbf{L}^{\dagger}_l M_{f^0} \mathbf{u}' \Phi \mathbf{u}' M_{\lambda^0}\right) \tag{4.23}$$

对于 $l = 1, \cdots, d_L$。将（4.22）和（4.23）中的 $\mathbf{L}^{\dagger}_l$ 替换成 $\mathbf{L}_l$，则 $C^{(L1\dagger)}_{NT,l}$ 和 $C^{(L2\dagger)}_{NT,l}$ 的定义就变成了 $C^{(L1)}_{NT,l}$ 和 $C^{(L2)}_{NT,l}$ 的定义。类似地，我们还能定义 $C^{(1\dagger)}_{NT}$ 和 $C^{(2\dagger)}_{NT}$，$Z^{\dagger}_{it}$，$\mathbf{P}^{\dagger}_k$，$k = 1, \cdots, K$。

我们将假设3修改为：

**假设 3***. (i) 当 $\mathbf{A} = \mathbf{L}_l$，$l = 1, \cdots, d_L$ 时，$\frac{1}{\sqrt{NT}} \operatorname{tr}\left(\mathbf{A}'\mathbf{e}\right) = O_P(1)$，对 $k = 1, \cdots, K$ 的 $\mathbf{P}_k$ 有 $\frac{1}{\sqrt{NT}} \sum_{i=1}^{N} \sum_{t=1}^{T} Z_{it} e_{it} = O_P\left(\sqrt{\frac{K}{T}} \delta^{-1}_{NT}\right)$，

和 $\frac{1}{NT}\sum_{i=1}^{N}\sum_{t=1}^{T}Z_{L,it}e_{it}=O_P\left(\frac{1}{\sqrt{NT}}\right)$；

(ii) $\frac{1}{NT}\sum_{i=1}^{N}\sum_{t=1}^{T}Z_{L,it}^{\dagger}e_{it}=O_P\left(\frac{1}{\sqrt{NT}}\right)$ 和 $\mathbf{L}_l^{\dagger}=O_P\left(\sqrt{NT}\right)$；

(iii) $\left\|\mathbb{W}_{NT}-E_{\mathcal{D}}\left(\mathbb{W}_{NT}\right)\right\|_F=o_P(1)$，且在 $K$ 上一致地有

$$0<\mu_{K+d_L}\left(E_{\mathcal{D}}\left(\mathbb{W}_{NT}\right)\right)\leqslant\mu_1\left(E_{\mathcal{D}}\left(\mathbb{W}_{NT}\right)\right)<\infty；$$

(iv) 令 $\mathbf{P}_{(a)}=\sum_{k=1}^{K}a_k\mathbf{P}_k+\sum_{l=1}^{d_L}a_{L+l}\mathbf{L}_l$， $a=\left(a_1,\ldots,a_{K+d_L}\right)'\in\mathbb{R}^{K+d_L}$，$\|a\|=1$，且对某个 $\underline{C}>0$ 和 $\bar{C}<\infty$，具有接近1的概率有

$$\min_{\left\{a\in\mathbb{R}^{K+d_L}:\|a\|=1\right\}}\sum_{l=2R+1}^{N}\mu_l\left(\frac{1}{NT}\mathbf{P}_{(a)}\mathbf{P}_{(a)}'\right)\geqslant\underline{C}$$

和 $\frac{1}{\sqrt{NT}}\left\|P_{(a)}\right\|\leqslant\bar{C}<\infty$ 成立。

下述定理研究了参数和非参数成分估计量的渐进展开以及非参数估计量的收敛速度。

**定理4.6** 若假设1，2，3*和4成立，则有系数估计分解

$$\hat{\theta}-\theta=\left(W_{NT}^{\dagger}\right)^{-1}\left(C_{NT}^{(L1\dagger)}+C_{NT}^{(L2\dagger)}\right)+O_P\left(\upsilon_{\theta R,NT}\right)=O_P\left(K^{\frac{1}{2}}\delta_{NT}^{-2}+K^{-\frac{\gamma}{d}}\right),$$

$$\hat{\beta}-\beta=\left(W_{NT}^{\dagger}\right)^{-1}\left(C_{NT}^{(1\dagger)}+C_{NT}^{(2\dagger)}\right)+O_P\left(\upsilon_{\beta R,NT}\right)=O_P\left(K^{\frac{1}{2}}\delta_{NT}^{-2}+K^{-\frac{\gamma}{d}}\right),$$

以及

$$\max_{i,t}E_X\left[\hat{g}\left(X_{it}\right)-g\left(X_{it}\right)\right]^2=O_P\left(K\delta_{NT}^{-4}+K^{-\frac{2\gamma}{d}}\right),\tag{4.24}$$

$$\frac{1}{NT}\sum_{i=1}^{N}\sum_{t=1}^{T}\left[\hat{g}\left(X_{it}\right)-g\left(X_{it}\right)\right]^2=O_P\left(K\delta_{NT}^{-4}+K^{-\frac{2\gamma}{d}}\right),\tag{4.25}$$

其中，

$$\left\|\upsilon_{\theta R,NT}\right\|=O_P\left[\left(K^{\frac{1}{2}}\delta_{NT}^{-2}+K^{-\frac{\gamma}{d}}\right)\left(K^{-\frac{\gamma}{d}}+\delta_{NT}^{-1}\right)^{1/2}\right],$$

$$\left\|\upsilon_{\beta R,NT}\right\|=O_P\left[\left(\left(K^{\frac{1}{2}}\delta_{NT}^{-2}+K^{-\frac{\gamma}{d}}\right)\left(K^{-\frac{\gamma}{d}}+\delta_{NT}^{-1}\right)\right)^{1/2}\right]。$$

为了描述 $\hat{\theta}$ 和 $\hat{g}$ 的极限分布，我们需要进一步的定义。令

$$\tilde{W}_{L,NT}^{\dagger}\equiv\frac{1}{NT}\sum_{i=1}^{N}\sum_{t=1}^{T}\tilde{Z}_{L,it}^{\dagger}\tilde{Z}_{L,it}^{\dagger\prime}，\quad \Xi_{NT}^{\dagger}\equiv\frac{1}{NT}\sum_{i=1}^{N}\sum_{t=1}^{T}\tilde{Z}_{L,it}^{\dagger}\tilde{Z}_{L,it}^{\dagger\prime}e_{it}^{2}$$

其中，$\tilde{Z}_{L,it}^{\dagger}\equiv\tilde{Z}_{L,it}-E_{\mathcal{D}}\left(W_{Lp,NT}\right)\left[E_{\mathcal{D}}\left(W_{NT}\right)\right]^{-1}\tilde{Z}_{it}$，$\tilde{Z}_{L,it}^{\dagger}$ 和 $\tilde{Z}_{L,it}$ 一样定义。令

$$\tilde{W}_{L}^{\dagger}\equiv\operatorname*{plim}_{(N,T)\to\infty}\tilde{W}_{L,NT}^{\dagger}，\quad \Xi^{\dagger}\equiv\operatorname*{plim}_{(N,T)\to\infty}\Xi_{L,NT}^{\dagger}。$$

定义 $N\times T$ 矩阵 $\mathbf{L}_l^{\dagger}$，它的第 $(i,t)$ 个元素为 $L_{l,it}^{\dagger}=Z_{L,it}-E_{\mathcal{D}}\left(W_{Lp,NT}\right)\left[E_{\mathcal{D}}\left(W_{NT}\right)\right]^{-1}Z_{it}$。令 $b_{\theta1}^{\dagger}$，$b_{\theta2}^{\dagger}$ 和 $b_{\theta3}^{\dagger}$ 均为 $d_L\times1$ 维向量，且它们的第 $l$ 个元素分别为

$$b_{\theta1,l}^{\dagger}\equiv\operatorname*{plim}_{(N,T)\to\infty}\frac{1}{N}\operatorname{tr}\left[P_{f^0}E_{\mathcal{D}}\left(\mathbf{e}'\mathbf{L}_l^{\dagger}\right)\right],$$

$$b_{\theta2,l}^{\dagger}\equiv\operatorname*{plim}_{(N,T)\to\infty}\frac{1}{T}\operatorname{tr}\left[E_{\mathcal{D}}\left(\mathbf{e}\mathbf{e}'\right)M_{\lambda^0}\mathbf{L}_l^{\dagger}\Phi'\right],$$

$$b_{\theta3,l}^{\dagger}\equiv\operatorname*{plim}_{(N,T)\to\infty}\frac{1}{N}\operatorname{tr}\left[E_{\mathcal{D}}\left(\mathbf{e}'\mathbf{e}\right)M_{f^0}\mathbf{L}_l^{\dagger\prime}\Phi\right]。$$

然后我们定义

$$B_{\theta}^{\dagger}\equiv-\kappa_{NT}b_{\theta1}^{\dagger}-\kappa_{NT}^{-1}b_{\theta2}^{\dagger}-\kappa_{NT}b_{\theta3}^{\dagger}。$$

为了研究 $\hat{\theta}$ 和 $\hat{g}(x)$ 的极限分布，我们增加了与假设5部分平行的假设5*。

**假设5***．（i）$L_{it}$ 的数据生成过程为：$L_{it}=m\left(X_{it}\right)+\lambda_i^{0\prime}\tilde{f}_t^0+\tilde{\lambda}_i^{0\prime}f_t^0+\upsilon_{it}$，这里 $\upsilon_{it}$ 是 $\mathrm{iid}\left(0,\sigma_{\upsilon}^2\right)$；$\max_i E\left\|\tilde{\lambda}_i^0\right\|^{8+4\rho}<\infty$ 且 $\max_t E\left\|\tilde{f}_i^0\right\|^{8+4\rho}<\infty$；$\max_{i,t}E\left\|L_{it}\right\|^{q^0}<\infty$；$m(\cdot)$ 是一个定义在 $\mathcal{X}$ 上的 $H(\gamma,\omega)$-光滑函数，其中 $\frac{\gamma}{d}>1/2$，$\omega\geqslant0$，且存在 $\Pi_{\infty,K}m\equiv\beta_m^{0\prime}p^K(\cdot)$ 满足 $\left\|m(\cdot)-\Pi_{\infty,K}m\right\|_{\infty,\bar{\omega}}=O\left(K^{-\frac{\gamma}{d}}\right)$，这

里 $\bar{\omega} > \omega + \gamma$。

(ii) 对每一个 $i = 1, \cdots, N$， $(L_{it}, X_{it}, e_{it}): t = 1, 2, \cdots$ 是一个混合系数为 $\alpha_{\mathcal{D},i}(t), 1 \leqslant t \leqslant T-1$ 的随机过程。 $\alpha_{\mathcal{D}}(\cdot) \equiv \max_{1 \leqslant i \leqslant N} \alpha_{\mathcal{D},i}(\cdot)$ 满足 $\sum_{s=1}^{\infty} s^2 \alpha_{\mathcal{D}}^{\frac{1+\rho}{2+\rho}}(s) < \infty$ 和 $\sum_{d=1}^{\infty} \alpha_{\mathcal{D}}^{\frac{3+2\rho}{4+2\rho}}(d) < \infty$ 对某个 $\rho > 0$ 和 $8 + 4\rho \leqslant q_0$ 几乎必然成立，这里的 $q_0$ 由假设2(iv)给出；

(iii) 对每一个 $i = 1, \cdots, N$， $E\left[e_{it} \mid \mathcal{F}_{NT,t-1}\right] = 0$ 几乎必然成立，这里 $\mathcal{F}_{NT,t-1} \equiv \sigma\left\{\lambda^0, f^0, \left(L_{it}, X_{it}, L_{i,t-1}, X_{i,t-1}, e_{i,t-1}, L_{i,t-2}, X_{i,t-2}, e_{i,t-2}, \cdots\right)_{i=1}^{N}\right\}$；

(iv) $(e_i, X_i, L_i)$， $i = 1, \cdots, N$，在 $\mathcal{D}$ 上条件相互独立。

在下个定理，我们建立了 $\hat{\theta}$ 和 $\hat{g}$ 的渐进正态性质。

**定理4.7** 令假设1-2，3*，4，5*和6-8成立。则

(i) $\sqrt{NT}\left(\hat{\theta} - \theta^0\right) \xrightarrow{D} N\left(\tilde{W}_L^{\dagger-1} B_\theta^\dagger, \tilde{W}_L^{\dagger-1} \Xi^\dagger \tilde{W}_L^{\dagger-1}\right)$；

(ii) $A_{NT}\left[\hat{g}(x) - g(x)\right] - B_K(x) \xrightarrow{D} N(0,1)$。

**注4.8** 首先， $\hat{\theta}$ 通常在渐近上是有偏的，它具有三个渐近偏差项。第一个渐近偏差项来自 $e_{it}$ 与 $Z_{L,it}$ 和 $Z_{it}$ 之间的相关性，另外两个项是由于 $e_{it}$ 中存在条件异方差性导致的。其次，由于 $\hat{\theta}$ 的通常参数收敛速率， $\hat{g}(x)$ 的极限分布与非参数情况下相同。因此，对于每个偏差项的估计公式稍作修改后，第三节中的 $\hat{g}(x)$ 的偏差校正版本仍然具有令人满意的渐近正态分布。

**注4.9** 为构建对 $\theta^0$ 的偏差校正估计量，令

$$\hat{e}_{it} \equiv Y_{it} - L_{it}'\hat{\theta} - \hat{g}(X_{it}) - \hat{\lambda}_i'\hat{f}_t,$$

$$\hat{Z}_{L,it} \equiv L_{it} - \frac{1}{N}\sum_{j=1}^{N} \hat{\alpha}_{ij} L_{jt} - \frac{1}{N}\sum_{s=1}^{T} \hat{\eta}_{ts} L_{is} + \frac{1}{NT}\sum_{j=1}^{N}\sum_{s=1}^{T} \hat{\alpha}_{ij}\hat{\eta}_{ts} L_{js},$$

$$\hat{Z}_{L,it}^\dagger = \hat{Z}_{L,it} - \hat{W}_{Lp,NT}\left(\hat{W}_{L,NT}\right)^{-1}\hat{Z}_{it},$$

$$\hat{L}_{it}^{\dagger} = L_{it} - \hat{W}_{Lp,NT}\left(\hat{W}_{L,NT}\right)^{-1} p_{it},$$

其中，

$$\hat{W}_{Lp,NT} \equiv \frac{1}{NT}\sum_{i=1}^{N}\sum_{t=1}^{T}\hat{Z}_{L,it}\hat{Z}_{it}', \quad \hat{W}_{L,NT} \equiv \frac{1}{NT}\sum_{i-1}^{N}\sum_{t=1}^{T}\hat{Z}_{L,it}\hat{Z}_{L,it}'。$$

令 $\hat{W}_{L,it}^{\dagger} = \frac{1}{NT}\sum_{i=1}^{N}\sum_{t=1}^{T}\hat{Z}_{L,it}^{\dagger}\hat{Z}_{L,it}^{\dagger\prime}$。对于 $b_{\theta1}^{\dagger}$，$b_{\theta2}^{\dagger}$ 和 $b_{\theta3}^{\dagger}$，定义对应的估计量为 $\hat{b}_{\theta1}^{\dagger}$，$\hat{b}_{\theta2}^{\dagger}$ 和 $\hat{b}_{\theta3}^{\dagger}$，其中，它们的第 $l$ 个元素分别为

$$\hat{b}_{\theta1,l}^{\dagger} \equiv \frac{1}{N}\operatorname{tr}\left[P_{f^0}\left(\hat{\mathbf{e}}'\hat{\mathbf{L}}_l^{\dagger}\right)^{tR}\right],$$

$$\hat{b}_{\theta2,l}^{\dagger} \equiv \frac{1}{T}\operatorname{tr}\left[\left(\hat{\mathbf{e}}\hat{\mathbf{e}}'\right)^{tD} M_{\hat{\lambda}}\hat{\mathbf{L}}_l^{\dagger}\hat{\Phi}'\right],$$

$$\hat{b}_{\theta3,l}^{\dagger} \equiv \frac{1}{N}\operatorname{tr}\left[\left(\hat{\mathbf{e}}'\hat{\mathbf{e}}\right)^{tD} M_{\hat{f}}\hat{\boldsymbol{L}}_l^{\dagger\prime}\hat{\Phi}\right],$$

这里 $\hat{\mathbf{e}}$ 是一个第 $(i,t)$ 个元素为 $\hat{e}_{it}$ 的 $N\times T$ 矩阵。令

$$\hat{B}_{\theta} = -\kappa_{NT}\hat{b}_{\theta1}^{\dagger} - \kappa_{NT}^{-1}\hat{b}_{\theta2}^{\dagger} - \kappa_{NT}\hat{b}_{\theta3}^{\dagger},$$

和

$$\hat{\theta}_{bc} \equiv \hat{\theta} + \hat{W}_{L,NT}^{\dagger-1}\left(T^{-1}\hat{b}_{\theta1}^{\dagger} + N^{-1}\hat{b}_{\theta2}^{\dagger} + T^{-1}\hat{b}_{\theta3}^{\dagger}\right)。\quad (4.25)$$

在一些适当的正则条件下，沿用定理4.3的证明方法，我们可以证明偏差校正的估计量具有渐近正态分布：$\sqrt{NT}\left(\hat{\theta}_{bc} - \theta^0\right) \xrightarrow{D} N\left(0, \tilde{W}_L^{\dagger-1}\Xi^{\dagger}\tilde{W}_L^{\dagger-1}\right)$。

## 二、同时具有可观测和不可观测因子的模型

在本小节中，我们简要讨论如何估计具有可观测和不可观测因子的非参数面板数据模型。当已知因子空间的部分结构时，强加部

分结构知识将提高非参数部分的效率。如前所述，包含在 $g(\cdot)$ 中的常数可以看作是一个特殊因子，无需估计这个已知因子。

考虑以下模型：

$$Y_{it}=g\left(X_{it}\right)+\Gamma_i^{0\prime}d_t+\lambda_i^{0\prime}f_t^0+e_{it},$$

这里 $d_t$ 是观测或构造因子的向量。为了估计 $g(\cdot)$，我们考虑以下具有IFE的渐近线性面板数据模型：

$$Y_{it}=p_{it}'\beta^0+\Gamma_i^{0\prime}d_t+\lambda_i^{0\prime}f_t^0+u_{it},$$

其中 $u_{it}=e_{it}+e_{g,it}$。用向量符号表示，该模型可以重写为

$$Y_i=P_i\beta^0+\mathbf{D}\Gamma_i^0+f^0\lambda_i^0+u_i$$

其中 $\mathbf{D}=\left(d_1,\cdots,d_T\right)'$ 和 $u_i=\left(u_{it},\cdots,u_{iT}\right)'$。对 $A=Y_i,P_i,f^0$ 或 $u_i$，定义 $A=M_{\mathbf{D}}A$，这里 $M_{\mathbf{D}}=I_T-\mathbf{D}\left(\mathbf{D}'\mathbf{D}\right)^{-1}\mathbf{D}'$。上述模型对两边同时乘以 $M_{\mathbf{D}}$，得

$$\tilde{Y}_i=\tilde{P}_i\beta^0+\tilde{f}^0\lambda_i^0+\tilde{u}_i\text{。}$$

这是一个仅包含不可观测因子的模型。很明显，我们有 $\tilde{P}_i\beta=\sum_{k=1}^{K}\tilde{p}_{k,i}\beta_k$，$\tilde{p}_{k,i}$ 是第 $t$ 个元素为 $p_{k,it}$ 的 $T\times 1$ 维向量。我们可以参考第三节的内容，利用下述公式来估计 $\beta$：

$$\hat{\beta}=\underset{\beta\in\mathbb{R}^K}{\operatorname{argmin}}\sum_{t=R+1}^{T}\mu_t\left[\left(\tilde{\mathbf{Y}}-\sum_{k=1}^{K}\tilde{\boldsymbol{P}}_k\beta_k\right)'\left(\tilde{\mathbf{Y}}-\sum_{k=1}^{K}\tilde{\boldsymbol{P}}_k\beta_k\right)\right]\text{。}$$

这里 $\tilde{\mathbf{Y}}$ 和 $\tilde{\mathbf{P}}_k$ 均为 $N\times T$ 矩阵，它们的第 $(i,t)$ 个元素分别为 $\tilde{Y}_{it}$ 和 $\tilde{p}_{k,it}$。接下来，我们可以利用下式来估计 $g(\cdot)$：

$$\hat{g}(x)=p^K(x)'\hat{\beta}\text{。}$$

并依据第三节的方法，可以研究它的渐近性质。注意到最主要的不

同在于，需要将 $\mathbf{P}_k$ 满足的条件改成对应的 $\tilde{\mathbf{P}}_k$ 需要满足的条件。一旦关于 $\tilde{\mathbf{P}}_k$ 的条件得到满足，除了一些明显修改外，第三节中的分布结果仍然成立。为简洁起见，省略了具体细节。

# 第六节　蒙特卡罗模拟

在本节中，我们进行蒙特卡罗模拟，评估本文估计量和检验统计量的有限样本性质。

## 一、数据生成过程

我们考虑如下数据生成过程（DGPs）：

DGP1: $Y_{it}=\frac{1}{2}Y_{i,t-1}+\lambda_i^{0\prime}f_t^0+e_{it}$,

DGP2: $Y_{it}=\frac{1}{2}Y_{i,t-1}+X_{1,it}+\lambda_i^{0\prime}f_t^0+e_{it}$,

DGP3: $Y_{it}=\frac{1}{2}Y_{i,t-1}+\frac{1}{2}\left[\frac{\exp\left(Y_{i,t-1}-Y_{i,t-1}^2\right)}{1+\exp\left(Y_{i,t-1}-Y_{i,t-1}^2\right)}-\frac{1}{2}\right]+\lambda_i^{0\prime}f_t^0+e_{it}$,

DGP4: $Y_{it}=\frac{1}{2}Y_{i,t-1}+\frac{1}{2}\left[\Phi\left(Y_{i,t-1}-Y_{i,t-1}^2\right)-\frac{1}{2}\right]+\lambda_i^{0\prime}f_t^0+e_{it}$,

DGP5: $Y_{it}=\frac{1}{2}Y_{i,t-1}+\frac{1}{4}\left[\varphi\left(Y_{i,t-1}\right)-\frac{1}{\sqrt{2\pi}}\right]+\frac{1}{2}\left[\varphi\left(X_{1,it}\right)-\frac{1}{\sqrt{2\pi}}\right]$

$+\lambda_i^{0\prime}f_t^0+e_{it}$,

$$\text{DGP6: } Y_{it}=\frac{1}{2}Y_{i,t-1}+\frac{1}{4}X_{1,it}\left[\Phi\left(Y_{i,t-1}\right)-\frac{1}{2}\right]+\frac{1}{2}\left[\varphi\left(X_{1,it}\right)-\frac{1}{\sqrt{2\pi}}\right]$$
$$+\lambda_i^{0\prime}f_t^0+e_{it},$$

这里 $\lambda_i^0=\left(\lambda_{i1}^0,\lambda_{i2}^0\right)'$，$f_t^0=\left(f_{t1}^0,f_{t2}^0\right)'$，$i=1,\cdots,N$，$t=1,\cdots,T$，$\Phi(\cdot)$ 和 $\varphi(\cdot)$ 分别是标准正态分布的分布函数和密度函数。在DGPs 2、5和6中的回归变量 $X_{1,it}$ 按照以下方式生成：

$$X_{1,it}=0.5\alpha_{i,x}+0.5\lambda_{x,i1}^0f_{t1}^0+0.5\lambda_{x,i2}^0f_{t2}^0+\epsilon_{it},$$

其中 $\lambda_{i1}^0$、$\lambda_{i2}^0$、$\lambda_{x,i1}^0$、$\lambda_{x,i2}^0$ 和 $\epsilon_{it}$ 是IID $N(0,1)$ 的随机变量，$f_{t1}^0$ 和 $f_{t2}^0$ 都是IID $N(0,0.25)$ 的随机变量， $\alpha_{i,x}$ 是在 $U[-0.25,0.25]$ 上的随机变量，它们彼此相互独立。显然，外生回归变量 $X_{1,it}$ 具有因子结构，并与公共因子 $f_{t1}^0$ 和 $f_{t2}^0$ 相关。

误差项按以下方式生成：

$$e_{it}=\sqrt{h_{it}}\varepsilon_{it},$$

其中，在DGPs 1、3和4中，$h_{it}=0.1+0.2Y_{i,t-1}^2$，而在DGPs 2、5和6中，$h_{it}=0.1+0.1Y_{i,t-1}^2+0.1X_{1,it}^2$；$\varepsilon_{it}$ 关于 $i$ 和 $t$ 都是IID $N(0,1)$ 的随机变量。显然，我们允许特异误差存在条件异方差性。

以上六个DGP用来评估估计量和检验统计量的有限样本性质。在进行模型设定（线性函数）检验中，使用DGPs 1-2和3-6分别进行显著性水平和功效研究。对于所有的DGPs，在生成数据时沿时间维度丢弃前200个观测。

## 二、估计：实施和评估

在每个DGP中，计算六个估计量。首先计算筛分估计量 $\hat{g}(x)$ 及

其偏差校正版本 $\hat{g}_{bc}(x)$。然后计算偏差校正的非可行估计量 $\hat{g}_{IF}(x)$（该估计量通过将 $\{f_t^0\}_{t=1}^T$ 视为可观测量获得）。还通过假设回归函数采用通常假定的线性函数形式计算另外三个估计量，并将它们称为线性最小二乘估计量 $\hat{g}^{(l)}(x)$、偏差校正版本 $\hat{g}_{bc}^{(l)}(x)$ 和偏差校正的非可行线性估计量 $\hat{g}_{IF}^{(l)}(x)$。在DGPs 1-2和3-6中，非可行估计量 $\hat{g}_{IF}^{(l)}(x)$ 和 $\hat{g}_{IF}(x)$ 提供了效率比较。与筛分估计量 $(\hat{g}(x), \hat{g}_{bc}(x))$ 相比，由于函数形式设定的错误，DGP 3-6中的线性估计量 $(\hat{g}^{(l)}(x), \hat{g}_{bc}^{(l)}(x))$ 具有明显的偏差。为了获得偏差校正的估计量，在整个模拟过程中选择带宽 $M_T = \lfloor T^{1/7} \rfloor$。

参考Hansen（2015），将支持集 $\mathcal{X}$ 分成两部分，$\mathcal{X}_{a_{NT}}$ 和 $\mathcal{X}_{a_{NT}}^c$，其中 $\mathcal{X}_{a_{NT}}$ 是紧致的，且 $\Pr(X_{it} \in \mathcal{X}_{a_{NT}}) = 1 - a_{NT}$，　$a_{NT} > 0$ 是一个小的正数，当 $(N,T) \to \infty$ 时，$a_{NT} \to 0$。在模拟中，遵循Ai和Chen（2003）的做法，设置 $\mathcal{X}_{a_{NT}} = \mathcal{X}_{1,a_{NT}} \times \ldots \times \mathcal{X}_{d,a_{NT}}$，如果 $\{X_{l,it}\}$ 的支持集是紧致的，则 $\mathcal{X}_{l,a_{NT}} = \mathcal{X}_l$，否则，$\mathcal{X}_{l,a_{NT}} = [X_{l,0.025}, X_{l,0.975}]$，其中 $X_{l,0.025}$ 和 $X_{l,0.975}$ 分别是 $\{X_{l,it}, i = 1, \cdots, N, t = 1, \cdots, T\}$ 的第0.025和第0.975个经验百分位数。我们关注紧致支持集 $\mathcal{X}_a$ 上的估计，并采用常规的三次B-样条来逼近 $\mathcal{X}_a$ 上的未知函数，采用线性函数来逼近 $\mathcal{X}_a^c$ 上的函数。值得一提的是，Ai和Chen（2003）使用一个常数来逼近 $\mathcal{X}_a^c$ 上的函数。在这种情况下，施加一些矩条件可以确保 $E[Q_{NT}]$ 是明确定义的。尾部逼近可以通过使用权重函数来很好地控制。

令 $v_j$，$j = 0, 1, \cdots, J+1$，为一系列非递减的实数（$v_j \leqslant v_{j+1}$）。定义扩展的结点集：

$$v_{-(m-1)} = \cdots = v_0 \leqslant v_1 \leqslant \cdots \leqslant v_J \leqslant v_{J+1} = \cdots = v_{J+m},$$

其中附加了最低和最高的边界结点 $v_0$ 和 $v_{J+1}$ 各 $n = m - 1$ 次。重新设置扩展结点集的第一个元素（即 $v_{-(m-1)}$）的索引，使得 $J+2m$ 个扩展结点 $v_j$ 现在由 $j=0,\cdots,J+2m-1$ 索引。对于每个扩展结点 $v_j$，$j=0,\cdots,J+2m-1$，递归定义一组实值函数 $b_{j,s}$（$s=0,1,\cdots,n$，其中 $n$ 是 $B$-样条基函数的度），如下所示。

$$b_{j,s+1}(x)=\alpha_{j,s+1}b_{j,s}(x)+\left[1-\alpha_{j+1,s+1}\right]b_{j+1,s}(x),$$

$$b_{j,0}(x)=1\left(x\in\left[v_j,v_{j+1}\right)\right),$$

其中

$$\alpha_{j,s}(x)=\begin{cases}\dfrac{x-v_j}{v_{j+s}-v_j}, & v_{j+s}\neq v_j\\ 0, & 其他\end{cases}。$$

当 $x\in\left[v_0,v_{J+1}\right)$ 时，可以通过 $\left\{b_{j,n}(x)\right\}_{j=0}^{J+n}$ 的线性组合来近似任何平滑的标量函数 $B(x)$。有关B-样条基函数的递归构造的更多细节，请参阅Racine（2014）。为了估计DGPs 1、3和4中的单变量函数 $g(\cdot)$，使用三次B-样条基函数：

$$p_Y^{J+4}(y)=\left[b_{0,3}^Y(y),b_{1,3}^Y(y),\cdots,b_{J+3,3}^Y(y)\right]', \tag{4.26}$$

其中上标“$Y$”表示其对应于 $\left\{Y_{i,t-1}\right\}$。选取内部结点 $\left\{v_{y,j}\right\}_{j=1}^{J}$ 为修剪（trimming）观察样本 $\left\{Y_{i,t-1}\in\left[Y_{0.025},Y_{0.975}\right],i=1,\cdots,N,t=1,\cdots,T\right\}$ 的经验分位数。注意到 $\sum_{j=0}^{J+3}b_{j,3}^{(Y)}(y)=1$，不考虑最后的基函数 $b_{J+3,3}^{(Y)}(y)$，原因在于常数被视为待估计或被附加固定效应的因子。为了强加 $m(0)=0$ 的限制，修改基函数如下：

$$\tilde{p}_Y^{J+3}(y)=\left[b_{0,3}^{(Y)}(y)-b_{0,3}^{(Y)}(0),b_{1,3}^{(Y)}(y)-b_{1,3}^{(Y)}(0),\cdots,b_{J+2,3}^{(Y)}(y)-b_{J+2,3}^{(Y)}(0)\right]'。$$

因此，在紧支持上筛分基函数中的近似项的总数由 $K=J+3$ 给出。

在DGPs 2和5中增加了可加性，即 $g(y,x)=g_1(y)+g_2(x)$，基函数可以选择如下定义：

$$\tilde{p}^{K}(y,x)=\left[\tilde{p}_{Y}^{J+3}(y)',\tilde{p}_{X}^{J+3}(x)'\right]',\qquad(4.27)$$

其中$\tilde{p}_{X}^{J+3}(x)=p_{X}^{J+3}(x)-p_{X}^{J+3}(0)$，$p_{X'}^{J+3}(x)=\left[b_{0,3}^{(X)}(x),b_{1,3}^{(X)}(x),\ldots,b_{J+2,3}^{(X)}(x)\right]$，$b_{j,3}^{(X)}(x)$的定义与$b_{j,3}^{(Y)}(x)$的定义类似。为方便起见，对不同的回归变量采用相同数量的结点。请注意，最后一个元素$b_{J+3,3}^{(X)}(x)$也从$p_{X}^{J+4}(x)$中排除掉了。对于这种情况，近似项的总数为$K=2J+6$。在DGP 6中，没有增加可加性，基函数选择如下：

$$p^{K}(y,x)=\left[\tilde{p}_{Y}^{J+3}(y)\otimes\tilde{p}_{X}^{J+3}(x)\right]',\qquad(4.28)$$

其中$\otimes$表示张量积。近似项的总数为$K=(J+3)^{2}$。即使对于较小的$J$值，如$J=$ 3、4和5，在筛分估计量中，分别有$K=36$、49和64项基函数。在所有情况下，为了评估估计量对$J$选择的敏感性，考虑$J=\left\lfloor C(NT)^{1/7.5}\right\rfloor$，其中$C=$ 1、1.5和2。

考虑$(N,T)$的不同组合，即$N,T=$ 20、40和60。为了评估不同估计量的有限样本性质，计算每次重复的均方根误差（*RMSE*）：

$$RMSE(\hat{g})=\sqrt{\frac{1}{NT}\sum_{i=1}^{N}\sum_{t=1}^{T}\left[\hat{g}(X_{it})-g(X_{it})\right]^{2}a(X_{it})}。$$

因为关注的是估计量在$\mathcal{X}_{a}$上的性能，所以上式中的$a(\cdot)$用于去除$X_{it}$每个维度的双尾2.5%观测值。然后，通过对2000次模拟的RMSE$(\hat{g})$取平均值来获得平均RMSE（ARMSE），其中$\hat{g}$是$g$的通用估计量。为了节省空间，只报告基于ARMSE的结果。

表4-1和4-2报告了异方差误差的估计结果。我们总结了一些重要的发现。首先，对于所有的数据生成过程（DGPs），随着$N$或$T$的增加，$\hat{g}$、$\hat{g}_{bc}$和$\hat{g}_{IF}$的ARMSE都在减小。其次，如预期的那

样，在DGPs 1-2中，当回归函数是线性时，线性估计量比筛分估计量更有效；当回归函数是非线性时，筛分估计量（无偏差校正或有偏差校正）明显优于线性估计量，而线性估计量的ARMSE由于函数形式的设定错误，趋于在某个大常数处稳定。第三，对于几乎所有的DGPs和组合$(N,T)$，偏差校正估计量的效果良好。由于偏差校正减少的ARMSE的百分比随着$T$的增加而减少，这与渐近结果一致，即主要的第一个偏差项的阶数为$O_P\left(\sqrt{K}/T\right)$。第四，不可行估计量总是优于可行估计量，但不同类型估计量的ARMSE差异随着$N$或$T$的增加而缩小。最后，上述结果对于单变量回归和加性双变量回归的三种$J$选择都比较敏感。似乎较小的$C$会产生较小的ARMSE。一个可能的原因是我们在所有的DGPs中都包含了一个线性部分，这部分可以通过较小的$C$很好地近似。然而，在模拟中，当$g(x)$采用其他非线性函数形式，如$g(x)=\sin x$时，我们发现不同的模式。

在图4-1和图4-2中展示了估计函数的渐近分布。具体地，基于500次模拟，在固定点上绘制了DGPs 1和4的估计出来函数值的密度，虚线和实线分别代表核密度估计量和基于经验均值和方差的正态密度。考虑三种样本大小组合：$(N,T)=(20,20),(40,40)$和$(60,60)$，以及之前的三种近似项数的选择。接下来，总结一下这些图表的主要发现：首先，核密度估计的密度函数接近于估计的正态密度，两者之间的距离随着样本大小的增加而减小。其次，方差随着样本大小的增加而减小，这证实了非参数估计量的一致性。最后，对于不同数量的筛分基函数的选择，我们也发现了类似的模式。

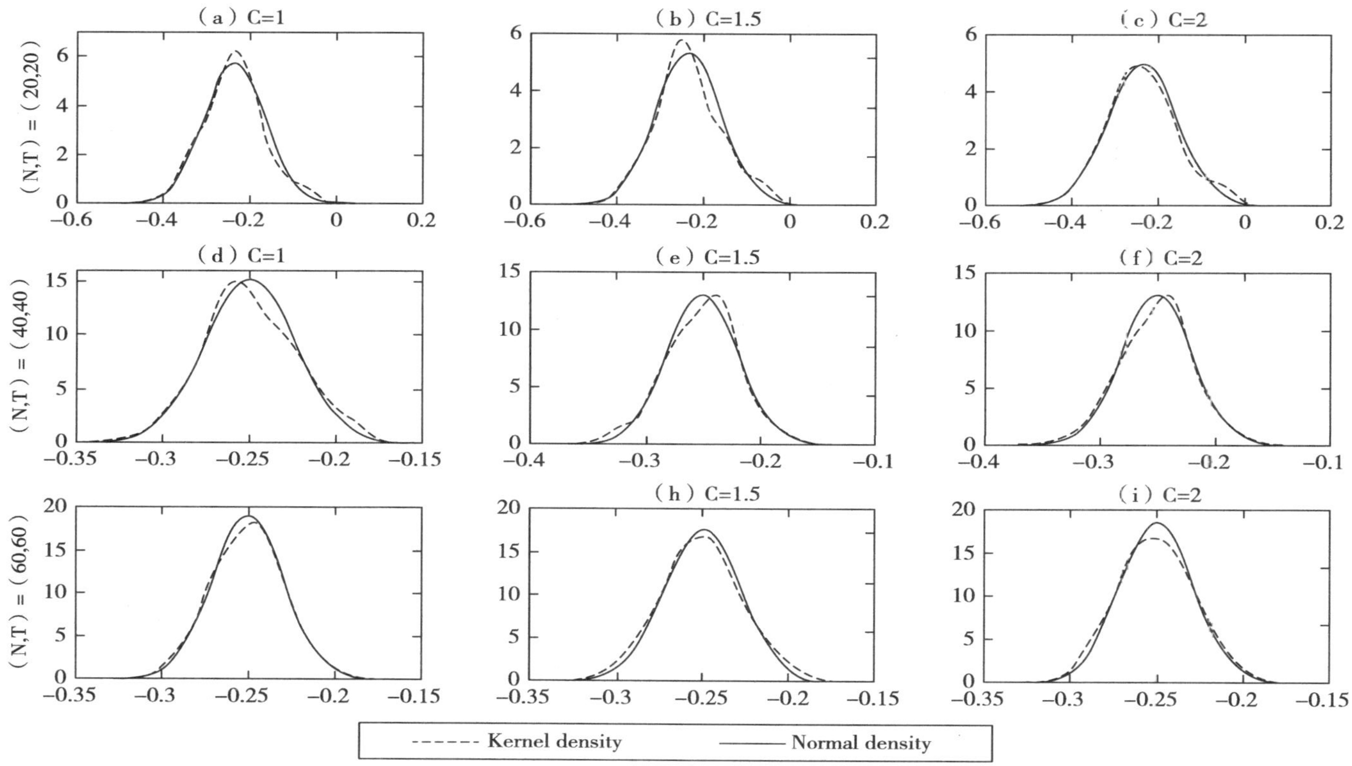


图 4-1　基于 500 次重复 DGP 1 中的 $\widehat{m}(y_m)$ 的估计密度（$y_m=-0.5$）

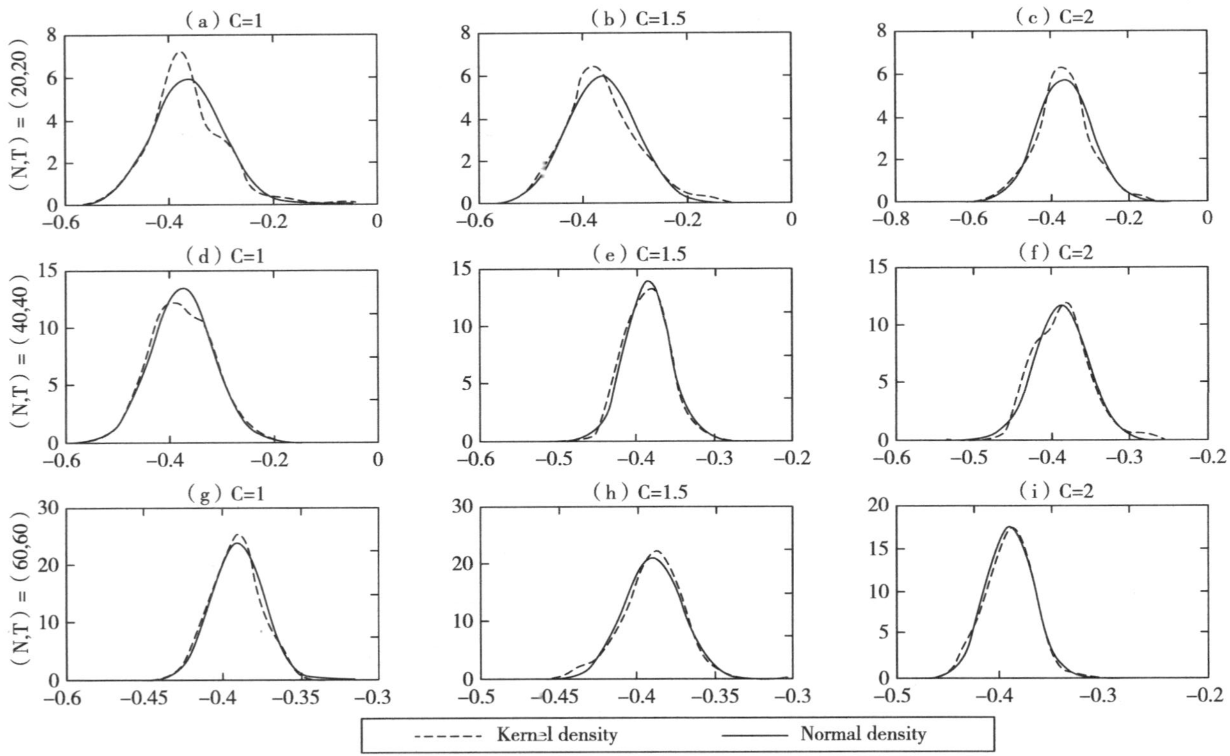


图 4-2　基于 500 次重复 DGP 4 中的 $\widehat{m}(y_m)$ 的估计密度（ $y_m=-0.56$ ）

**表4-1　DGPs 1-3的估计ARMSE对比（条件异方差的误差项）**

| | | | C=1 | | | C=1.5 | | | C=2 | | | 线性 | | |
|---|---|---|---|---|---|---|---|---|---|---|---|---|---|---|
| DGP | N | T | $\hat{g}$ | $\hat{g}_{bc}$ | $\hat{g}_{IF}$ | $\hat{g}$ | $\hat{g}_{bc}$ | $\hat{g}_{IF}$ | $\hat{g}$ | $\hat{g}_{bc}$ | $\hat{g}_{IF}$ | $\hat{g}^{(l)}$ | $\hat{g}_{bc}^{(l)}$ | $\hat{g}_{IF}^{(l)}$ |
| 1 | 20 | 20 | 0.0645 | 0.0622 | 0.0492 | 0.0733 | 0.0706 | 0.0559 | 0.0810 | 0.0780 | 0.0611 | 0.0314 | 0.0274 | 0.0211 |
| | | 40 | 0.0427 | 0.0419 | 0.0363 | 0.0482 | 0.0473 | 0.0404 | 0.0533 | 0.0524 | 0.0440 | 0.0178 | 0.0169 | 0.0134 |
| | | 60 | 0.0353 | 0.0349 | 0.0305 | 0.0396 | 0.0390 | 0.0338 | 0.0435 | 0.0431 | 0.0366 | 0.0143 | 0.0139 | 0.0118 |
| | 40 | 20 | 0.0452 | 0.0438 | 0.0370 | 0.0505 | 0.0491 | 0.0412 | 0.0557 | 0.0543 | 0.0451 | 0.0226 | 0.0191 | 0.0149 |
| | | 40 | 0.0306 | 0.0303 | 0.0273 | 0.0340 | 0.0336 | 0.0301 | 0.0376 | 0.0373 | 0.0323 | 0.0134 | 0.0126 | 0.0107 |
| | | 60 | 0.0260 | 0.0258 | 0.0238 | 0.0288 | 0.0286 | 0.0259 | 0.0316 | 0.0315 | 0.0280 | 0.0110 | 0.0106 | 0.0084 |
| | 60 | 20 | 0.0399 | 0.0385 | 0.0338 | 0.0440 | 0.0424 | 0.0370 | 0.0479 | 0.0464 | 0.0397 | 0.0138 | 0.0161 | 0.0130 |
| | | 40 | 0.0255 | 0.0252 | 0.0235 | 0.0283 | 0.0280 | 0.0254 | 0.0308 | 0.0305 | 0.0271 | 0.0113 | 0.0106 | 0.0084 |
| | | 60 | 0.0207 | 0.0206 | 0.0195 | 0.0242 | 0.0241 | 0.0220 | 0.0265 | 0.0265 | 0.0235 | 0.0087 | 0.0083 | 0.0069 |
| 2 | 20 | 20 | 0.1235 | 0.1155 | 0.1001 | 0.1490 | 0.1327 | 0.1137 | 0.1653 | 0.1497 | 0.1270 | 0.0445 | 0.0438 | 0.0401 |
| | | 40 | 0.0887 | 0.0809 | 0.0730 | 0.1033 | 0.0926 | 0.0822 | 0.1144 | 0.1045 | 0.0908 | 0.0293 | 0.0292 | 0.0267 |
| | | 60 | 0.0820 | 0.0716 | 0.0645 | 0.0911 | 0.0810 | 0.0717 | 0.0963 | 0.0891 | 0.0773 | 0.0228 | 0.0228 | 0.0208 |
| | 40 | 20 | 0.0923 | 0.0832 | 0.0769 | 0.1068 | 0.0947 | 0.0867 | 0.1164 | 0.1061 | 0.0952 | 0.0298 | 0.0295 | 0.0276 |
| | | 40 | 0.0690 | 0.0606 | 0.0573 | 0.0773 | 0.0686 | 0.0633 | 0.0835 | 0.0767 | 0.0687 | 0.0196 | 0.0196 | 0.0187 |
| | | 60 | 0.0620 | 0.0539 | 0.0508 | 0.0676 | 0.0611 | 0.0555 | 0.0696 | 0.0667 | 0.0587 | 0.0159 | 0.0158 | 0.0155 |
| | 60 | 20 | 0.0844 | 0.0750 | 0.0704 | 0.0953 | 0.0852 | 0.0787 | 0.1004 | 0.0937 | 0.0847 | 0.0258 | 0.0251 | 0.0241 |
| | | 40 | 0.0613 | 0.0536 | 0.0506 | 0.0669 | 0.0601 | 0.0553 | 0.0694 | 0.0667 | 0.0589 | 0.0169 | 0.0167 | 0.0161 |
| | | 60 | 0.0497 | 0.0433 | 0.0422 | 0.0583 | 0.0527 | 0.0476 | 0.0578 | 0.0567 | 0.0497 | 0.0128 | 0.0126 | 0.0124 |

续表

| | | | $C=1$ | | | $C=1.5$ | | | $C=2$ | | | 线性 | | |
|---|---|---|---|---|---|---|---|---|---|---|---|---|---|---|
| DGP | N | T | $\hat{g}$ | $\hat{g}_{bc}$ | $\hat{g}_{IF}$ | $\hat{g}$ | $\hat{g}_{bc}$ | $\hat{g}_{IF}$ | $\hat{g}$ | $\hat{g}_{bc}$ | $\hat{g}_{IF}$ | $\hat{g}^{(l)}$ | $\hat{g}_{bc}^{(l)}$ | $\hat{g}_{IF}^{(l)}$ |
| 3 | 20 | 20 | 0.0810 | 0.0798 | 0.0543 | 0.0899 | 0.0876 | 0.0607 | 0.0977 | 0.0954 | 0.0664 | 0.0827 | 0.0780 | 0.0691 |
| | | 40 | 0.0500 | 0.0490 | 0.0407 | 0.0558 | 0.0546 | 0.0447 | 0.0613 | 0.0602 | 0.0483 | 0.0666 | 0.0666 | 0.0671 |
| | | 60 | 0.0397 | 0.0392 | 0.0337 | 0.0438 | 0.0434 | 0.0368 | 0.0483 | 0.0478 | 0.0397 | 0.0639 | 0.0641 | 0.0660 |
| | 40 | 20 | 0.0521 | 0.0504 | 0.0414 | 0.0575 | 0.0559 | 0.0456 | 0.0631 | 0.0617 | 0.0496 | 0.0692 | 0.0670 | 0.0661 |
| | | 40 | 0.0346 | 0.0342 | 0.0307 | 0.0382 | 0.0378 | 0.0334 | 0.0422 | 0.0419 | 0.0359 | 0.0630 | 0.0632 | 0.0653 |
| | | 60 | 0.0291 | 0.0290 | 0.0262 | 0.0326 | 0.0325 | 0.0286 | 0.0355 | 0.0354 | 0.0305 | 0.0621 | 0.0624 | 0.0651 |
| | 60 | 20 | 0.0456 | 0.0439 | 0.0362 | 0.0503 | 0.0487 | 0.0396 | 0.0546 | 0.0532 | 0.0426 | 0.0667 | 0.0649 | 0.0654 |
| | | 40 | 0.0288 | 0.0286 | 0.0264 | 0.0322 | 0.0320 | 0.0287 | 0.0356 | 0.0354 | 0.0306 | 0.0613 | 0.0617 | 0.0650 |
| | | 60 | 0.0235 | 0.0234 | 0.0217 | 0.0276 | 0.0275 | 0.0242 | 0.0300 | 0.0299 | 0.0257 | 0.0621 | 0.0625 | 0.0654 |

**表4-2　DGPs 4-6的估计ARMSE对比（条件异方差的误差项）**

| | | | $C=1$ | | | $C=1.5$ | | | $C=2$ | | | 线性 | | |
|---|---|---|---|---|---|---|---|---|---|---|---|---|---|---|
| DGP | N | T | $\hat{g}$ | $\hat{g}_{bc}$ | $\hat{g}_{IF}$ | $\hat{g}$ | $\hat{g}_{bc}$ | $\hat{g}_{IF}$ | $\hat{g}$ | $\hat{g}_{bc}$ | $\hat{g}_{IF}$ | $\hat{g}^{(l)}$ | $\hat{g}_{bc}^{(l)}$ | $\hat{g}_{IF}^{(l)}$ |
| 4 | 20 | 20 | 0.0738 | 0.0726 | 0.0510 | 0.0824 | 0.0804 | 0.0569 | 0.0902 | 0.0875 | 0.0626 | 0.0729 | 0.0700 | 0.0652 |
| | | 40 | 0.0470 | 0.0463 | 0.0388 | 0.0527 | 0.0520 | 0.0433 | 0.0581 | 0.0573 | 0.0468 | 0.0599 | 0.0598 | 0.0614 |
| | | 60 | 0.0389 | 0.0386 | 0.0332 | 0.0431 | 0.0426 | 0.0363 | 0.0476 | 0.0473 | 0.0394 | 0.0595 | 0.0596 | 0.0611 |
| | 40 | 20 | 0.0511 | 0.0493 | 0.0403 | 0.0564 | 0.0546 | 0.0446 | 0.0624 | 0.0612 | 0.0488 | 0.0661 | 0.0639 | 0.0624 |
| | | 40 | 0.0327 | 0.0324 | 0.0300 | 0.0366 | 0.0362 | 0.0330 | 0.0405 | 0.0402 | 0.0355 | 0.0589 | 0.0592 | 0.0615 |
| | | 60 | 0.0277 | 0.0276 | 0.0253 | 0.0311 | 0.0309 | 0.0275 | 0.0340 | 0.0339 | 0.0294 | 0.0574 | 0.0577 | 0.0607 |
| | 60 | 20 | 0.0429 | 0.0416 | 0.0357 | 0.0473 | 0.0464 | 0.0391 | 0.0520 | 0.0508 | 0.0424 | 0.0610 | 0.0602 | 0.0610 |
| | | 40 | 0.0284 | 0.0281 | 0.0262 | 0.0318 | 0.0315 | 0.0287 | 0.0350 | 0.0347 | 0.0306 | 0.0574 | 0.0576 | 0.0601 |
| | | 60 | 0.0233 | 0.0232 | 0.0218 | 0.0273 | 0.0273 | 0.0244 | 0.0295 | 0.0295 | 0.0258 | 0.0573 | 0.0575 | 0.0598 |

续表

| | | | $C=1$ | | | $C=1.5$ | | | $C=2$ | | | 线性 | | |
|---|---|---|---|---|---|---|---|---|---|---|---|---|---|---|
| DGP | N | T | $\hat{g}$ | $\hat{g}_{bc}$ | $\hat{g}_{IF}$ | $\hat{g}$ | $\hat{g}_{bc}$ | $\hat{g}_{IF}$ | $\hat{g}$ | $\hat{g}_{bc}$ | $\hat{g}_{IF}$ | $\hat{g}^{(l)}$ | $\hat{g}_{bc}^{(l)}$ | $\hat{g}_{IF}^{(l)}$ |
| 5 | 20 | 20 | 0.0900 | 0.0852 | 0.0694 | 0.0976 | 0.0924 | 0.0754 | 0.1056 | 0.1006 | 0.0818 | 0.0664 | 0.0637 | 0.0569 |
| | | 40 | 0.0561 | 0.0547 | 0.0487 | 0.0618 | 0.0599 | 0.0529 | 0.0732 | 0.0717 | 0.0619 | 0.0524 | 0.0520 | 0.0508 |
| | | 60 | 0.0448 | 0.0444 | 0.0400 | 0.0542 | 0.0531 | 0.0475 | 0.0584 | 0.0576 | 0.0508 | 0.0499 | 0.0497 | 0.0487 |
| | 40 | 20 | 0.0579 | 0.0568 | 0.0503 | 0.0627 | 0.0613 | 0.0545 | 0.0746 | 0.0728 | 0.0642 | 0.0548 | 0.0529 | 0.0505 |
| | | 40 | 0.0388 | 0.0387 | 0.0359 | 0.0467 | 0.0464 | 0.0426 | 0.0505 | 0.0502 | 0.0456 | 0.0499 | 0.0497 | 0.0489 |
| | | 60 | 0.0351 | 0.0350 | 0.0323 | 0.0385 | 0.0383 | 0.0353 | 0.0446 | 0.0445 | 0.0408 | 0.0480 | 0.0479 | 0.0475 |
| | 60 | 20 | 0.0484 | 0.0479 | 0.0431 | 0.0570 | 0.0563 | 0.0506 | 0.0617 | 0.0608 | 0.0541 | 0.0531 | 0.0515 | 0.0499 |
| | | 40 | 0.0357 | 0.0355 | 0.0332 | 0.0398 | 0.0397 | 0.0368 | 0.0457 | 0.0456 | 0.0421 | 0.0483 | 0.0481 | 0.0477 |
| | | 60 | 0.0295 | 0.0295 | 0.0278 | 0.0333 | 0.0332 | 0.0313 | 0.0381 | 0.0380 | 0.0357 | 0.0477 | 0.0476 | 0.0474 |
| 6 | 20 | 20 | 0.1071 | 0.0947 | 0.0731 | 0.1202 | 0.1154 | 0.0834 | 0.1281 | 0.1263 | 0.0927 | 0.0963 | 0.0930 | 0.0861 |
| | | 40 | 0.0695 | 0.0620 | 0.0530 | 0.0788 | 0.0771 | 0.0607 | 0.0859 | 0.0858 | 0.0684 | 0.0846 | 0.0843 | 0.0826 |
| | | 60 | 0.0567 | 0.0522 | 0.0451 | 0.0645 | 0.0640 | 0.0513 | 0.0708 | 0.0708 | 0.0582 | 0.0823 | 0.0822 | 0.0814 |
| | 40 | 20 | 0.0714 | 0.0649 | 0.0539 | 0.0813 | 0.0789 | 0.0617 | 0.0880 | 0.0872 | 0.0696 | 0.0872 | 0.0855 | 0.0828 |
| | | 40 | 0.0487 | 0.0461 | 0.0400 | 0.0549 | 0.0546 | 0.0453 | 0.0610 | 0.0609 | 0.0518 | 0.0806 | 0.0805 | 0.0801 |
| | | 60 | 0.0399 | 0.0383 | 0.0333 | 0.0451 | 0.0448 | 0.0381 | 0.0507 | 0.0506 | 0.0439 | 0.0796 | 0.0796 | 0.0794 |
| | 60 | 20 | 0.0595 | 0.0551 | 0.0473 | 0.0678 | 0.0662 | 0.0538 | 0.0746 | 0.0737 | 0.0612 | 0.0843 | 0.0828 | 0.0814 |
| | | 40 | 0.0400 | 0.0382 | 0.0336 | 0.0458 | 0.0455 | 0.0382 | 0.0512 | 0.0511 | 0.0442 | 0.0800 | 0.0798 | 0.0793 |
| | | 60 | 0.0335 | 0.0326 | 0.0284 | 0.0380 | 0.0379 | 0.0323 | 0.0431 | 0.0431 | 0.0377 | 0.0792 | 0.0792 | 0.0789 |

## 三、模型设定检验的实施与评价

进行模型设定检验时，我们在估计阶段选择相同的$M_T$，$J$和基函数。我们使用$w(X_{it})$来修剪沿着$X_{it}$的每个维度的双尾2.5%观测。对于双变量回归函数$g$，我们只考虑在DGPs 2和5中增加$g$的可加性的检验，以及在DGP 6中不可加性的检验。对于每种情况，我们考虑250次模拟，并在每次模拟中采用200个自助抽样进行size和power的研究。

表4-3　　DGPs 1-3的线性设定检验的拒绝频率

| | | | $C=1$ | | | $C=1.5$ | | | $C=2$ | | |
|---|---|---|---|---|---|---|---|---|---|---|---|
| DGP | $N$ | $T$ | 1% | 5% | 10% | 1% | 5% | 10% | 1% | 5% | 10% |
| 1 | 20 | 20 | 0.012 | 0.068 | 0.120 | 0.028 | 0.084 | 0.136 | 0.012 | 0.084 | 0.148 |
| | | 40 | 0.016 | 0.048 | 0.080 | 0.016 | 0.040 | 0.080 | 0.012 | 0.044 | 0.084 |
| | | 60 | 0.012 | 0.056 | 0.124 | 0.016 | 0.064 | 0.128 | 0.012 | 0.060 | 0.116 |
| | 40 | 20 | 0.012 | 0.076 | 0.112 | 0.012 | 0.068 | 0.108 | 0.004 | 0.052 | 0.096 |
| | | 40 | 0.004 | 0.052 | 0.108 | 0.012 | 0.052 | 0.080 | 0.008 | 0.048 | 0.088 |
| | | 60 | 0.020 | 0.060 | 0.096 | 0.012 | 0.048 | 0.100 | 0.008 | 0.044 | 0.092 |
| | 60 | 20 | 0.012 | 0.056 | 0.096 | 0.016 | 0.064 | 0.112 | 0.024 | 0.056 | 0.112 |
| | | 40 | 0.020 | 0.056 | 0.116 | 0.020 | 0.072 | 0.112 | 0.016 | 0.068 | 0.108 |
| | | 60 | 0.012 | 0.048 | 0.100 | 0.012 | 0.048 | 0.100 | 0.012 | 0.044 | 0.088 |
| 2 | 20 | 20 | 0.036 | 0.108 | 0.136 | 0.044 | 0.128 | 0.156 | 0.056 | 0.112 | 0.168 |
| | | 40 | 0.012 | 0.056 | 0.116 | 0.020 | 0.064 | 0.116 | 0.016 | 0.044 | 0.120 |
| | | 60 | 0.020 | 0.064 | 0.108 | 0.016 | 0.064 | 0.124 | 0.024 | 0.060 | 0.108 |
| | 40 | 20 | 0.012 | 0.068 | 0.128 | 0.024 | 0.068 | 0.120 | 0.024 | 0.052 | 0.104 |
| | | 40 | 0.024 | 0.060 | 0.108 | 0.020 | 0.048 | 0.092 | 0.016 | 0.052 | 0.120 |
| | | 60 | 0.016 | 0.044 | 0.096 | 0.020 | 0.048 | 0.120 | 0.028 | 0.064 | 0.116 |
| | 60 | 20 | 0.028 | 0.076 | 0.120 | 0.028 | 0.076 | 0.140 | 0.020 | 0.044 | 0.124 |
| | | 40 | 0.028 | 0.052 | 0.112 | 0.008 | 0.044 | 0.104 | 0.020 | 0.064 | 0.084 |
| | | 60 | 0.012 | 0.052 | 0.112 | 0.004 | 0.048 | 0.088 | 0.016 | 0.040 | 0.084 |

续表

| | | | $C=1$ | | | $C=1.5$ | | | $C=2$ | | |
|---|---|---|---|---|---|---|---|---|---|---|---|
| DGP | $N$ | $T$ | 1% | 5% | 10% | 1% | 5% | 10% | 1% | 5% | 10% |
| 3 | 20 | 20 | 0.208 | 0.316 | 0.384 | 0.192 | 0.264 | 0.380 | 0.124 | 0.236 | 0.332 |
| | | 40 | 0.324 | 0.512 | 0.640 | 0.276 | 0.504 | 0.604 | 0.256 | 0.432 | 0.576 |
| | | 60 | 0.496 | 0.744 | 0.812 | 0.512 | 0.728 | 0.784 | 0.492 | 0.640 | 0.732 |
| | 40 | 20 | 0.344 | 0.548 | 0.668 | 0.308 | 0.492 | 0.632 | 0.312 | 0.464 | 0.592 |
| | | 40 | 0.692 | 0.864 | 0.932 | 0.676 | 0.812 | 0.924 | 0.616 | 0.804 | 0.868 |
| | | 60 | 0.860 | 0.900 | 0.984 | 0.816 | 0.912 | 0.960 | 0.772 | 0.908 | 0.956 |
| | 60 | 20 | 0.512 | 0.692 | 0.812 | 0.448 | 0.640 | 0.736 | 0.420 | 0.648 | 0.692 |
| | | 40 | 0.840 | 0.940 | 0.980 | 0.828 | 0.944 | 0.976 | 0.744 | 0.908 | 0.948 |
| | | 60 | 0.992 | 1.000 | 1.000 | 0.992 | 1.000 | 1.000 | 0.956 | 1.000 | 1.000 |

表4-2报告了在异方差误差的情况，检验统计量在1%、5%和10%名义水平下的经验拒绝频率。从这些表格中，总结一些重要的发现。首先，在DGPs 1和2中，当线性原假设成立时，尽管在$(N,T)=(20,20)$时可能出现功效偏低，检验统计量的显著性水平在几乎所有的DGPs、样本大小和所有$J$的选择下均表现良好。其次，随着$N$或$T$的增加，检验统计量的功效会快速增加，并且对$J$的选择比较敏感。

**表4-4　　DGPs 4-6中线性设定检验的拒绝频率**

| | | | $C=1$ | | | $C=1.5$ | | | $C=2$ | | |
|---|---|---|---|---|---|---|---|---|---|---|---|
| DGP | $N$ | $T$ | 1% | 5% | 10% | 1% | 5% | 10% | 1% | 5% | 10% |
| 4 | 20 | 20 | 0.192 | 0.272 | 0.380 | 0.164 | 0.288 | 0.384 | 0.172 | 0.292 | 0.376 |
| | | 40 | 0.388 | 0.532 | 0.672 | 0.372 | 0.500 | 0.636 | 0.368 | 0.492 | 0.560 |
| | | 60 | 0.612 | 0.756 | 0.864 | 0.536 | 0.732 | 0.820 | 0.512 | 0.728 | 0.800 |
| | 40 | 20 | 0.364 | 0.600 | 0.724 | 0.324 | 0.572 | 0.720 | 0.312 | 0.536 | 0.648 |
| | | 40 | 0.724 | 0.884 | 0.916 | 0.720 | 0.902 | 0.932 | 0.688 | 0.872 | 0.928 |
| | | 60 | 0.952 | 0.980 | 1.000 | 0.948 | 0.976 | 0.992 | 0.900 | 0.972 | 0.984 |
| | 60 | 20 | 0.572 | 0.732 | 0.800 | 0.500 | 0.676 | 0.796 | 0.456 | 0.668 | 0.784 |
| | | 40 | 0.944 | 0.980 | 0.996 | 0.952 | 0.976 | 0.992 | 0.884 | 0.964 | 0.972 |
| | | 60 | 0.972 | 0.992 | 1.000 | 0.984 | 0.992 | 0.996 | 0.992 | 0.988 | 0.996 |

续表

| | | | C=1 | | | C=1.5 | | | C=2 | | |
|---|---|---|---|---|---|---|---|---|---|---|---|
| DGP | $N$ | $T$ | 1% | 5% | 10% | 1% | 5% | 10% | 1% | 5% | 10% |
| 5 | 20 | 20 | 0.072 | 0.204 | 0.316 | 0.076 | 0.156 | 0.264 | 0.100 | 0.232 | 0.312 |
| | | 40 | 0.260 | 0.412 | 0.556 | 0.252 | 0.432 | 0.552 | 0.232 | 0.384 | 0.484 |
| | | 60 | 0.524 | 0.524 | 0.684 | 0.464 | 0.452 | 0.644 | 0.412 | 0.384 | 0.580 |
| | 40 | 20 | 0.200 | 0.404 | 0.540 | 0.224 | 0.336 | 0.488 | 0.178 | 0.352 | 0.512 |
| | | 40 | 0.572 | 0.732 | 0.832 | 0.552 | 0.668 | 0.784 | 0.536 | 0.644 | 0.764 |
| | | 60 | 0.844 | 0.964 | 0.968 | 0.792 | 0.932 | 0.964 | 0.816 | 0.928 | 0.972 |
| | 60 | 20 | 0.344 | 0.540 | 0.684 | 0.360 | 0.492 | 0.632 | 0.364 | 0.504 | 0.616 |
| | | 40 | 0.864 | 0.944 | 1.000 | 0.820 | 0.928 | 0.972 | 0.848 | 0.956 | 0.964 |
| | | 60 | 0.952 | 1.000 | 1.000 | 0.984 | 1.000 | 1.000 | 0.976 | 0.984 | 1.000 |
| 6 | 20 | 20 | 0.252 | 0.392 | 0.484 | 0.204 | 0.404 | 0.504 | 0.156 | 0.356 | 0.440 |
| | | 40 | 0.540 | 0.692 | 0.796 | 0.484 | 0.652 | 0.720 | 0.412 | 0.592 | 0.684 |
| | | 60 | 0.840 | 0.932 | 0.972 | 0.832 | 0.916 | 0.940 | 0.816 | 0.924 | 0.952 |
| | 40 | 20 | 0.668 | 0.844 | 0.900 | 0.612 | 0.816 | 0.864 | 0.572 | 0.804 | 0.868 |
| | | 40 | 0.940 | 0.992 | 1.000 | 0.912 | 0.972 | 0.992 | 0.900 | 0.952 | 0.968 |
| | | 60 | 1.000 | 1.000 | 1.000 | 1.000 | 1.000 | 1.000 | 1.000 | 1.000 | 1.000 |
| | 60 | 20 | 0.812 | 0.896 | 0.932 | 0.804 | 0.912 | 0.944 | 0.748 | 0.888 | 0.936 |
| | | 40 | 1.000 | 1.000 | 1.000 | 0.996 | 1.000 | 1.000 | 0.972 | 1.000 | 1.000 |
| | | 60 | 1.000 | 1.000 | 1.000 | 1.000 | 1.000 | 1.000 | 1.000 | 1.000 | 1.000 |

## 第七节　估计跨国宏观经济增长模型

长期经济增长与资本投资之间的关系已经得到广泛研究，并在评估增长理论中起着至关重要的作用。早期内生增长模型（如AK模型）支持投资占国内生产总值（GDP）的份额与人均GDP增长率之间的正相关关系。然而，外生增长理论（如Solow模型）断言，投资的增加只能提高人均GDP的水平，但对稳态增长率没有影响。许多实证研究表明，投资与长期增长率之间存在很少甚至没有关联，参见Jones（1995）和Easterly和Levine（2001）。最近，Bond等（2010）利用覆盖41年（1960-2000）的71个国家的面板数据重新评估了这两者之间的关系。通过估计一个具有个体和时间固定效应的动态面板数据模型，他们发现投资占实际GDP的份额与人均劳动者GDP的长期增长率之间存在明显的正相关关系。

值得注意的是，大多数实证工作都是在线性框架下进行的，只包括固定效应以控制不可观测的异质性。在本节中，使用以下具有IFE的非参数动态面板数据模型重新研究这一问题：

$$Y_{it}=g\left(Y_{i,t-1},I_{it},\Delta I_{it}\right)+\lambda_i'f_t+e_{it}$$

其中 $Y_{it}\equiv\log\left(GDP_{it}\right)-\log\left(GDP_{i,t-1}\right)$， $GDP_{it}$ 为国家 $i$ 在年份 $t$ 的人均实际GDP，$I_{it}$ 为投资占实际GDP的份额的对数，$\Delta I_{it}=I_{it}-I_{i,t-1}$，多因子误差结构 $\lambda_i'f_t$ 用于控制异质性，并捕捉不可观测的共同冲击。$Y_{i,t-1}$ 包含在未知函数 $g(\cdot)$ 中，部分控制序列相关性；参见最近一些关于增长的实证研究均虑动态面板数据模型设定，如Chambers和Guo（2009）和Meierrieks和Gries（2012）。Su和Lu（2013）也考虑非参数动态面板增长回归，但也只考虑个体固定效应。

数据集来自PTW 7.1；参见Heston等（2012）。我们使用与Bond等（2010）几乎相同的国家集合，但根据数据可用性排除圭亚那等四个国家。国家数量为74（$N=74$），时间跨度为1960-2010（$T=51$）。

我们使用三次B-样条来逼近未知函数 $g$。注意到 $g$ 有三个变量，在不对 $g$ 施加任何结构限制的情况下，需要使用每个变量的筛分基的张量积来逼近未知函数。然后，筛分逼近项的总数为

$K=(J+3)^3$。即使对于节点数比较小的情况，$J=$ 1、2或3，也分别有$K=64$、125或216。这是非参数回归中的“维度诅咒”问题。因此，我们只允许双变量交互和一个三变量交互项在筛分估计中。具体来说筛分逼近项由$\tilde{p}_Y^{J+3}(Y_{i,t-1})\otimes\tilde{p}_I^{J+3}(I_{it})$，$\tilde{p}_Y^{J+3}(Y_{i,t-1})\otimes\tilde{p}_{\Delta I}^{J+3}(\Delta I_{it})$，$\tilde{p}_{\Delta I}^{J+3}(\Delta I_{it})\otimes\tilde{p}_I^{J+3}(I_{it})$ 和 $Y_{i,t-1}I_{it}\Delta I_{it}$，$1(Y_{i,t-1}\notin[Y_{0.025},Y_{0.975}])$，$Y_{i,t-1}1(Y_{i,t-1}\notin[Y_{0.025},Y_{0.975}])$组成，避免了完美多重共线性。在这种情况下，筛分逼近项的总数为$3(J+3)^2+3$。

为了选择因子的数量，遵循Bai和Ng（2002）并采用以下信息准则：

$$PC_1(R)=V\left(R,\hat{f}^R\right)+R\hat{\sigma}^2\left(\frac{N+T}{NT}\right)\ln\left(\frac{NT}{N+T}\right),$$

$$PC_2(R)=V\left(R,\hat{f}^R\right)+R\hat{\sigma}^2\left(\frac{N+T}{NT}\right)\ln\left[\min(N,T)\right],$$

$$IC_1(R)=\ln\left[V\left(R,\hat{f}^R\right)\right]+R\left(\frac{N+T}{NT}\right)\ln\left(\frac{NT}{N+T}\right),$$

$$IC_2(R)=\ln\left[V\left(R,\hat{f}^R\right)\right]+R\left(\frac{N+T}{NT}\right)\ln\left[\min(N,T)\right],$$

这里，$V\left(R,\hat{f}^R\right)=(NT)^{-1}\sum_{i=1}^{N}\sum_{t=1}^{T}\left(\hat{e}_{it}^R\right)^2$，$\hat{e}_{it}^R=Y_{it}-\hat{g}^R(X_{it})-\hat{\lambda}_i^{R\prime}\hat{f}_t^R$，$\hat{g}^R(\cdot)$，$\hat{f}_t^R$ 和 $\hat{\lambda}_i^R$ 是使用 $R$ 因子时的估计量，$\hat{\sigma}^2$ 是 $(NT)^{-1}\sum_{i=1}^{N}\sum_{t=1}^{T}E\left(e_{it}^2\right)$的一个一致估计量并在应用中被$V\left(R_{\max},\hat{f}^{R_{\max}}\right)$所取代。这里的$R_{\max}$表示考虑的最大因子数，需要事先指定。在模拟中，我们发现$IC_1$和$IC_2$在有限样本中对于三次B样条中不同节点选择的选择效果相当好，但是$PC_1$和$PC_2$倾向于选择更多的因子，有时可能接近最大的上限。当出现这种情况时，我们使用$IC_1$和$IC_2$推荐的因子数。我们遵循Bai和Ng（2006b）的做法，始终设置$R_{\max}=8$。对于估计和检验，我们使用$M_T=\lfloor T^{1/7.5}\rfloor$进行偏差校正，就像在模拟

中一样，并考虑三次B-样条中的一系列节点：$J=3,4,\cdots,8$。

为了降低结构变化的风险，将完整样本（1960-2010）分为两个子样本（1960-1985和1986-2010）。对于完整样本和两个子样本，无论选哪种$J$，$IC_1$和$IC_2$都建议在线性估计和筛分估计中选择1或2个因子。因此，对所有的样本，均设置$R=2$。首先考虑估计问题，并在图4-3和图4-4中分别报告两个子样本的估计结果。图4-3显示了在其他两个参数固定为它们的样本中位数时，对$g(\cdot,\cdot,\cdot)$的三个参数的每一个参数估计结果。例如，图4-3(a)-(c)分别报告了$J=3$、5和7时$g\left(\cdot,\bar{I},\bar{\Delta I}\right)$的估计值，以及它们基于自助抽样法的90%点间置信带，其中$\bar{I}$和$\bar{\Delta I}$在第一个子样本（1960-1985）中$I_{it}$和$\Delta I_{it}$的样本中位数。图4-4重复了第二个子样本（1986-2010）的上述练习。从这些图中可以总结了一些重要发现。首先，如预期的那样，对于较小的$J$值，拟合曲线倾向于平滑，而对于较大的$J$值，倾向于粗糙。仅凭这些图表，一个人是否可以得出一个解释变量（例如滞后的经济增长率）对经济增长率有显著非线性影响的结论取决于$J$的选择：这需要对线性函数形式进行正式检验。其次，图4-3(a)-(c)和图4-4(a)-(c)表明，当投资份额及其增长率固定在它们的样本中位数时，滞后的经济增长率与当前经济增长率呈全局正相关。第三，图4-3(d)-(f)和图4-4(d)-(f)表明，投资份额通常对经济增长率有积极影响。第四，图3(g)-(i)和图4(g)-(i)表明，投资变化对经济增长率的影响是非线性且非单调的，并且这种影响在子样本之间存在变化。这表明在完整样本期间可能发生某种结构性变化。

表4-5报告了基于10000次自助抽样的两个子样本和完整样本的线性设定检验的自助抽样$p$-值。对于两个子样本的所有$J$值，$p$-值都小于0.05，对于整个样本也小于0.1。这表明数据中存在较强的非线性程度。

**表4-5　　　线性经济增长模型检验的自助抽样法 $p$ -值**

| 子样本\\$J$ | 3 | 4 | 5 | 6 | 7 | 8 |
|---|---|---|---|---|---|---|
| 1960-1985 | 0.0002 | 0.0002 | 0.0000 | 0.0000 | 0.0000 | 0.0000 |
| 1986-2010 | 0.0312 | 0.0094 | 0.0048 | 0.0057 | 0.0048 | 0.0037 |
| 1960-2010 | 0.0934 | 0.086 | 0.0558 | 0.0591 | 0.0421 | 0.0383 |

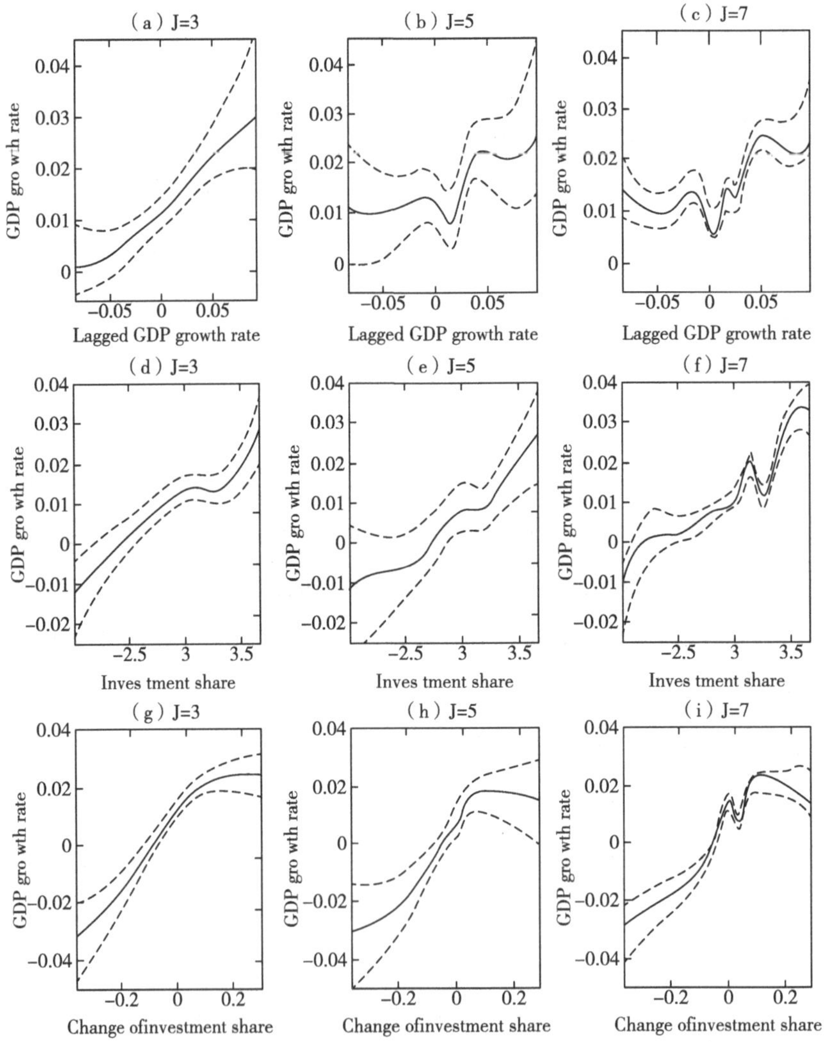


**图 4-3　GDP 增长率和滞后 GDP 增长率、投资占比、投资占比的变化（1960-1985）**

（实线：估计函数，点线：90%自助抽样置信带）

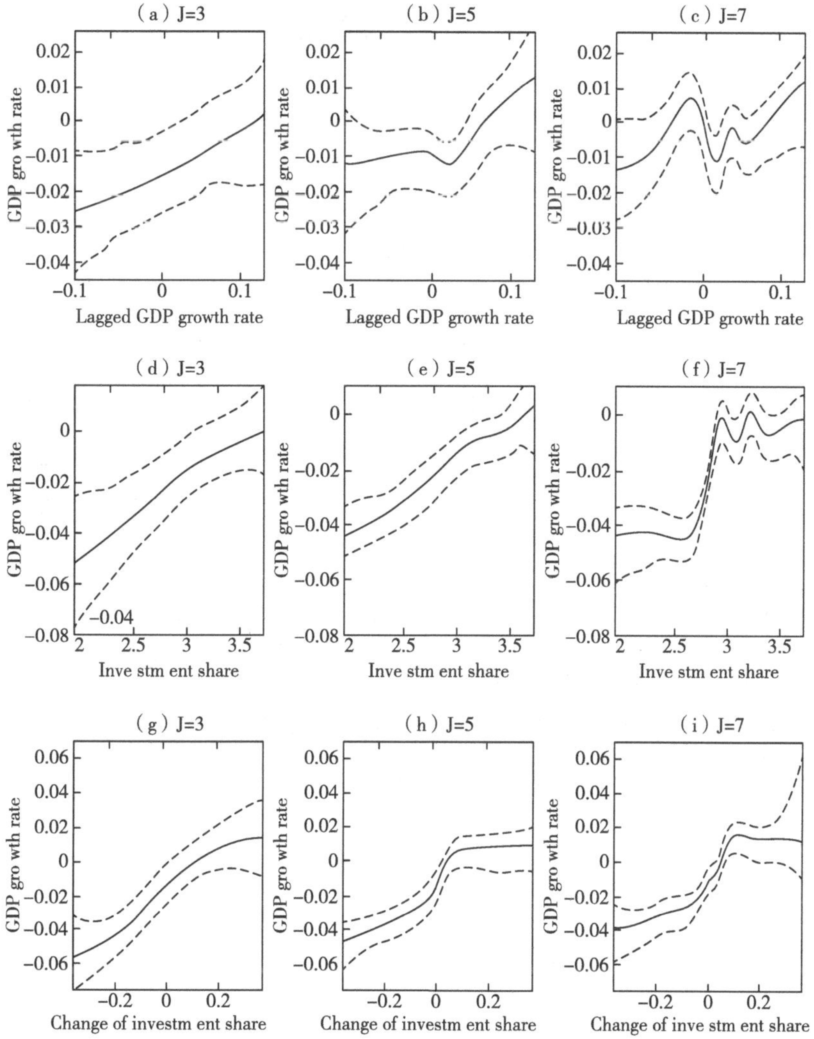


**图 4-4 GDP 增长率和滞后 GDP 增长率、投资占比、投资占比的变化（1986-2010）**

（实线：估计函数，点线：90%自助抽样置信带）

## 第八节　结论

本章考虑了具有IFE的大维度非参数动态面板数据模型的估计和检验。我们提出筛LS估计量来联合估计非参数函数和公共成分。在Moon和Weidner（2015，2016）的基础上，我们推导了筛估计量的收敛速度并建立了其渐近分布。详细讨论了不同渐近偏差的来源，并提供了一个一致的偏差校正估计量。基于线性和筛估计量之间的$L_2$距离，我们还提出了一种一致的模型设定检验。我们建立了检验统计量在原假设和一系列Pitman局部备择假设下的渐近分布。为了提升检验的有限样本性质，我们还提出了一种自助抽样法过程来获得自助抽样$p$-值，并证明了其渐近有效性。通过蒙特卡罗模拟，考察了估计量和检验统计量的有限样本性质。最后，将该模型应用于一个经济增长数据集，发现滞后一期的经济增长率、投资份额及其变化对经济增长率具有显著的非线性影响。

# 第五章
# 非参数面板数据模型中的横截面独立性检验

## 第一节　引言

近年来，关于具有横截面相关的大维面板数据模型的研究在快速增加。横截面相关性的产生具有多种原因，可能由空间效应、溢出效应或不可观测的共同因子结构而产生。从计量经济学角度，正确处理横截面相关性是得到模型一致估计量和进行有效统计推断的前提。目前为止，已有不少关于面板数据的研究集中在如何处理横截面相关性，总结起来，主要有两种流行的方法：一种是假设个体之间存在空间相关，这导致了空间计量经济学的产生；另一种是假设扰动项具有因子结构，这导致了静态或动态因子模型的产生。关于经典面板数据因子模型的全面概述，请参阅Bai和Ng（2008）。

传统的面板数据模型通常假设个体之间的观测是独立的，这使得估计和推断规则极大简化。然而，如果观测之间存在横截面相关，基于横截面独立假设的参数或非参数估计量可能是不一致的，这些估计量的统计推断通常会产生误导性结论。已经有大量文献证明，基于横截面独立性假设的面板单位根和协整检验，在存在横截面相关时往往会有显著的检验水平（size）失真；请参见Chang（2002）、Bai和Ng（2004、2010）、Bai和Kao（2006）和Pesaran（2007）等。因此，在进行估计和统计推断之前检验横截面独立性是很重要的。

对于参数面板数据模型中的横截面相关，文献中已经提出了许多诊断检验。当个体之间间隔规则或按特定规则排列时，已经引入了几种统计量来检验空间相关性，其中Moran-I检验统计量是最流行的。有关更多详细信息，请参见Anselin（1988、2001）和Robinson（2008）。然而，经济主体通常不是规则间隔的，并且不存在可以有效衡量经济主体之间空间位置或距离的“空间度量”。为了在更一般的情况下检验横截面相关，Breusch和Pagan（1980）提出了一个拉格朗日乘子（LM）检验统计量，用于检验SURE模型中误差协方差矩阵的对角化。注意到Breusch和Pagan的LM检验只在时间期数$T$相对于横截面单位数$n$较大时有效，而Frees（1995）考虑了当$n$相对于$T$较大时面板数据模型中横截面相关性的检验。Pesaran（2004）注意到Breusch和Pagan的LM检验统计量存在较大的有限样本偏差，提出了一种通过对回归残差的所有成对相关系数进行简单平均来检验横截面相关性的新检验（CD，cross-sectional dependence）。然而，Pesaran的CD检验在理论上具有缺陷，即于所有全局备择假设没有一致性。特别是，在由因子结构误差导致的横截面相关模型中，如果因子载荷均值为零时，他的CD检验无法识别出横截面相关；另外，如果在所有成对的两两相关系数中，正的和负相关系数成对出现，那么基于相关系数简单平均的统计量数值接近0，因此没有功效能够识别这类横截面相关性。因此，Ng（2006）采用间距方差比统计量来检验横截面相关性，这比Pesaran（2004）的方法更稳健和有效。Huang、Kao和Urga（2008）建议基于copula的检验统计量来检验面板数据模型的横截面相关性。Pesaran、Ullah和Yamagata（2008）通过考虑正态误差情况下的偏差调整的LM检验改进了Pesaran（2004）。基于广义残差的概念（例如，Gourieroux等（1987）），Hsiao、Pesaran和Pick（2009）提出了一个在非线性面板数据模型中检验横截面相关性的检验统计量。有趣的是，他们的检验统计量的渐近版本可以写成Breusch和Pagan（1980）的LM检验。Sarafidis、Yamagata和Robertson（2009）考虑了动态面板数据模型中的横截面相关性检验。

上述所有检验都是在参数背景中进行的。如果参数模型或基础分布假设被正确设定，它们可以导致有意义的解释，否则可能导致误导性的结论。为了避免函数形式的潜在错误设定，Chen、Gao和Li（2009，以下简称CGL）考虑基于非参数残差的横截面相关检验。他们的检验是Pesaran（2004）检验的非参数对应物。因此，它是通过平均所有成对横截面相关性构建的，所以，与Pesaran（2004）的检验一样，它不检验“成对独立”，而是检验“成对不相关”。众所周知，在非高斯性或非线性不独立的情况下，不相关性通常与独立性不同（例如，Granger、Maasoumi和Racine（2004））。存在一些情况，检验横截面成对独立性比检验成对不相关性更合适。

自Hoeffding（1948）以来，关于独立性或序列独立性的检验已经发展了大量文献。请参见Robinson（1991）、Brock等（1996）、Ahmad和Li（1997）、Johnson和McClelland（1998）、Pinkse

（1998）、Hong（1998、2000）、Hong和White（2005）等。所有这些检验都基于某种独立性偏差度量。例如，Robinson（1991）和Hong和White（2005）基于Kullback-Leibler信息准则进行序列不相关性检验，Ahmad和Li（1997）基于联合密度与边际概率乘积之间的$L_2$距离进行检验，Pinkse（1998）基于联合特征函数与边际特征函数乘积之间的距离进行检验。此外，Neumeyer（2009）在非参数回归的背景下考虑了自变量和误差项之间的独立性检验。Su和White（2003、2007、2008）采用三种不同方法来检验条件独立性。除了CGL之外，上述所有非参数检验都没有发展出用于检验面板数据模型中横截面独立性的方法。

在本章中，提出了基于联合密度与边缘概率乘积之间的$L_2$距离平均值构建的同期的“成对横截面独立性”的非参数检验。与CGL类似，我们的检验基于局部多项式回归的残差。不同于他们，我们对误差项的成对独立性感兴趣，因此检验统计量基于联合概率密度与边缘概率密度乘积的比较。首先考虑在原始数据上进行横截面相关性检验的情况，因此没有涉及参数估计误差，然后考虑涉及参数估计误差的情况。对于这两种情况，在$n \to \infty$和$T \to \infty$同时成立的条件下，建立了检验统计量在横截面独立性的原假设下的渐近正态分布。此外，还证明该检验针对全局备择假设是一致的。

本章的其余部分组织如下。在第二节中，假设没有参数估计误差，介绍我们的检验统计量，并在第三节研究其在原假设和备择假设下的渐近性质。在第四节，研究了在异质非参数回归的残差上构建的检验统计量的渐近分布。第五节提供了一组蒙特卡洛模拟，以评估检验统计量的有限样本性质。第六节进行总结。所有证明都在原文的附录中。

**符号** 采用以下符号和约定。对于矩阵$A$，将其转置表示为$A'$，欧几里德范数表示为$\|A\| \equiv \left[\operatorname{tr}\left(AA'\right)\right]^{1/2}$，其中$\equiv$表示“定义为”。当$A$是对称矩阵时，使用$\lambda_{\min}(A)$和$\lambda_{\max}(A)$来分别表示其最小和最大特征值。符号$\xrightarrow{p}$表示依概率收敛，$\xrightarrow{d}$表示依分布收敛。对于整数$l \leqslant T$，定义$P_T^l \equiv T!/\left[(T-l)!\right]$和$C_T^l \equiv T!/\left[(T-l)!l!\right]$。使用$(n,T) \to \infty$表示$n$和$T$同时趋向无穷大的联合收敛。

# 第二节　假设和检验统计量

为了明确问题并避免引起理解的偏差，本节和下一节将重点放在检验可观测变量中的成对横截面相关性上。使用不可观测误差项进行成对横截面相关性检验的情况将在第四节中研究。

## 一、假设检验

考虑一个非参数面板数据模型，形式如下

$$y_{it} = g_i\left(X_{it}\right) + u_{it}, i = 1, \cdots, n, \quad t = 1, \cdots, T, \tag{5.1}$$

其中$y_{it}$是个体$i$在时刻$t$的因变量，$X_{it}$是第$i$个方程中的$d \times 1$回归变量向量，$g_i(\cdot)$是未知的平滑回归函数，$u_{it}$是一个标量随机误差项。我们感兴趣的是在$\{u_{it}\}$中检验横截面相关性。由于设计一个能够检验$u_{it}$中所有种类的横截面相关性的统计量似乎是不可能的，因此我们首先将重点放在检验它们之间的成对横截面相关性上。

对于每个$i$，假设$\{u_{it}\}_{t=1}^{T}$是一个具有概率密度函数（PDF）$f_i(\cdot)$的平稳时间序列过程。让$f_{ij}(\cdot,\cdot)$表示$u_{it}$和$u_{jt}$的联合PDF。可以将$u_{it}, i=1,\cdots,n$之间的成对横截面独立性的原假设表示为

$H_0$：对$i,j=1,...,n$，且$i\neq j$，几乎必然（a.s.）有

$$f_{ij}(\cdot,\cdot)=f_i(u_{it})f_j(u_{jt})。\tag{5.2}$$

也就是说，在$H_0$成立的情况下，对于所有$i\neq j$，$u_{it}$和$u_{jt}$是成对独立的。备择假设是$H_1$：$H_0$不成立。

## 二、检验统计量

这一节中假设$u_{it}$是可观测的，并考虑（5.2）中原假设的检验。或者，可以将（5.1）中的$g_i$都假定为零，并检验$y_{it}$之间可能存在的横截面相关性。提出的检验统计量是基于联合密度与边缘密度乘积之间的平均成对$L_2$距离构建的：

$$\Gamma_n=\frac{1}{n(n-1)}\sum_{1\leqslant i\neq j\leqslant n}\iint\left[f_{ij}(u,v)-f_i(u)f_j(v)\right]^2dudv。\tag{5.3}$$

显然，在$H_0$成立的情况下，$\Gamma_n=0$，在其他情况下，$\Gamma_n$是非零的。

由于密度函数是未知的，建议用核方法来估计它们。也就是说，通过以下方式估计$f_i(u)$和$f_{ij}(u,v)$：

$$\hat{f}_i(u)\equiv\frac{1}{T}\sum_{t=1}^{T}h^{-1}k\left(\frac{u_{it}-u}{h}\right),$$

$$\hat{f}_{ij}(u,v)\equiv\frac{1}{T}\sum_{t=1}^{T}h^{-2}k\left(\frac{u_{it}-u}{h}\right)k\left(\frac{u_{jt}-u}{h}\right),$$

其中$h$是带宽参数，$k(\cdot)$是一对称核函数。请注意，在估计边际密度和联合密度时使用相同的带宽和（一元或一元乘积）核函数，这

可以极大地方便分析统计量的渐近性质。那么，一个自然的检验统计量如下：

$$\hat{\Gamma}_{1nT}=\frac{1}{n(n-1)}\sum_{1\leqslant i\neq j\leqslant n}\iint\left[\hat{f}_{ij}(u,v)-\hat{f}_i(u)\hat{f}_j(v)\right]^2dudv。\tag{5.4}$$

令

$$\bar{k}^i_{h,ts}\equiv h^{-1}\bar{k}\left(\left(u_{it}-u_{is}\right)/h\right)$$

其中 $\bar{k}(\cdot)\equiv\int k(u)k(\cdot-u)du$ 是 $k(\cdot)$ 的二重卷积。很容易验证，可以将 $\hat{\Gamma}_{1nT}$ 重写成如下形式：

$$\hat{\Gamma}_{1nT}=\frac{1}{n(n-1)}\sum_{1\leqslant i\neq j\leqslant n}\left\{\frac{1}{T^4}\sum_{1\leqslant t,s,r,q\leqslant T}\bar{k}^i_{h,ts}\left(\bar{k}^j_{h,ts}+\bar{k}^j_{h,rq}-2\bar{k}^j_{h,tr}\right)\right\},\tag{5.5}$$

其中，$\sum_{1\leqslant t,s,r,q\leqslant T}\equiv\sum_{t=1}^{T}\sum_{s=1}^{T}\sum_{r=1}^{T}\sum_{q=1}^{T}$。

上述统计量计算简单，提供了检验 $H_0$ 的一种自然方式。然而，我们提出了一种经过偏差调整的检验统计量，即

$$\hat{\Gamma}_{nT}=\frac{1}{n(n-1)}\sum_{1\leqslant i\neq j\leqslant n}\left\{\frac{1}{P_T^4}\sum_{1\leqslant t\neq s\neq r\neq q\leqslant T}\bar{k}^i_{h,ts}\left(\bar{k}^j_{h,ts}+\bar{k}^j_{h,rq}-2\bar{k}^j_{h,tr}\right)\right\},\tag{5.6}$$

其中 $P_T^4\equiv T!/\left[(T-4)!\right]$ 和 $\sum_{1\leqslant t\neq s\neq r\neq q\leqslant T}$ 代表不同时间索引 $t$、$s$、$r$ 和 $q$ 的所有不同排列的总和。实际上，$\hat{\Gamma}_{nT}$ 从 $\hat{\Gamma}_{1nT}$ 中去除了“对角线”（例如 $t=s$，$r=q$，$t=r$）元素，从而减少了统计量在有限样本中的偏差。类似的想法已经在Lavergne和Vuong（2000）、Su和White（2007）以及Su和Ullah（2009）中使用过。可以证明，在满足一定条件后，在经过适当的中心化和缩放后，$\hat{\Gamma}_{nT}$ 在横截面独立的原假设下渐近地服从正态分布。

# 第三节　检验统计量的渐近分布

在本节中，首先提出了一组用于推导检验统计量在原假设下渐近分布所需要的假设，然后研究在原假设成立的情况下检验统计量的渐近分布，并建立了其一致性。

## 一、假设

为了研究基于可观测“误差”$u_{it}$的检验统计量的渐近零分布，做出以下假设。

**假设A1**(i)对于每个$i$，$u_{it},t=1,2,\ldots$是平稳的，且$\alpha$-混合，混合系数$\alpha_i(\cdot)$满足$\alpha_i(l)=O\left(\rho_i^l\right)$，其中$0\leqslant\rho_i<1$。令$\bar{\rho}\equiv\max_{1\leqslant i\leqslant n}\rho_i$。进一步要求$0\leqslant\bar{\rho}<1$。

(ii)对于每个$i$和$1\leqslant l\leqslant 8$，$\left(u_{it_1},\ldots,u_{it_l}\right)$的概率密度函数（PDF）$f_{i,t_1,\ldots,t_l}$是有界的，并满足Lipschitz条件：

$$\left|f_{i,t_1,\ldots,t_l}\left(u_1+v_1,\ldots,u_l+v_l\right)-f_{i,t_1,\ldots,t_l}\left(u_1,\ldots,u_l\right)\right|\leqslant D_{i,t_1,\ldots,t_l}(\mathbf{u})\|\mathbf{v}\|,$$

这里$\mathbf{u}\equiv\left(u_1,\ldots,u_l\right)$，$\mathbf{v}\equiv\left(v_1,\ldots,v_l\right)$，$D_{i,t_1,\ldots,t_l}$是可积的，并由$\int_{\mathbb{R}^l}D_{i,t_1,\ldots,t_l}(\mathbf{u})\|\mathbf{u}\|^{2(1+\delta)}d\mathbf{u}<C_1$和$\int_{\mathbb{R}^l}D_{i,t_1,\ldots,t_l}(\mathbf{u})f_{i,t_1,\ldots,t_l}(\mathbf{u})d\mathbf{u}<C_1$，其中$C_1<\infty$，$\delta\in(0,1)$。当$l=1$时，简单地将$u_{it}$的边际PDF表示为$f_i$。

**假设A2** 核函数$k$：$\mathbb{R}\rightarrow\mathbb{R}$是一个对称、连续且有界的函数，使得$k(\cdot)$是$\gamma$阶核函数：$\int k(u)du=1$，$\int u^j k(u)du=0\ (j=1,\ldots,\gamma-1)$，且$\int u^\gamma k(u)du=\kappa_\gamma<\infty$。

**假设A3** 当$(n,T)\rightarrow\infty$时，$h\rightarrow 0$，$nT^2h^2\rightarrow\infty$，$nh^{\frac{1-\delta}{1+\delta}}/T\rightarrow 0$。

**注5.1** 假设A1(i)要求$u_{it},t=1,2,\ldots$是一个平稳的强混合过程，其混合速率呈几何衰减，对混合速率的这一要求对于渐近分析很有用。也可以放宽到通常的代数衰减速率，但证明中会涉及更多的复杂性。这也是一些早期关于平稳$\beta$-混合过程的工作（如Fan和Li（1999），Li（1999）和Su和White（2008））中的假设。许多著名的随机过程，如线性平稳自回归移动平均（ARMA）过程以及双线性和非线性自回归过程都能满足这一要求。在这里，我们假设随机过程是强混合的，这比$\beta$-混合要弱。假设A1(ii)假设了$\left(u_{it_1},\ldots,u_{it_l}\right)$的概率密度函数满足一定的标准平滑条件。假设A2对核函数施加了一些条件。本章中我们采用高阶核函数，旨在减少核估计的偏差，这一处理在非参数文献中是很常见的（参见Robinson，1988；Fan和Li，1996；Li，1999；Su和White，2008）。假设A3对带宽$h$，样本量大小$n$和$T$施加了限制。这些限制较弱，广泛的$n$和$T$组合都容易满足。此外，当$(n,T)\to\infty$时，可能会有$n/T\to c\in[0,\infty]$。

通过下面定理5.1的证明，可以将假设A1(i)放宽为：

**假设A1** (i*) 对于每个$i$，$u_{it},t=1,2,\ldots$是平稳的且$\alpha$-混合，具有混合系数$\alpha_i(\cdot)$。令$\alpha(s)\equiv\max_{1\leqslant i\leqslant n}\alpha_i(s)$，满足$\sum_{\tau=1}^{\infty}\alpha^{\frac{\delta}{1+\delta}}(\tau)\leqslant C_2$，其中$C_2<\infty$，$\delta\in(0,1)$。存在$m\equiv m(n,T)$，使得

$$\max\left(n^{-1}T^4h^{\frac{4}{1+\delta}},T^4h^{\frac{2(2+\delta)}{1+\delta}},T^2h^{\frac{2}{1+\delta}}\right)\alpha^{\frac{\delta}{1+\delta}}(m)\to 0, \tag{5.7}$$

并且当$(n,T)\to\infty$时，$\max\left(m^4h^4,m^3h^2\right)\to 0$。

为了使得下文中推论5.1成立，进一步需要$m$和$\alpha(\cdot)$满足以下条件。

**假设A1** (i**) 对于假设A1(i*)中定义的$m$和$\alpha(\cdot)$，当$(n,T)\to\infty$时，它们满足

$$h^{\frac{2(2-\delta)}{1+\delta}} T^4 \alpha^{\frac{\delta}{1+\delta}}(m) + h^2 m^4 \to 0 。$$

显然，在假设A1(i)下，对于一个比较大的正常数$L$，可以取$m = \lfloor L\log T \rfloor$（$L\log T$的整数部分），以满足假设A1(i*)和A1(i**)。为简化符号，继续应用假设A1(i)。

## 二、原假设成立时的渐近分布

为了陈述主要结果，进一步引入一些符号。让$E_t$表示只有时间索引为$t$的变量的期望。例如，$E_t\left[\bar{k}^{i}_{h,ts}\right] \equiv \int \bar{k}^{i}_{h,ts} f_i(u_{is}) du_{it}$，和$E_t E_s\left[\bar{k}^{i}_{h,ts}\right] \equiv \int\left[\int \bar{k}^{i}_{h,ts} f_i(u_{it}) du_{is}\right] f_i(u_{it}) du_{it}$。

令$\phi_{i,ts} \equiv \bar{k}^{i}_{h,ts} - E_t\left[\bar{k}^{i}_{h,ts}\right] - E_s\left[\bar{k}^{i}_{h,ts}\right] + E_t E_s\left[\bar{k}^{i}_{h,ts}\right]$。定义

$$B_{nT} \equiv \frac{1}{n-1} \sum_{1 \leqslant i \neq j \leqslant n} \frac{h}{T-1} \sum_{1 \leqslant t \neq s \leqslant T} E\left[\phi_{i,ts}\right] E\left[\phi_{j,ts}\right] \qquad (5.8)$$

和

$$\sigma_{nT}^2 \equiv \frac{4h^2}{n(n-1)} \sum_{1 \leqslant i \neq j \leqslant n} \frac{1}{T(T-1)} \sum_{1 \leqslant t \neq s \leqslant T} Var\left(\bar{k}^{i}_{h,ts}\right) Var\left(\bar{k}^{j}_{h,ts}\right)。 \qquad (5.9)$$

以下定理中建立了$\hat{\Gamma}_{nT}$检验统计量的渐近零分布。

**定理5.1** 若假设A1-A3成立，则在横截面独立的原假设$H_0$下，当$(n,T) \to \infty$时，有

$$nTh\hat{\Gamma}_{nT} - B_{nT} \xrightarrow{d} N\left(0, \sigma_0^2\right),$$

其中$\sigma_0^2 \equiv \lim_{(n,T)\to\infty} \sigma_{nT}^2$。

**注5.2** 定理5.1的证明较为繁琐，放在工作论文的附录A中。证明的基本思想很简单，但细节非常复杂。为了看到复杂性是如何产生的，令

$$\gamma_{nT,ij} \equiv \gamma_{nT}\left(\mathbf{u}_i,\mathbf{u}_j\right) \equiv \frac{1}{P_T^4}\sum_{1\leqslant t\neq s\neq r\neq q\leqslant T}\bar{k}_{h,ts}^{i}\left(\bar{k}_{h,ts}^{j}+\bar{k}_{h,rq}^{j}-2\bar{k}_{h,tr}^{j}\right),$$

其中 $\mathbf{u}_i \equiv \left(u_{i1},\ldots,u_{iT}\right)^1$，则有

$$\hat{\Gamma}_{nT} = \frac{1}{n(n-1)}\sum_{1\leqslant i\neq j\leqslant n}\gamma_{nT}\left(\mathbf{u}_i,\mathbf{u}_j\right)。$$

显然，对于 $i\neq j$ 的每对 $(i,j)$，$\gamma_{nT,ij}$ 是沿时间维度的四阶 $U$-统计量，通过将 $\gamma_{nT}$ 视为核函数，$\hat{\Gamma}_{nT}$ 可以被视为沿个体维度的二阶 $U$-统计量。据我们所知，没有文献研究过这样的双重 $U$-统计量，因此并不清楚应该如何使用中心极限定理（CLT）。尽管我们可以应用Hoeffding分解的思想，但如何实施和分析仍然具有挑战性。

在本章中，首先，对每对 $(i,j)$ 的 $\gamma_{nT,ij}$ 应用Hoeffding分解，并证明了 $\gamma_{nT,ij}$ 可以分解成如下形式：

$$\gamma_{nT,ij} = 6G_{nT,ij}^{(2)} + 4G_{nT,ij}^{(3)} + G_{nT,ij}^{(4)},$$

其中，对于 $l=2,3,4$，

$$G_{nT,ij}^{(l)} \equiv \frac{1}{P_T^l}\sum_{1\leqslant t_1\neq\cdots\neq t_l\leqslant T}\vartheta_{ij}^{(l)}\left(Z_{ij,t_1},\ldots,Z_{ij,t_l}\right)$$

是一个 $l$ 阶退化 $U$-统计量，核函数 $\vartheta_{ij}^{(l)}$ 的定义在附录A中，$Z_{ij,t} \equiv \left(u_{it},u_{jt}\right)$。

随后，可以得到 $\hat{\Gamma}_{nT}$ 的相应分解：

$$\hat{\Gamma}_{nT} = 6G_{nT}^{(2)} + 4G_{nT}^{(3)} + G_{nT}^{(4)},$$

其中 $G_{nT}^{(l)} \equiv \frac{1}{n(n-1)}\sum_{1\leqslant i\neq j\leqslant n}G_{nT,ij}^{(l)}$，$l=2,3,4$。在 $H_0$ 成立的情况下，尽管对于每对 $(i,j)$，$G_{nT,ij}^{(l)}$ 沿时间维度是一个核函数为 $\vartheta_{ij}^{(l)}$ 的 $l$ 阶退化 $U$-统计量，但 $G_{nT}^{(l)}$ 在 $H_0$ 成立的情况下并不是沿个体维度的 $l$ 阶退化 $U$-统计量。尽管如此，通常可以猜测 $\hat{\Gamma}_{nT}$ 分解中的主导项由第一项 $6G_{nT}^{(2)}$ 给出，另外两项 $4G_{nT}^{(3)}$ 和 $G_{nT}^{(4)}$ 可以渐近忽略。因此，在第二步

中，对 $6G_{nT}^{(2)}-6E\left[G_{nT}^{(2)}\right]$进行分解，得到

$$nTh\left\{6G_{nT}^{(2)}-6E\left[G_{nT}^{(2)}\right]\right\}=\sum_{1\leqslant i<j\leqslant n}w_{nT}\left(\mathbf{u}_i,\mathbf{u}_j\right)+o_P(1),$$

其中 $w_{nT}\left(\mathbf{u}_i,\mathbf{u}_j\right)\equiv\frac{4h}{nT}\sum_{1\leqslant t<s\leqslant T}\phi_{i,ts}^c\phi_{j,ts}^c$，$\phi_{i,ts}^c=\phi_{i,ts}-E\left[\phi_{i,ts}\right]$。尽管 $w_{nT,ij}=w_{nT}\left(\mathbf{u}_i,\mathbf{u}_j\right)$不再是沿时间维度的非退化二阶$U$-统计量，但 $\sum_{1\leqslant i<j\leqslant n}w_{nT}\left(\mathbf{u}_i,\mathbf{u}_j\right)$是沿个体维度的退化二阶$U$-统计量。这使得我们可以应用de Jong（1987）的关于独立但非同分布观测值的二阶退化$U$-统计量的CLT。注意到，在截面不相关的原假设下，$\mathbf{u}_i$的独立性是跨$i$独立的，但不是同分布的。$\sum_{1\leqslant i<j\leqslant n}w_{nT}\left(\mathbf{u}_i,\mathbf{u}_j\right)$的渐近方差由定理3.1中定义的$\sigma_0^2$给出，而$6nThE\left[G_{nT}^{(2)}\right]$提供了需要从最终检验统计量中校正的渐近偏差$B_{nT}$。在第三步中，对于$l=3,4$，我们通过使用$\vartheta_{ij}^{(l)}$的显式表达来推导$nThG_{nT}^{(l)}=o_P(1)$。

**注5.3** 定理5.1中的渐近分布是通过同时让$n$和$T$趋于$\infty$获得的。Phillips和Moon（1999）介绍了处理大维面板数据的三种方法，即，顺序极限理论、对角路径极限理论和联合极限理论，并讨论了顺序和联合极限理论之间的关系。正如他们所指出的，联合极限理论通常需要比顺序或对角路径收敛更强的条件来建立，同样，结果也更加强大，可能适用于更广泛的情况。

为了实施该检验，需要对$\sigma_{nT}^2$和$B_{nT}$进行一致估计。注意到

$$\sigma_{nT}^2=\frac{4h^2}{n(n-1)T(T-1)}\sum_{1\leqslant i\neq j\leqslant n}\sum_{1\leqslant t\neq s\leqslant T}E\left[\left(\bar{k}_{h,ts}^{i}\right)^2\right]E\left[\left(\bar{k}_{h,ts}^{j}\right)^2\right]+o(1)$$

$$=\frac{4R\left(\bar{k}\right)^2}{n(n-1)T(T-1)}\sum_{1\leqslant i\neq j\leqslant n}\sum_{1\leqslant t\neq s\leqslant T}\int f_{i,ts}(u,u)du\int f_{j,ts}(v,v)dv+o(1),$$

这里$R\left(\bar{k}\right)\equiv\int\bar{k}(u)^2du$，我们利用下式估计$\sigma_{nT}^2$：

$$\hat{\sigma}_{nT}^2 \equiv \frac{4R\left(\bar{k}\right)^2}{n(n-1)} \sum_{1 \leqslant i \neq j \leqslant n} \frac{1}{T} \sum_{t=1}^{T} \hat{f}_{ij,-t}\left(u_{it}, u_{jt}\right),$$

其中，

$$\hat{f}_{ij,-t}\left(u_{it}, u_{jt}\right) \equiv \frac{1}{T-1} \sum_{s=1, s \neq t}^{T} h^{-2} k\left(\frac{u_{is}-u_{it}}{h}\right) k\left(\frac{u_{js}-u_{jt}}{h}\right),$$

即，$\hat{f}_{ij,-t}\left(u_{it}, u_{jt}\right)$是$f_{ij}\left(u_{it}, u_{jt}\right)$的留一估计量。很容易验证在原假设成立的情况下，$\hat{\sigma}_{nT}^2$是$\sigma_{nT}^2$的一致估计量。令

$$\hat{B}_{nT} \equiv \frac{2}{T-1} \sum_{r=2}^{T} \frac{(T-r+1)h}{n-1} \sum_{1 \leqslant i \neq j \leqslant n} \hat{E}\left[\phi_{i,1r}\right] \hat{E}\left[\phi_{j,1r}\right],$$

其中，

$$\hat{E}\left[\phi_{i,1r}\right] \equiv \frac{1}{T-r+1} \sum_{t=1}^{T-r+1} \bar{k}_{h,t,t+r-1}^{i} - \frac{1}{(T-1)T} \sum_{1 \leqslant t \neq s \leqslant T} \bar{k}_{h,ts}^{i}\text{。}$$

在工作论文的附录B中，我们给出了$B_{nT}$的另一个估计量$\hat{B}_{nT}$。定义一个可行的检验统计量：

$$\hat{I}_{nT} \equiv \frac{nTh\hat{\Gamma}_{nT} - \hat{B}_{nT}}{\hat{\sigma}_{nT}}\text{。}$$

当原假设成立时，上述统计量渐近服从标准正态分布。将$\hat{I}_{nT}$与单侧临界值$z_{\alpha}$（即标准正态分布的上$\alpha$百分位数）进行比较，并在$\hat{I}_{nT} > z_{\alpha}$时拒绝原假设。以下推论正式建立了在$H_0$下$\hat{I}_{nT}$的渐近正态分布：

**推论5.1** 假设定理5.1中的条件成立。那么当$(n,T) \to \infty$时，有

$$\hat{I}_{nT} \xrightarrow{d} N(0,1)\text{。}$$

## 三、检验的一致性

为了研究检验的一致性，考虑非平凡情况，即当$\mu_A \equiv \lim_{n \to \infty} \Gamma_n > 0$

时，其中

$$\Gamma_n \equiv \frac{1}{n(n-10} \sum_{1 \leq i \neq j \leq n} \iint \left[ f_{ij}(u,v) - f_i(u) f_j(v) \right]^2 dudv \text{。}$$

在备择假设下，我们需要添加横截面相关性的假设。

**假设A4** 对于每对 $(i,j)$，其中 $i \neq j$，$u_{it}$ 和 $u_{jt}$ 的联合概率密度 $f_{ij}$ 有界且满足Lipschitz条件：

$$\left| f_{ij}(u_1+v_1, u_2+v_2) - f_{ij}(u_1,u_2) \right| \leq D_{ij}(u_1,u_2) \left\| (v_1,v_2) \right\|$$

且 $D_{ij}$ 在 $(i,j)$ 上一致可积，即 $\iint D_{ij}(u,v) f_{ij}(u,v) dudv < C_3$，其中 $C_3 < \infty$。

以下定理建立了检验的一致性。

**定理5.2** 假设A1-A4成立且 $\mu_A > 0$。那么在 $H_1$ 下，当 $(n,T) \to \infty$ 时有

$$P\left(\hat{I}_{nT} > d_{nT}\right) \to 1 \text{，}$$

其中，$d_{nT} = o_P(nTh)$。

**注5.4** 定理5.2表明在 $H_1$ 下，如果 $\mu_A > 0$，则检验统计量 $\hat{I}_{nT}$ 以 $nTh$ 的速率爆炸增长。具体来说，只要当 $(n,T) \to \infty$ 时，对某个发散序列 $\lambda_{nT}$，有 $\lambda_{nT} / (nTh) \to 0$ $\lambda_{nT} \Gamma_n \to \mu_A$，检验仍然是一致的，因为此时 $\hat{I}_{nT}$ 以速率 $(nTh) / \lambda_{nT}$ 发散到无穷大。

**注5.5** 尚未研究检验的渐近局部功效特性。与CGL的检验横截面不相关性不同，很难建立一种理想的Pitman局部备择假设序列，使其以一定速率收敛于原假设，同时使我们能够获得检验的非平凡渐近功效特性。一旦偏离原假设，数据中可能出现各种形式的交叉相关性，使分析变得复杂和具有挑战性。另请参阅第六节中的备注。

## 第四节　基于非参数回归残差的检验

在这一部分，考虑对非参数面板数据模型（5.1）中不可观测误差项之间的横截面相关性进行检验。在进行检验之前，必须从数据中估计误差项。

假设回归函数$g_i(\cdot)$，$i=1,\ldots,n$，足够平滑，并考虑通过$p$阶局部多项式方法（在大多数应用中$p=1,2,3$）来估计它们。关于局部多项式估计优于局部常数（Nadaraya-Watson）估计的优势，请参阅Fan和Gijbels（1996）以及Li和Racine（2007）。如果$g_i(\cdot)$在点$x$处具有高达$p$阶的导数，那么对于$x$附近的任何$X_{it}$，我们有

$$\begin{aligned} g_i(X_{it}) &= g_i(x)+\sum_{1\leqslant|\mathbf{j}|\leqslant p}\frac{1}{\mathbf{j}!}D^{|\mathbf{j}|}g_i(x)(X_{it}-x)^{\mathbf{j}}+o\left(\|X_{it}-x\|^p\right) \\ &\equiv \sum_{1\leqslant|\mathbf{j}|\leqslant p}\beta_{i,\mathbf{j}}(x;b)\left((X_{it}-x)/b\right)^{\mathbf{j}}+o\left(\|X_{it}-x\|^p\right), \end{aligned}$$

这里，我们使用Masry（1996a，1996b）的符号：$\mathbf{j}=(j_1,\cdots,j_d)$，$|\mathbf{j}|=\sum_{a=1}^{d}j_a$，$x^{\mathbf{j}}=\prod_{a=1}^{d}x_a^{j_a}$，$\sum\limits_{1\leqslant|\mathbf{j}|\leqslant p}=\sum_{l=0}^{p}\sum_{j_1=0}^{l}\cdots\sum_{j_d=0}^{l}$，$D^{|\mathbf{j}|}g_i(x)=\dfrac{\partial^{|\mathbf{j}|}g_i(x)}{\partial^{j_1}x_1\cdots\partial^{j_d}x_d}$，$\beta_{i,\mathbf{j}}(x;b)=\dfrac{b^{|\mathbf{j}|}}{\mathbf{j}!}D^{|\mathbf{j}|}g_i(x)$，其中$\mathbf{j}!\equiv\prod_{a=1}^{d}j_a!$，$b\equiv b(n,T)$是一个控制$X_{it}$与$x$“接近程度”的带宽参数。通过观测$(y_{it},X_{it})_{t=1}^{T}$，我们考虑选择$\beta_i$（$\beta_{i,\mathbf{j}}$按字典顺序排列进行堆叠），以最小化以下准则函数

$$Q_T(x;\beta_i)\equiv T^{-1}\sum_{t=1}^{T}\left(y_{it}-\sum_{1\leqslant|\mathbf{j}|\leqslant p}\beta_{\mathbf{j}}\left((X_{it}-x)/b\right)^{\mathbf{j}}\right)^2 w_b(X_{it}-x),\qquad(5.10)$$

其中$w_b(x)=b^{-d}w(x/b)$，$w$是$\mathbb{R}^d$上的对称PDF。那么$g_i(x)$的$p$阶局部多项式估计定义为最小化上述问题的解。

让 $N_l \equiv (l+d-1)!/(l!(d-1)!)$ 表示具有 $|\mathbf{j}|=l$ 的不同 $d$ 元组 $\mathbf{j}$ 的数量。它表示关于 $x$ 的 $g_i(x)$ 的不同 $l$ 阶偏导数的数量。将 $N_l$ 个 $d$ 元组按字典顺序排列（最后一个位置具有最高优先级），使得 $\varphi_l(1) \equiv (0,0,\cdots,l)$ 是序列中的第一个元素，$\varphi_l(N_l) \equiv (l,0,\cdots,0)$ 是最后一个元素，并且让 $\varphi_l^{-1}$ 表示与 $\varphi_l$ 的逆映射。令 $N \equiv \sum_{l=0}^{p} N_l$。将 $\mathbf{S}_{iT}(x)$ 和 $\mathbf{W}_{iT}(x)$ 定义为对称的 $N \times N$ 矩阵和一个 $N \times 1$ 向量，分别为：

$$\mathbf{S}_{iT}(x) \equiv \begin{bmatrix} \mathbf{S}_{iT,0,0}(x) & \mathbf{S}_{iT,0,1}(x) & \cdots & \mathbf{S}_{iT,0,p}(x) \\ \mathbf{S}_{iT,1,0}(x) & \mathbf{S}_{iT,1,1}(x) & \cdots & \mathbf{S}_{iT,1,p}(x) \\ \vdots & \vdots & \ddots & \vdots \\ \mathbf{S}_{iT,p,0}(x) & \mathbf{S}_{iT,p,1}(x) & \cdots & \mathbf{S}_{iT,p,p}(x) \end{bmatrix},$$

$$\mathbf{W}_{iT}(x) \equiv \begin{bmatrix} \mathbf{W}_{iT,0}(x) \\ \mathbf{W}_{iT,1}(x) \\ \vdots \\ \mathbf{W}_{iT,p}(x) \end{bmatrix},$$

其中 $\mathbf{S}_{iT,j,k}(x)$ 是一个 $N_j \times N_k$ 子矩阵，其第 $(l,r)$ 个元素为

$$\left[\mathbf{S}_{iT,j,k}(x)\right]_{l,r} \equiv \frac{1}{T}\sum_{t=1}^{T}\left(\frac{X_{it}-x}{b}\right)^{\varphi_j(l)+\varphi_k(r)} w_b(X_{it}-x),$$

而 $\mathbf{W}_{iT,j}(x)$ 是一个 $N_j \times 1$ 子向量，其第 $r$ 个元素为

$$\left[\mathbf{W}_{iT,j}(x)\right]_r \equiv \frac{1}{T}\sum_{t=1}^{T} y_{it}\left(\frac{X_{it}-x}{b}\right)^{\varphi_j(r)} w_b(X_{it}-x)。$$

那么，可以将 $g_i(x)$ 的 $p$ 阶局部多项式估计表示为

$$\tilde{g}_i(x) \equiv e_1'\left[\mathbf{S}_{iT}(x)\right]^{-1}\mathbf{W}_{iT}(x),$$

其中 $e_1 \equiv (1,0,\cdots,0)'$ 是一个 $N \times 1$ 向量。

对于每个满足 $0 \leqslant |\mathbf{j}| \leqslant 2p$ 的 $\mathbf{j}$，令 $\mu_{\mathbf{j}} \equiv \int_{\mathbb{R}^d} x^{\mathbf{j}} w(x) dx$。定义 $N \times N$ 维矩阵 $\mathbb{S}$ 为

$$\mathbb{S} \equiv \begin{bmatrix} \mathbb{S}_{0,0} & \mathbb{S}_{0,1} & \cdots & \mathbb{S}_{0,p} \\ \mathbb{S}_{1,0} & \mathbb{S}_{1,1} & \cdots & \mathbb{S}_{1,p} \\ \vdots & \vdots & \ddots & \vdots \\ \mathbb{S}_{p,0} & \mathbb{S}_{p,1} & \cdots & \mathbb{S}_{p,p} \end{bmatrix},$$

其中$\mathbb{S}_{i,j}$是一个$N_i \times N_j$维矩阵，其$(l,r)$元素为$\mu_{\varphi_j(l)+\varphi_k(r)}$。注意，矩阵$\mathbb{S}$的元素是核函数$w$的多元矩。例如，如果$p=1$，则

$$\mathbb{S} = \begin{bmatrix} \int w(x)dx & \int x'w(x)dx \\ \int xw(x)dx & \int xx'w(x)dx \end{bmatrix} = \begin{bmatrix} 1 & 0_{1\times d} \\ 0_{d\times 1} & \int xx'w(x)dx \end{bmatrix},$$

其中$\mathbf{0}_{a\times c}$是一个$a\times c$的零矩阵。

令$\tilde{u}_{it} \equiv y_{it} - \tilde{g}_i(X_{it})$，$i=1,\cdots,n$，$t=1,\cdots,T$。类似地定义$\tilde{\Gamma}_{nT}$，$\tilde{B}_{nT}$和$\tilde{\sigma}^2_{nT}$对应于$\hat{\Gamma}_{nT}$，$\hat{B}_{nT}$ 和 $\hat{\sigma}^2_{nT}$，只是将$u_{it}$替换为$u_{it}$。然后可以考虑以下“可行”的检验统计量

$$\tilde{I}_{nT} \equiv \frac{nTh\tilde{\Gamma}_{nT} - \tilde{B}_{nT}}{\tilde{\sigma}_{nT}}。$$

为了证明$\tilde{I}_{nT}$与$\hat{I}_{nT}$的渐近等价性，增加以下假设。

**假设 A5** (i) 对于每个$i=1,\cdots,n$，$X_{it},t=1,2,\ldots$是平稳的且$\alpha$-混合的，并且混合系数$a_i(\cdot)$满足$\sum_{j=1}^{\infty} j^{\kappa_0} a(j)^{\delta_0/(2+\delta_0)} < C_4$，其中$C_4<\infty$，$\kappa_0 > \delta_0/(2+\delta_0)$，$\delta_0>0$，$a(j) \equiv \max_{1\leqslant i\leqslant n} a_i(j)$。

(ii) 对于每个$i=1,\cdots,n$，$X_{it}$的支持集$\mathcal{X}_i \subseteq \mathbb{R}^d$是紧致的。$X_{it}$具有密度函数（PDF）$p_i$存在，且是Lipschitz 连续的，并且在$\mathcal{X}_i$上与零有一定距离，即对于某个$C_5>0$，对所有$i$，$\min_{1\leqslant i\leqslant n} inf_{x_i \in \mathcal{X}_i} p_i(x_i) > C_5$。$X_{it}$和$X_{is}$的联合概率密度函数对所有$t\neq s$均受到一个不依赖于$i$或$|t-s|$的常数的均匀界限。

(iii) $\{u_{it}, i=1,2,\ldots,t=1,2,\ldots\}$ 与$\{X_{it}, i=1,2,\ldots,t=1,2,\ldots\}$是相互独立的。

**假设 A6** (i) 对于每个 $i=1,\cdots,n$，个体回归函数 $g_i(\cdot)$ 是 $p+1$ 连续可导的。

(ii) $g_i$ 的 $p+1$ 阶偏导在 $\mathcal{X}_i$ 上是Lipschitz连续的。

**假设 A7** (i) 核函数 $w:\mathbb{R}^d\to\mathbb{R}^+$ 是一个连续、有界、对称的PDF；$\mathbb{S}$ 是正定的(p.d.)。

(ii) 令 $\mathbf{w}(x)\equiv\|x\|^{2+(2+\delta_0)p}w(x)$。$\mathbf{W}$ 关于Lebesgue测度是可积的。

(iii) 对于所有满足 $0\leqslant|\mathbf{j}|\leqslant 2p+1$ 的 $d$ 元组 $\mathbf{j}$，令 $W_{\mathbf{j}}(x)\equiv x^{\mathbf{j}}w(x)$。则对于 $0\leqslant|\mathbf{j}|\leqslant 2p+1$，$W_{\mathbf{j}}(x)$ 均Lipschitz连续。对于某个 $C_6<\infty$ 和 $C_7<\infty$，要么 $w(\cdot)$ 是紧支持的，使得对于 $\|x\|>C_6$，有 $w(x)=0$，并且对于任意 $x$，$x\in\mathbb{R}^d$ 和对于所有满足 $0\leqslant|\mathbf{j}|\leqslant 2p+1$ 的 $\mathbf{j}$，都有 $\left\|W_{\mathbf{j}}(x)-W_{\mathbf{j}}\left(x\right)\right\|\leqslant C_7\left\|x-x\right\|$；或者 $w(\cdot)$ 是可微的，$\|\partial W_{\mathbf{j}}(x)/\partial x\|\leqslant C_6$，并且存在某个 $\iota_0>1$，$\|\partial W_{\mathbf{j}}(x)/\partial x\|\leqslant C_6\|x\|^{-\iota_0}$，对于所有 $\|x\|>C_7$ 和对于所有满足 $0\leqslant|\mathbf{j}|\leqslant 2p+1$ 的 $\mathbf{j}$ 都成立。

**假设A8** (i) 核函数 $k$ 是二阶可微的，具有一阶导数 $k'$ 和二阶导数 $k''$。当 $|u|\to\infty$ 时，$uk(u)$ 和 $uk'(u)$ 都趋近于 0。

(ii) 对于某个 $c_k<\infty$ 和 $A_k<\infty$，$|k''(u)|\leqslant c_k$，并且对于某个 $\gamma_0>1$，和所有的 $|u|>A_k$，均有，$|k''(u)|\leqslant c_k|u|^{-\gamma_0}$。

**假设A9** (i) 令 $\eta\equiv T^{-1}b^{-d}+b^{2(p+1)}$。当 $(n,T)\to\infty$ 时，$Th^5\to\infty$，$T^{3/2}b^dh^5\to\infty$，以及 $nTh\left(\eta^2+h^{-4}\eta^3+h^{-8}\eta^4\right)\to 0$。

(ii) 对于假设 A1(i*) 中定义的 $m$，

$$\max\left(nhmb^{2(p+1)},nmT^{-1}b^{-d},n^2T^{-4}m^6h^{-2},n^2m^2h^{-2}b^{4(p+1)},nhm^2/T,nh^{-3}m^3/T^2,m^3/T\right)\to 0。$$

**注 5.6.** 假设A5(i)-(ii)是局部多项式回归估计的一些标准条件。与 CGL 一样，我们假设在假设 A5(iii)中对所有 $i$、$j$、

$t$、$s$，$u_{it}$ 和 $X_{js}$ 独立，这将极大地简化渐近分析。假设 A6 和 A7 在局部多项式估计文献中是标准的。特别是，根据 Hansen（2008），在 Masry（1996b）中核函数 $w$ 的紧支持可以放宽为假设 A7(iii)中的条件。假设 A8 对用于估计误差项的联合和边际密度的核函数 $k$ 指定更多条件。这些条件是必需的，因为我们需要在与 $k$ 相关的函数上应用泰勒展开。假设 A9 对 $h$、$n$ 和 $T$ 及其与局部多项式估计中使用的平滑参数 $b$ 和阶数 $p$ 的相互作用施加了进一步的条件。如果我们将假设 A1(i)中的几何 $\alpha$-混合率放宽为代数率，那么我们需要在带宽参数、样本大小和 $m$、$p$ 的选择上添加以下条件：

**假设 A1(i***)** 对于在假设 A1(i*)中定义的 $m$、$\alpha(\cdot)$ 和 $\delta$，它们还满足：当 $(n,T)\to\infty$ 时，有：

$$max\left\{n^2T^2h^{-3-\frac{\delta}{1+\delta}},T^2h^{-4-\frac{2\delta}{1+\delta}},T^2h^{-5-\frac{2\delta}{1+\delta}}b^{4(p+1)}\right\}\alpha^{\frac{\delta}{1+\delta}}(m)\to 0\text{。}$$

**定理5.3** 假设 A1-A3 和 A5-A9 成立。那么在横截面独立性的原假设下，当 $(n,T)\to\infty$ 时，则有

$$\tilde{I}_{nT}\to N(0,1)\text{。}$$

**注5.7** 上述定理建立了 $\tilde{I}_{nT}$ 和 $\hat{I}_{nT}$ 的渐近等价性。也就是说，基于异质局部多项式回归估计的检验统计量 $\tilde{I}_{nT}$ 渐近等价于从通常不可观测的误差构造的 $\hat{I}_{nT}$。如果证据表明非参数回归关系是同质的，即对于某个 $\mathbb{R}^d$ 上的函数 $g$ 和所有 $i$，$g_i(X_{it})=g(X_{it})$ 几乎处处成立，那么可以将横截面数据汇总在一起，和仅使用个体 $i$ 的时间序列观测估计每个回归函数 $g_i$ 相比，估计同质回归函数 $g$ 具有更快的速率。在这种情况下，我们期望对 $n$、$T$、$h$、$b$ 和 $p$ 的关系要求变得不那么严格。同样，如果对于某些未知参数 $\beta_{0i}$ 和 $\beta_{1i}$，$g_i(X_{it})=\beta_{0i}+\beta_{1i}'X_{it}$ 几乎处处成立，那么我们可以以通常的参数速率 $T^{-1/2}$ 估计这样的参

数回归函数，并且很容易验证定理5.3 的结果通过使用每个个体的时间序列参数回归的残差仍然成立。

以下定理建立了检验的一致性。

**定理5.4** 假设 A1-A9 成立且 $\mu_A > 0$。那么在 $H_1$ 下，对于任何满足 $d_{nT} = o_P(nTh)$ 的序列，当 $(n,T) \to \infty$ 时，均有 $P\left(\tilde{I}_{nT} > d_{nT}\right) \to 1$。

上述定理的证明几乎与定理 5.2 的证明相同。主要区别在于需要应用泰勒展开来证明在 $H_1$ 下 $(nTh)^{-1}\tilde{I}_{nT}$ 渐近等价于 $(nTh)^{-1}\hat{I}_{nT}$。注5.4对于检验 $\tilde{I}_{nT}$ 也成立。

## 第五节　蒙特卡洛模拟

在这一部分，我们进行了一系列蒙特卡洛模拟，以评估检验统计量的有限样本表现，并将其与Pesaran和CGL的横截面不相关性检验进行比较。

### 一、数据生成过程

在蒙特卡洛研究中，考虑了以下六种数据生成过程（DGPs）。DGPs 1-2用于检验水平研究，DGPs 3-6用于功效比较。

DGP 1：线性函数形式

$$y_{it} = \alpha_i + \beta_i X_{it} + u_{it},$$

其中，均有 $X_{it} \sim \text{IID}U(-3,3)$， $\alpha_i \sim \text{IID}U(0,1)$， $\beta_i \sim \text{IID}N(0,1)$，且它们之间相互独立。

DGP 2：非线性函数形式

$$y_{it} = (1+\theta_i)\frac{\exp(X_{it})}{1+\exp(X_{it})} + u_{it},$$

其中， $X_{it} \sim \text{IID}U(-3,3)$， $\theta_i \sim \text{IID}N(0,0.25)$，并且它们之间相互独立。

在DGPs 1-2中，我们考虑两种类型的误差项：

(i) $u_{it} \sim \text{IID}N(0,1)$，且与 $\alpha_i, \beta_i, X_{it}$ 相互独立；

(ii) $u_{it}$ 在 $i$ 方向上是IID的，在 $t$ 上是一个AR(1)过程：

$$u_{it} = 0.5u_{i,t-1} + \epsilon_{it},$$

其中， $\epsilon_{it} \sim \text{IID}N(0,0.75)$，均与 $\alpha_i, \beta_i, X_{it}$ 独立。
显然，在任一情况下误差项都没有横截面相关性。

在条件均值设置上，DGPs 3和5与DGP 1相同，DGPs 4和6与DGP 2相同。唯一的区别在于误差项 $u_{it}$ 的设置。在DGPs 3-4中，我们考虑以下单因子误差结构：

$$u_{it} = 0.5\lambda_i F_t + \epsilon_{it}, \tag{5.11}$$

其中因子 $F_t$ 是 $\text{IID}N(0,1)$，因子载荷 $\lambda_i$ 是 $\text{IID}N(0,1)$ 且独立于 $F_t$。考虑 $\epsilon_{it}$ 的两种配置：

(i) $\epsilon_{it}$ $\text{IID}N(0,1)$ 且独立于 $F_t, \lambda_i$；

(ii) $\epsilon_{it} = 0.5\epsilon_{i,t-1} + \eta_{it}$，其中， $\eta_{it}$ $\text{IID}N(0,0.75)$，且独立于 $F_t, \lambda_i$。

在DGPs 5-6中，我们考虑以下双因子误差结构：

$$u_{it} = 0.3\lambda_{1i}F_{1t} + 0.3\lambda_{2i}F_{2t} + \epsilon_{it} \tag{5.12}$$

其中两个因子 $F_{1t}$ 和 $F_{2t}$ 都是 $\text{IID}N(0,1)$， $\lambda_{1i}$ 是 $\text{IID}N(0,1)$， $\lambda_{2i}$ 是

IID$N(0.5,1)$，$F_{1t}$，$F_{2t}$，$\lambda_{1i}$ 和 $\lambda_{2i}$ 彼此相互独立，误差过程 $\epsilon_{it}$ 与DGPs 3-4中相同。

## 二、自助法p值

众所周知，在原假设下，许多非参数检验统计量的有限样本分布通常无法很好地近似渐近正态分布。事实上，这些检验的经验水平可能对带宽的选择敏感，并在有限样本中可能高度扭曲。因此，我们建议使用自助法来获得自助法 $p$ -值。请注意，我们需要在 $B_{nT}$ 中估计 $E(\phi_{ts})$，并且每个单独的误差过程 $\{u_{it}\}_{t=1}^{T}$ 中的相关结构将影响原假设下检验的渐近分布。像Hsiao和Li（2001）一样，我们需要模拟随时间变化的相关结构。因此，建议对每个 $i$ 的残差序列 $\{\tilde{u}_{it}\}_{t=1}^{T}$ 应用Politis和Romano（1994）的平稳自助法程序。

该程序如下：

1. 对每个 $i$ 和 $t$ 获取局部多项式回归残差 $u_{it}=Y_{it}-\tilde{g}_i(x_{it})$。

2. 对于每个 $i$，通过平稳自助法的方法获得自助法时间序列序列 $\{u_{it}^*\}_{t=1}^{T}$。

3. 计算自助法检验统计量 $\tilde{I}^*{}_{nT}=\left(nTh\tilde{\Gamma}^*{}_{nT}-\tilde{B}^*{}_{nT}\right)/\tilde{\sigma}^*{}_{nT}$，其中 $\tilde{\Gamma}^*{}_{nT}$，$\tilde{B}^*{}_{nT}$ 和 $\tilde{\sigma}^*{}_{nT}$ 类似于 $\tilde{\Gamma}_{nT}$，$\tilde{B}_{nT}$ 和 $\tilde{\sigma}_{nT}$，只要将 $\tilde{u}_{it}$ 替换为 $u_{it}^*$。

4. 重复步骤1-3共 $B$ 次，并将自助法统计量索引为 $\left\{\tilde{I}^*{}_{nT,j}\right\}_{j=1}^{B}$。

计算自助法 $p$ -值 $p^*\equiv B^{-1}\sum_{j=1}^{B}1\left(\tilde{I}^*{}_{nT,j}>\tilde{I}_{nT}\right)$，其中 $1(\cdot)$ 是通常的指示函数，并且如果 $p^*$ 小于规定的显著水平，则拒绝横截面独立的原假设。

请注意，我们隐含地对横截面独立性施加了限制，因为在所有个体之间独立生成 $u_{it}^*$。我们猜想对于足够大的 $B$，$\left\{\tilde{I}_{nT,j}^*\right\}_{j=1}^B$ 的经验分布能够近似 $\tilde{I}_{nT}$ 在原假设下的有限样本分布，但不确定这是否会对渐近正态近似有任何改进。该自助法程序的有效性理论上的证明超出了本章的范围。

## 三、检验模拟结果

在本节中，考虑横截面相关性的三个检验统计量：Pesaran用于检验横截面独立的CD统计量，用于检验横截面不相关的CGL统计量，以及本章提出的 $\tilde{I}_{nT}$ 检验统计量。我们需要选择核函数和带宽。为了估计异质回归函数，通过选择二阶高斯核和经验法带宽：$b = s_X T^{-1/9}$ 进行三阶局部多项式回归（$p = 3$），其中 $s_X$ 表示 $X_{it}$ 的样本标准差。为了估计边际和成对联合密度，选择二阶高斯核和经验法带宽 $h = s_{\tilde{u}} T^{-1/6}$，其中 $s_{\tilde{u}}$ 表示 $\tilde{u}_{it}$ 在 $i$ 和 $t$ 上的样本标准差。对于CGL检验，遵循他们的论文，通过使用高斯核并通过留一交叉验证方法选择带宽来估计条件均值函数进行局部线性回归。对于Pesaran的检验，使用线性模型估计异质回归函数，并基于参数残差进行他的CD检验。

对于所有检验统计量，考虑 $n = 25$、$50$，以及 $T = 25$、$50$、$100$。对于每个 $n$ 和 $T$ 的组合，在水平和功效研究中使用500次重复，并在每次重复中进行200次自助法重采样。

表5-1报告了Pesaran的CD检验、CGL检验和本文的检验（在表中分别表示为P、CGL和SZ）的有限样本水平。当误差项 $u_{it}$ 在 $t$ 上独立同分布时，对于所有 $n$ 和 $T$ 的组合以及研究中的两个DGPs，这

三个检验的表现都相当不错，即经验水平接近名义水平。当 $u_{it}$ 沿时间维度遵循AR（1）过程时，发现CGL检验在水平表现方面优于Pesaran的检验：后者往往存在较大的检验size扭曲，且当 $n$ 或 $T$ 增加时并未改善。相比之下，本文的检验在 $n/T$ 不小时可能会出现超调整（例如，$n=50$，$T=25$），因此参数估计误差在有限样本中起着不可忽略的作用，但是当 $T$ 固定时，我们的检验水平随着 $T$ 的增加而迅速提高。

表5-1　　　DGPs 1-2的有限样本拒绝频率

| DGP | $n$ | $T$ | (i) $u_{it}$ IID$N(0,1)$ | | | (ii) $u_{it}=0.5u_{i,t-1}+\epsilon_{it}$ | | |
|---|---|---|---|---|---|---|---|---|
| | | | P | CGL | SZ | P | CGL | SZ |
| 1 | 25 | 25 | 0.040 | 0.044 | 0.054 | 0.092 | 0.060 | 0.082 |
| | | 50 | 0.060 | 0.044 | 0.048 | 0.130 | 0.062 | 0.082 |
| | | 100 | 0.056 | 0.058 | 0.064 | 0.126 | 0.080 | 0.066 |
| | 50 | 25 | 0.060 | 0.044 | 0.062 | 0.118 | 0.066 | 0.128 |
| | | 50 | 0.070 | 0.052 | 0.080 | 0.112 | 0.076 | 0.074 |
| | | 100 | 0.034 | 0.030 | 0.048 | 0.124 | 0.066 | 0.064 |
| 2 | 25 | 25 | 0.038 | 0.044 | 0.052 | 0.088 | 0.050 | 0.090 |
| | | 50 | 0.056 | 0.062 | 0.060 | 0.122 | 0.062 | 0.082 |
| | | 100 | 0.058 | 0.044 | 0.064 | 0.128 | 0.068 | 0.070 |
| | 50 | 25 | 0.054 | 0.042 | 0.058 | 0.076 | 0.078 | 0.120 |
| | | 50 | 0.064 | 0.060 | 0.060 | 0.110 | 0.050 | 0.084 |
| | | 100 | 0.038 | 0.052 | 0.052 | 0.108 | 0.068 | 0.060 |

表5-2报告了所有三个检验在DGPs 3-6中的有限样本功效表现。对于DGPs 3-4，具有单因子误差结构。需要注意的是，在设置中，因子载荷 $\lambda_i$ 的均值为零，因此Pesaran和CGL的统计量在这种情况下无法检验横截面相关性，模拟结果证实了这一点。相反，我们的统计量在检验违反横截面相关性方面具有功效。随着 $n$ 或 $T$ 的增加，检验功效增加。DGPs 5-6展示了一个具有两个因子误差结构的情

况，其中两个序列的因子载荷之一具有非零均值，所有三个检验在检测横截面相关性方面具有功效。随着$n$或$T$的增加，所有三个检验的功效快速增加，我们的检验往往比Pesaran和CGL的检验有更大的power。

**表5-2　　DGPs 3-6的有限样本拒绝频率**

| DGP | $n$ | $T$ | (i) $\epsilon_{it} \sim \text{IID}N(0,1)$ | | | (ii) $\epsilon_{it} = 0.5\epsilon_{it-1} + \eta_{it}$ | | |
|---|---|---|---|---|---|---|---|---|
| | | | P | CGL | SZ | P | CGL | SZ |
| 3 | 25 | 25 | 0.040 | 0.046 | 0.446 | 0.092 | 0.052 | 0.590 |
| | | 50 | 0.060 | 0.058 | 0.778 | 0.130 | 0.060 | 0.860 |
| | | 100 | 0.056 | 0.074 | 0.950 | 0.126 | 0.038 | 0.984 |
| | 50 | 25 | 0.060 | 0.040 | 0.772 | 0.118 | 0.070 | 0.866 |
| | | 50 | 0.070 | 0.060 | 0.972 | 0.112 | 0.074 | 0.992 |
| | | 100 | 0.034 | 0.064 | 0.998 | 0.124 | 0.068 | 1.000 |
| 4 | 25 | 25 | 0.038 | 0.074 | 0.446 | 0.098 | 0.044 | 0.616 |
| | | 50 | 0.056 | 0.052 | 0.772 | 0.206 | 0.066 | 0.858 |
| | | 100 | 0.058 | 0.062 | 0.954 | 0.234 | 0.044 | 0.984 |
| | 50 | 25 | 0.054 | 0.046 | 0.772 | 0.148 | 0.086 | 0.870 |
| | | 50 | 0.064 | 0.068 | 0.970 | 0.190 | 0.072 | 0.990 |
| | | 100 | 0.038 | 0.062 | 0.998 | 0.270 | 0.068 | 1.000 |
| 5 | 25 | 25 | 0.326 | 0.248 | 0.208 | 0.410 | 0.304 | 0.418 |
| | | 50 | 0.412 | 0.332 | 0.444 | 0.486 | 0.350 | 0.672 |
| | | 100 | 0.584 | 0.446 | 0.740 | 0.594 | 0.424 | 0.910 |
| | 50 | 25 | 0.550 | 0.442 | 0.456 | 0.626 | 0.508 | 0.680 |
| | | 50 | 0.720 | 0.620 | 0.812 | 0.754 | 0.640 | 0.918 |
| | | 100 | 0.842 | 0.742 | 0.988 | 0.888 | 0.776 | 0.996 |
| 6 | 25 | 25 | 0.304 | 0.232 | 0.250 | 0.420 | 0.292 | 0.406 |
| | | 50 | 0.428 | 0.330 | 0.424 | 0.488 | 0.348 | 0.634 |
| | | 100 | 0.568 | 0.426 | 0.762 | 0.588 | 0.402 | 0.908 |
| | 50 | 25 | 0.548 | 0.454 | 0.424 | 0.624 | 0.516 | 0.662 |
| | | 50 | 0.724 | 0.636 | 0.814 | 0.760 | 0.636 | 0.908 |
| | | 100 | 0.838 | 0.746 | 0.980 | 0.888 | 0.794 | 1.000 |

# 第六节 结论

在本章中，我们提出了一种用于大维面板数据中横截面独立性的非参数检验方法。我们的检验可以应用于原始数据和异质非参数（或参数）回归的残差。在前一种情况下，对于$n$和$T$的相对大小的要求相当弱，而在后一种情况下，为了控制参数估计误差对检验统计量的渐近影响，这种要求相对变强。在这两种情况下，我们建立了在横截面独立原假设下检验统计量的渐近正态性，还建立了检验的全局一致性。蒙特卡洛模拟表明，该检验在有限样本中表现良好，并且在Pesaran和CGL的检验失败时具有检测横截面相关性的能力。

在本章中，我们没有分析该非参数检验的渐近局部功效分析。众所周知，在非参数检验序列相关性方面，研究渐近局部功效是相当困难的，参见Tjøstheim（1996）和Hong和White（2005）。对于横截面相关性的非参数检验，类似的观点也适用。为了分析他们检验的局部功效，Hong和White（2005）考虑了一类局部$j$-相关过程，其中仅在滞后$j$处存在序列相关性，但是随着样本大小趋向无穷，$j$可能增长到无穷大。不清楚是否可以将他们的分析扩展到我们的框架，因为在面板数据模型中，个体维度上没有自然的排序。此外，考虑到面板数据模型中存在仅在成对水平上存在横截面相关性的情况可能并不明智：如果$u_{it}$、$u_{jt}$和$u_{kt}\left(i\neq j\neq k\right)$中的任意两个是相关的，它们往往也与另一个相关。因此，推测对于我们的非参数检验进行渐近局部功效分析是非常具有挑战性的。

# 第六章
# 部分线性函数系数动态面板数据模型：筛分估计和设定检验

## 第一节 引言

自Balestra和Nerlove（1966）开创性的工作以来，面板数据模型的理论性质已被众多学者深入地研究和探讨，并已被广泛地应用于经济学和社会学的实证研究中。基于Anderson和Hsiao（1981，1982）影响深远的工作，两阶段最小二乘法（2SLS）或广义矩估计（GMM，generalized method of moments）已被广泛用于估计动态面板数据模型。其他动态面板常用估计量包括Arellano和Bond（1991）和Alvarez和Arellano（2003）等。

在动态面板数据模型的研究中，通常假设函数关系是线性的，最大的原因在于简单和容易解释。然而，（线性）参数设定可能不够灵活，无法捕捉实际经济变量之间的复杂非线性结构，可能导致模型设定不正确，从而所得到的结果可能是误导性的。为了解决或者缓解这个问题，大量文献已经在动态面板数据模型中提出了各种非参数或半参数的函数设定，最受欢迎的设定之一是部分线性结构，它允许一些协变量以非参数方式进入模型，而其他协变量则以线性方式进入模型；见Li和Ullah（1998）以及Baltagi和Li（2002）对部分线性动态面板数据模型的估计等。另一个常用的设定是函数系数或变系数结构，它指协变量的斜率是某些低维变量的未知函数，具体例子见Cai等（2010），Su等（2013）。

最近，变系数模型在计量和统计文献中受到了大量关注，并得到了广泛应用。例如，Card（2001）发现，在研究教育和工作经验之间的相互作用时，当人们忽视非线性并使用2SLS方法会低估教育的回报；而Schultz（2003）认为，教育的边际回报可能会随着不同的工作经验和教育水平而变化。这促使Cai等（2010）和Su等（2013）考虑部分线性函数系数模型，该模型允许教育对对数工资的影响随着工作经验变化。另一方面，Kottaridi和Stengos（2010）以及Cai等（2010）发现，外国直接投资（FDI）对经济增长的影响因初始收入水平而异。关于经济学和金融学中变系数模型的其他应用，请参考Baglan（2010），Cai（2010），Cai等（2000，2010）和Cai和Hong（2009）等。

在本章中，我们考虑一类部分线性函数（变）系数动态面板数据模型，该模型允许某些协变量是线性地进入模型，而其他回归变量则是以非线性形式进入模型。换句话说，一些回归系数是恒定的，而其他系数则随着一些变量变化。该模型设定足够灵活，可以包含许多现有模型作为特殊情况，而且容易解释。本章的模型扩展了Cai和Li（2008）的工作，允许在部分变化系数模型中存在固定效应。此外，该工作也是对Feng等（2017）的扩展，在动态面板数据模型中允许存在部分线性结构。

基于未知系数函数的筛分近似，应用一阶差分来消除固定效应，并使用滞后变量作为工具变量，得到部分线性函数系数动态面板模型的筛分2SLS估计。当样本大小$N$和$T$联合趋向于无穷大，或者只有$N$趋向于无穷大时，建立了参数部分和非参数部分估计量的渐近性质。进一步，将筛分2SLS估计程序扩展到非平衡动态面板数据模型。

此外，我们提出了一个非参数检验，用于检验系数的线性设定，即非参数部分的斜率函数是恒定的。该检验统计量基于在原假设和备择假设下的两个估计之间的加权经验L2-范数距离。我们证明了在适当标准化后，本章提出的检验在原假设下服从渐近正态分布。

与现有关于变系数动态面板模型的文献相比，本章具有以下边际贡献。首先，现有文献中，通常使用组内变换来消除固定效应，然而，动态面板的这种变换通常会导致有偏估计，需要进行偏差校正（例如，Cai和Li 2008；Tran 2014；Lee 2014；Rodriguez-Poo和Soberón 2015及其参考文献）。然而，本章考虑使用一阶差分来移除固定效应，并建议对参数和变系数进行2SLS估计。本章证明了2SLS估计量没有渐近偏差。另一方面，与动态面板的文献中通常假设时间序列维度是短的（例如，An等，2016；Cai等，2015）不同，我们建立了当$N$和$T$都很大时2SLS估计量的渐近性质，因此本章的渐近结果涵盖了前面结果。本章还讨论了面板数据是非平衡时筛分2SLS估计的适用性问题，通过模拟显示，即使面板是非平衡的，本文提出的筛分2SLS估计也表现得非常好。

在蒙特卡洛模拟中，本章使用六种不同的数据生成过程（DGPs，data generating proces），研究了部分线性变系数动态面板数据模型的筛分2SLS估计和设定检验的有限样本表现。前三个DGP旨在检查平衡面板中筛分2SLS估计的表现，当$T$很大或固定时，第四个DGP用于验证筛分2SLS估计对非平衡面板的适用性，第五个DGP用于研究设定检验的性能，最后一个DGP用于比较我们的筛分2SLS估计与其他动态面板估计方法。从模拟结果中，我们观察到筛分2SLS在模型的参数部分和非参数部分的估计中都表现得非常好。即，常数系数总能被一致地估计，而估计的函数系数的形状与真实函数足够接近。类似的发现也适用于面板是非平衡的情况。对于设定检验，我们注意到本章提出的检验的经验水平（size）非常接近名义值，并且随着$N$或$T$的增加，经验功效（power）稳步提高。

本章的其余部分组织如下。我们在第二节中介绍模型和筛分2SLS估计。在第三节中建立了筛分2SLS估计的渐近性质。第四节和第五节分别提出设定检验统计量和一系列蒙特卡洛模拟。第六节得出结论。

## 第二节　模型与 2SLS-Sieve 估计

### 一、模型设定

在本节中，我们首先介绍模型，然后提出一个筛分2SLS估计过程。

我们考虑以下具有固定效应的部分线性函数系数（FC，functional coefficients）动态面板数据模型：

$$y_{it}=d_{it}'\theta(z_{it})+x_{it}'\beta+\eta_i+u_{it}, i=1,\ldots,N, t=1,\ldots,T, \tag{6.1}$$

其中$y_{it}$是第$i$个个体在第$t$时期的标量因变量，$d_{it}$是一个$p_d\times1$的协变量向量，其斜率函数$\theta(\cdot)=(\theta_1(\cdot),\ldots,\theta_p(\cdot))'$根据一个低维$p_z\times1$向量$z_{it}$变化，$x_{it}$是一个$q_x\times1$的协变量向量，具有恒定斜率$\beta$，$\eta_i$代表第$i$个个体的不可观察的异质性，$u_{it}$是特异误差。按照Chen和Liu（2001），我们假设$d_{it}$和$x_{it}$之间没有共同变量，以便于识别。正如经典的固定效应面板一样，$\eta_i$可能与$d_{it}$、$x_{it}$和$z_{it}$中的任何变量相关。此外，我们允许一般动态结构，即滞后因变量可以进入方程右侧的变量中。在本章中，我们对在$N$和$T$同时趋向于无穷大时未知斜率$\theta(\cdot)$和$\beta$的估计感兴趣。

模型（6.1）的设定具有一般性，包括许多现有的非参数/半参数面板数据模型作为特殊情况。首先，它通过包括固定效应拓展了Cai和Li（2008），Sun等（2009）和Cai等（2015）的模型。其次，模型（6.1）也是Feng等（2017）和Cai和Li（2008）的扩展，允许部分线性结构，这在实证研究中很有吸引力。第三，与Lee（2014）和Su和Lu（2013）的非参数面板数据模型相比，（6.1）中的半参数模型可以进一步减轻“维数灾难”问题。第四，（6.1）比An等（2016）和Su和Zhang（2016）的模型更通用，因为它在大$T$框架中包含了更一般的动态特性。最后，如果$\eta_i$是随机的，那么模型（6.1）与Zhou等（2010）中的模型类似。

## 二、筛分2SLS估计

在原则上，我们可以选择核方法（kernel method）或筛分方法（sieve method）来估计未知函数。本章专注于筛分方法，主要有两个原因。首先，正如Su和Hoshino（2016）所论述的，即使核方法在捕捉系数函数的局部属性方面有优势，并且其渐近性质已被大量文献研究，但在某些类型限制（restrictions）下（例如可加性或保持形状估计，见Dechevsky和Penez，1997），筛分估计方法比核方法更方便。其次，不同变量的斜率函数中的条件变量集合可能因这些变量而异，此时，使用筛分近似特别方便。此外，与通常需要一些迭代方法的函数系数模型的核方法相比，筛分方法在计算上更为方便，因为得到的模型可以由相对较少的系数总结。关于筛分方法的全面综述，可参见Chen（2007）；相关的系统性的教材，见Li和Racine（2007）。

设 $h^L(\cdot)=\left(h_1(\cdot),\ldots,h_L(\cdot)\right)'$ 是一个 $L\times 1$ 的基函数向量，其中筛分基函数的个数 $L=L_{NT}$ 会随着 $N$ 或 $T$ 的增加而增加。那么，对于 $k=1,\ldots,p$，我们有 $\theta_k(\cdot)\approx h_L(\cdot)'\gamma_k$，其中 $\gamma_k=\left(\gamma_{k1},\ldots,\gamma_{kL}\right)'$ 是基函数相对应的 $L$-维系数向量。为了符号简洁，忽略 $h^L(\cdot)$ 关于 $L$ 的依赖性，记 $h(\cdot)=h^L(\cdot)$，并记 $h_{it}=h(z_{it})$。定义一个 $p_dL\times 1$ 的向量

$$H(d,z)=d\otimes h(z)=\left(d_1h(z)',\ldots,d_{p_d}h(z)'\right)',$$

其中 $\otimes$ 是Kronecker积，$H_{it}=H\left(d_{it},z_{it}\right)$。那么可以将模型（6.1）重写为：

$$y_{it}=H_{it}'\Gamma+x_{it}'\beta+\eta_i+e_{it}, \tag{6.2}$$

其中 $\Gamma=\left(\gamma_1',\ldots,\gamma_p'\right)'$ 表示筛分系数的向量，$e_{it}=u_{it}+r_{it}$，并且

$$r_{it} = \sum\nolimits_{k=1}^{p_d} d_{k,it} r_{k,it}^L$$

表示筛分近似误差，$r_k^L(z_{it}) = \theta_k(z_{it}) - \gamma_k' h_{it}$。现在得到一个线性动态面板数据模型，具有两个新特征：一个是$H_{it}$的维度 $p_d L \to \infty$ 随着$(N,T) \to \infty$，另一个是新误差$e_{it}$ 的复合结构。在研究估计量的渐近性质时，必须考虑这些特征。

由于固定效应$\eta_i$在模型（6.2）中以线性方式进入，可用线性变换来消除$\eta_i$。对于动态面板数据模型，最常用的变换是所谓的一阶差分（FD， First-difference， 见Anderson和Hsiao，1981，1982；Arellano和Bond，1991）。设

$$\Delta A_{it} = A_{it} - A_{it-1},$$

是序列$\{A_{it}\}_{t=1}^T$的一阶差分（FD），其中$A = y, H, x, e, u, r$。那么（6.2）的一阶差分模型为：

$$\Delta y_{it} = \Delta H_{it}' \Gamma + \Delta x_{it}' \beta + \Delta e_{it}, t = 2, \ldots, T, i = 1, \ldots, N。 \tag{6.3}$$

注意到随着$(N,T) \to \infty$，$L \to \infty$，筛分近似误差$\Delta r_{it}$渐近可忽略，因此$\Delta u_{it}$在$\Delta e_{it}$中占主导地位。对于模型（6.3），由于$d_{it}, x_{it}$或$z_{it}$中存在滞后因变量，或$d_{it}, x_{it}$中包含内生协变量，差分后的回归变量不再是外生的，即

$$E(\Delta x_{it} \Delta e_{it}) = E(\Delta u_{it} \Delta x_{it}) + o(1) \neq 0$$

或$E(\Delta H_{it} \Delta e_{it}) = E(\Delta u_{it} \Delta H_{it}) + o(1) \neq 0$。按照经典的工具变量（IVs）文献，假设存在一个$p_w \times 1$向量$w_{it}$使得$E(\Delta u_{it} w_{it}) = 0$，其中$p_w$是固定的或随着$(N,T) \to \infty$发散。在假设$w_{it}$满足额外的秩条件后，可以应用IV或2SLS方法来估计模型（6.3）中$\theta$和$\beta$。

**注6.1** IVs选择或构建矩条件的方式取决于特定矩条件，会因具体模型设定而异。当$T$ 较小，并且方程（6.3）右侧中只有一个滞

后因变量时，应该包括所有滞后因的变量或滞后差分作为IVs；当 $T$ 较大时，更关注估计量的一致性而不是效率。在非参数和半参数动态面板数据模型的文献中，由于许多弱工具（many weak IVs）问题（例如，Newey和Windmeijer，2009；Okui，2009等），选择最优的IVs仍是一个开放问题。为了说明如何选择IVs，考虑只有一个滞后因变量 $y_{i,t-1}$ 在 $d_{it},x_{it}$ 或 $z_{it}$ 中的简单模型。当然，根据不同的模型设定，可以使用不同的IVs选择：

(i) 具有恒定滞后系数的模型：

$$y_{it}=d_{it}'\theta\left(z_{it}\right)+y_{i,t-1}\beta_1+\sum_{l=2}^{p}x_{l,it}\beta_l+\eta_i+u_{it},$$

其中 $d_{it}$ 和 $z_{it}$ 都是严格/序贯外生的。可以按照线性动态面板的文献选择IVs来处理内生的 $\Delta y_{i,t-1}$。一个简单的选择，忽略效率问题，可以使用 $y_{i,t-2}$ 或 $\Delta y_{i,t-2}$ 作为 $\Delta y_{i,t-1}$ 的IVs；见Anderson和Hsiao（1981，1982）。

(ii) 具有FC的自回归模型：

$$y_{it}=y_{t-1}\theta\left(z_{it}\right)+x_{it}'\beta+\eta_i+u_{it},$$

其中 $z_{it}$ 和 $x_{it}$ 都是严格/序贯外生的。一个可确保估计一致性的IVs是 $w_{it}=\left(H_{t-2}',\Delta x_{it}'\right)'$ 或 $w_{it}=\left(\Delta H_{i,t-2}',\Delta x_{it}'\right)'$。当然，在估计中包括 $H_{i,t-1}$ 或 $\Delta H_{i,t-1}$ 的更多的滞后项可以改善估计的有限样本表现。但是，目前文献中关于该模型的最优IVs选择仍然没有确切的答案。

(iii) 具有FC的非参数动态模型：

$$y_{it}=d_{it}'\theta\left(y_{i,t-1}\right)+x_{it}'\beta+\eta_i+u_{it},$$

可以使用 $w_{it}=\left(\Delta H_{i,t-2}',\Delta x_{it}'\right)'$ 或 $w_{it}=\left(H_{t-2}',\Delta x_{it}'\right)'$ 作为差分模型的IVs。

(iv) 当 $x_{it}$ 或 $d_{it}$ 中包含内生协变量时，可以使用额外的外生变量作为IVs，或根据模型的具体结构，从$x_{it}$、$d_{it}$、$z_{it}$或$y_{i,t-1}$的滞后中构造IVs。

**注6.2** 本章的方法也可以应用于双向固定效应的动态面板数据模型：

$$y_{it}=d_{it}'\theta\left(z_{it}\right)+x_{it}'\beta+\eta_i+\lambda_t+u_{it}，\quad t=1,\ldots,T\text{和}i=1,\ldots,N，$$

其中$\lambda_t$表示不可观测的时间效应。施加识别条件$\sum_{t=1}^{T}\lambda_t=0$。差分后的模型可以写成

$$\Delta y_{it}=\Delta H_{it}'\Gamma+\Delta x_{it}^{*\prime}\beta^*+\Delta\varepsilon_{it}$$

其中$\beta^*=\left(\beta',\lambda_1,\ldots,\lambda_{T-1}\right)'$，$\Delta x_{it}'=\left(\Delta x_{it}',D_t\right)'$，$D_t$，$t=2,\ldots,T-1$，是一个$(T-1)\times1$向量，其第$t$个和$(t+1)$个元素分别为$-1$和1，而$D_{T-1}=\left(-1,-1,\ldots,-1,-2\right)'$。选取合适的IVs，可以应用筛分IV/2SLS方法联合估计$\theta(\cdot)$和$\beta^*$。

设$W_i=\left(w_{i2},\ldots,w_{iT}\right)'$，$W=\left(W_1',W_2',\ldots,W_N'\right)'$，$\Delta y_i=(\Delta y_{i2},\ldots,\Delta y_{iT})'$和$\Delta Y=\left(\Delta y_1',\Delta y_2',\ldots,\Delta y_N'\right)'$。同样地，定义$H_i,\Delta H,\Delta x_i$，和$\Delta X$。然后，基于模型（6.3）的筛分IV/2SLS估计量$\Gamma$和$\beta$由下式给出：

$$\left(\hat{\Gamma},\hat{\beta}\right)'=\left(\Delta\tilde{X}'P_W\Delta\tilde{X}\right)^{-}\Delta X'P_W\Delta Y$$

其中$\Delta X=\left(\Delta H,\Delta X\right)$，$P_W=W\left(W'W\right)^{-}W'$是一个投影矩阵，并且$A^{-}$表示方阵$A$的Moore-Penrose广义逆 (如Horn和Johnson，2012)。

设$Y_W=P_W\Delta Y$，$H_W=P_W\Delta H$，$X_W=P_W\Delta X$和$M_W=I_N-X_W\left(X_W'X_W\right)^{-}X_W'$。根据分块回归公式，可以分别写出$\hat{\Gamma}$和$\hat{\beta}$的估计量：

$$\hat{\Gamma}=\left(H_W'M_WH_W\right)^{-}H_W'M_WY_W，\tag{6.4}$$

$$\hat{\beta}=\left(X_W'M_WH_W\right)^{-1}X_W'M_WY_W。\tag{6.5}$$

给定估计量 $\hat{\Gamma}=\left(\hat{\gamma}_1',\ldots,\hat{\gamma}_p'\right)'$，变系数 $\theta(u)$ 的估计量由下式给出：

$$\hat{\theta}(u)=H_S(u)\hat{\Gamma}, \tag{6.6}$$

其中

$$H_S(u)=\begin{pmatrix} h(u)'S_1 \\ \vdots \\ h(u)S_{p_d} \end{pmatrix},$$

$S_k=\iota_k\otimes I_L$ 是选择第 $k$ 个斜率函数的 $p_d\times L$ 选择矩阵，并且 $\iota_k$ 是一个 $p_d\times 1$ 单位向量，其唯一的非零元素是第 $k$ 个位置的1。对于每个 $k=1,\ldots,p_d$，第 $k$ 个斜率函数的筛分估计量由下式给出：

$$\hat{\theta}_k(u)=h(u)'\hat{\gamma}_k, \tag{6.7}$$

其中 $\hat{\gamma}_k=S_k\hat{\Gamma}$， $k=1,\ldots,p_d$.

## 第三节　筛分 2SLS 估计量的渐近性质

在本节中研究筛分估计量 $\hat{\theta}$ 和 $\hat{\beta}$ 的渐近性质。为了推导渐近性质，首先关注大 $T$ 和大 $N$ 的情况，并简要讨论了大 $N$ 和小 $T$ 情况下的扩展。相对而言，后一种情况的分析要简单得多，因为不需要对系统（6.1）施加平稳性和混合条件假；而当 $T$ 较大时，需要施加额外的条件（例如，混合条件），以确保随机过程（6.1）是遍历和平稳的。

## 一、假设

为了可以应用未知函数 $\theta$ 的筛分近似，需要对 $\theta(\cdot)$ 施加一些平滑性限制。设 $\mathcal{U} \subseteq R^{p_z}$ 表示 $z_{it}$ 的支持集。为了允许 $\mathcal{U}$ 的可能无界性，遵循 Chen 等（2005）、Su 和 Jin（2012）以及 Lee（2014）的做法，使用加权的sup-范数：$\|m\|_{1,\lambda} = \sup_{u\in\mathcal{U}}\left|m(u)\left(1+\|u\|^2\right)^{-\lambda/2}\right|$，其中 $\lambda \geqslant 0$。当 $\lambda = 0$ 时，加权sup-范数就是通常的无加权sup-范数 $\|m\|_\infty$，适用于紧支撑的情况（Newey，1997；Andrews，2005）。设 $\alpha = \left(\alpha_1,\ldots,\alpha_{p_z}\right)'$ 是一个 $p_z$-维的非负整数向量，$|\alpha| = \sum_{k=1}^{p_z}\alpha_k$。对于任意 $u = \left(u_1,\ldots,u_{p_z}\right)' \in \mathcal{U}$，记 $m$ 的 $\alpha$-阶导数为 $D^\alpha m(u) = \dfrac{\partial^\alpha m(u)}{\partial u_1^{\alpha_1}\cdots\partial u_{p_z}^{\alpha_{p_z}}}$，而 $l$-阶导数包括所有 $D^\alpha m(u)$，使得 $|\alpha| = l$。Hölder空间 $\Lambda^\gamma(\mathcal{U})$ 包含所有函数 $m:\mathcal{U}\to R$，它的前 $\lceil\gamma\rceil$ 阶导数有界，并且第 $\lceil\gamma\rceil$-阶导数是关于指数 $\gamma - \lceil\gamma\rceil \in (0,1]$ Hölder连续。Hölder 范数定义为

$$|m|_{\Lambda^\gamma} = \sup_{u\in\mathcal{U}}|m(u)| + \max_{|\alpha|=\lceil\gamma\rceil}\sup_{u\neq v}\frac{\left|D^\alpha m(u) - D^\alpha m(v)\right|}{\|u-v\|^{\gamma-\lceil\gamma\rceil}}。$$

以下定义来自 Chen 等（2005）。

**定义6.1.** 令 $\Lambda^\gamma(\mathcal{U},\omega) = \{m:\mathcal{U}\to R \mid m(\cdot)\left(1+\|\cdot\|^2\right)^{-\omega/2} \in \Lambda^\gamma(\mathcal{U})\}$ 表示加权Hölder空间的函数集合。半径为 $c$ 的加权Hölder球定义为

$$\Lambda_c^\gamma(\mathcal{U},\lambda) = \{m \in \Lambda^\gamma(\mathcal{U},\omega): \left\|m(\cdot)\left(1+|\cdot|^2\right)^{-\omega/2}\right\|_{\Lambda^\gamma} \leqslant c < \infty\}。$$

如果函数 $m$ 属于某个加权Hölder球 $\Lambda_c^\gamma(\mathcal{U},\omega)$，其中 $\gamma > 0$，$c > 0$ 和 $\omega > 0$，则称函数 $m(\cdot)$ 在 $\mathcal{U}$ 上是 $H(\gamma,\omega)$-平滑的。

设 $\mathbf{y}_i = \left(y_{i1},\ldots,y_{iT}\right)'$，并类似地定义 $\mathbf{d}_i,\mathbf{z}_i,\mathbf{x}_i$ 和 $\mathbf{u}_i$。设 $\mathbf{y}_{i,t-1} = \left(y_{i,t-1},y_{i,t-2},\ldots,y_{i1}\right)'$ 并类似地定义 $\mathbf{d}_{it},\mathbf{x}_{it}$ 和 $\mathbf{z}_{it}$。记矩阵 $Q_{NT}^{ww} = \dfrac{1}{NT}\sum_{i=1}^N\sum_{t=2}^T w_{it}w_{it}'$，$Q_{NT}^{wx} = \dfrac{1}{NT}\sum_{i=1}^N\sum_{t=2}^T w_{it}\Delta x_{it}'$，

$Q_{NT}^{wh}=\frac{1}{NT}\sum_{i=1}^{N}\sum_{t=2}^{T}w_{it}\Delta H_{it}'$，和 $Q_{NT}^{hh}=\frac{1}{NT}\sum_{i=1}^{N}\sum_{t=2}^{T}\Delta H_{it}\Delta H_{it}'$，以及它们对应的期望 $Q_{ww},Q_{wx},Q_{wh}$,和 $Q_{hh}$。然后，可以定义：

$$Q_1=Q_{wx}'Q_{ww}^{-1}Q_{wx}-Q_{wx}'Q_{ww}^{-1}Q_{wh}\left(Q_{wh}'Q_{ww}^{-1}Q_{wh}\right)^{-1}Q_{wh}'Q_{ww}^{-1}Q_{wx}\text{，}\tag{6.8}$$

$$Q_2=Q_{wx}'Q_{ww}^{-1}-Q_{wx}'Q_{ww}^{-1}Q_{wh}\left(Q_{wh}'Q_{ww}^{-1}Q_{wh}\right)^{-1}Q_{wh}'Q_{ww}^{-1}\text{，}\tag{6.9}$$

$$Q_3=Q_{wh}'Q_{ww}^{-1}Q_{wh}-Q_{wh}'Q_{ww}^{-1}Q_{wx}\left(Q_{wx}'Q_{ww}^{-1}Q_{wx}\right)^{-1}Q_{wx}'Q_{ww}^{-1}Q_{wh}\text{，}\tag{6.10}$$

$$Q_4=Q_{wh}'Q_{ww}^{-1}-Q_{wh}'Q_{ww}^{-1}Q_{wx}\left(Q_{wx}'Q_{ww}^{-1}Q_{wx}\right)^{-1}Q_{wx}'Q_{ww}^{-1}\text{，}\tag{6.11}$$

$$Q_5=Q_{hh}-Q_{wh}'Q_{ww}^{-1}Q_{wh}\text{。}\tag{6.12}$$

对于模型（6.1），给出以下假设。

**假设A1**．(i) $(y_i,d_i,x_i,z_i,\eta_i,u_i)$ 在 $i$ 上是相互独立的，且 $E\left(u_{it}\mid y_{i,t-1},d_{it},x_{it},z_{it}\right)=0$；

(ii) 存在一个 $p_w$－维（$p_w\geqslant p_x+p_dL$）向量 $w_{it}$，使得 $E\left(\Delta u_{it}w_{it}\right)=0$，且 $E\left(\Delta x_{it}w_{it}'\right)$ 是行满秩的（秩为 $p_x+p_dL$），其中 $\Delta x_{it}=\left(\Delta H_{it}',\Delta x_{it}'\right)'$；

(iii) 给定固定的效应 $\{\eta_i\}_{i=1}^{N}$，对于每个 $i$，$(y_{it},d_{it},x_{it},z_{it},u_{it})$ 都是强混合的，混合系数为 $a_i(\cdot)$。定义 $a(\cdot)=\max\limits_{1\leqslant i\leqslant N}a_i(\cdot)$，且满足 $\sum_{s=1}^{\infty}s^2a^{\delta/(4+\delta)}(s)<\infty$，其中 $\delta$（$\delta>0$）为某一常数。

**假设A2**．(i) $\theta_l(\cdot)$ $(l=1,\ldots,p_d)$ 都是 $H(\gamma,\omega)$-平滑的，其中 $\gamma>5p_z/2$ 和 $\omega>0$。

(ii) 对于任何 $H(\gamma,\omega)$-平滑函数 $\theta(u)$，在线性筛分空间 $G_L(h)=\left\{\theta(\cdot)=\vartheta'h(\cdot)\vartheta\in R^L\right\}$ 中存在基函数的线性组合 $\Pi_{\infty,L}\theta=\vartheta'h(\cdot)$，使得 $\left\|\theta-\Pi_{\infty,L}\theta\right\|_{\infty,\bar{\omega}}=O\left(L^{-\gamma/p_z}\right)$，其中 $\bar{\omega}$ 为一常数且满足 $\bar{\omega}>\omega+\gamma$；

(iii) $\text{plim}_{(N,T)\to\infty}\frac{1}{NT}\sum_{i=1}^{N}\sum_{t=2}^{T}\left(1+\|z_{it}\|^2\right)^{\bar{\omega}/2}w(z_{it})<\infty$,其中 $w(\cdot)$ 是

一个非负权重函数；

(iv) 存在一个常数序列 $\zeta_0(L)$ 和一个递增紧集序列 $\mathcal{U}_{NT} \subset \mathcal{U}$，使得 $\sup_{u\in\mathcal{U}_{NT}}\|u\| = O\left(\zeta_0(L)^{1/\bar{\omega}}\right)$，$\sup_{u\in\mathcal{U}_{NT}}\|h(u)\| \leqslant \zeta_0(L)$ 且当 $(N,T)\to\infty$ 时，$\zeta_0(L)^2 L/(NT)\to 0$。

**假设 A3**. (i) 存在某个 $\delta > 0$，$\sup_{1\leqslant i\leqslant N}\sup_{2\leqslant t\leqslant T} E\|\chi_{it}\|^{4+\delta} \leqslant C < \infty$，$\chi_{it} = u_{it}, z_{it}, d_{it}, w_{it}$；

(ii) $Q_{ww}$ 是可逆的，$Q'_{wx}Q_{ww}^{-1}Q_{wx}$ 和 $Q'_{wh}Q_{ww}^{-1}Q_{wh}$ 是可逆的，$Q_1$ 和 $Q_3$ 是可逆的；

(iii) $Q_1$ 和 $Q_3$ 的所有特征值都是有界的且远离 0，且 $\lambda_{\min}\left(Q_4 Q_4'\right) > c > 0$；

(iv) $\lambda_{\max}(Q_{hhw}) < \infty$，其中 $Q_{hhw} = \int_{u\in\mathcal{U}} H_S(u) H_S(u)' w(u)du$，$w(\cdot)$ 是一非负权重函数；

(v) $\Omega = \lim_{(N,T)\to\infty}\frac{1}{NT}\sum_{i=1}^{N} E\left(W_i'\Delta u_i \Delta u_i' W_i\right) > 0$，且 $\lambda_{\max}(\Omega) < c < \infty$。

**假设 A4**. 当 $(N,T)\to\infty$ 时，$L^3/(NT)\to 0$，$\sqrt{NT}L^{-\gamma/(p_z)}\to 0$。

以上大多数假设在非参数/半参数面板数据模型的文献中都是标准的；例如，见Lee（2014）和Su和Zhang（2016）。假设A1(i)对动态面板数据模型是标准的（例如，Alvarez 和 Arellano，2003）；A1(ii)要求存在一个有效的IVs向量和满足筛分方法文献中的秩条件，也都是标准的；A1(iii)对数据生成过程施加了强混合条件，对于时间序列背景下的一类非线性自回归函数（如Chen 和 Shen，1998），该条件很容易得到满足。假设A2在具有无限支撑集的筛分近似中广泛使用。A2(i)对未知函数施加了平滑性条件；A2(ii)指定了筛分近似误差的一致速率；A2(iii)用于获得筛分估计量在经验加权L2-范数下的收敛性；A2(iv)用于推导在增加的紧支撑 $\mathcal{U}_{NT}$ 上的一致收敛速率（如Su和Zhang，2016）。假设 A3(i)对变量和基函数给出了矩条件；A3(ii)-(iii)在筛分2SLS估计的识别中起着重要作用。众所周知，在筛分文献中许多基函数的选择满足假设A2-A3；例如，幂级数、正交多项式、三角级数和样条。假设A4对 $L$ 施加了一些条件，以平衡筛分近似误差和方差。

## 二、筛分估计量的渐近性质

首先，以下定理给出 $\hat{\beta}$ 的渐近性质。

**定理6.1** 假设A1-A4成立。那么

$$\sqrt{NT}\left(\hat{\beta}-\beta\right)\xrightarrow{d}N\left(0,Q_1^{-1}Q_2\Omega Q_2Q_1^{-1}\right),\tag{6.13}$$

其中 $Q_1$，$Q_2$ 的定义由（6.8）-（6.9）给出，而 $\Omega$ 的定义由假设A3(v)给出。

上述定理给出了 $\hat{\beta}$ 的渐近性质，它被证明是 $\sqrt{NT}$ 一致的、渐近无偏的，并且渐近正态分布。可以构造一个 $\hat{\beta}$ 的渐近方差的一致估计量。由样本对应物可以一致地估计 $Q_1$，$Q_2$ 和 $\Omega$。

接下来转向 $\hat{\theta}(u)$ 的渐近性质。以下定理给出了 $\hat{\theta}(u)$ 的收敛速率和渐近正态性。

**定理 6.2** 假设 A1-A4 成立，并且 $\inf_{u\in\mathcal{U}_{NT}}\left\|h(u)\right\|\geqslant C>0$。那么

(i) $\int_{\mathcal{U}_{NT}}\left\|\hat{\theta}(u)-\theta(u)\right\|^2 w(u)du=O_p\left(\frac{L}{NT}+L^{-2\gamma/p_z}\right)$；

(ii) $\sup_{u\in\mathcal{U}_{NT}}\left\|\hat{\theta}(u)-\theta(u)\right\|_\infty=O_p\left(\zeta_0(L)\left(\sqrt{\frac{L}{NT}}+L^{-\gamma/p_z}\right)\right)$；

(iii) $\sqrt{NT}\Xi^{-1/2}(u)\left(\hat{\theta}(u)-\theta(u)\right)\xrightarrow{d}N\left(0,I_{p_d}\right)$，其中 $\Xi(u)=H_S(u)'Q_3^{-1}Q_4\Omega Q_4Q_3^{-1}H_S(u)$。

对上述渐近结果做一些必要的说明。

**注 6.3** 定理的证明过程相当繁琐，有兴趣的读者可以参考原文的附录。上述结果的一个重要特点是，筛分估计 $\hat{\beta}$ 和 $\hat{\theta}(u)$ 是渐近无偏的，因为它们的极限分布的中心是零点处。然而，基于 Lee（2014）和 Tran（2014）中的组内变换的筛分估计量是渐近有偏的，偏差的阶为 $O_p\left((N/T)^{1/2}\right)$。当 $N/T \to c$ 时，需要偏差校正方法才能进行统计推断。这与线性动态面板数据模型的 GMM 估计一致。本章模拟部分将偏差校正估计量与本章的筛分2SLS 估计量进行了比较。

**注 6.4** 上述渐近结果假设 $N$ 和 $T$ 都趋向于无穷大。如果 $T$ 是固定的，$N$ 趋向于无穷大，$\hat{\beta}$ 和 $\hat{\theta}(u)$ 的类似的渐近结果仍然成立。当 $T$ 固定时，$\hat{\beta}$ 和 $\hat{\theta}(u)$ 的筛分2SLS估计过程保持不变。但是，大 $N$ 和固定 $T$ 的下，假设可以适当放宽；也就是说，不需要对变量施加弱相关条件（强混合）。同样，所有关于 $T \to \infty$ 时极限的假设都可以放宽。例如，假设A3(iii)可以放宽为 $\Omega = \lim_{N\to\infty} \frac{1}{NT} \sum_{i=1}^{N} E\left(W_i'\Delta u_i \Delta u_i' W_i\right) > 0$。最后，假设A4可以放宽为当 $N \to \infty$ 时，$L/N \to 0$，$\sqrt{N} L^{-\gamma/p_z} \to 0$，和 $L^3/N \to 0$。在这些假设下，遵循本章中的推导，可以很容易地建立 $\hat{\beta}$ 和 $\hat{\theta}(u)$ 的上述渐近性质。

**注 6.5** 在上述筛分2SLS估计过程中，假设面板结构是平衡的，即不同横截面单位的时间维度 $T$ 是相同的。然而，所提出的筛分2SLS估计可以很容易地修改以适应非平衡面板。在这种情况下，筛分2SLS估计仍然有效，即在公式(6.4)-(6.5)中唯一需要改变的是数据矩阵的维度。例如，对于公式(6.4)，$\Delta H$ 和 $Y_W$ 的维度变为 $(T_1 + T_2 + \ldots + T_N - 2N) \times p_d L$ 和 $(T_1 + T_2 + \ldots + T_N - 2N) \times 1$，其中 $T_i$ 是第 $i$ 个横截面单位的观测次数。正如下面的模拟所示，无论

$\min_{1\leqslant i\leqslant N}(T_i)$ 是大（大 $T$ 情况）还是固定（固定 $T$ 情况），筛分2SLS估计即使在非平衡面板中也表现得非常好。

**注 6.6** 筛分项数的选择在未知函数的筛分近似中起着重要作用。在本章中，为了评估估计量对 $L$ 选择的敏感性，考虑了筛分基项数序列（如，$L_c = c\left\lfloor (NT)^{1/5} \right\rfloor + 1$，在模拟中选取 $c = 1,2,3$）。Su 和 Jin（2012）也进行了类似的选择。此外，尽管在非参数面板回归模型中还没有LOOCV的理论依据，不少研究使用了广泛使用的留一法交叉验证（LOOCV）方法来选择筛分项数。模拟结果表明，这两种方法都表现良好，数据驱动的LOOCV在性能上与筛分项选择序列非常接近。

## 第四节　常数斜率的设定检验

在本节中，假设部分线性面板数据模型的设定是正确的，并考虑检验非参数部分 $\theta(\cdot)$ 中斜率的恒定性。原假设为：

$$H_0 : \Pr\left(\theta(z_{it}) = \gamma^0\right) = 1 \text{ 对某些 } \gamma^0 \in \mathrm{R}^{p_d} \text{ 成立，} \tag{6.14}$$

其中 $i = 1,\ldots,N, t = 1,\ldots,T$，而备择假设为：

$$H_1 : \Pr\left(\theta(z_{it}) = \gamma\right) < 1 \text{ 对所有 } \gamma \in \mathrm{R}^{p_d} \text{ 成立。} \tag{6.15}$$

为了便于分析局部功效，考虑以下Pitman局部备择假设序列：

$$H_{1(\delta_{NT})} : \Pr\left(\theta(z_{it}) = \gamma^0 + \delta_{NT}\Psi(z_{it})\right) = 1 \text{ 对某些 } \gamma^0 \in \mathrm{R}^{p_d} \text{ 成立，}$$

其中 $\Psi(\cdot) = \Psi_{NT}(\cdot)$ 是一个可测的非线性函数，并且当 $(N,T) \to \infty$

时，$\delta_{NT} \to 0$。

在这里，遵循 Su 和 Zhang（2016），提出一个检验 $H_0$ vs $H_1$ 的检验统计量，基本思想是通过比较 $\hat{\theta}(\cdot)$（非参数估计量）和斜率估计 $\breve{\gamma}$（参数估计量）的经验加权 L2-范数距离。直观地说，两个估计量在原假设下都是一致的，而在备择假设下只有筛分估计量是一致的。因此，如果有任何偏离原假设的情况，两个估计量之间的距离将在渐近意义上将突显出来，这促使考虑以下检验统计量：

$$D_{NT} = \frac{1}{NT}\sum\nolimits_{i=1}^{N}\sum\nolimits_{t=2}^{T}\left\|\hat{\theta}\left(z_{it}\right)-\breve{\gamma}\right\|^2 a\left(z_{it}\right), \tag{6.16}$$

其中 $a(\cdot)$ 是用户指定的非负权重函数，$\breve{\gamma}$ 是在 $H_0$ 下在线性面板数据模型中 $\gamma$ 的常规 IV/2SLS 估计量。在文献中有各种其他类似的检验统计量，如，Härdle 和 Mammen（1993），Hong 和 White（1995），以及 Su 和 Zhang（2016）。可以证明，在适当的中心化和缩放后，$D_{NT}$ 在恒定斜率的原假设下服从渐近正态分布。

在 $H_0$ 约束下，对线性面板数据模型进行一阶差分可得：

$$\Delta y_{it} = \Delta d_{it}'\gamma + \Delta x_{it}'\beta + \Delta u_{it},$$

$i=1,\ldots,N$ 和 $t=2,\ldots,T$。由于 $\Delta d_{it}$ 或 $\Delta x_{it}$ 可能存在内生性，设 $v_{it}$ 是一个 $p_v$-维的工具变量向量。设 $\Delta D=\left[\Delta d_{12}',\ldots,\Delta d_{1T}',\ldots,\Delta d_{N2}',\ldots,\Delta d_{NT}'\right]'$ 和 $V=\left[v_{12}',\ldots,v_{1T}',\ldots,v_{N2}',\ldots,v_{NT}'\right]$。记 $P_V = V\left(V''V\right)^{-1}V''$,并定义 $\Delta A$ 在 $V$ 上线性投影为 $A_V = P_V\Delta A$，其中 $\Delta A = \Delta D, \Delta Y$,或 $\Delta X$。那么，$\gamma$ 的2SLS 估计量可以写成：

$$\breve{\gamma} = \left(D_V' M_{X_V} D_V\right)^{-1} D_V' M_{X_V} Y_V, \tag{6.17}$$

其中 $M_{X_V} = I_{N(T-1)} - P_{X_V}$。记 $Q_{vx,NT} = \frac{1}{NT}\sum\nolimits_{i=1}^{N}\sum\nolimits_{t=2}^{T} v_{it}\Delta x_{it}'$，$Q_{vx} = E\left(Q_{vx,NT}\right)$，$Q_{vv,NT} = \frac{1}{NT}\sum\nolimits_{i=1}^{N}\sum\nolimits_{t=2}^{T} v_{it}v_{it}'$，$Q_{vv} = E\left(Q_{vv,NT}\right)$，

$Q_{vd,NT}=\frac{1}{NT}\sum_{i=1}^{N}\sum_{t=2}^{T}v_{it}\Delta d_{it}'$，$Q_{vd}=E\left(Q_{vd,NT}\right)$，$q_{v\Psi,NT}=\frac{1}{NT}\sum_{i=1}^{N}\sum_{t=2}^{T}v_{it}\Delta\Psi_{it}'$ 和 $q_{v\Psi}=E\left(q_{v\Psi,NT}\right)$，其中 $\Delta\Psi_{it}=\Psi\left(z_{it}\right)-\Psi\left(z_{i,t-1}\right)$。定义：

$$Q_6=Q_{vx}'Q_{vv}^{-1}Q_{vx}'-Q_{vx}'Q_{vv}^{-1}Q_{vd}\left(Q_{vd}'Q_{vv}^{-1}Q_{vd}\right)^{-1}Q_{vd}'Q_{vv}^{-1}Q_{vx},$$

$$q_\Psi=Q_{vx}'Q_{vv}^{-1}q_{vW}-Q_{vx}'Q_{vv}^{-1}Q_{vd}\left(Q_{vd}'Q_{vv}^{-1}Q_{vd}\right)^{-1}Q_{vd}'Q_{vv}^{-1}q_{v\Psi},$$

和 $\gamma_\Psi=\left(Q_6\right)^{-1}q_\Psi$。记 $Q_{h_s,NT}^{(a)}=\frac{1}{NT}\sum_{i-1}^{N}\sum_{t-2}^{T}H_S\left(z_{it}\right)H_S\left(z_{it}\right)'a\left(z_{it}\right)$ 和 $Q_{h_s}^{(a)}=E\left(Q_{h_s,NT}^{(a)}\right)$。然后定义：

$$Q_{7,NT}=Q_{wh,NT}-Q_{wx,NT}\left(Q_{wx,NT}'Q_{ww,NT}^{-1}Q_{wx,NT}\right)^{-1}Q_{wx,NT}'Q_{ww,NT}^{-1}Q_{wh,NT},$$

$$Q_7=Q_{wh}-Q_{wx}\left(Q_{wx}'Q_{ww}^{-1}Q_{wx}\right)^{-1}Q_{wx}'Q_{ww}^{-1}Q_{wh},$$

$$\mathbb{Q}_{NT}=Q_{ww,NT}^{-1}Q_{7,NT}Q_{3,NT}^{-1}Q_{hs,NT}^{(a)}Q_{3,NT}^{-1}Q_{7,NT}Q_{ww,NT}^{-1},$$

$$\mathbb{Q}=Q_w^{-1}Q_7Q_3^{-1}Q_{hs}^{(a)}Q_3^{-1}Q_7Q_w^{-1}。$$

现在给出一些额外的假设，这些假设用于推导检验统计量的渐近性质。

**假设 A5.** (i) $\text{plim}_{(N,T)\to\infty}\frac{1}{NT}D_V'M_{X_V}D_V$ 存在且可逆；

(ii) $\text{plim}_{(N,T)\to\infty}\frac{1}{NT}\sum_{i=1}^{N}\sum_{t=2}^{T}v_{it}\Delta\Psi_{it}$ 存在；

(iii) $\frac{1}{NT}D_V'M_{X_V}\Delta u=O_p\left(\left(NT\right)^{-1/2}\right)$。

**假设 A6.** (i) 对于某个 $\delta>0$，$\sup_{1\leqslant i\leqslant N}\sup_{2\leqslant t\leqslant T}E\left\|v_{it}\right\|^{8+\delta}<\infty$，$v_{it}=u_{it},z_{it},d_{it},w_{it},h_{it}$；

(ii) $\max_{1\leqslant i\leqslant N}\lambda_{\max}\left(\Omega_i\right)<\infty$，其中 $\Omega_i=E\left(W_i'\Delta u_i\Delta u_i'W_i\right)$，$i=1,\ldots,N$；

(iii) 对于某个 $\delta>1/4$，$\sum_{d=1}^{\infty}da^{\frac{4\delta-1}{4\delta+1}}<\infty$ 和 $\sum_{d=1}^{\infty}d^2a^{\frac{\delta}{\delta+1}}<\infty$。

**假设 A7.** 当 $(N,T)\to\infty$ 时，$L^4/(NT)\to0$，$\sqrt{NT}L^{-\gamma/p_z}\to0$ 和 $L^3/N\to0$。

假设 A5 用于研究在局部备择假设下参数估计量 $\tilde{\gamma}$ 的渐近行为。假设 A6(i) 对假设检验中的变量施加了更高阶的矩条件；A6(ii)要求 $T^{-1/2}\Delta u_i' W_i$ 的方差-协方差矩阵的特征值有界。假设 A7 给出了在检验中 $L$ 趋于 $\infty$ 时更严格的速率条件。

定义检验统计量：

$$J_{NT} = \frac{NTD_{NT} - B_{NT}}{\sqrt{V_{NT}}},$$

其中 $B_{NT} = \operatorname{tr}\left(\mathbb{Q}\Omega_1\right)$ 和 $V_{NT} = 2\operatorname{tr}\left(\mathbb{Q}\Omega_1\mathbb{Q}\Omega_1\right)$ 分别表示渐近偏差和方差项。由于 $B_{NT}$ 和 $V_{NT}$ 是未知的，$J_{NT}$ 是不可行的。一个可行的检验统计量形式为：

$$\hat{J}_{NT} = \frac{NTD_{NT} - C\hat{B}_{NT}}{\sqrt{\hat{V}_{NT}}},$$

其中 $B_{NT}$ 和 $V_{NT}$ 分别通过以下方式估计：

$$\hat{B}_{NT} = \operatorname{tr}\left(\mathbb{Q}_{NT}\Omega_{1,NT}\right),$$

$$\hat{V}_{NT} = 2\operatorname{tr}\left(\mathbb{Q}_{NT}\Omega_{1,NT}\mathbb{Q}_{NT}\Omega_{1,NT}\right),$$

$\Omega_{1,NT} = \frac{1}{N(T-2)}\sum_{i=1}^{N} W_i'\Delta\hat{u}_i\Delta\hat{u}_i'W_i$ 且 $\Delta\hat{u}_{it} = \Delta y_{it} - \hat{\Gamma}'\Delta H_{it} - \Delta x_{it}'\hat{\beta}$。

记 $\mu_\Psi = \lim_{(N,T)\to\infty}\frac{1}{NT}\sum_{i=1}^{N}\sum_{t=2}^{T}\left\|\Psi\left(z_{it}\right) - \gamma_\Psi\right\|^2 a\left(z_{it}\right)$,其中 $\gamma_\Psi = Q_6^{-1}q_\Psi$。以下定理建立了 $\hat{J}_{NT}$ 在 $H_{1(\delta_{NT})}$ 下的渐近分布。

**定理 6.3.** 假设 A1-A3 和 A5-A7 成立。在 $H_{1(\delta_{NT})}$ 下，随着 $(N,T)\to\infty$ 时，$\delta_{NT} = (NT)^{-1/2}L^{1/4}$，则有

$\hat{J}_{NT} \xrightarrow{d} N\left(\mu_\Psi, 1\right)$。

**注6.7.** 上述定理的证明过程相当繁琐，有兴趣的读者可以参考原文。证明分解成两步：(i) $J_{NT} \xrightarrow{d} N\left(\mu_\Psi, 1\right)$，和 (ii) $\hat{J}_{NT} - J_{NT} = o_p(1)$。(i)的证明基本思想是将 $J_{NT}$ 写成一个退化的二阶

U-统计量加上一些更小阶的项，然后应用de Jong（1987）的独立但非同分布（INID）观测的中心极限定理。

**注 6.8** 鉴于 $V_{NT}=O(L)$，有 $\delta_{NT}=(NT)^{-1/2}L^{1/4}$，这表明检验具有检测局部备择假设以 $(NT)^{-1/2}L^{1/4}$ 速率趋近于原假设的能力。渐近局部功效函数为

$$\Pr\left(\hat{J}_{NT}>z_{\alpha}\mid H_1(\delta_{NT})\right)\to 1-\Phi(z_{\alpha}-\mu_{\Psi}),$$

其中 $z_{\alpha}$ 是标准正态分布的上 $\alpha$ 百分位数，$\Phi(\cdot)$ 是标准正态累积分布函数（CDF）。

**注 6.9** 为了研究 $\hat{J}_{NT}$ 在全局备择假设下的渐近行为，需要研究 $\breve{\gamma}$ 在 $H_1$ 下的渐近性质。定义伪真实参数 $\gamma^*$ 为 $\breve{\gamma}$ 的概率极限。那么，对于某个 $c>0$，$\Pr\left(\bar{\Pi}(z_{it})=\theta(z_{it})-\gamma^*\neq 0\right)>c$。设 $\bar{\Pi}=\left(\bar{\Pi}'(z_{11}),\ldots,\bar{\Pi}'(z_{1T}),\ldots,\bar{\Pi}'(z_{N1}),\ldots,\bar{\Pi}'(z_{NT})\right)'$。在额外假设 $\|\bar{\Pi}\|=O_p\left((NT)^{1/2}\right)$ 下，可证

$$\begin{aligned}D_{NT}&=\frac{1}{NT}\sum_{i=1}^{N}\sum_{t=2}^{T}\left\|\hat{\theta}(z_{it})-\gamma^*\right\|^2 a(z_{it})\\&=\frac{1}{NT}\sum_{i=1}^{N}\sum_{t=2}^{T}\left\|\bar{\Pi}(z_{it})\right\|^2 a(z_{it})+o_p(1)=O_p(1)。\end{aligned}$$

然后，结合 $\hat{B}_{NT}=O_p(L)$ 和 $\hat{V}_{NT}=O_p(L)$ 的事实，可以证明 $\hat{J}_{NT}$ 以 $O_p\left(NT/\sqrt{L}\right)$ 的速率在 $H_1$ 下发散至无穷大。也就是说，对于任何非随机序列 $b_{NT}=O_p\left(NT/\sqrt{L}\right)$，$\Pr\left(\hat{J}_{NT}>b_{NT}\mid H_1\right)\to 1$。因此，该检验在全局备择假设下是一致的。

**注 6.10** 通过稍微修改，该检验可以应用于检验 $\theta(\cdot)$ 的参数设定。仍然可以基于 $\hat{\theta}(z_{it})$（非参数估计量）和对 $d_{it}$ 的斜率向量估计 $\breve{\gamma}$（参数估计量）的经验L2-范数距离构建检验统计量。原假设 $H_0$ 可以看作是 $H_{1(\delta_{NT})}$ 的特殊情况，即 $\mu_{\Psi}=0$。显然，$\hat{J}_{NT}$ 渐近分布为

$N(0,1)$。这个结果作为推论陈述。

**推论 6.1** 假设 A1 – A3，A6 – A7 成立。在 $H_0$ 下，当 $(N,T)\to\infty$ 时有

$$\hat{J}_{NT}\xrightarrow{d}N(0,1)\text{。}$$

原则上，将 $\hat{J}_{NT}$ 与标准正态分布的单侧临界值 $z_\alpha$ 进行比较，并在 $\hat{J}_{NT}>z_\alpha$ 时拒绝原假设。在有限样本中，基于标准正态临界值的检验往往会由于检验的非参数性质而遭受严重的水平失真（size distortion）。因此，为了提高检验的有限样本性能，提出了以下固定解释变量（fixed regressors）的自助法程序（Hansen, 2000）：

1. 在 $H_0$ 下估计限制模型并得到残差 $\breve{u}_{it}=y_{it}-d_{it}'\breve{\gamma}-x_{it}'\breve{\beta}$，其中 $\breve{\gamma}$ 和 $\breve{\beta}$ 是在原假设下的 IV 或 GMM 估计量；在 $H_1$ 下，得到筛分估计量 $\hat{\theta}(z_{it})$。基于原始样本 $\{y_{it},d_{it},x_{it},z_{it}\}$ 计算检验统计量 $\hat{J}_{NT}$。令 $\breve{g}_i=T^{-1}\sum_{t=1}^{T}\breve{u}_{it}$。

2. 获取自助误差 $u_{it}^*=(\breve{u}_{it}-\breve{g}_i)\epsilon_{it}$，$i=1,2,\ldots,N$ 和 $t=2,\ldots,T$，$\epsilon_{it}$ 是独立同分布（IID）并遵循两点分布：$\epsilon_{it}$ 以概率 $(1+\sqrt{5})/(2\sqrt{5})$ 取值 $(1-\sqrt{5})/2$；$\epsilon_{it}$ 以概率 $(-1+\sqrt{5})/(2\sqrt{5})$ 取值 $(1+\sqrt{5})/2$。生成 $y_{it}$ 的自助模拟样本 $y_{it}^*$ 为

$$y_{it}^*=d_{it}'\breve{\gamma}+x_{it}'\breve{\beta}+\breve{g}_i+u_{it}^*,$$

其中 $y_{i1}^*=y_{i1}$。

3. 给定自助重采样 $\{y_{it}^*,d_{it},x_{it},z_{it}\}$，估计限制（线性）和非限制（半参数）面板数据模型，并计算自助检验统计量 $\hat{J}_{NT}^*$。

4. 重复步骤 2-3累计 B 次，并索引自助检验统计量为 $\{\hat{J}_{NT,b}^*\}_{b=1}^{B}$。自助 p-值为

$$p^*=B^{-1}\sum_{b=1}^{B}1\left(\hat{J}_{NT,b}^*>\hat{J}_{NT}\right)\text{。}$$

很容易实现上述自助程序。显然，步骤 2 施加了原假设，即 $d_{it}$ 具有常数斜率。注意到在自助世界中没有动态性和内生性，可以使用或不使用IV方法来估计模型。在给定数据的条件下，$\left(y_{it}^{*},u_{it}^{*}\right)$ 在 $i$ 上是独立但非同分布（INID），并且 $u_{it}^{*}$ 也在 $t$ 上独立分布。遵循 Su 和 Lu （2013） 以及 Su 和 Zhang （2016），很容易地证明自助程序的有效性。

## 第五节　蒙特卡洛模拟研究

在本节中，进行一系列蒙特卡洛模拟，以检查筛分2SLS估计量的有限样本性能。考虑以下六种数据生成过程（DGPs），并允许面板结构可以是平衡的或非平衡的。

DGP 1.（滞后变量的函数系数）

$$y_{it}=\left(0.5-e^{-2z_{it}^{2}}\right)y_{i,t-1}+0.5x_{it}+\eta_{i}+e_{it}, \tag{6.18}$$

其中函数系数是 $\theta(z)=0.5-e^{-2z^{2}}$，类似的设置也用在Cai等（2015）中。假设 $e_{it}\sim \mathrm{IID}N(0,1)$， $\eta_{i}\sim \mathrm{IID}N(0,1)$，并且线性回归和函数系数中的变量分别按照以下方式生成：

$$x_{it}=q_{x,i}x_{i,t-1}+0.5\eta_{i}+e_{x,it},$$

$$z_{it}=q_{z,i}z_{i,t-1}+0.5\eta_{i}+e_{z,it},$$

其中自回归系数 $q_{x,i}$ 和 $q_{z,i}$ 都是从 $U(0.2,0.8)$ 中独立抽取的。

DGP 2.（滞后变量的函数系数）

$$y_{it}=0.8\sin\left(z_{it}\right)y_{i,t-1}+0.5x_{it}+\eta_i+e_{it}\text{，}\tag{6.19}$$

其中函数系数是 $\theta\left(z\right)=0.8\sin\left(z\right)$， $x_{it}$、$z_{it}$、$\eta_i$ 和 $e_{it}$ 的生成与 DGP 1 中相同。

DGP 3.（滞后和外生变量上的函数系数）

$$y_{it}=\left(0.5-e^{-2z_{1,it}^2}\right)y_{i,t-1}+\left(1.5+\varphi\left(z_{2,it}^2\right)\right)d_{it}+0.5x_{it}+\eta_i+e_{it}\tag{6.20}$$

其中 $y_{i,t-1}$ 和 $d_{it}$ 的函数系数分别为 $\theta_1\left(z\right)=0.5-e^{-10z^2}$ 和 $\theta_2\left(z\right)=1.5+\varphi\left(z\right)$，其中 $\varphi\left(\cdot\right)$ 是标准正态分布的概率密度函数（PDF）， $e_{it}$、 $\eta_i$ 和 $x_{it}$ 的生成与 DGP 1 中相同，并且

$$z_{1,it}=q_{z1,i}z_{i,t-1}+0.5\eta_i+e_{z1,it}\text{，}$$

$$z_{2,it}=\eta_i+e_{z2,it}\text{，}$$

$$d_{it}=q_{d,i}d_{i,t-1}+0.5\eta_i+e_{d,it}\text{，}$$

其中 $e_{z1,it}\sim\text{IID}N\left(0,1\right)$， $e_{z2,it}\sim\text{IID}\ \chi^2\left(1\right)$，与 $\eta_i$ 和 $e_{it}$ 独立。同样，$q_{z1,i}$ 和 $q_{d,i}$ 都是从 $U\left(0.2,0.8\right)$ 中独立抽取的。

DGP 4.（滞后变量的函数系数非平衡模型） $\theta\left(z\right)$、$y_{it}$、$z_{it}$ 和 $x_{it}$ 的生成与 DGP 1 相同，但面板是非平衡的，即对于某些 $i\neq j$，$T_i\neq T_j$。为此，考虑两种 $T_i\left(i=1,\ldots,N\right)$ 的生成情况：一是从集合 $\{5,10,\ldots\}$ 中随机抽取整数 $T_i$，也就是说，面板的时间周期是固定的；在第二种情况下，考虑一个相对较大的面板 $T_i$ 是从集合 $\{40,50,\ldots\}$ 中随机抽取的整数。

DGP 5.（具有恒定滞后系数的线性动态面板）考虑一个具有恒定滞后系数的线性动态面板，并对是否具有恒定的滞后系数进行假设检验。原假设下模型（在原假设下滞后系数是恒定的）如下：

$$y_{it}=0.5y_{i,t-1}+0.5x_{it}+\eta_i+e_{it}, \tag{6.21}$$

备择假设下的模型如下：

$$y_{it}=\theta(z_{it})y_{i,t-1}+0.5x_{it}+\eta_i+e_{it}, \tag{6.22}$$

其中 $\theta(z)=0.5-e^{-2z^2}$ 与 DGP 1 中的相同，或者 $\theta(z)=e^{-z^2}(z^2+z)$ 与 DGP 2 中的相同。模型（6.22）的目的是考查提出的检验统计量的功效。$x_{it}$、$\eta_i$ 和 $z_{it}$ 的生成与 DGP 1 中相同。

为了比较筛分2SLS与Lee （2014）的偏差校正的组内估计（BCMG，bias-corrected mean group）在函数系数动态面板中的表现，还考虑了以下 DGP。

DGP 6.（滞后变量的函数系数）

$$y_{it}=\theta(z_{it})y_{i,t-1}+\eta_i+e_{it},$$

其中函数系数 $\theta(z)=0.5-e^{-2z^2}$，$e_{it}\sim \text{IID}N(0,1)$，$\eta_i\sim\text{IID}N(0,1)$。

在估计中，考虑了 $N=100,200$ 和 $T=5,10,50$ 的样本大小组合，对于 DGPs 1-4 和 6，并设置模拟的重复次数为 $1000$。对于 $\theta(\cdot)$ 和 $\beta$ 的筛分估计 $\hat{\theta}_{\text{sieve}}(\cdot)$ 和 $\hat{\beta}_{\text{sieve}}$，由于 $y_{i,t-1}$ 的系数假定为函数系数，遵循注6.1（i）选择IVs。对于 DGPs 1-2 和 6的 $\hat{\theta}_{\text{sieve}}$ 以及 DGP 3 的 $\hat{\theta}_{1,\text{sieve}}$ 和 $\hat{\theta}_{2,\text{sieve}}$ 的筛分估计，计算中位数偏差（median bias，计算为 $\theta(\cdot)$ 和 $\hat{\theta}_{\text{sieve}}(\cdot)$ 中位数之间的差异）和 RMSE（均方根误差，$\theta(\cdot)$ 和 $\hat{\theta}_{\text{sieve}}(\cdot)$ 点对点差异的平方根）。对于DGPs 1-3 中 $\hat{\beta}_{\text{sieve}}$，计算围绕真实值的偏差和 RMSE。对于 DGP 5 中滞后系数恒定性的设定检验，使用 500 次模拟和 300 次自助重采样来进行经验水平和功效研究。最后，比较了筛分2SLS和BCMG在 DGP 6 中的表现。模拟结果总结在表 6-1到6-6 和图 6-1 中。

**表6-1　　DGPs 1-2中非参数部分估计模拟结果**

| | | | $L_1$ | | $L_2$ | | $L_3$ | | $L_{cv}$ | |
|---|---|---|---|---|---|---|---|---|---|---|
| DGP | T | N | m.b | RMSE | m.b | RMSE | m.b | RMSE | m.b | RMSE |
| 1 | 5 | 100 | 0.1939 | 0.1123 | 0.0999 | 0.0845 | 0.1324 | 0.1194 | 0.1594 | 0.1298 |
| | | 200 | 0.0487 | 0.0372 | 0.0758 | 0.0633 | 0.0985 | 0.0861 | 0.0435 | 0.0395 |
| | 10 | 100 | 0.035 | 0.0348 | 0.0467 | 0.0402 | 0.0660 | 0.0551 | 0.0456 | 0.0399 |
| | | 200 | 0.0053 | 0.023 | 0.0245 | 0.0197 | 0.0337 | 0.028 | 0.0271 | 0.0244 |
| 2 | 5 | 100 | 0.0144 | 0.0299 | 0.02 | 0.048 | 0.0413 | 0.0714 | -0.0036 | 0.0742 |
| | | 200 | 0.0069 | 0.0124 | 0.0124 | 0.0275 | 0.0174 | 0.0398 | 0.0173 | 0.0317 |
| | 10 | 100 | 0.0057 | 0.0104 | 0.012 | 0.0232 | 0.0142 | 0.0328 | 0.0066 | 0.0354 |
| | | 200 | 0.0027 | 0.0046 | 0.0059 | 0.0106 | 0.0114 | 0.016 | -0.004 | 0.0225 |
| 3 | 5 | 100 | 0.2616 | 0.1888 | 0.0482 | 0.0484 | 0.0629 | 0.0557 | 0.0433 | 0.044 |
| | | 200 | 0.0343 | 0.0286 | 0.0262 | 0.0234 | 0.0351 | 0.029 | 0.0135 | 0.0119 |
| | 10 | 100 | 0.0225 | 0.0179 | 0.0138 | 0.0191 | 0.0192 | 0.0263 | 0.0093 | 0.0121 |
| | | 200 | -0.0056 | 0.0119 | 0.0113 | 0.0101 | 0.017 | 0.0143 | 0.0002 | 0.0131 |
| | 50 | 100 | -0.0007 | 0.0052 | 0.0034 | 0.0033 | 0.0055 | 0.0052 | 0.0374 | 0.028 |
| | | 200 | -0.0004 | 0.0017 | 0.0025 | 0.0027 | 0.0035 | 0.004 | -0.0009 | 0.0118 |

**表6-2　　DGP 3中非参数部分估计模拟结果**

| | | | $L_1$ | | $L_2$ | | $L_3$ | | $L_{cv}$ | |
|---|---|---|---|---|---|---|---|---|---|---|
| DGP 3 | T | N | m.b | RMSE | m.b | RMSE | m.b | RMSE | m.b | RMSE |
| $\theta_1(\cdot)$ | 5 | 100 | 0.2616 | 0.1888 | 0.0482 | 0.0484 | 0.0629 | 0.0557 | 0.0433 | 0.044 |
| | | 200 | 0.0343 | 0.0286 | 0.0262 | 0.0234 | 0.0351 | 0.029 | 0.0135 | 0.0119 |
| | 10 | 100 | 0.0225 | 0.0179 | 0.0138 | 0.0191 | 0.0192 | 0.0263 | 0.0093 | 0.0121 |
| | | 200 | -0.0056 | 0.0119 | 0.0113 | 0.0101 | 0.017 | 0.0143 | 0.0002 | 0.0131 |
| | 50 | 100 | -0.0007 | 0.0052 | 0.0034 | 0.0033 | 0.0055 | 0.0052 | 0.0374 | 0.028 |
| | | 200 | -0.0004 | 0.0017 | 0.0025 | 0.0027 | 0.0035 | 0.004 | -0.0009 | 0.0118 |
| $\theta_2(\cdot)$ | 5 | 100 | 0.0483 | 0.0711 | 0.0407 | 0.0359 | 0.05 | 0.0385 | 0.0271 | 0.0249 |
| | | 200 | 0.0144 | 0.0136 | 0.0123 | 0.0126 | 0.0182 | 0.016 | 0.0044 | 0.0106 |
| | 10 | 100 | 0.0212 | 0.0123 | 0.0089 | 0.0119 | 0.0092 | 0.0148 | -0.0061 | 0.0094 |
| | | 200 | 0.0012 | 0.0101 | 0.0051 | 0.0054 | 0.0113 | 0.008 | -0.0074 | 0.0146 |
| | 50 | 100 | 0.0021 | 0.0023 | 0.0019 | 0.0023 | 0.0038 | 0.0032 | 0.0006 | 0.0046 |
| | | 200 | 0.0013 | 0.0013 | 0.0007 | 0.0017 | 0.0003 | 0.0023 | 0.0002 | 0.0024 |

表6-3　　DGPs 1-3参数部分估计模拟结果

| | | | $L_1$ | | $L_2$ | | $L_3$ | | $L_{cv}$ | |
|---|---|---|---|---|---|---|---|---|---|---|
| DGP | T | N | Bias | RMSE | Bias | RMSE | Bias | RMSE | Bias | RMSE |
| 1 | 5 | 100 | 0.0027 | 0.0796 | -0.0089 | 0.0813 | -0.0118 | 0.0823 | -0.0194 | 0.0796 |
| | | 200 | -0.0043 | 0.0521 | -0.0088 | 0.0523 | -0.0133 | 0.0544 | -0.0006 | 0.0542 |
| | 10 | 100 | -0.0096 | 0.0502 | -0.0103 | 0.0502 | -0.014 | 0.0502 | -0.005 | 0.0521 |
| | | 200 | -0.0017 | 0.0338 | -0.004 | 0.0339 | -0.0042 | 0.0342 | -0.003 | 0.0342 |
| | 50 | 100 | 0.0006 | 0.0198 | 0.0001 | 0.0196 | -0.0001 | 0.0196 | 0.0049 | 0.0198 |
| | | 200 | 0.0004 | 0.0133 | 0.0002 | 0.0133 | 0 | 0.0133 | -0.0013 | 0.0138 |
| 2 | 5 | 100 | -0.0031 | 0.0791 | -0.0073 | 0.0775 | -0.0103 | 0.0768 | -0.0037 | 0.0768 |
| | | 200 | -0.0003 | 0.0541 | -0.0015 | 0.0544 | -0.0025 | 0.0545 | -0.0002 | 0.0545 |
| | 10 | 100 | 0.0014 | 0.0503 | -0.0002 | 0.0499 | -0.0011 | 0.0499 | -0.0025 | 0.0523 |
| | | 200 | -0.0005 | 0.0341 | -0.0012 | 0.0342 | -0.0017 | 0.0342 | -0.0013 | 0.0342 |
| | 50 | 100 | -0.0005 | 0.0194 | -0.0008 | 0.0194 | 0.0012 | 0.0194 | -0.0002 | 0.02 |
| | | 200 | -0.0004 | 0.0133 | -0.0005 | 0.0133 | -0.0006 | 0.0133 | -0.0007 | 0.0138 |
| 3 | 5 | 100 | 0.044 | 0.0933 | 0.0066 | 0.0875 | -0.0016 | 0.0894 | -0.0224 | 0.0884 |
| | | 200 | -0.0148 | 0.0545 | -0.0074 | 0.0532 | -0.0106 | 0.0543 | 0.0013 | 0.0537 |
| | 10 | 100 | -0.0003 | 0.0493 | -0.0032 | 0.0499 | -0.0032 | 0.0497 | -0.0016 | 0.0485 |
| | | 200 | -0.0046 | 0.0338 | -0.0003 | 0.0335 | -0.0003 | 0.0338 | 0.0011 | 0.033 |
| | 50 | 100 | -0.0004 | 0.02 | -0.0001 | 0.02 | -0.0001 | 0.02 | 0.0009 | 0.0196 |
| | | 200 | -0.0005 | 0.0135 | -0.0007 | 0.0135 | -0.0008 | 0.0136 | -0.0002 | 0.0138 |

表6-4　　非平衡面板模拟结果（DGP 4）

| | | | $L_1$ | | $L_2$ | | $L_3$ | | $L_{cv}$ | |
|---|---|---|---|---|---|---|---|---|---|---|
| | T | N | m.b | RMSE | m.b | RMSE | m.b | RMSE | m.b | RMSE |
| $\theta_1(\cdot)$ | [5,10] | 100 | 0.025 | 0.0455 | 0.0347 | 0.0362 | 0.0435 | 0.0362 | 0.0463 | 0.0371 |
| | | 200 | 0.0106 | 0.0216 | 0.0264 | 0.0233 | 0.0377 | 0.0326 | 0.0441 | 0.0275 |
| | [40,50] | 100 | 0.0066 | 0.006 | 0.0093 | 0.0079 | 0.0129 | 0.0116 | 0.009 | 0.0083 |
| | | 200 | 0.0005 | 0.0035 | 0.0046 | 0.0058 | 0.0064 | 0.0082 | 0.0046 | 0.004 |
| $\beta$ | [5,10] | 100 | -0.0011 | 0.0556 | -0.0067 | 0.0563 | -0.0079 | 0.0564 | -0.0058 | 0.0521 |
| | | 200 | -0.0024 | 0.0367 | -0.0018 | 0.0366 | -0.0029 | 0.0366 | -0.0039 | 0.0363 |
| | [40,50] | 100 | -0.0004 | 0.0207 | -0.0009 | 0.0209 | -0.0016 | 0.0209 | -0.0009 | 0.02 |
| | | 200 | -0.0011 | 0.0143 | -0.0014 | 0.0144 | -0.0018 | 0.0144 | -0.0002 | 0.0137 |

表6-5　　　　　　假设检验模拟结果（DGP 5）

| Size | | L1 | | | L2 | | | L2 | | | LCV | | |
|---|---|---|---|---|---|---|---|---|---|---|---|---|---|
| T | N | 1% | 5% | 10% | 1% | 5% | 10% | 1% | 5% | 10% | 1% | 5% | 10% |
| 5 | 100 | 0.004 | 0.02 | 0.044 | 0.004 | 0.024 | 0.054 | 0.004 | 0.012 | 0.04 | 0.006 | 0.062 | 0.114 |
| 5 | 200 | 0.004 | 0.044 | 0.078 | 0.006 | 0.024 | 0.072 | 0.001 | 0.028 | 0.07 | 0.016 | 0.062 | 0.122 |
| 10 | 100 | 0.004 | 0.036 | 0.1 | 0.01 | 0.044 | 0.092 | 0.008 | 0.054 | 0.092 | 0.014 | 0.066 | 0.12 |
| 10 | 200 | 0.008 | 0.046 | 0.088 | 0.004 | 0.034 | 0.088 | 0.008 | 0.036 | 0.096 | 0.008 | 0.03 | 0.076 |
| 50 | 100 | 0.014 | 0.066 | 0.122 | 0.014 | 0.066 | 0.112 | 0.014 | 0.07 | 0.112 | 0.008 | 0.04 | 0.09 |
| 50 | 200 | 0.002 | 0.05 | 0.098 | 0.008 | 0.042 | 0.09 | 0.008 | 0.046 | 0.09 | 0.01 | 0.04 | 0.078 |
| Power Study（I） | | | | | | | | | | | | | |
| 5 | 100 | 0.07 | 0.326 | 0.536 | 0.058 | 0.244 | 0.464 | 0.03 | 0.138 | 0.306 | 0.052 | 0.288 | 0.506 |
| 5 | 200 | 0.242 | 0.654 | 0.846 | 0.216 | 0.638 | 0.854 | 0.122 | 0.462 | 0.752 | 0.222 | 0.66 | 0.852 |
| 10 | 100 | 0.978 | 0.996 | 1 | 0.974 | 0.998 | 1 | 0.918 | 0.992 | 0.998 | 0.918 | 0.98 | 0.99 |
| 10 | 200 | 1 | 1 | 1 | 1 | 1 | 1 | 0.998 | 1 | 1 | 0.998 | 0.998 | 1 |
| 50 | 100 | 1 | 1 | 1 | 1 | 1 | 1 | 1 | 1 | 1 | 1 | 1 | 1 |
| 50 | 200 | 1 | 1 | 1 | 1 | 1 | 1 | 1 | 1 | 1 | 1 | 1 | 1 |
| Power Study（II） | | | | | | | | | | | | | |
| 5 | 100 | 0.074 | 0.276 | 0.548 | 0.038 | 0.196 | 0.416 | 0.014 | 0.01 | 0.254 | 0.072 | 0.27 | 0.51 |
| 5 | 200 | 0.32 | 0.752 | 0.898 | 0.172 | 0.598 | 0.828 | 0.102 | 0.414 | 0.718 | 0.218 | 0.678 | 0.856 |
| 10 | 100 | 0.976 | 1 | 1 | 0.98 | 1 | 1 | 0.91 | 0.996 | 1 | 0.962 | 0.996 | 1 |
| 10 | 200 | 1 | 1 | 1 | 1 | 1 | 1 | 1 | 1 | 1 | 0.998 | 0.998 | 1 |
| 50 | 100 | 1 | 1 | 1 | 1 | 1 | 1 | 1 | 1 | 1 | 1 | 1 | 1 |
| 50 | 200 | 1 | 1 | 1 | 1 | 1 | 1 | 1 | 1 | 1 | 1 | 1 | 1 |

表6-6　　　　筛分2SLS与BCWG估计的比较（DGP 6）

| | $0.5L_{CV}$ | | $L_{CV}$ | | $2L_{CV}$ | | WG | | BCWG | |
|---|---|---|---|---|---|---|---|---|---|---|
| T,N | m.b | RMSE | m.b | RMSE | m.b | RMSE | m.b | RMSE | m.b | RMSE |
| 5,100 | 0.1747 | 0.116 | 0.1342 | 0.1037 | 0.1310 | 0.1147 | 0.2961 | 0.2442 | 0.2218 | 0.1781 |
| 5,200 | 0.1484 | 0.0939 | 0.0701 | 0.0584 | 0.0517 | 0.0565 | 0.289 | 0.2438 | 0.2151 | 0.1768 |
| 10,100 | 0.101 | 0.0658 | 0.0438 | 0.0441 | 0.0461 | 0.0552 | 0.1289 | 0.1072 | 0.0766 | 0.0585 |
| 10,200 | 0.0702 | 0.0454 | 0.0285 | 0.024 | 0.0348 | 0.0321 | 0.1149 | 0.1056 | 0.0628 | 0.0567 |
| 50,100 | 0.0616 | 0.0426 | 0.0118 | 0.0083 | 0.0116 | 0.0105 | 0.0245 | 0.0191 | 0.0120 | 0.0076 |
| 50,200 | 0.059 | 0.0414 | 0.0038 | 0.0037 | 0.0048 | 0.0047 | 0.0182 | 0.0182 | 0.0057 | 0.0075 |

从模拟结果中观察到几个发现。首先，当面板是平衡的（DGPs 1-3）时，表 6-1 和表 6-2 报告了各种 $\theta(\cdot)$（或 $\theta_1(\cdot)$ 和 $\theta_2(\cdot)$）估计的中位数偏差（m.b）和均方根误差（RMSE），表 6-3 报告了 $\beta$ 的各种估计的中位数偏差（m.b）和均方根误差（RMSE）。对于所有DGP，无论是 $N$ 还是 $T$ 增加，非参数和参数部分的RMSE 都会减少；并且当 $N$ 增加四倍时，无论选择 $L_1$、$L_2$ 和 $L_3$ 个筛分近似项，RMSE 大致减半。这一观察在 $N$ 较大或 $T$ 较大时均有效。然而，应该注意的是，不同近似项$L_1$、$L_2$ 和 $L_3$ 确实对非参数部分的筛分估计有影响，即，与使用较少数量的筛分近似项相比，基于较大数量的筛分近似项的估计将具有相对较小的 RMSE，但对模型参数部分的筛分估计影响几乎可以忽略不计。这些表明，对于平衡动态面板，筛分2SLS估计是一致的，正如本章前面理论分析所示。另一方面，当面板是非平衡的（DGP 4）时，从模拟结果表6-4中，仍然可以观察到，无论 $N$ 较大还是 $T$ 较大，$\theta(\cdot)$ 和 $\beta$ 的筛分估计的 RMSE 随着 $N$ 或 $T$ 的增加而减少，这表明筛分2SLS估计也适用于非平衡面板数据模型。

对于设定检验，表 6-5 总结了本章提出检验的经验拒绝频率。从这个表中，可以看到，DGP 5 的size较为合理：无论选择多少个筛分基函数项，它们都非常接近名义值（1%、5% 和 10%）。同时，检验的功效也是合理的，拒绝频率随着 $N$ 或 $T$ 的增加而迅速提高。这些size和power表明，本章所提出的检验适用于检验线性动态面板中动态系数是否恒定。对于表 6-6 中不同估计的比较，注意到筛分2SLS估计量在 $T$ 较大或较小时，采用不同数量的筛分估计在 m.b 和 RMSE 方面表现都相当好。而当 $T$ 较小时，组内估计表现并不像预期的那样好。另一方面，BCMG 估计量在 $T$ 较大时表现相当好，这证实了 BCMG 估计量能够在 $T$ 较大时消除WG估计量的偏差。然而，BCMG 估计量在$T$较小/固定时表现不佳。这两种情况（大$T$和固定$T$）之间的差异是因为BCMG估计量仅消除了$O\left(T^{-1}\right)$阶的偏差，并且BCMG估计量引入了额外的$O\left(T^{-2}\right)$项（参见，例如，Juodis（2013））。

最后，使用LOOCV方法在图6-1中比较了估计函数系数与真实函数系数的接近程度。此时，汇报的是$N=200$和$T=10$时的DGPs 1-3和DGP 4。显然，无论面板是平衡的还是非平衡的，使用筛分2SLS估计得到的估计函数系数与真实函数系数拟合得相当好。在大多数情况下，估计的函数系数的形状几乎与真实函数高度一致，并且真实函数位于LOOCV逼近的95%置信区间内，这表明使用筛分项来逼近未知函数系数是有效的。总之，模拟结果证实了筛分2SLS估计表现合理。

# 第六节　结论

在本章中，研究了部分线性函数系数动态面板数据模型的筛分2SLS估计，其中一些协变量对因变量的影响随着一组低维条件变量变化。建立了当样本大小$N$和$T$同时趋向于无穷大，或者仅$N$趋向于无穷大时，参数和非参数部分估计量的渐近性质。本章还提出了一个用于检验模型中非参数部分是否为常数的设定检验。蒙特卡洛模拟表明，筛分2SLS估计和设定检验在有限样本中表现非常好。

后续，有多个方向值得进一步研究。首先，本章没有讨论最优IVs的选择。由于需要IVs来估计参数和非参数部分，可能需要分别考虑用于估计非参数部分和参数部分的IVs的选择。其次，正如模拟所示，筛分近似中基函数个数选择确实对模型非参数部分的估计有影响，如何在面板数据模型的下选择最优的筛分近似项数量仍是一个未解决的问题。

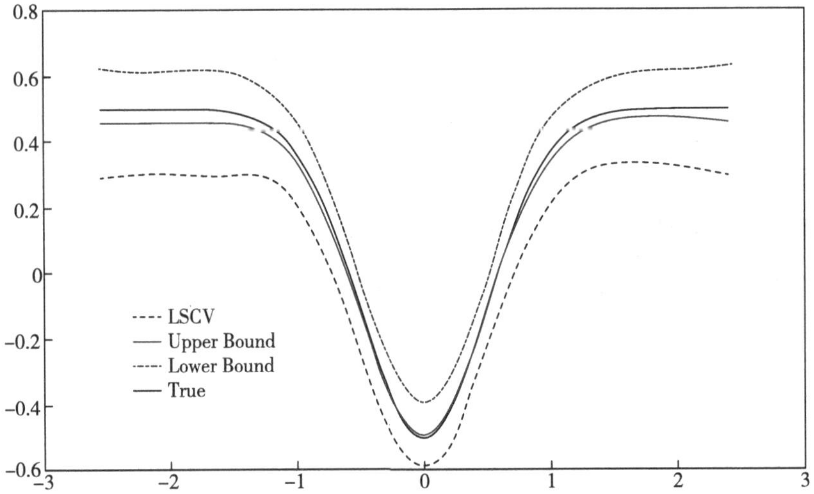


（1）DGP 1 中 $\theta$的估计

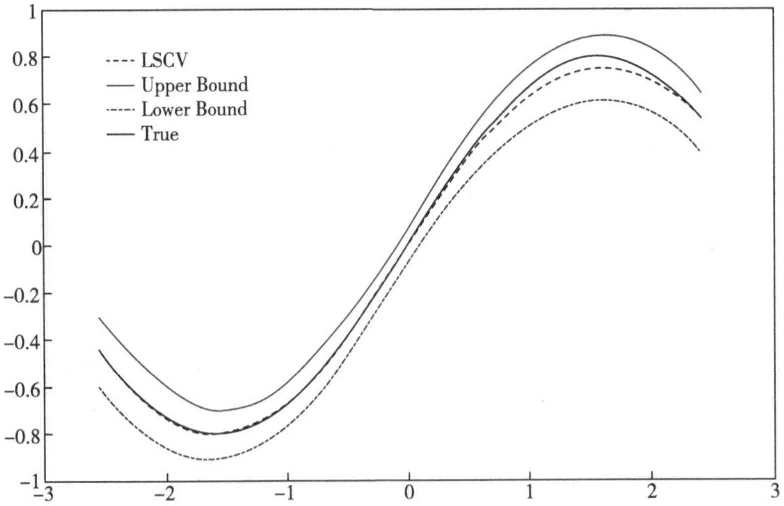


（2）DGP 2 中 $\theta$的估计

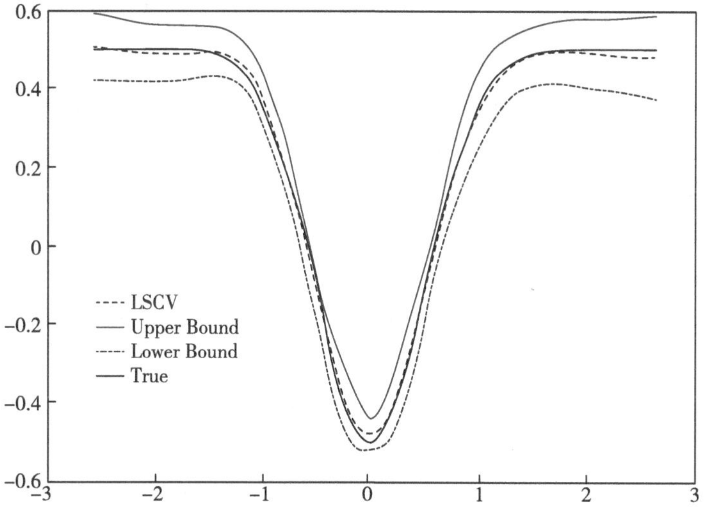


（3）DGP 3 中 $\theta_1$ 的估计

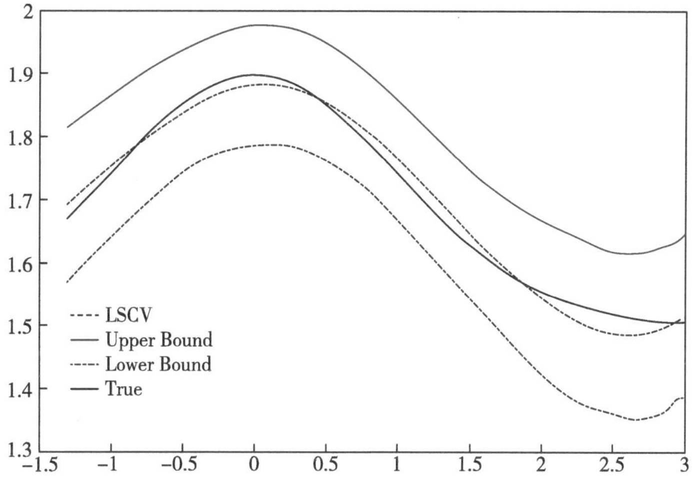


（4）DGP 3 中 $\theta_2$ 的估计

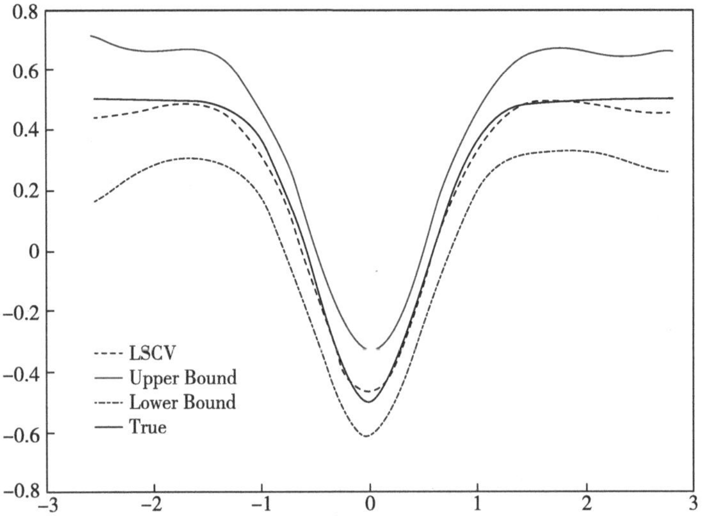


（5）DGP 4 中 $\theta$的估计

**图 6-1　函数系数的筛分估计量**

# 第七章
# 因子增广回归模型

## 第一节 引言

随着科技的迅速发展和进步，数据的收集、存储和处理的能力大大提高，因此积累了大量的数据和信息，使得经济学家可以在丰富的数据环境中开展各项研究工作。作为从大型数据集中总结和提取信息的有效方式之一，因子模型在数据科学的这一革命性时代受到了广泛关注，并已在实证研究中得到广泛应用。在经济学和金融学中，因子模型的部分应用包括Ross（1976）的套利定价理论（APT, Arbitrage Pricing Theory）、Gregory和 Head（1999）以及Forni 和 Reichlin（1998）微观商业周期模型（business cycle model）、Stock 和 Watson（1998, 2002a,b）和Bai 和 Ng（2006）的扩散指数（diffusion index）监测和预测模型；Gorman（1981）的需求系统，以及Greenaway-McGrevy 等（2018）的汇率共同因子识别等。参见Bai 和 Ng（2008），Bai和 Wang（2016），Xu等（2016），Swanson和 Xiong（2018），Karabiyik 等（2019）和Fan

等（2021）从不同角度出发对因子模型的一系列选择性综述。

本章主要提供了因子增广回归（Factor-Augmented Regression，简写为FAR）模型的基本理论以及该方法在金融中应用的一个选择性回顾。在FAR框架中，因子通常从一组大型观测数据中估计出来，然后作为“生成的变量”(generated regressors)，进入其他模型，如线性预测模型、分位数回归模型或面板回归模型等。自从Stock 和 Watson（2002b）的开创性论文以来，FAR模型已得到了广泛应用。一旦提取出因子成分，它们就可以用来追踪经济中的衰退日期（Stock 和 Watson，2016）、预测比较（Boivin 和 Ng，2005）、衡量不确定性（Jurado等，2015）和货币政策评估（Bernanke 和 Boivin，2003）等。

在因子模型文献中，目前已有多种不同的方法可用于估计因子，如基于样本协方差矩阵特征分析的主成分分析（PCA）、最大似然估计（MLE），和基于因子模型的低秩结构的低秩正则化方法。在所有这些估计方法中，PCA在实证应用中最受欢迎。作为一种将大量序列的信息内容转换为少数几个可管理的序列的简单方法，在某些假设下，PCA可以为共同因子的旋转提供一个一致的估计，并对因子空间的估计具有一致性。本章重点介绍因子的PCA估计方法。

本章的其余部分组织如下。在第二节介绍因子模型及其PCA估计量。第三节回顾了时间序列数据的FAR，其中主要包括扩散指数模型和模型选择问题。第四节重点讨论非线性FAR模型，包括因子增广的分位数回归模型、因子增广的非线性模型以及带有结构变化和阈值效应的FAR模型。第五节回顾了FAR在面板数据中应用。第六节介绍FAR在金融市场的两个应用。第七节给出结束语。

# 第二节　因子模型

在这一部分，首先介绍Bai（2003）的高维因子模型，然后简要回顾PCA估计量的主要理论性质。

一个典型的因子模型具有以下表示形式：

$$X_{it}=\lambda_i' F_t+e_{it}, \tag{7.1}$$

$i=1,\ldots,N, t=1,\ldots,T$，其中，$X_{it}$是第$i$个横截面单位或变量在时间$t$观测到的数据，$F_t$是一个$r\times 1$的共同潜在因子向量，$\lambda_i$是一个$r\times 1$的因子载荷向量，$e_{it}$是个体特异误差。$F_t$和 $\lambda_i$都是不可观测的。通常对估计共同因子$F=\left(F_1,\ldots,F_r\right)'$，因子载荷$\Lambda=\left(\lambda_1,\ldots,\lambda_N\right)'$，以及共同成分 $C_{it}=\lambda_i' F_t$感兴趣，并在当$N$和$T$同时趋向于无穷大时，研究这些估计量的性质。

本章主要关注平稳因子模型。对于非平稳因子模型的非常全面的综述，可参考Bai和Ng （2008）的第6章。对于平稳因子模型，文献中有三种通用方法来估计因子模型（7.1）。一种是极大似然估计，一种是PCA方法，还有一种是低秩正则化。在本文中，我们的兴趣限制在PCA估计量上，主要原因在于它比其它方法相对简单，且在应用中更受欢迎。对于因子模型的极大似然估计和低秩正则化方法，可分别参考Bai和Li（2014）和Fan等（2020）的第3.2节。

设 $X_i=\left(X_{i1},\ldots,X_{iT}\right)'$，$X=\left(X_1,\ldots,X_N\right)$，$e_i=\left(e_{i1},\ldots,e_{iT}\right)'$，$e=\left(e_1,\ldots,e_N\right)$，和$\Lambda=\left(\lambda_1,\ldots,\lambda_N\right)'$。那么，模型（7.1）可以写成向量形式

$$X_i=F\lambda_i+e_i,$$

或矩阵形式：

$$X = F\Lambda' + e。$$

注意到 $F\Lambda' = FHH^{-1}\Lambda'$ 对于任何可逆的 $r \times r$ 矩阵 $H$ 都成立，因此 $F$ 和 $\Lambda$ 不能被单独识别。Bai和Ng （2002）施加了以下识别限制：

$$\frac{F'F}{T} = I \text{和} \Lambda\Lambda' \text{是对角矩阵。}$$

$F$ 的归一化和 $\Lambda\Lambda'$ 的对角化给出的限制，固定了矩阵 $H$ 中的 $r$ 个自由参数。然而，$F$ 和 $\Lambda$ 的列符号仍未确定。或者，可以使用因子载荷的归一化（$\Lambda\Lambda'/N = I$）和因子的对角化（$F'F$ 是对角矩阵）作为识别限制。关于更多的其他识别限制方法，见Bai和Ng （2013）。

对于任何 $k\left(k \leqslant \min[T,N]\right)$，$k$ 个因子的PCA估计量由下式给出：

$$\left(\hat{F}^k, \hat{\Lambda}^k\right) = \arg\min_{F^k, \Lambda^k} S(k),$$

其中

$$S(k) = \frac{1}{NT}\sum\nolimits_{i=1}^{N}\sum\nolimits_{t=1}^{T}\left(X_{it} - F_t^{k\prime}\lambda_i^k\right)^2$$

受到以下限制：

(PCI) $\dfrac{F^{k\prime}F^k}{T} = I_k$ 并且 $\Lambda^{k\prime}\Lambda^k$ 是对角矩阵；或者

(PC2) $\dfrac{\Lambda^{k\prime}\Lambda^k}{N} = I_k$ 并且 $F^{k\prime}F^k$ 是对角矩阵。

在限制(PCI)下，可以通过

$$\Lambda^k = \left(F^{k\prime}F^k\right)^{-1}\Lambda^{k\prime}X = \Lambda^{k\prime}X/T$$

来消去 $\Lambda^k$，并得到

$$\hat{F}^k = \operatorname{argmin}\ \operatorname{tr}\left(X'M_{F^k}X\right)$$

$$= \operatorname{argmax}\ \operatorname{tr}\left(X'P_{F^k}X\right)$$

$$= \operatorname{argmax} \operatorname{tr}\left(F^{k'} XX' F^{k}\right),$$

其中 $M_{F^k} = I_T - F^k\left(F^{k'}F^k\right)^{-1}F^{k'} = I_T - \frac{F^kF^{k'}}{T}$ 以及 $P_{F^k} = F^k\left(F^{k'}F^k\right)^{-1}F^{k'} = \frac{F^kF^{k'}}{T}$。因子矩阵估计 $\hat{F}^k$ 由 $\sqrt{T}$ 乘以 $T \times T$ 矩阵 $XX'$ 的 $k$ 个最大特征值对应的特征向量给出，因子载荷通过使用限制（PCI）的 $\hat{\Lambda}^k = \hat{F}^{k'}X / T$ 来估计。现在，限制 $\Lambda^{k'}\Lambda^k$ 为对角矩阵自动满足。或者，可以使用限制（PC2），并先消除 $F^k$ 来获得另一组估计量 $\left(\tilde{F}^k, \tilde{\Lambda}^k\right)$：$\tilde{\Lambda}^k$ 是 $\sqrt{N}$ 乘以 $N \times N$ 矩阵 $X'X$ 的 $k$ 个最大特征值对应的特征向量，并且 $\tilde{F}^k = X\tilde{\Lambda}^k / N$。设 $\tilde{V}_k$ 是 $k \times k$ 对角矩阵，由 $X'X / (TN)$（或 $XX / (TN)$）矩阵的前 $k$ 个最大特征值按降序排列组成。可以证明

$$\frac{\hat{\Lambda}^{k'}\hat{\Lambda}^k}{N} = \frac{\tilde{F}^{k'}\tilde{F}^k}{T} = \tilde{V}_k$$

$$\tilde{F}^k = \hat{F}^k\left(\tilde{V}_{.k}\right)^{\frac{1}{2}}$$

$$\hat{\Lambda}^k = \tilde{\Lambda}^k\left(\tilde{V}_k\right)^{1/2}$$

为了确定因子的个数 $k$，Bai和Ng（2002）提出通过最小化以下信息标准来估计它：

$$\hat{k}_{IC} = \arg\min_{0 \leqslant k \leqslant k_{\max}} IC(k),$$

其中，$IC(k) = logS(k) + kg(N,T)$，或者

$$\hat{k}_{PC} = \arg\min_{0 \leqslant k \leqslant k_{\max}} PC(k),$$

其中，$PC(k) = S(k) + \sigma^{-2}kg(N,T)$，$\sigma^{-2}$ 用作 $PC(k)$ 中适当的缩放惩罚项，$k_{\max}$ 为一个事先给定较大的正整数，且大于真实的因子个数 $r$。$g(N,T)$ 是一个惩罚函数，需要满足：

(i) $g(N,T) \to 0$；

(ii) 当 $(N,T) \to \infty$ 时，$\delta_{NT}g(N,T) \to \infty$，其中 $\delta_{NT} = \min\left[\sqrt{N},\right.$

$\sqrt{T}\Big]$。

$g(N,T)$典型的例子包括：

$$g_1(N,T)=\frac{N+T}{NT}\ln\left(\frac{NT}{N+T}\right),$$

$$g_2(N,T)=\frac{N+T}{NT}\ln\left(\delta_{NT}^2\right),$$

$$g_3(N,T)=\frac{\ln\left(\delta_{NT}^2\right)}{\delta_{NT}^2}。$$

对于$PC(k)$，$\sigma^2$通常由$S(k_{\max})$来估计。

在因子模型的标准条件下，Bai和Ng（2002）证明了随着$(N,T)\to\infty$，

$$\Pr\left(\hat{k}_{IC}=r\right)\to 1 \text{ 和 } \Pr\left(\hat{k}_{PC}=r\right)\to 1。$$

这说明上述两个信息准则都可以提供因子个数的一致估计。如Bai和Ng（2002）的模拟所示，当$N$和$T$都很大时，标准$(IC,PC)$与$g_1,g_2,g_3$的组合表现都非常好；当$N$或$T$较小且误差在$i$和$t$之间不相关时，采用$g_1$和$g_2$的$IC$在有限样本中表现更好。注意到，估计的因子和因子载荷的大样本理论不受使用信息标准估计因子数量的影响，因此在本章中，假设$r$是已知的。

在面板因子文献中还有其它确定因子数量的标准；如Onatski（2009）基于高维随机矩阵理论的检验方法，Ahn和Horenstein（2013）基于计算特征值比（ER，eigenvalues ratio）和增长比（GR）估计量，Alessi等（2010）对Bai和Ng（2002）的信息标准进行了修改，加入了额外的调整乘数常数，以及Li等（2017）对因子模型的信息标准的拓展，允许模型中因子数量会随着样本量增加而增大。

由于本章侧重于FAR，我们对PCA估计得到的因子的大样本理论性质感兴趣。因此，在本章中，只陈述Bai（2003）中估计因子的

极限理论。对于估计的因子载荷和共同成分的极限分布，有兴趣的读者可参考Bai（2003）中的定理2-3。设 $F_t^0$ 和 $\lambda_i^0$ 分别表示真实因子和因子载荷。在因子模型的标准假设下，Bai（2003）证明了：

(i) 如果 $\sqrt{N}/T \to 0$，则对于每个 $t$，

$$\sqrt{N}\left(\hat{F}_t - H'F_t^0\right) = V_{NT}^{-1}\left(\frac{\hat{F}'F^0}{T}\right)\frac{1}{\sqrt{N}}\sum_{i=1}^{N}\lambda_i^0 e_{it} + O_p\left(\frac{\sqrt{N}}{T}\right)\xrightarrow{d}$$

$$N\left(0, V^{-1}Q\Gamma_t Q'V^{-1}\right), \tag{7.2}$$

其中，$H = V_{NT}^{-1}\left(\frac{\hat{F}'F^0}{T}\right)\left(\frac{\Lambda^{0'}\Lambda^0}{N}\right)$ 是一个渐近可逆的 $r\times r$ 矩阵，$V_{NT}$ 是一个对角矩阵，其对角元由矩阵 $XX'/(NT)$ 的非零特征值中的前 $r$ 个最大特征值从大到小排列而成，$V = diag\left(v_1,\ldots,v_r\right)$，$Q = \text{plim}_{T\to\infty}\frac{\hat{F}'F^0}{T} = V\Upsilon\Sigma_\Lambda^{-1/2}$，$v_1 > \cdots > v_r$ 是 $\Sigma_\Lambda^{1/2}\Sigma_F\Sigma_\Lambda^{1/2}$ 的特征值，$\Upsilon$ 是对应的特征向量矩阵，满足 $\Upsilon'\Upsilon = I$，$\Sigma_\Lambda = \text{plim}_{N\to\infty}\Lambda^{0'}\Lambda^0/N$，$\Sigma_F = \text{plim}_{T\to\infty}F^{0'}F^0/T$，

$$\Gamma_t = \lim_{N\to\infty}\frac{1}{N}\sum_{i=1}^{N}\sum_{j=1}^{N}\lambda_i^0\lambda_j^{0'}E\left(e_{it}e_{jt}\right)。$$

(ii) 如果 $\text{liminf}\sqrt{N}/T \geqslant \tau > 0$，则

$$T\left(\hat{F}_t - H'F_t^0\right) = O_p(1)。\tag{7.3}$$

从上述结果中，我们看到每个估计因子的收敛速率为 $\min\{N^{1/2},T\}$，并且当 $\sqrt{N}/T \to 0$ 时，通常具有渐近正态性。速率 $\min\{N^{1/2},T\}$ 反映了因子载荷是被估计的这一事实；如果 $\lambda_i^0$ 是已知的，则对于 $F_t^0$ 的横截面最小二乘估计的收敛速率是 $N^{1/2}$。

对因子估计进行推断需要渐近方差 $\text{Avar}\left(\hat{F}_t\right) = V^{-1}Q\Gamma_t Q'V^{-1}$ 的一致（consistent）估计量。Bai（2003）提出了以下估计：

$$\widehat{Avar}\left(\hat{F}_t\right) = V_{NT}^{-1}\hat{\Gamma}_t V_{NT}^{-1}, \tag{7.4}$$

其中 $r\times r$ 协方差矩阵 $\Gamma_t$ 可以通过以下方式估计：

(a) $\hat{\Gamma}_t=\frac{1}{N}\sum_{i=1}^{N}\hat{\lambda}_i\hat{\lambda}_i'\hat{e}_{it}^2$，

(b) $\hat{\Gamma}_t=\hat{\sigma}_e^2\frac{1}{N}\sum_{i=1}^{N}\hat{\lambda}_i\hat{\lambda}_i'$，

(c) $\hat{\Gamma}=\frac{1}{N}\sum_{i=1}^{n}\sum_{j=1}^{n}\hat{\lambda}_i\hat{\lambda}_j'\ \frac{1}{T}\sum_{t=1}^{T}\hat{e}_{it}\hat{e}_{jt}$，

其中，(c)里面的 $n$ 需满足条件 $\frac{n}{\min[N,T]}\to 0$，$\hat{e}_{it}$ 为残差项。当 $i\neq j$ 时，$e_{it}$ 与 $e_{jt}$ 不相关，(a)是有效的；当 $i\neq j$ 时，$e_{it}$ 与 $e_{jt}$ 不相关，且 $E\left(e_{it}^2\right)=\sigma_e^2$ 时，(b)有效；(c) 由Bai （2003）提出，称为横截面和异方差自相关一致（CS-HAC）估计量，在额外协方差平稳性假设下，适用于横截面和序列相关（$E\left(e_{it}e_{jt}\right)=\sigma_{ij}$）且有异方差的误差。至于 $n$ 的选择，Bai（2003）提出了一个简单的规则：$n=\min\left\{\lfloor N^{1/2}\rfloor,\lfloor T^{1/2}\rfloor\right\}$，其中 $\lfloor x\rfloor$ 表示小于 $x$ 的最大整数。

由于我们关注是估计的因子作为回归变量在下一阶段使用，因此本章列出下列估计因子 $\widehat{F_t}$ 的一致性结果：

$$\max_{1\leqslant t\leqslant T}\left\|\hat{F}_t-H'F_t^0\right\|=O_p\left(T^{-1/2}+\left(T/N\right)^{1/2}\right)。$$

Bai和Ng （2008）提供了一个更精确的界限：如果存在 $\ell\geqslant 4$,使得对于所有的 $t$ 都有 $E\left\|F_t^0\right\|^{\ell}\leqslant M$ 和 $E\left\|N^{-1/2}\sum_{i=1}^{N}\lambda_i^0 e_{it}\right\|^{\ell}\leqslant M$ 成立，那么

$$\max_{1\leqslant t\leqslant T}\left\|\hat{F}_t-H'F_t^0\right\|=O_p\left(T^{-1+1/\ell}+T^{1/\ell}N^{1/2}\right)。$$

当 $\ell=4$ 时，如果 $T/N^2\to 0$，那么

$$\max_{1\leqslant t\leqslant T}\left\|\hat{F}_t-H'F_t^0\right\|=O_p\left(T^{-3/4}+T^{1/4}N^{1/2}\right)\to_p 0。$$

此外，以下结果与FAR相关：

(i) $\frac{1}{T}\sum_{t=1}^{T}\left\|\hat{F}_t-H'F_t^0\right\|^2=O_p\left(\delta_{NT}^{-2}\right)$；

(ii)假设 $\xi_t$ 对于所有的 $i$ 和 $t$ 与 $e_{it}$ 不相关，并且对于所有的 $t$，

$E\left|\xi_t\right|^2 \leqslant M$，则有

$$\frac{1}{T}\sum_{t=1}^{T}\left(\hat{F}_t - H'F_t^0\right)\xi_t = O_p\left(\delta_{NT}^{-2}\right)。$$

# 第三节　时间序列数据的 FAR 模型

在本节中，我们主要回顾Stock和Watson （2002a,b）以及Bai和Ng （2006）中的FARs预测模型。

## 一、扩散指数预测模型

当FAR模型应用于时间序列数据时，通常是为了在数据丰富的环境下预测某些目标变量。考虑以下的$h$-步预测模型，$h \geqslant 1$：

$$y_{t+h} = \alpha' F_t + \beta' W_t + \epsilon_{t+h}, t = 1, \ldots, T, \tag{7.5}$$

其中，$F_t$是一个$r\times 1$的不可观测的因子向量，$W_t$是一个低维可观测向量，通常包括截距和$y_t$的滞后项，或季节性虚拟变量，$\epsilon_{t+h}$是误差项。显然，给定$E\left(\epsilon_{t+h} \mid \mathcal{F}_t\right)=0$，其中$\mathcal{F}_t = \sigma\left\{F_t, W_t, F_{t-1}, W_{t-1}, \ldots\right\}$表示$t$时的信息集，那么$y_{t+h}$的最佳线性预测是：

$$y_{T+h|T} = E\left(y_{T+h} \mid \mathcal{F}_t\right) = \alpha' F_t + \beta' W_t。 \tag{7.6}$$

由于$F_t$不可观测，基于观测数据$\left\{W_t, y_t\right\}$，我们并不能直接得到$y_{T+h|T}$的均方误差最优预测。

在一个数据丰富的环境下，假设在第$t$期有大量的时间序列观测

变量 $\underline{X}_t=\left(X_{1t},\ldots,X_{Nt}\right)'$，且具有以下因子结构：

$$X_{it}=\lambda_i'F_t+e_{it}\text{。} \tag{7.7}$$

显然，$X_{it}$ 与潜在因子 $F_t$ 相关，并且是 $y_{t+h}$ 的带有噪声的预测变量。然而，因为 $\underline{X}_t$ 的维度 $N$ 太大，我们不能直接将 $y_{t+h}$ 回归到 $\underline{X}_t$ 和 $W_t$ 上来构造预测，除非在回归中施加一些特殊的结构限制。相反，我们可以通过主成分分析（PCA）从可观测的数据 $\{X_{it}\}$ 中提取因子，然后使用PCA估计出来的因子来构造可行的预测。

当目标变量 $y_{t+h}$ 是一个标量时，框架（7.5）和（7.7）就是由Stock和Watson（2002b）提出的著名的扩散指数（DI，Diffusion Index）预测模型。DI可以将预测变量的维度从 $N$ 减少到一个更小的数 $r$，即因子 $F_t$ 的维度。也就是说，它可以以一种简洁的方式来利用大量数据背后的信息。由于其在大数据集方面建模的优势以及在实际分析中的有效性，DI框架已被许多不同国家政府机构和学术研究人员广泛使用。

现在，我们转向构建DI预测。对于模型（7.5），考虑基于数据 $\{X_{it},i=1,\ldots,N,t=1,\ldots,T\}$ 的PCA估计 $\hat{F}_t$，根据（7.2），我们知道 $\hat{F}_t$ 是某个可逆旋转矩阵 $H$ 下 $H'F_t$ 的一致估计量。使用通常的最小二乘法，将 $y_{t+h}$ 回归到 $\hat{F}_t$ 和 $W_t$ 以获得 $\hat{\delta}=\left(\hat{\alpha}',\hat{\beta}'\right)'$，即，

$$\hat{\delta}=\operatorname{argmin}\sum_{t=1}^{T-h}\left(y_{t+h}-\alpha'\hat{F}_t-\beta'W_t\right)^2=\left(\sum_{t=1}^{T-h}\hat{z}_t\hat{z}_t'\right)^{-1}\sum_{t=1}^{T-h}\hat{z}_t y_{t+h},$$

其中 $\hat{z}_t=\left(\hat{F}_t',W_t'\right)'$。设 $\delta=\left(\alpha'H^{-1},\beta'\right)'$ 和 $z_t=\left(F_t',W_t'\right)'$。重写预测模型如下，

$$\begin{aligned}y_{t+h}&=\alpha'F_t+\beta'W_t+\epsilon_{t+h}\\&=\alpha'H^{-1}\hat{F}_t+\beta'W_t+\epsilon_{t+h}+\alpha'H^{-1}\left(HF_t-\hat{F}_t\right)\\&=\delta'\hat{z}_t+\epsilon_{t+h}+\alpha'H^{-1}\left(HF_t-\hat{F}_t\right)\text{。}\end{aligned}$$

得到以下的分解：

$$\sqrt{T}\left(\hat{\delta}-\delta\right)=\left(\frac{1}{T}\sum_{t=1}^{T-h}\hat{z}_t\hat{z}_t'\right)^{-1}\frac{1}{\sqrt{T}}\sum_{t=1}^{T-h}\hat{z}_t\epsilon_{t+h}$$

$$+\left(\frac{1}{T}\sum_{t=1}^{T-h}\hat{z}_t\hat{z}_t'\right)^{-1}\frac{1}{\sqrt{T}}\sum_{t=1}^{T-h}\hat{z}_t\left(HF_t-\hat{F}_t\right)'H^{-1}\alpha,$$

其中第一项是 $O_p(1)$，并在 $\sqrt{T}/N\to 0$ 时为主导项；根据Bai和Ng（2006）的引理A.1(ii),第二项是 $O_p\left(\sqrt{T}/N+T^{-1/2}\right)$。在一些正则条件下，Bai和Ng（2006）证明了当 $\sqrt{T}/N\to 0$ 时，$\hat{\delta}$ 是 $\delta$ 的 $\sqrt{T}$ 一致估计，且具有渐近正态分布。具体来说，当 $\sqrt{T}/N\to 0$ 时，Bai和Ng（2006）建立了：

$$\sqrt{T}\left(\hat{\delta}-\delta\right)\xrightarrow{d}N\left(0,\Sigma_\delta\right),\tag{7.8}$$

其中 $\Sigma_\delta=\Phi_0^{-1}\Sigma_{zz}^{-1}\Sigma_{zz,\epsilon}\Sigma_{zz}^{-1}\Phi_0^{-1}$，$\Phi_0=diag\left(V^{-1}Q\Sigma_\Lambda,I\right)$, $\Sigma_{zz}=\operatorname{plim}_{T\to\infty}\frac{1}{T}\sum_{t=1}^{T}z_t z_t'$，和 $\Sigma_{zz,e}=\operatorname{plim}_{T\to\infty}\frac{1}{T}\sum_{t=1}^{T}z_t z_t'\epsilon_{t+h}^2$。$\Sigma_\delta$ 的一个异方差稳健（HC，heteroskedasticity-consistent）估计量由下式给出：

$$\hat{\Sigma}_\delta=\left(\frac{1}{T_h}\sum_{t=1}^{T_h}\hat{z}_t\hat{z}_t'\right)^{-1}\left(\frac{1}{T}\sum_{t=1}^{T}\hat{z}_t\hat{z}_t'\hat{\epsilon}_{t+h}^2\right)\left(\frac{1}{T_h}\sum_{t=1}^{T_h}\hat{z}_t\hat{z}_t'\right)^{-1},\tag{7.9}$$

其中 $\hat{\epsilon}_{t+h}=y_{t+h}-\hat{\delta}'\hat{z}_t$，$T_h=T-h$。

给定 $\hat{\delta}$ 的一致性，$y_{T+h}$ 的可行预测由下式给出：

$$\hat{y}_{T+h|T}=\hat{\alpha}'\hat{F}_T+\hat{\beta}'W_T=\hat{z}_T'\hat{\delta}。\tag{7.10}$$

为了对可行预测进行统计推断，注意到

$$\hat{y}_{T+h|T}-y_{T+h}=\hat{z}_T'\hat{\delta}-z_T'\delta=\alpha'H^{-1}\left(\hat{F}_t-HF_t\right)+\hat{z}_T'\left(\hat{\delta}-\delta\right),\tag{7.11}$$

上述分解右侧表达有两部分，分别来自于 $\hat{F}_t$ 和 $\hat{\delta}$ 的估计。回想一下，当 $\sqrt{T}/N\to 0$ 时，$\sqrt{N}\left(\hat{F}_T-H'F_T\right)\xrightarrow{d}N\left(0,\operatorname{Avar}\left(\hat{F}_T\right)\right)$，其中 $\operatorname{Avar}\left(\hat{F}_T\right)=V^{-1}Q\Gamma_T Q'V^{-1}$。这个结果与（7.7）相结合，给出了以下结论：

$$\frac{\sqrt{N}\left(\hat{y}_{T+h|T}-y_{T+h}\right)}{\sqrt{\operatorname{Var}\left(\hat{y}_{T+h|T}\right)}} \xrightarrow{d} N(0,1),$$

其中

$$\operatorname{Var}\left(\hat{y}_{T+h|T}\right)=\frac{1}{T}\hat{z}_T' Avar\left(\hat{\delta}\right)\hat{z}_T+\frac{1}{N}\hat{\alpha}' Avar\left(\hat{F}_T\right)\hat{\alpha}。$$

预测误差由下式给出

$$\hat{\epsilon}_{T+h|T}=y_{T+h}-\hat{y}_{T+h|T},$$

并且它的方差由 $\operatorname{Var}\left(\hat{\epsilon}_{T+h|T}\right)=\operatorname{Var}\left(\hat{y}_{T+h|T}\right)+\operatorname{Var}\left(\epsilon_{T+h}\right)$ 给出。如果进一步假设 $\epsilon_{t+h}$ 服从方差 $\sigma^2$ 的正态分布，则预测误差也近似为正态分布：

$$\hat{\epsilon}_{T+h|T} \xrightarrow{d} N\left(0, \sigma^2+\operatorname{Var}\left(\hat{y}_{T+h|T}\right)\right)。$$

由上述结论，可以为预测构建置信区间（CI）。

注意到（7.9）给出了 $\operatorname{Avar}\left(\hat{\delta}\right)$ 的一致估计量，而（7.5）给出了 $\operatorname{Avar}\left(\hat{F}_T\right)$ 的一致估计量，我们可以直接构造预测的置信区间。如对变量 $y_{T+h}$ 预测的95%的CI可以由下列表达式给出：

$$\left[\hat{y}_{T+h|T}-1.96\sqrt{\hat{\sigma}^2+\widehat{\operatorname{Var}}\left(\hat{y}_{T+h|T}\right)}, \hat{y}_{T+h|T}+1.96\sqrt{\hat{\sigma}^2+\widehat{\operatorname{Var}}\left(\hat{y}_{T+h|T}\right)}\right],$$

其中

$$\widehat{\operatorname{Var}}\left(\hat{y}_{T+h|T}\right)=\frac{1}{T}\hat{z}_T'\widehat{\operatorname{Avar}}\left(\hat{\delta}\right)\hat{z}_T+\frac{1}{N}\hat{\alpha}'\widehat{\operatorname{Avar}}\left(\hat{F}_T\right)\hat{\alpha}$$

且 $\hat{\sigma}^2=\frac{1}{T-h}\sum_{t=h+1}^{T}\hat{\epsilon}_{t+h}^2$ 与 $\epsilon_{t+h}=y_{t+h}-\hat{\delta}'\hat{z}_t$。关于因子模型的自助（bootstrap）预测区间，可参考Gonalves等（2017）。自助法可以放宽误差项正态性的假设，并在更一般条件下构造有效的预测区间。此外，即使在正态性假设下，自助过程在 $N$ 相对较小时也会获得更加精确的区间。

因子估计量 $\hat{F}_t$ 可以与 $m$ 维的 $W_t$ 向量组合，形成一个因子增广向量自回归（FAVAR）模型。这个模型最初由Bernanke等（2005）提出，用于衡量货币政策。FAVAR模型假设大量的经济变量由一个小的向量自回归（VAR）过程驱动，其中包括了少数潜在变量和部分观察变量。具体来说，在FAVAR中，未观察到的因子$F_t$和观察到的因子$W_t$影响能够影响到大量的可观测变量$X_{it}$：

$$X_{it}=\lambda_i'F_t+\gamma_i'W_t+e_{it},$$

并且随机向量$G_t=\left(F_t',W_t'\right)'$遵循有限阶数的VAR过程：

$$\Phi\left(L\right)G_t=u_t,$$

其中$\Phi\left(L\right)$是滞后算子的多项式，$u_t\sim\left(0,{\sigma_u}^2\right)$是独立同分布的。对于上述模型，Bernanke等（2005）提出了两种分析系统的方法。第一种是两步法：步骤1. 使用PCA估计$\hat{F}_t$，可以使用各种识别方法来获得估计$\hat{F}_t$；步骤2. 将估计因子$\hat{F}_t$视为已观察到的，进行$\hat{G}_t=\left(\hat{F}_t',W_t'\right)'$的VAR分析。由于“生成的回归变量”问题，两步估计量与标准因子模型有不同的推断理论；见Bai等（2016）。第二种方法是考虑使用Gibbs抽样的一步似然方法联合估计潜在因子和脉冲响应。这两种方法可以相互补充，第一种方法在计算上更简单，第二种方法可能提供更好的样本推断，但计算成本更高。有兴趣的读者，可以参考Bernanke等（2005），Stock和Watson（2012），以及Bai和Wang（2016）。

## 二、扩散指数预测模型的模型选择

在DI预测模型中，（7.10）的预测构造依赖于目标变量$y_{t+h}$和大量的变量$X_{it},i=1,\ldots,N$具有相同的一组潜在因子的事实。在实际应用中，从可观测的$X_{it}$中提取的一些因子可能为预测目标变量提供无用的信息。在文献中，已经有不同的方法来选择重要预测变量（包括估计出来的因子和可观测的预测变量），如模型选择标准、广义交叉验证、具有稀疏性假设的收缩估计和模型平均技术等。

在接下来的部分中，我们回顾了DI预测模型中常用的三种变量选择标准。

Grocn和Kapctanios（2013）变量选择标准。设$\hat{F}-\left(\hat{F}_1,\ldots\hat{F}_T\right)'$是将PCA应用于模型（7.7）估计得到的$T\times r$的因子矩阵，其中因子数量$r$可以通过Bai和Ng（2002）的标准来确定。设$\widehat{\mathcal{F}}$表示估计因子变量的集合，具体表示为

$$\widehat{\mathcal{F}}=\left\{\left\{\hat{F}_t^{(1)}\right\}_{t=1}^T\left\{\hat{F}_t^{(2)}\right\}_{t=1}^T,\cdots,\left\{\hat{F}_t^{(s)}\right\}_{t=1}^T\right\},$$

其中$\hat{F}_t^{(l)}$表示在时间$t$的第$l$个候选估计因子集合，包括$\hat{F}_t$的$d_l$个元素；候选集的总数是$s$。设$\hat{F}^{(l)}=\left(\hat{F}_1^{(l)},\ldots,\hat{F}_T^{(l)}\right)'$表示第$l$个候选集元素包含的估计出来的$T\times d_l$因子矩阵。当有$r$个估计因子时，有$2^r$个不同的预测模型，显然有$s\leqslant 2^r$。当$r$不是太大时，可以考虑所有$2^r$个子集作为候选集；但是当组合数量太大时，可以考虑它的一个较小的子集。此外，设

$$\mathcal{F}=\left\{\left\{F_t^{(1)}\right\}_{t=1}^{\infty},\left\{F_t^{(2)}\right\}_{t=1}^{\infty},\cdots,\left\{F_t^{(s)}\right\}_{t=1}^{\infty}\right\},$$

其中，$F_t^{(l)}=\text{plim}_{(N,T)\to\infty}\hat{F}_t^{(l)}$。为了正确选取预测回归中的因子变量，Groen和Kapetanios（2013）提出了以下信息标准（IC）：

$$IC_i=\frac{T}{2}\ln\left(\hat{\sigma}_\epsilon^2\right)+d_l\,C_{NT},$$

其中$\hat{\sigma}_\epsilon^2=T^{-1}\sum_{t=h+1}^T\hat{\epsilon}_t^2$，$\hat{\epsilon}_t$是第$l$个候选集估计得到的残差，$d_l$是因子的数量，$C_{NT}$是惩罚项，满足$C_{NT}=o(T)$且当$(N,T)\to\infty$时有

$\lim\limits_{N,T\to\infty}\dfrac{T\,C_{NT}}{\min\left(N,T\right)}=\infty$。设$F_t^0$是目标预测变量$y_{t+h}$中的真实因子。在Bai和Ng（2006）的标准假设下，Groen和Kapetanios（2013）建立了以下因子选择一致性结果：

(i) 如果存在一个矩阵$A$使得$F_t^0=AF_t^{(l)}$对于所有的$t$成立，但当$l\neq m$时，没有这样的矩阵对$F_t^{(m)}$存在使得$F_t^0=AF_t^{(m)}$，那么

$$\lim_{T\to\infty}\Pr\left(IC_l<IC_m\right)=1\text{。}\tag{7.12}$$

(ii) 如果存在矩阵$A^{(l)}$和$A^{(m)}$使得$F_t^0=A^{(l)}F_t^{(l)}$和$F_t^0=A^{(m)}F_t^{(m)}$对于所有的$t$和成立,并且$d_l<d_m$，则(7.12)成立。

模型选择一致性结果包括两部分：(i) 任何一组估计因子，其概率极限张成真实因子空间，在给定惩罚项为$o\left(T\right)$的情况下被选择；任何一组估计因子，其概率极限不能张成真实因子空间，则不会被选择；(ii) 如果两组估计因子都张成真实因子空间，那么具有较小维度的那一组将被选出来。

注意，$C_{NT}$的条件允许采用所有流行的ICs，如贝叶斯IC（BIC）和HQIC。为了获得更好的有限样本性能，Groen和Kapetanios（2013）提出了以下修改的BIC和HQIC：

$$\mathrm{BICM}=\frac{T}{2}\ln\left(\hat{\sigma}_\epsilon^2\right)+d\ln\left(T\right)\left(1+\frac{T}{N}\right),$$

$$\mathrm{HQICM}=\frac{T}{2}\ln\left(\hat{\sigma}_\epsilon^2\right)+2d\ln\left(\ln\left(T\right)\right)\left(1+\frac{T}{N}\right)\text{。}$$

当其他变量$W_t$也需要选择，如目标变量在预测回归中的滞后项时，Groen和Kapetanios （2013）提供了修改的标准，用以联合地选择因子和其他预测变量：

$$\mathrm{BICM}=\frac{T}{2}\ln\left(\hat{\sigma}_\epsilon^2\right)+k\ln\left(T\right)+d\ln\left(T\right)\left(1+\frac{T}{N}\right),$$

$$\mathrm{HQICM}=\frac{T}{2}\ln\left(\hat{\sigma}_{\epsilon}^{2}\right)+2k\ln\left(T\right)+2d\ln\left(\ln\left(T\right)\right)\left(1+\frac{T}{N}\right),$$

其中，$k$是在预测回归中使用的$W_t$的子集的维度。

Ando和Tsay（2014）的PMSE标准。给定真实因子$F_1,\ldots,F_r$，设$u_{1+h},\ldots,u_{T+h}$是的目标变量$y_{1+h},\ldots,y_{T+h}$的复制（replicate）。为了评估估计模型的预测能力，考虑预测均方误差（PMSE）：

$$\mathrm{PMSE}=\frac{1}{T}\int\sum_{t=1}^{T}\left(u_{t+h}-\hat{\delta}'\hat{z}_t\right)^2 dG\left(u\right),\tag{7.13}$$

其中，$\boldsymbol{u}=\left(u_{1+h},\ldots,u_{T+h}\right)'$，$dG\left(u\right)$是相对于联合概率密度$g\left(\boldsymbol{u}\right)$的勒贝格测度。除非$u_{t+h}=\hat{\delta}'\hat{z}_t$几乎必然成立，PMSE是正的。Ando和Tsay（2014）建议通过最小化PMSE选择最好的统计模型。然而，PMSE取决于：

(a) 不可观测的复制变量$u_{1+h},\ldots,u_{T+h}$；

(b) 可观测数据（通过估计$\hat{\delta}$）；

(c) 由于$z_t$包含真实因子，是不可观测的，因此使用代理或其估计量$\hat{z}_1,\ldots,\hat{z}_T$。

对于（7.13）中的PMSE的一个自然估计量为：

$$\widehat{PMSE}=\frac{1}{T}\sum_{t=1}^{T}\left(y_{t+h}-\hat{\delta}'\hat{z}_t\right)^2。$$

该估计量用在每个观测值上的概率质量（probability mass）为$1/T$的经验分布替代未知的分布$G\left(\boldsymbol{u}\right)$。然而，由于估计误差，这个估计量是有偏的。具体偏差由下式给出：

$$\mathrm{Bias}=\int\left\{\frac{1}{T}\int\sum_{t=1}^{T}\left(u_{t+h}-\hat{\delta}'\hat{z}_t\right)^2 dG\left(u\right)-\frac{1}{T}\sum_{t=1}^{T}\left(y_{t+h}-\hat{\delta}'\hat{z}_t\right)^2\right\}dG\left(y\right)。$$

假设使用$\widehat{Bias}$可以一致估计Bias，Ando和Tsay（2014）提出以下校正偏差的PMSE估计量：

$$\mathrm{PMSE}_b=\widehat{\mathrm{PMSE}}-\widehat{Bias}。$$

详见Ando和Tsay（2014）的注4以了解更多关于 Bias 及其一致估计 $\widehat{Bias}$ 的讨论。Ando和Tsay（2014）选择使PMSE得分最小化的模型作为最佳扩散指数模型。注意到，基于校正偏差的PMSE的标准是传统赤池信息准则（AIC）的自然扩展，但它放宽了对似然的严格分布假设。

Djogbenou（2021）也提出了FAR模型变量选择的两种程序。第一种程序是对留一交叉验证（CV）的拓展，可以为真实因子的张成空间选择最小的基。给定 $b$ 个随机抽取的 $d$ 个索引集合 $S$（称为验证样本），对于每次抽取 $S=\{s(1),\ldots,s(d)\}$，定义验证样本的目标和解释（预测）变量：

$$\mathbf{y}_S=\begin{pmatrix} y_{s(1)} \\ y_{s(2)} \\ \vdots \\ y_{s(d)} \end{pmatrix},\widehat{\mathbf{Z}}_S(m)=\begin{pmatrix} \hat{F}_{s(1)}(m) & W_{s(1)} \\ \hat{F}_{s(2)}(m) & W_{s(2)} \\ \vdots & \vdots \\ \hat{F}_{s(d)}(m) & W_{s(d)} \end{pmatrix},$$

其中 $\hat{F}_t(m)$ 是PCA估计的 $r\times1$ 维因子 $\hat{F}_t$ 的子集，$m$ 是 $\mathcal{M}$ 中元素的指标，其中 $\mathcal{M}$ 包括了指标集 $\{1,\ldots,r\}$ 的所有考虑的子集。相应地，估计样本的指标集为 $S^c=\{1,\ldots,T\}\setminus S$ 索引，$\mathbf{y}_{S^c}$ 是 $\mathbf{y}$ 中 $\mathbf{y}_S$ 的补集，$\widehat{\mathbf{Z}}_{S^c}$ 是 $\widehat{\mathbf{Z}}=(\hat{z}_1,\ldots,\hat{z}_T)'$ 中 $\widehat{\mathbf{Z}}_S$ 的补集。记 $\hat{\mathbf{y}}_s(m)=\widehat{\mathbf{Z}}_s(m)\hat{\delta}_s(m)$，$\hat{\delta}_s(m)=\left(\widehat{\mathbf{Z}}'_{S^c}\widehat{\mathbf{Z}}_{S^c}\right)^{-1}\widehat{\mathbf{Z}}'_{S^c}\mathbf{y}_{S^c}$，则留d法（leave-d-out）交叉验证最小化以下目标函数：

$$\mathrm{CV}_d(m)=\frac{1}{db}\sum\nolimits_{s\in\mathcal{R}}\left\|\mathbf{y}_S-\hat{\mathbf{y}}_s(m)\right\|^2,$$

其中，$\mathcal{R}$ 表示从 $\{1,\ldots,T\}$ 随机抽取 $b$ 个子集构成的集合，每个子集大小为 $d$。当 $d=1$，$S=t$，$\mathcal{R}=\{\{1\},\ldots,\{T\}\}$ 时，$\mathrm{CV}_1(m)$ 就是留一交叉验证目标函数。Djogbenou（2021）在扩散指数模型中建立了

留一交叉验证的一致性，并表明通常的交叉验证未能给出一致的模型选择。

Djogbenou（2021）提出的第二种程序是对Shao（1996）预测误差自助逼近的概括。Djogbenou（2021）在某些条件下证明了修正的自助方法的有效性。具体地，预测误差自助算法如下：

**步骤**1. 使用PCA方法从$X$中获得$\hat{F}$和$\hat{\Lambda}$。

**步骤**2. 对于每个模型$m$：

2.1. 通过将$\mathbf{y}$回归到$\hat{\mathbf{Z}}(m)=\left(\hat{F}(m),W\right)$，得到$\hat{\delta}(m)$。

2.2. 生成$B$个自助样本$X_{it}^{*}=\hat{F}_t'\hat{\lambda}_i+e_{it}^{*}$，$y^{*}(m)=\hat{\mathbf{Z}}(m)\boldsymbol{\delta}(m)+\epsilon^{*}$，其中$e_{it}^{*}$和$\epsilon^{*}$分别基于$\hat{e}_{it}$和$\hat{\epsilon}$的自助误差，$\hat{e}_{it}$是使用了所有估计因子时的残差向量。

2.3. 对于$i=1,\ldots,N$和$t=1,\ldots,T$，生成$e_{it}^{*}=\hat{e}_{it}\eta_{it}$，$\eta_{it}$是独立抽取随机变量，满足$E\eta_{it}=0$ 和 $\operatorname{Var}(\eta_{it})=1$。

2.4. $\{\epsilon_t^{*}\}$来自对$\left\{\frac{\sqrt{T/\kappa}}{\sqrt{1-(r+q)/T}}\left(\hat{\epsilon}_t-T^{-1}\sum_{t=1}^{T}\hat{\epsilon}_t\right)\right\}_{t=1}^{T}$的独立抽取，其中$\kappa\to\infty$和$\frac{\kappa}{\min[N,T]}\to 0$，$q$是$W_t$的维度。

2.5. 对于每个自助样本，从$X^{*}$中提取$\hat{F}^{*}$，并基于$\hat{\mathbf{Z}}^{*}(m)=\left(\hat{F}^{*}(m),W\right)$和$y^{*}(m)$估计 $\hat{\delta}_{\kappa}^{*}(m)$。

**步骤**3. 获得使$\hat{\Gamma}_{\kappa}^{j}(m)=\frac{1}{T}\left\|y-\hat{\mathbf{Z}}^{*j}(m)\hat{\delta}_{\kappa}^{*j}(m)\right\|^2$的平均值最小化的$m$：

$$\hat{m}=\operatorname{argmin}\frac{1}{B}\sum_{j=1}^{B}\hat{\Gamma}_{\kappa}^{j}(m)。$$

其他近期的发展包括Foster（2017）提出的预测模型，其中潜在因子和大量预测因子的特定组成部分可能进入预测回归。Foster (2017)提出了一些模型选择标准，考虑了估计这两个组成部分的不确定性，可以一致地联合选择估计的因子和特定组成部分。关于使用FAR确定预测模型的其他方法，见Bai和Ng（2009）基于提升方法（boosting）的扩散指数，Cheng和Hansen（2015）基于频率模型加权平均的FAR预测组合，Kelly和Pruitt（2015）的三步滤波回归方法，以及Carrasco和Rossi（2016）在模型设定不正确时用于样本内推断和预测的正则化方法。

## 第四节　非线性 FAR 模型

FAR框架也适用于非线性或半参数回归。非线性FAR模型的最新发展包括因子增广函数型系数预测回归、因子增广分位数预测回归、具有结构变化或阈值效应的因子增广预测模型等。在本节中，我们将对非线性FAR模型进行简短的选择性回顾。

### 一、因子增广函数型系数预测模型

Li等（2020）引入了一类新的函数型系数预测回归模型，其中回归变量由滞后目标变量和潜在因子回归变量组成，系数会随某些低维变量变化。具体来说，他们考虑了以下一步预测回归模型：

$$
\begin{aligned}
y_{t+1} &= \sum_{l=1}^{q_T} \alpha_{1l}\left(u_t\right) z_{lt} + \sum_{j=1}^{d_0} \alpha_{2j}\left(u_t\right) y_{t+1-j} + \epsilon_{t+1} \\
&= Z_t'\alpha_1\left(u_t\right) + Y_t'\alpha_2\left(u_t\right) + \epsilon_{t+1}, \qquad (7.14)
\end{aligned}
$$

其中 $y_{t+1}$ 是因变量， $Z_t=\left(z_{t1},\ldots,z_{tq_T}\right)'$ 是 $q_T\times 1$ 的外生协变量向量，随着 $T\to\infty$ ，允许 $q_T\to\infty$ ， $Y_t=\left(y_t,\ldots,y_{t-d_0+1}\right)'$ ，包括 $d_0$ 阶滞后目标变量， $u_t$ 是一个单变量指数变量（也可以是低维向量）， $\alpha_1(\cdot)=\left[\alpha_{11}(\cdot),\ldots,\alpha_{1q_T}(\cdot)\right]'$ 和 $\alpha_2(\cdot)=\left[\alpha_{21}(\cdot),\ldots,\alpha_{2d_0}(\cdot)\right]'$ 是两个函数系数向量， $\epsilon_{t+1}$ 是误差项。当 $u_t=t/T$ 是时间变量时，模型（7.14）成为时变系数（TVC，time-varying coefficient）模型。在上述预测模型中， $Z_t$ 由模型外部的某些潜在因子确定，而 $Y_t$ 由模型内部确定。

当回归变量的维度极高或中等程度高时，一些常用的方法，如筛分方法或收缩估计，被用来移除不重要的回归变量或降低模型复杂程度。然而，正如Fan和Lv（2008）所指出的，当不相关的变量与模型中的相关回归变量高度相关时，这两种方法都倾向于选择这些不相关的变量，这会导致多重假设检验中的高假阳性率和低真阳性率问题。在时间序列模型中，回归变量通常包含因变量的滞后项，导致回归变量之间的强相关性，因此导致该问题可能更严重。

为了解决这个问题，Li等（2020）为高维函数系数预测回归模型开发了一种替代的降维技术，通过对 $Z_t$ 施加因子结构：

$$Z_t=B_tF_t+V_t,\tag{7.15}$$

其中 $B_t$ 是 $T\times r$ 的因子载荷矩阵， $F_t$ 是 $r\times 1$ 的潜在共同因子向量，它是平稳的并且弱相关， $V_t$ 是 $q_T$-维的误差向量。因子数量 $r$ 通常是未知的，并且随着样本大小增加可能会缓慢增加；见Li等（2017）。给定（7.15）中的结构模型，Li等（2020）考虑了以下使用因子回归变量的函数系数预测模型：

$$y_{t+1}=F_t'\beta_1\left(u_t\right)+Y_t'\beta_2\left(u_t\right)+\epsilon_{t+1},\tag{7.16}$$

其中 $\beta_1(\cdot)=\left(\beta_{11}(\cdot),\ldots,\beta_{1r}(\cdot)\right)'=B_T'\alpha_1(\cdot)$ ， $\beta_2(\cdot)=\alpha_2(\cdot)$ ，并且

$\epsilon_{t+1}=V_t'\alpha_1(u_t)+\varepsilon_{t+1}$。模型（7.15）和（7.16）称为因子增广函数系数模型（FA-FCM，Factor-augmented functional-coefficient model）。注意到因子回归变量在（7.16）中是不可观察的，Li 等（2020）提出使用数据 $Z_t$ 的主成分（PCA）估计值替换它们。具体来说，他们引入了一个两阶段估计过程。

**第一步**：使用PCA估计因子回归变量。设 $\hat{F}_t=(\hat{F}_{1t},\dots,\hat{F}_{rt})'$ 是PCA估计量，这是一个由与 $\mathbf{Z}_T\mathbf{Z}_T'/(Tq_T)$（按降序排列的）的 $r$ 个最大特征值对应特征向量形成的 $T\times r$ 矩阵，其中 $\mathbf{Z}_T=(Z_1,\dots,Z_T)'$。

第二步：通过局部线性（LL，local linear）平滑方法估计旋转的函数系数。设 $X_t=\left[(HF_t)',Y_t'\right]'$ 和 $\beta_H(u)=\left[\beta_1'(u)H,\beta_2(u)\right]'$。将模型（7.16）写成如下形式：

$$Y_{t+1}=X_t'\beta_H(u_t)+\epsilon_{t+1}。$$

假设函数系数 $\beta_H(u)$ 具有连续的二阶导数，可以通过使用估计因子 $\hat{F}_t$ 和局部线性平滑方法来估计上述模型。设 $\hat{X}_t=\left[\hat{F}_t',Y_t'\right]'$，$\mathbf{Y}_T=(y_2,\dots,y_T)'$，

$$\widehat{\mathbf{X}}_T(u)=\begin{pmatrix}\hat{X}_1' & \hat{X}_1'(u_1-u)\\ \vdots & \vdots\\ \hat{X}_T' & \hat{X}_T'(u_T-u)\end{pmatrix},$$

$$\mathbf{W}_T(u)=\operatorname{diag}\{K_b(u_1,u),\dots,K_b(u_T,u)\},$$

$$K_b(u_1,u)=K((u_1-u)/b),$$

其中，$K$ 是核函数，$b$ 是带宽。局部线性估计 $\hat{\beta}_H(u)$ 由下式给出：

$$\hat{\beta}_H(u)=\left[I_{r+d_0},0_{(r+d_0)\times(r+d_0)}\right]\left[\widehat{\mathbf{X}}_T'(u)\mathbf{W}_T(u)\widehat{\mathbf{X}}_T(u)\right]^{-1}\widehat{\mathbf{X}}_T'(u)\mathbf{W}_T(u)\mathbf{Y}_T,\tag{7.18}$$

其中 $u$ 在 $u_t$ 的支持集 $\mathcal{U}$ 中。

给定局部线性估计 $\hat{\beta}_H(u)$，$y_{T+1}$ 的一步预测为：

$$\hat{y}_{T+1|T}=\hat{\beta}_{H,T-1}(u_t)'\hat{X}_T, \tag{7.19}$$

其中 $\hat{\beta}_{H,T-1}$ 是使用样本 $(y_{t+1},u_t,Z_t),t=1,\dots,T$ 的局部线性估计，如上式（7.18）。显然，在（7.19）中 $\hat{y}_{T+1|T}$ 是对

$$y_{T+1|T}=F_T'\beta_1(u_T)+Y_T'\beta_2(u_T)=X_T'\beta_H(u_T)$$

的估计。

对于给定的 $0<\alpha<1$，$y_{T+1|T}$ 的 $(1-\alpha)$ 置信区间可以定义为：

$$\left[\hat{y}_{T+1|T}-c_{\alpha/2}\sqrt{\widehat{\mathrm{Var}}(\hat{y}_{T+1|T})},\hat{y}_{T+1|T}+c_{\alpha/2}\sqrt{\widehat{\mathrm{Var}}(\hat{y}_{T+1|T})}\right],$$

其中 $c_{\alpha/2}$ 是

$$\frac{(\hat{y}_{T+1|T}-y_{T+1|T})}{\sqrt{\widehat{\mathrm{Var}}(\hat{y}_{T+1|T})}}$$

的上 $\alpha/2$ 百分位数，$\widehat{\mathrm{Var}}(\hat{y}_{T+1|T})$ 是 $\hat{y}_{T+1|T}$ 的方差的估计。

为了构建可行的置信区间，必须使用渐近结果（例如，Li 等（2020）中的定理 3）来估计这些量。然而，由于非参数性质导致收敛速率变慢，基于渐近理论构造的置信区间通常在有限样本中表现不佳。Li 等（2020）提出了使用 wild bootstrap 程序来估计 $c_{\alpha/2}$ 和 $\widehat{\mathrm{Var}}(\hat{y}_{T+1|T})$，然后构建预测区间。

在一些正则性条件下，Li 等（2020）建立下列渐近理论：

(i) $\sup_{u\in\mathcal{U}}\left\|\hat{\beta}_H(u)-\beta_H(u)\right\|=o_p\left((Tb)^{-1/2}\right)$，其中 $\tilde{\beta}_H(u)$ 是使用真实因子的不可行估计量。

(ii) $\sqrt{Tb}D_T\left(\hat{\beta}_H(u)-\beta_H(u)-\frac{1}{2}\mu_2\hat{\beta}_H^{(2)}(u)b^2\right)\xrightarrow{d}N(0,\Xi(u))$，其中 $\mu_2=\int u^2K(u)du$ 和 $\Xi(u)$ 为渐近方差矩阵。

(iii) 设 $\Delta\left(u_T, X_T\right)=\left[\hat{\beta}_{H,T-1}\left(u_T\right)-\beta_H\left(u\right)\right]' X_T$。对于固定的 $r$，

$$\hat{y}_{T+1|T}-y_{T+1|T}=\Delta\left(u_T, X_T\right)-\epsilon_{T+1}+o_p\left(\left(Tb\right)^{-1/2}\right),$$

并且在给定 $\left(u_T, X_T\right)=\left(u^*, X^*\right)$ 时，

$$\sqrt{Tb}\left(\Delta\left(u^*, X^*\right)-\frac{1}{2}\mu_2 X^{*\prime}\hat{\beta}_H^{(2)}\left(u^*\right)b^2\right)\xrightarrow{d} N\left(0, \Sigma^*\right),$$

其中，$D_T$，$\Xi\left(u\right)$ 和 $\Sigma^*$ 的具体定义，见Li等（2020）。

结果(i)表明局部线性估计量和使用估计因子回归变量的非线性预测渐近等同于使用真实潜在因子回归变量得到的非线性预测；结果(ii)提供了函数系数的局部线性估计量的渐近分布；结果(iii)提供了可行预测的极限分布。在实际应用中，为了实现估计和预测方法，Li 等（2020）使用前向选择标准作为筛分工具，并采用 BIC 作为停止规则来估计 $d_0$ 和 $r$。

## 二、因子增广分位数回归模型

自从Koenker和Bassett （1978）开创性的工作以来，分位数回归（QR，Quantile Regression）的理论性质已在计量经济学和统计学文献中得到广泛研究，并且在劳动经济学、宏观经济学和金融风险管理等学科的实证研究中得到广泛应用。在数据丰富的环境下，因子结构作为一种有效的工具，将大量预测变量或回归变量中的信息进行总结，已经被纳入到分位数回归中。例如，Ando和Tsay（2011）研究了因子增广条件分位数回归模型的估计，并提出了基于校正偏差的期望对数似然的信息准则，以选择估计的因子和可观测预测器；Ohno和Ando（2018）采用了因子增广分位数预测回归系统来预测股票收益，使用收缩方法选择有用的预测器，其他近期发展包

括Phella（2020）中基于模型平均的因子增广分位数自回归预测方法，以及和Ando等（2019）和Belloni等（2019） 中基于分位数的资产定价模型。在因子增广分位数回归模型的文献中，另一系列工作将因子视为未知参数进行估计；见Ando和Bai （2020）、Chen等（2021）、Ma等（2021）。在这一部分，我们重点关注分位数回归中因子增广方法的发展。

Ando和Tsay（2011）研究给定变量 $X_t$ 和 $W_t$ 时 $y_t$ 的第 $r$ 个条件分位数，提出了以下模型：

$$q_\tau\left(y_t \mid z_t;\gamma\right)=\alpha\left(\tau\right)' F_t+\beta\left(\tau\right)' W_t=\gamma\left(\tau\right)' z_t, \tag{7.20}$$

其中 $z_t=\left(F_t',W_t'\right)'$， $\gamma\left(\tau\right)=\left(\alpha'\left(\tau\right),\beta'\left(\tau\right)\right)'$ 是依赖于分位点 $\tau$ 的系数向量。如果 $\tau=0.5$ ，则模型（7.20）简化为条件中位数（conditional median）回归，它对异常值比通常的条件均值回归更稳健。此外，潜在因子 $F_t$ 也进入面板数据集：

$$\underline{X}_t=\Lambda F_t+\epsilon_t,$$

其中 $\underline{X}_t=\left(X_{1t},\ldots,X_{Nt}\right)'$ 是 $N-$ 维可观测随机向量， $\Lambda$ 是因子载荷矩阵， $F_t$ 是潜在因子向量， $\epsilon_t$ 是误差。

估计过程包括两个阶段。在第一阶段，使用PCA从面板数据集 $X$ 中估计共同因子。在第二阶段，将估计的因子用于标准分位数回归。将估计的因子代入模型得到：

$$q_\tau\left(y_t \mid \hat{z}_t;\gamma\right)=\alpha\left(\tau\right)' \hat{F}_t+\beta\left(\tau\right)' W_t=\gamma\left(\tau\right)' \hat{z}_t,$$

其中 $\hat{z}_t=\left[\hat{F}_t',W_t'\right]'$ 。未知参数 $\gamma\left(\tau\right)$ 通过最大化对数似然函数来估计：

$$l_\tau\left(\mathbf{y}_T;\gamma\left(\tau\right),\widehat{\mathbf{Z}}\right)=\frac{1}{T}\log\left[\tau\left(1-\tau\right)\exp\left\{-\sum_{t=1}^{T}\rho_\tau\left(y_t-\gamma\left(\tau\right)' \hat{z}_t\right)\right]\right\}\right],$$

其中 $\rho_\tau(u)=u(\tau-1(u<0))$ 是检查函数(check function)，$\mathbf{1}(\cdot)$ 是通常的指示函数，$\mathbf{y}_T=(y_1,\ldots,y_T)'$，$\widehat{\mathbf{Z}}=(\hat{z}_1',\ldots,\hat{z}_T')'$。估计量 $\hat{\gamma}(\tau)$ 是 $\operatorname{argmax} l_\tau\left(y_T,\gamma(\iota),\widehat{Z}\right)$ 的解，满足一阶条件（FOC）：$\dfrac{\partial l_\tau\left(y_T;\gamma(\tau),\widehat{Z}\right)}{\partial\gamma}=0$。该优化问题可以写成一个线性规划问题，Koenker和Bassett Jr (1978) 给出了解的具体表达。Bai和Ng（2008）建立了 $\hat{\gamma}(\tau)$ 的渐近正态分布。在一些适当假设下，当 $T^{5/8}/N\to 0$ 时，

$$\sqrt{T}\left(\hat{\gamma}(\tau)-\gamma(\tau)\right)\xrightarrow{d}N\left(0,\Omega_\tau\right),$$

其中 $\Omega_\tau$ 为一个正定的渐近方差矩阵。具体表达形式，请参考原文或者Ando和Tsay（2011）的引理A.2。

通过将未知参数 $\gamma(\tau)$ 替换为 $\hat{\gamma}(\tau)$，得到具有因子增广的分位数预测估计：

$$q_\tau\left(y_t\,|\,\hat{z}_t;\hat{\gamma}(\tau)\right)=\hat{\gamma}(\tau)'\hat{z}_t,t=1,2,\ldots,T。$$

我们可以类似于（7.11）中的分项分析研究上述预测估计量的渐近性质。给定预测估计后，我们可以从预测的角度评估拟合优度（Goodness of fitness）。设 $\boldsymbol{u}_T=(u_1,\ldots,u_T)'$ 是从生成数据 $\mathbf{y}_T$ 的概率 $g(\boldsymbol{u})$ 中抽取的复制（replicates），则 $q_\tau\left(y_t\,|\,\hat{z}_t;\hat{\gamma}(\tau)\right)$ 的拟合优度可以由期望对数似然给出：

$$\eta_\tau\left(G,\hat{\gamma},\widehat{\mathbf{Z}}\right)=\int l_\tau\left(\mathbf{u}_T;\hat{\gamma}(\tau),\widehat{\mathbf{Z}}\right)dG\left(\mathbf{u}_T\right),\tag{7.21}$$

其中，$dG(\mathbf{u})$ 是相对于真实概率密度 $g(\mathbf{u})$ 的勒贝格测度。那么，最佳候选模型最大化期望对数似然函数；从这个意义上说，预测的最优因子个数定义为最大化期望对数似然函数的 $r$ 值。

注意到（7.21）中真实分布 $G(\mathbf{u})$ 是未知的，通常的做法是可以

用经验分布 $\hat{G}(\mathbf{u})$ 替代。因此，期望对数似然的自然估计量是基于样本的对数似然：

$$\eta_\tau\left(\hat{G},\hat{\gamma},\hat{Z}\right)=\int l_\tau\left(\mathbf{y}_T;\hat{\gamma}(\tau),\hat{Z}\right)d\hat{G}(\mathbf{y}_T)=\log\left[\tau(1-\tau)\right]-\frac{1}{T}\sum_{t=1}^{T}\rho_\tau\left(y_t-\hat{\gamma}(\tau)'\hat{z}_t\right)。\tag{7.22}$$

然而，由于使用了相同的数据进行未知参数的估计和期望对数似然的评估，（7.22）中的估计量是有偏的（biased）。偏差项由下式给出：

$$b_\tau(G)=\int\left[\eta_\tau\left(\hat{G},\hat{\gamma},\hat{\mathbf{Z}}\right)-\eta_\tau\left(G,\hat{\gamma},\hat{\mathbf{Z}}\right)\right]dG(\mathbf{y}_T)。$$

Ando和Tsay（2011）提供了 $b_\tau(G)$ 的一个一致估计 $\hat{b}_\tau(G)$。然后，基于偏差校正的期望对数似然估计，来评估模型变量选择标准：

$$\mathrm{IC}=-2l_\tau\left(\mathbf{y}_T;\hat{\gamma}(\tau),\hat{\mathbf{Z}}\right)+2T\hat{b}_\tau(G)。\tag{7.23}$$

设 $B_{NT}=\min\left(N,T^{3/2}\right)$。Ando和Tsay（2011）证明了 (7.23) 中的 IC 是期望对数似然的一致估计量，两者之间相差一个阶为 $O_p\left(B_{NT}^{-1}\right)$ 的项；因此可以通过最小化（7.23）渐近地选择最大化期望对数似然的最优因子数量。

之后，Ohno和Ando（2018） 使用因子增广分位数预测回归系统来预测股票收益，其中采用收缩方法选择有用的估计因子和观察预测器。具体来说，他们考虑了以下分位数预测模型：

$$q_\tau\left(y_{t+h}\mid z_t;\gamma\right)=\alpha(\tau)'F_t+\beta(\tau)'W_t=\gamma(\tau)'z_t,$$

$$X_{it}=\lambda_i'F_t+e_{it},t=1,\ldots,T,i=1,\ldots,N。$$

采用两阶段估计过程。在第一阶段，使用PCA从可观测的 $X_{it}$ 中估计因子。在第二阶段，结合收缩方法和常规分位数回归来选择预测器。通过最小化以下内容来使用收缩方法估计未知参数 $\gamma(\tau)$：

$$\sum_{t=1}^{T-h} \rho_\tau\left(y_{t+h}-\gamma(\tau)' \hat{z}_t\right)+p_\delta(\gamma(\tau)),$$

其中$p_\delta(\gamma(\tau))$是由正则化参数$\delta$作用在系数$\gamma(\tau)$上的惩罚函数，它控制损失函数和惩罚之间的权衡。他们提出使用Fan和Li（2001）中的平滑剪切绝对偏差（SCAD）惩罚：

$$p_{\delta,\kappa}(\gamma_k)=\begin{cases}\kappa|\gamma_k|, & 若|\gamma_k|\leqslant\kappa \\ \dfrac{\kappa\delta|\gamma_k|-0.5(\kappa^2+\gamma_k^2)}{\delta-1}, & 若\kappa<|\gamma_k|\leqslant\kappa\delta, \\ 0.5\kappa^2(\delta+1), & 若\kappa\delta<|\gamma_k|\end{cases}$$

其中$\kappa>0$，$\delta>2$。对于上述带有SCAD惩罚项的QR算法，在一些适当的条件下，Ohno和和Ando（2018）建立了变量选择一致性和估计量渐近正态性。因为目标是预测股票市场的行为，正则化参数是通过预测误差来选择的。FAR分位数预测模型被应用于分析东京股票交易所，他们表明即使在控制各种资产定价因子之后，宏观经济变量在预测日本股票市场的特征方面也起着重要作用。

## 三、时变扩散指数预测模型

标准DI预测模型假设因子载荷和预测回归模型中的系数是时间不变的。然而，在宏观经济学和金融学的文献中，有相当多的经验证据表明参数不稳定和时间变化效应。忽略扩散模型中的这种不稳定性可能导致因子的一致估计量出现问题（Bates等，2013）或系数估计不一致（Clements和Hendry，1996）。尽管滚动窗口（RW）方法通常用于解决实证应用中的不稳定参数，但窗口的选择是任意的或仅基于过去的经验。正如Rossi和Inoue（2012）和Inoue等（2017）所指出的，滚动窗口（RW，rolling windows）方案的预测性能对窗口大小的选择很敏感，因为它平衡了估计效率和误设定偏差。

为了适应时间变化的因子载荷和时间变化回归系数，Wei和Zhang（2020）提出了一个一般的时变DI预测模型。给定$N$个可观测预测变量$X=\left(X_{1t},\ldots,X_{Nt}\right)$和目标变量$Y_t$，他们考虑预测给定信息集直到第$T$期的$Y_{t+h}$对于某个整数$h>0$。假设$X_{it}$具有具有时变因子载荷的静态因子表示，如Su和Wang（2017）所描述：

$$X_{it}=\lambda_i'\left(t/T\right)F_t+e_{it},i=1,\ldots,N,t=1,\ldots,T, \tag{7.24}$$

其中$F_t$是一个$r\times1$的潜在因子向量，$\lambda_i\left(t/T\right)$是时变因子载荷，$e_{it}$是特定误差。同时，要预测的目标变量也由同一组共同因子和其他可观测变量驱动：

$$Y_{t+h}=a\left(t/T\right)'F_t+\beta\left(t/T\right)'W_t+\epsilon_{t+h}, \tag{7.25}$$

其中$W_t$是一个$p\times1$的观测变量向量，包括常数、$Y_t$的滞后项或时间趋势，$a=a\left(t/T\right)$和$\beta=\beta\left(t/T\right)$分别是预测变量$F_t$和$W_t$的时间变化系数（TVCs），$\epsilon_{t+h}$是误差项。模型（7.24）和（7.25）被称为时变扩散指数（TVDI）预测模型。如果$F_t$是可观测的，并且给定过去信息，$\epsilon_{t+h}$的条件均值为零，则$Y_{t+h}$的（均方）最优预测由下式给出：

$$Y_{t+h|t}=E\left(Y_{t+h}\mid F_t,W_t,F_{t-1},W_{t-1},\ldots\right)=a'(1)F_t+\beta'(1)W_t,$$

其中，因子$F_t$和$a(1)$和$\beta(1)$都是未知的。为了解决这个问题，可以按照Bai和Ng（2006）的做法，首先从大量观测预测变量中估计$F_t$，然后使用它们作为生成的回归变量，在（7.25）中非参数地估计$a(1)$和$\beta(1)$。构建时变DI预测的两步过程如下：

第一步：应用Su和Wang（2017）中的局部主成分分析（LPCA）估计大量预测变量的局部加权因子。设$K(\cdot)=h^{-1}K\left(\cdot/h\right)$和$K_{h,tr}=K_h\left(\tau_t-\tau_r\right)$，其中$\tau_s=s/T$，$1\leqslant s\leqslant T$，并且$h\to0$是带宽

参数，当$(N,T)\to\infty$时。在第$T$期，通过最小化以下核加权最小二乘目标函数来估计$\lambda_{iT}$和$F_t$：

$$\min_{\{\lambda_{iT}\},\{F_t\}}\sum_{i=1}^{N}\sum_{t=1}^{T}\left(X_{it}-F_t'\lambda_{iT}\right)^2 K_{h,tT}。$$

该最小化问题等价于

$$\min_{\Lambda_T,F^{(T)}}\sum_{i=1}^{N}\sum_{t=1}^{T}\left(X_{it}^{(T)}-F_t^{(T)'}\lambda_{iT}\right)^2=\mathrm{tr}\left[\left(X^{(T)}-F^{(T)}\Lambda_T'\right)\left(X^{(T)}-F^{(T)}\Lambda_T'\right)'\right] \tag{7.26}$$

其中$X_{it}^{(T)}=X_{it}K_{h,tT}^{1/2}$，$X_i^{(T)}=\left(X_{i1}^{(T)},\ldots,X_{iT}^{(T)}\right)'$，$X^{(T)}=\left(X_1^{(T)},\ldots,X_N^{(T)}\right)$，$F_t^{(T)}=F_tK_{h,tT}^{1/2}$，$\Lambda_T=\left(\lambda_{1T},\ldots,\lambda_{NT}\right)'$。为了识别，使用了PCA的通常限制：$F^{(T)'}F^{(T)}/T=I_r$，并且$\Lambda_T\Lambda_T'$是对角矩阵，其中$I_r$是$r\times r$单位矩阵。在集中$\Lambda_T$之后，我们可以通过下式估计$F^{(T)}$：

$$\hat{F}^{(T)}=\arg\max_{F^{(T)}}\mathrm{tr}\left(F^{(T)'}X^{(T)}X^{(T)'}F^{(T)}\right), \tag{7.27}$$

其中$\hat{F}^{(T)}$是对应于矩阵$X^{(T)}X^{(T)'}$的前$r$个最大特征值的特征向量（按降序排列），并且$\hat{\Lambda}_T=X^{(T)'}\hat{F}^{(T)}\left(\hat{F}^{(T)'}\hat{F}^{(T)}\right)^{-1}=X^{(T)'}\hat{F}^{(T)}/T$。为了缓解由于$T$在右边界处的边界偏差问题，应使用边界校正核函数。

第二步：在（7.27）中估计的因子增广预测回归，以核方法估计TVCs。因为当$t$接近$T$时，将（7.25）变换如下：

$$\begin{aligned}Y_{t+h}&=a'(t/T)\left[H^{(T)'}\right]^{-1}K_{h,tT}^{-1/2}H^{(T)'}F_t^{(T)}+\beta'(t/T)W_t+\epsilon_{t+h}\\&=\gamma^{(T)}(t/T)'D_t^{(T)}+\beta'(t/T)W_t+\epsilon_{t+h}\\&=\gamma^{(T)}(t/T)'\hat{D}_t^{(T)}+\beta'(t/T)W_t+\epsilon_{t+h}^*\\&=\delta^{(T)}(t/T)'\hat{G}_t^{(T)}+\epsilon_{t+h}^*,\end{aligned}$$

其中，$\gamma^{(T)}(t/T)=a'(t/T)\left[H^{(T)'}\right]^{-1}$，$D_t^{(T)}=K_{h,tT}^{-1/2}H^{(T)'}F_t^{(T)}$，$\hat{D}_t^{(T)}=$

$K_{h,tT}^{-1/2}H^{(T)'}\hat{F}_t^{(T)}$， $\delta^{(T)}(t/T)=\left(\gamma^{(T)}(t/T)',\beta'(t/T)\right)'$ 和 $\hat{G}_t^{(T)}=\left(\hat{D}_t^{(T)'},W_t'\right)'$。在上述第三个等式中，不可观测的复合回归变量 $D_t^{(T)}$ 被它们的一致估计 $\hat{D}_t^{(T)}$ 替换，以估计TVCs。通过结合估计因子和系数的非参数估计量，提出了一个可行的预测，具体地，$Y_{t+h}$ 的可行预测量如下：

$$\hat{Y}_{T+h|T}=\hat{\delta}^{(T)}(1)'\hat{G}_T^{(T)},$$

其中 $\hat{\delta}^{(T)}(1)=\left(\sum_{t-1}^{T-h}\hat{G}_T^{(T)}\hat{G}_T^{(T)'}K_{h^*,tT}\right)^{-1}\sum_{t-1}^{T-h}\hat{G}_T^{(T)}Y_{t+h}K_{h^*,tT}$ 是 $\delta^{(T)}(1)$ 的核估计量，$h^*$ 是带宽参数。

Corradi和Swanson（2014）关注检验模型（7.24）和（7.25）中以下假设：

$$H_0:\Lambda_t=\left(\lambda_{1t},\ldots,\lambda_{Nt}\right)=\Lambda_0 \text{ 且 } a_t=a_0 \text{ 对所有}t\text{成立},$$

对（vs）

$$H_1:\Lambda_t=\begin{cases}\Lambda_{0,1} & t/T\leqslant\tau_\lambda^{(1)}\\ \Lambda_{0,2} & \tau_\lambda^{(1)}+1<t/T\leqslant\tau_\lambda^{(2)}\\ \vdots & \vdots\\ \Lambda_{0,q_\lambda+1} & \tau_\lambda^{(q_\lambda)}+1<t/T\leqslant 1\end{cases},a_t=\begin{cases}a_{0,1} & t/T\leqslant\tau_a^{(1)}\\ a_{0,2} & \tau_a^{(1)}+1<t/T\leqslant\tau_a^{(2)}\\ \vdots & \vdots\\ a_{0,q_a+1} & \tau_a^{(q_a)}+1<t/T\leqslant 1\end{cases},$$

其中因子载荷 $\Lambda_t$ 和斜率 $a_t$ 在原假设下是不随时间变化的，在备择假设下可能发生了变化。为了构建检验统计量，他们分三个步骤进行。首先，使用Bai和Ng（2002）的IC来确定使用整个样本的结构突变数量；其次，再次使用整个样本来估计因子，因子的PC估计量表示为 $\hat{G}_t$；最后，使用整个样本和滚动窗口的观测值构建样本协方差估计量。整个样本协方差差异和滚动估计量之间的协方差之间的差异是构造统计量的关键。对于 $l=1$，检验统计量构造如下：

$$Z_{P,R}=\sqrt{P}\left[\frac{1}{T}\sum_{t=2}^{T}\hat{G}_{t-1}y_t-\frac{1}{P}\sum_{t=R+1}^{T}\frac{1}{R}\sum_{j=t-1+R}^{t}\hat{G}_{j-1}y_t\right],$$

其中 $R$ 是滚动估计量的窗口，$P=T-R$。该统计量类似于Hausman检验的思想。实际上，他们比较了两个估计量，它们在原假设下收敛到相同的概率极限，但在备择假设下收敛到不同的概率极限。此外，在原假设下，整个样本上的估计量更为有效。在一些条件下，当 $\sqrt{T}/N\to 0$ 和 $P/R\to\infty$ 时，在 $H_0$ 下，则有

$$Z_{P,R}\xrightarrow{d}N\left(0,\Omega_0\right),$$

其中，$\Omega_0$ 是某个正定矩阵；并且对于任何 $\epsilon>0$，在 $H_1$ 下有

$$\lim_{P\to\infty}\Pr\left(P^{-1/2}\left\|Z_{P,R}\right\|\geqslant\epsilon\right)=1。$$

为了实施该检验，他们提出了使用二次形式 $Z'_{P,R}\hat{\Omega}_T^{-1}Z_{P,R}$，其中 $\hat{\Omega}_T$ 是 $\Omega_0$ 的一致估计量。显然，在 $H_0$ 下，$Z'_{P,R}\hat{\Omega}_T^{-1}Z_{P,R}$ 收敛到卡方分布；并且在 $H_1$ 下，$\Pr\left(P^{-1}Z'_{P,R}\hat{\Omega}_T^{-1}Z_{P,R}\geqslant\epsilon\right)\to 1$ 对任何 $\epsilon>0$ 都成立。

## 四、具有结构突变或阈值效应的FAR模型

Massacci（2019）考虑了一个不稳定的扩散指数模型，如下所示：

$$\underline{X}_t=1\left(t/T\leqslant\tau_x\right)\Lambda_1F_t+1\left(t/T>\tau_x\right)\Lambda_2F_t+e_t,\tag{7.28}$$

$$y_{t+h}=1\left(t/T\leqslant\tau_y\right)\left(\gamma_1'F_t+\beta_1'W_t\right)+1\left(t/T>\tau_y\right)\left(\gamma_2'F_t+\beta_2'W_t\right)+\epsilon_{t+h},\tag{7.29}$$

其中 $t=1,\ldots,T$，$\underline{X}_t=\left(X_{1t},\ldots,X_{Nt}\right)'$，$F_t$ 是 $k\times 1$ 的因子向量，$\Lambda_1=\left(\Lambda_{11}',\ldots,\Lambda_{1k}'\right)'$ 和 $\Lambda_2=\left(\Lambda_{21}',\ldots,\Lambda_{2k}'\right)'$ 是 $N\times k$ 的因子载荷矩阵，$\gamma_1$ 和 $\gamma_2$ 是 $k\times 1$ 的因子 $F_t$ 的系数向量，$\beta_1$ 和 $\beta_2$ 是 $p\times 1$ 的 $W_t$ 的系数向量，$h\geqslant 0$。显然，在因子模型和预测模型中都存在着结构变化。

对于（7.28）中的结构变化因子模型，对于给定的因子数量 $R$，最小化下列联合目标函数（joint objective function）：

$$S\left(\Lambda^R, F^R, \pi_X\right)=\frac{1}{NT}\sum_{t=1}^{T}\left\|\underline{X}_t-1\left(t/T\leqslant\pi_X\right)\Lambda_1^R F_t^R-1\left(t/T>\pi_X\right)\Lambda_2^R F_t^R\right\|^2$$

其中，$\Lambda^R=\left(\Lambda_1^R,\Lambda_2^R\right)$，$F^R=\left(F_1^R,\ldots,F_T^R\right)$。对于上述优化问题，对于给定的 $\pi_X$，使用PCA方法估计因子和因子载荷；$\pi_X$ 用集中最小二乘法（concentrated least squares）估计。具体步骤，可以参考Massacci (2017)关于阈值效应因子模型的估计。一旦估计了因子和结构突变点，通过最小化以下可行目标函数来估计模型（7.29）：

$$L\left(\theta,\pi_y\right)=\frac{1}{T}\sum_{t=1}^{T-h}\left[y_{t+h}-1\left(t/T\leqslant\pi_y\right)\left(\gamma_1'\hat{F}_t+\beta_1'W_t\right)-1\left(t/T>\pi_y\right)\left(\gamma_2'\hat{F}_t+\beta_2'W_t\right)\right]^2,$$

其中 $\theta=\left(\gamma_1',\gamma_2',\beta_1',\beta_2'\right)'$。作为通常的阈值模型，我们可以得到未知系数和结构突变点的估计量 $\hat{\theta}$ 和 $\hat{\pi}_y$。在一些合适条件下，估计量 $\hat{\pi}_y$ 的一致性和估计系数的极限分布被建立起来。Massacci（2019）还提供了（7.29）中结构变化的检验统计量。

其他近期发展还包括Wang等（2015），他们研究了 $W_t$ 的系数中的结构性突变，以及Yan和Cheng（2022）具有阈值效应的因子增广预测回归模型的研究，其中阈值效应是由一些共同的随机变量引起的。

## 第五节　因子增广面板回归模型

本节回顾了因子增广回归模型在面板数据的应用。具有因子误差结构的典型面板数据回归模型如下：

$$Y_{it}=\beta' X_{it}+u_{it}, \tag{7.30}$$

$$u_{it}=\lambda_i^{u'}F_t^u+e_{it}, \tag{7.31}$$

$i=1,\ldots,N$，$t=1,\ldots,T$，其中 $X_{it}$ 是 $p\times1$ 解释变量向量，$F_t^u$ 是 $r$ 维的潜在共同因子向量，$\lambda_i^u$ 是 $r\times1$ 的因子载荷向量，$e_{it}$ 是特定误差项。允许回归变量 $X_{it}$ 与共同成分 $\lambda_i^{u'}F_t^u$ 相关。当使用最小二乘法（LS）或最小二乘虚拟变量（LSDV）方法估计未知参数 $\beta$ 时，这种相关性会导致内生性偏差问题。

在文献中，已经提出了多种方法来估计具有多因子结构误差的面板数据模型中的未知参数。例如，Ahn等（2013）基于误差项构造的矩条件来估计模型，而Bai（2009）考虑使用迭代PCA方法联合估计 $\beta$、因子 $(F_1,\ldots,F_T)$ 和因子载荷 $(\lambda_1,\ldots,\lambda_N)$。或者，可以直接使用可观测数据 $X_{it}$ 或 $(Y_{it},X_{it})$ 中估计的因子或其代理来增广面板回归。例如，Pesaran（2006）提出了共同相关效应（CCE，common correlated effects）估计量，它使用 $(Y_{it},X_{it})$ 的横截面平均值作为不可观测因子的代理。然而，CCE的一致性依赖于通常在实际应用中难以验证的秩条件（rank condition）。相比之下，Kapetanios和Pesaran（2007）使用PCA方法从可观测数据中估计潜在因子，这避免了CCE中的秩条件。关于CCE和PC方法的全面比较，见Westerlund和Urbain（2015）以及Reese和Westerlund（2018）。关于因子增广面板回归的实证应用的典型例子，如Giannone等（2010）使用从可观测数据中提取的全球因子研究国际储蓄-投资关系，以及Kapetanios和Pesaran（2007）对资产收益进行建模。

现在，将模型（7.30）-（7.31）写成向量形式：

$$Y_i=X_i\beta+F^u\lambda_i^u+e_i \tag{7.32}$$

其中 $Y_i=\left(Y_{i1},\ldots,Y_{iT}\right)'$，$X_i=\left(X_{i1},\ldots,X_{iT}\right)'$，$F^u=\left(F_1^u,\ldots,F_T^u\right)'$，$e_i=\left(e_{i1},\ldots,e_{iT}\right)'$。$X_{it}$ 与共同成分 $\lambda_i^{u'}F_t^u$ 之间的相关性通过 $X_{it}$ 中的潜在因子结构来建模，即：

$$X_{it}=F_t^{X\prime}\lambda_i^X+V_{it}, \tag{7.33}$$

其中 $F_t^X$ 是 $X_{it}$ 中的潜在因子向量，$\lambda_i^X$ 是相应的因子载荷向量，$V_{it}$ 是特定误差项。以矩阵形式，（7.33）可以写成 $X_i=F^X\Lambda_i^X+V_i$，其中 $F^X=\left(F_1^X,\ldots,F_T^X\right)'$ 和 $V=\left(V_{i1},\ldots,V_{iT}\right)'$。设 $F^y=\left(F_1^y,\ldots,F_T^y\right)'$ 表示 $Y_i$ 中的共同因子，$\Lambda_i^y$ 表示相关的因子载荷。定义 $F$ 为 $T\times m$ 矩阵，它是 $F^X$ 和 $F^y$ 并集的子集，使得 $T^{-1}F'F$ 是非奇异的，并且

$$F^X=FA^X \text{ 和 } F^y=FA^y,$$

其中，选择矩阵 $A^X$ 和 $A^y$。也就是说，$F$ 包含 $F^X$ 和 $F^y$ 中的所有唯一的列。然后，

$$F^u\lambda_i^u=F^y\lambda_i^y-CF^X\lambda_i^X\beta=F\left(A^y\lambda_i^y-CA^X\lambda_i^X\beta\right)=F\left(\lambda_{y,i}-C\lambda_{X,i}\beta\right)=F\lambda_{u,i}。$$

用完整的因子集 $F^u$ 替换 $F$，我们可以将模型（7.32）写成：

$$Y_i=X_i\beta+F\lambda_{u,i}+e_i,$$

其中 $\lambda_{u,i}$ 满足 $F\lambda_{u,i}=F^u\lambda_i^u$。那么，一个不可行的因子增广回归估计量（IFAE，infeasible factor augmented estimator）由下式给出：

$$\hat{\beta}_{\text{I,FAE}}=\left(\sum_{i=1}^N X_i'M_F X_i\right)^{-1}\sum_{i=1}^N X_i'M_F Y_i,$$

其中 $M_F=I_T-F\left(F'F\right)^{-1}F'$。利用可观测数据 $\left(Y_{it},X_{it}\right)$，$i=1,\ldots,N,t=1,\ldots,T$，由PCA得到 $F$ 的估计 $\hat{F}$，$\beta$ 的一个可行的估计量由下式给出：

$$\hat{\beta}_{\text{FAE}}=\left(\sum_{i=1}^N X_i'M_{\hat{F}}X_i\right)^{-1}\sum_{i=1}^N X_i'M_{\hat{F}}Y_i$$

$$=\beta+\left(\sum_{i=1}^{N}X_i'M_{\hat{F}}X_i\right)^{-1}\sum_{i=1}^{N}X_i'M_{\hat{F}}e_i+\left(\sum_{i=1}^{N}X_i'M_{\hat{F}}X_i\right)^{-1}\sum_{i=1}^{N}X_i'M_{\hat{F}}F\lambda_{u,i}$$

其中 $M_{\hat{F}}=I_T-\hat{F}\left(\hat{F}'\hat{F}\right)^{-1}\hat{F}'$。$\hat{\beta}_{\text{FAE}}$ 的理论性质严重依赖于最后一行，特别地，它的估计一致性要求 $(NT)^{-1}\sum_{i=1}^{N}X_i'M_{\hat{F}}\left(e_i+F\lambda_{u,i}\right)\xrightarrow{p}0$。在一般情况下，$\hat{\beta}_{\text{FAE}}$ 的一致性并不要求 $\hat{F}$ 一定是PC估计量。当 $(N,T)\to\infty$ 时，只需要该估计量满足 $T^{-1}\left\|\hat{F}-FH\right\|^2=o_p(1)$，就有 $\hat{\beta}_{\text{FAE}}\xrightarrow{p}\beta$ 成立。这说明FAE估计量的一致性只需要相关的因子估计量具有一致性。注意到，PC估计的因子具有收敛速度

$$T^{-1}\|\hat{F}-FH\|^2=O_p\left(\delta_{NT}^{-2}\right)=o_p(1),$$

其中 $\delta_{NT}=\min\left[\sqrt{N},\sqrt{T}\right]$，$H$ 为一个渐近可逆的旋转矩阵。记使用PCA的估计量 $\hat{\beta}_{\text{PCA}}$，随着PCA估计量的收敛速度，当 $T/N\to0$ 且 $N/T^3\to0$ 时，那么

$$\sqrt{TN}\left(\hat{\beta}_{\text{PCA}}-\hat{\beta}_{\text{I,FAE}}\right)=\mathrm{o}_p(1)。$$

这个结果表明，如果 $N$ 相对于 $T$ 很大,且 $T$ 不是太小，那么 $\hat{\beta}_{\text{PCA}}$ 在统计推断中与不可行的估计量 $\hat{\beta}_{\text{I,FAE}}$ 渐近等价。在 $(N,T)$ 的相关要求下，

$$\sqrt{TN}\left(\hat{\beta}_{\text{PCA}}-\hat{\beta}_{\text{I,FAE}}\right)\xrightarrow{d}N(0,\Xi),$$

其中 $\Xi=\Sigma_V^{-1}\Omega_0\Sigma_V^{-1}$，$\Omega_0=\operatorname*{plim}_{N,T\to\infty}\frac{1}{NT}\sum_{i=1}^{N}X_i'M_Fe_ie_i'M_FX_i$，$\Sigma_V=\operatorname*{plim}_{N,T\to\infty}\frac{1}{NT}\sum_{i=1}^{N}X_i'M_FX_i$。然而，如果 $T>N$，$\sqrt{TN}\left(\hat{\beta}_{\text{PCA}}-\hat{\beta}_{\text{I,FAE}}\right)$ 的渐近分布是有偏。Bai（2009）提出了一个偏差校正的估计量，可以进行有效的统计推断。

最后，我们必须指出因子增广面板回归模型中因子可能具有混合的因子强度。尽管由于使用估计的因子而不是已知因子，会导致的“生成回归变量”问题，PCA估计量 $\beta$ 仍然是 $\sqrt{NT}$ -一

致的，并且服从渐近正态分布。但是，该结论的前提是需要强因子。然而，在实际应用中，一些因子的影响可能较弱；见Chudik等（2011）和Chudik和Pesaran（2015b）中的一些动机示例。Bai和Ng（2008）以及Boivin和Ng（2006）发现，当因子不是强因子时，PCA因子可能会受到严重影响。Chudik等（2011）研究了弱因子、半弱因子和半强因子对CCE估计量的影响，并发现CCE估计量的表现优于Bai（2009）的迭代PCA方法，并且检验的水平（size）失真（distortion）更少。这是因为弱或半强因子的存在导致PCA估计因子（旋转后的）不一致，但不影响CCE估计量，因为其目的是解决由误差横截面相关性引起的内生性问题。此外，Onatski（2012）在包含一些半强因子的情况下研究了纯共同因子模型的PCA估计，并发现这种因子的存在导致PCA估计量不一致。

最近，Reese和Westerlund（2018）对两种最受欢迎的FAR估计量，即PC和CCE，对弱、半弱和半强因子的影响进行了分析。作为比较，他们为两种流行的估计量提供了对比分析，这有助于在应用中选择合适的估计量。他们设置了因子载荷，使其以 $N^{-a}$ 的速率趋向于零，以捕捉因子的不同强弱程度，其中 $a \in [0,1]$，并且 $N$ 与 $T$ 通过 $T = N^k$ 相关。在同质斜率的标准假设下，主要发现总结如下：

(i) 为了确保 $\sqrt{NT}$ -一致性并限制正态分布，两种估计量都需要强因子或半强因子 ($a<1/2$)。通常不同估计量对 $k$ 的要求也不同,当因子变得更弱（$a \to 0$）时，两者都缩小到 1。

(ii) 除非 $k<1$，否则两种估计量都是渐近有偏的。

(iii) 当因子是半弱($a<1$) 时，两种估计量都具有一致性；只有 PC 在弱因子情况下 $(a=1)$ 可以得到一致估计，当然需要满足对 $k$ 的额外要求；CCE的一致性对半弱因子的 $k$ 有限制；相比之下，PC 对

半强因子的$k$有下限限制，当因子弱时，要求$k>3$，这限制性较强。

## 第六节　FAR在金融中的两个应用

FAR已广泛地应用于金融市场。在本节中，我们将介绍FAR在金融市场中的两个典型应用：Ludvigson和Ng（2009）使用FAR研究债券风险溢价，以及Qiu等（2022）使用因子增广HAR模型预测实现波动率（realized volatility）。

### 一、债券风险溢价的因子模型

Ludvigson和Ng（2009）使用动态因子分析方法研究了债券超额收益中可预测变化与宏观经济基本面之间的可能联系。他们考虑了以下债券超额收益的模型：

$$rx_{t+1}^{(n)} = \beta' Z_t + \gamma' \underline{X}_t + \epsilon_{t+1},$$

其中$rx_{t+1}^{(n)}$是在$t+1$时的债券超额收益，$Z_t$是在$t$时期设定的$K$个预测变量，可能包括个别远期利率、单一远期因子或其他基于少数宏观经济系列的预测变量，$\underline{X}_t = \left(X_{1t},\ldots,X_{Nt}\right)'$是$N\times 1$的宏观经济基本面向量，$N$是大的，可能大于时间周期的数量$T$。为了处理回归变量的高维度问题，假设$X_{it}$具有因子结构：

$$X_{it} = f_t' \lambda_i + e_{it},$$

其中 $f_t$ 是 $r\times1$ 的潜在共同因子向量，$\lambda_i$ 是相应的 $r\times1$ 因子载荷向量，$e_{it}$ 是特定误差项。$X_{it}$ 的因子结构的一个显著特点是 $r \ll N$，因此通过考虑下列因子增广回归模型来降维：

$$rx_{t+1}^{(n)} = \alpha' F_t + \beta' Z_t + \epsilon_{t+1} \text{，}$$

其中 $F_t \subseteq f_t$，这说明 $X_{it}$ 中的因子在预测 $rx_{t+1}^{(n)}$ 不一定重要。

通过PCA 估计共同因子 $f_t$，记为 $\hat{f}_t$。为了确定 $\hat{F}_t$，可以将 $rx_{t+1}^{(n)}$ 回归到 $\hat{F}_t$ 和 $Z_t$，并评估相应的贝叶斯信息准则（$BIC$）和 $\bar{R}^2$ 来选择因子。如Stock和Watson（2002b）通过最小化 BIC 来选取因子集合 $\hat{F}_t$。

她们用上述方法研究美国政府债券超额收益的可预测性。实证结果表明，超额债券收益中存在强烈的可预测部分，并与宏观经济活动相关。估计因子的预测能力不仅在统计上显著，而且在经济上也很重要，因子解释了一年期超额债券收益的21%到26%。选定的因子还显示出稳定的、统计上强显著的样本外预测未来收益的能力。此外，当预测模型中添加宏观经济因子时，发现估计的风险溢价在经济衰退期间显著更高。

## 二、面板HAR模型预测波动率

Qiu等（2022）提出了一个具有误差横截面相关性的异质自回归面板（heterogeneous autoregressive panel，简记为 HARP）模型，以控制波动率跨资产类别未观察到的共同效应。设 $y_{it}$ 是第 $i$ 个资产在时间 $t$ 的实现波动率（RV，realized volatiltiy），考虑 $y_{it}$ 的 $h$ 期直接预测面板数据模型：

$$y_{i,t+h} = \alpha_i' d_t + \sum_{l\in\mathcal{L}} \varphi_i^{(l)} \bar{y}_{it}^{(l)} + \beta_i' X_{it} + u_{i,t+h} \tag{7.34}$$

其中 $\bar{y}_{it}^{(l)}=l^{-1}\sum_{s=0}^{l}y_{i,t-l}$，$d_t$ 是可能包括常数、确定性趋势或季节性虚拟变量的观察共同效应向量，$X_{it}$ 是特定于横截面单位 $i$ 在时间 $t$ 的 $k\times1$ 回归变量向量，$\alpha_i$ 和 $\beta_i$ 是参数向量。注意到，HAR部分 $\bar{y}_{it}^{(l)}$ 是 $y_{it}$ 的过去 $l$ 期观测的平均值，$\varphi_i^{(l)}$ 是对应的系数，$\mathcal{L}$ 是 $y_{it}$ 的滞后指数集合。此外，假设误差项 $u_{it}$ 包含 $m$ 个未观察到的共同因子：

$$u_{it}=\lambda_i'F_t+e_{it}, \tag{7.35}$$

其中 $F_t$ 是 $m\times1$ 的未观察到共同因子向量，$\lambda_i$ 是 $m\times1$ 的因子载荷向量，$e_{it}$ 是特定误差项。最后，$F_t$ 可以由VAR或更一般的模型来建模：

$$F_{t+h}=\Phi F_t+\xi_{t+h}。 \tag{7.36}$$

给定模型设置（7.34）-（7.36），他们在第 $T$ 期预测 $y_{T+h}$。将（7.35）带入（7.34）得到：

$$y_{i,t+h}=\alpha_i'd_t+\sum_{l\in\mathcal{L}}\varphi_i^{(l)}\bar{y}_{it}^{(l)}+\beta_i'X_{it}+\lambda_i'F_{t+h}+u_{i,t+h}。$$

最优预测 $y_{i,T+h|T}$ 由下式给出：

$$y_{i,T+h|T}=\alpha_i'd_T+\sum_{l\in\mathcal{L}}\varphi_i^{(l)}\bar{y}_{iT}^{(l)}+\beta_i'X_{iT}+\lambda_i'F_{T+h|T}。$$

那么一个自然的预测估计量为

$$\hat{y}_{i,T+h|T}=\hat{\alpha}_i'd_T+\sum_{l\in\mathcal{L}}\hat{\varphi}_i^{(l)}\bar{y}_{iT}^{(l)}+\hat{\beta}_i'X_{iT}+\hat{\lambda}_i'\hat{F}_{T+h|T},$$

其中每个估计量由如下给出：

(i) 使用Chudik和Pesaran（2015a）中的动态CCE获得 $\hat{\alpha}_i$，$\hat{\varphi}_i^{(l)}$ 和 $\hat{\beta}_i$。

(ii) 给定CCE估计量，定义

$$\hat{u}_{it}=y_{it}-\hat{\alpha}_i'd_{t-h}-\sum_{l\in\mathcal{L}}\hat{\varphi}_i^{(l)}\bar{y}_{i,t-h}^{(l)}-\hat{\beta}_i'X_{i,t-h},t=h+1,\ldots,T。$$

它具有近似因子结构，应用PCA可以获得估计量 $\hat{\lambda}_i$，$i=1,\ldots,N$ 和 $\hat{F}_t$，$t=h+1,\ldots,T$。

(iii)给定 $\hat{F}_t$，$t=h+1,\ldots,T$，获得 $\Phi$ 的普通最小二乘估计 $\hat{\Phi}$，以及 $F_{T+h|T}$ 的估计量：

$$F_{T+h|T}=\hat{\Phi}F_T。$$

他们采用模型（7.34）-（7.36）研究成分股已实现波动率之间的联系，并发现这种不同股票之间的联系对预测相关指数波动率很重要。实证研究表明，利用联系效应的RV模型在样本外预测性能上显著更好，预测的伪 $R^2$（pesudo $R^2$）的增加高达32%。

# 第七节　结论

本章对FAR及其在金融市场中的应用进行了选择性回顾。在估计因子模型时，我们重点关注PCA方法。我们强调，由于文献中开发了太多突破性的方法和应用，许多重要主题并未涵盖在本章中。例如，因子结构被用于多重检验、模型选择和高维模型的稳健估计，以控制回归变量或误差之间的相关性。更重要的是，在过去十年中，关于高维模型低秩结构的许多学习理论和方法刷新了现代计量经济学建模的理解。低秩结构是因子模型的关键特征之一，它为研究因子模型提供了新的视角和机会，引发了许多新的理解和发现。关于这个主题的更全面的介绍，见Fan等（2020）的第9-11章。

# 参考文献


[1] Ahmad, I. A., & Li, Q. (1997) Testing independence by nonparametric kernel method. *Statistics & Probability Letter* 34, 201–210.

[2] Ahn, S. C., & Horenstein A. R. (2013) Eigenvalue ratio test for the number of factors. *Econometrica* 81 (3) , 1203–1227.

[3] Ahn, S.C., Lee, Y.H., & Schmidt, P. (2001) GMM estimation of linear panel data models with time-varying individuals' effects. *Journal of Econometrics* 101, 219–255.

[4] Ahn, S.C., Lee, Y.H., & Schmidt P. (2013) Panel data models with multiple time-varying individual effects. *Journal of Econometrics* 174, 1–14.

[5] Ahn, S.C., & Moon H.R. (2014) Large-N and large-T properties of panel data estimators and the Hausman test. In Sickles R.C. & Horrace W.C. (eds.), *Festschrift in Honor of Peter Schmidt: Econometric Methods and Applications* Ch.7, 219–258, Springer, New York.

[6] Ahn, S. C., & Schmidt, P. (1995) Efficient estimation of models for dynamic panel data. *Journal of Econometrics* 68 (1) :5–27.

[7] Ai, C., & Chen X. (2003) Effcient estimation of models with conditional moment restrictions containing unknown functions. *Econometrica* 71, 1795–1843.

[8] Alessi, L., Barigozzi, M., & Capasso, M. (2010) Improved penalization for determining the number of factors in approximate factor models. *Statistics & Probability Letters* 80, 1806–1813.

[9] Alvarez, J., & Arellano, M. (2003) The time series and cross-section asymptotics of dynamic panel data estimator. *Econometrica* 71 (4) :1121–1843.

[10] An, Y., Hsiao, C., & Li, D. (2016) Semiparametric estimation of partially linear varying-coefficient panel data models. *Advances in Econometrics*: Essays in Honor of Aman Ullah, Vol. 36, 47–65. Bingley: Emerald Group Publishing Limited.

[11] Anderson, T. W., & Hsiao, C. (1981) Estimation of dynamic models with error components. *Journal of the American Statistical Association* 76(375):598–606.

[12] Anderson, T. W., & Hsiao, C. (1982) Formulation and estimation of dynamic models using panel data. *Journal of Econometrics* 18 (1) :47–82.

[13] Ando, T., & Bai, J. (2016) Panel data models with grouped factor structure under unknown group membership. *Journal of Applied Econometrics*, 31 (1) :163–191.

[14] Ando, T., & Bai J. (2020) Quantile co-movement in financial markets: A panel quantile model with unobserved heterogeneity. *Journal of the American Statistical Association* 115(529), 266–279.

[15] Ando, T., Bai, J., Nishimura, M., & Yu, J. (2019) A quantile-based asset pricing model. *Working Paper.* Singapore Management University.

[16] Ando, T., & Tsay, R. S. (2011) Quantile regression models with factor-augmented predictors and information criterion. *The Econometrics Journal* 14 (1) , 1–24.

[17] Ando, T., & Tsay, R. S. (2014) A predictive approach for selection of diffusion index models. *Econometric Reviews* 33, 68–99.

[18] Andrews, D. W. K. (1991) Asymptotic normality of series estimators for nonparametric and semiparametric regression models. *Econometrica* 59, 307–345.

[19] Anselin, L., (1998) *Spatial Econometrics: Methods and Models*. Dorddrecht:

Kluwer Academic Publishers.

[20] Anselin, L., (2001) Spatial econometrics. In Baltagi, B. (eds.), *A Companion to Theoretical Econometrics*, Blackwell, Oxford.

[21] Arellano, M., & Bond, S. (1991) Some tests of specification for panel data: Monte Carlo evidence and an application to employment equations. *Review of Economic Studies* 58 (2) :277–297.

[22] Arellano, M., & Bonhomme, S. (2009) Robust priors in nonlinear panel data models. *Econometrica*, 77 (2) : 489–536.

[23] Arellano, M., & Hahn, J. (2007) Understanding bias in nonlinear panel models: Some recent developments. In *Advances in Economics and Econometrics Theory and Applications, Ninth World Congress*, Chapter 12, 381–409. Cambridge University Press.

[24] Atak, A., Linton, O., & Xiao, Z. (2011) A semiparametric panel data model for unbalanced data with application to climate change in the United Kingdom. *Journal of Econometrics* 164, 92–115.

[25] Avaruccia, M., & Zaffaroni, P. (2012) Generalized least squares estimation of panel with common shocks. *Working Paper*, School of Imperial College London.

[26] Bada, O., Kneip, A., Liebl, A., Mensinger, T., Gualtieri, J., & Sickles, R.C. (2022) A wavelet method for panel models with jump discontinuities in the parameters. *Journal of Econometrics* 226, 399–422.

[27] Baglan, D. (2010) Efficient estimation of a partially linear dynamic panel data model with fixed effects: an application to unemployment dynamics in the U.S. *Working Paper*, Department of Economics, Howard University.

[28] Bai, J. (2003) Inferential theory for factor models of large dimensions. *Econometrica* 71 (1) , 135–171.

[29] Bai, J. (2009) Panel data model with interactive fixed effects. *Econometrica* 77, 1229–1279.

[30] Bai, J., & Kao, C., 2006. On the estimation inference of a panel cointegration

model with cross-sectional dependence. In: Baltagi, B. (Ed.), *Contributions to Economic Analysis*. Elsevier, pp. 3–30.

[31] Bai, J. & Li, K. (2012) Statistical analysis of factor models of high dimension. Annals of Statistics 40, 436–465.

[32] Bai, J. & Li, K. (2014) Theory and methods of panel data models with interactive effects. *Annals of Statistics* 42, 142–170.

[33] Bai, J., Li, K., & Lu, L. (2016) Estimation and inference of factor-augmented vector autoregressive models. *Journal of Business & Economic Statistics* 34 (4) , 620–641.

[34] Bai, J. & Ng, S. (2002) Determining the number of factors in approximate factor models. *Econometrica* 70, 191–221.

[35] Bai, J., & Ng, S. (2004) A PANIC attack on unit roots and cointegration. *Econometrica* 72, 1127–1177.

[36] Bai, J. & Ng, S. (2006a) Confidence intervals for diffusion index forecasts and inference for factor-augmented regression. *Econometrica* 74, 1133–1150.

[37] Bai, J. & Ng, S. (2006b) Evaluating latent and observed factors in macroeconomics and finance. *Journal of Econometrics* 131, 507–537.

[38] Bai, J., & Ng, S. (2008) Large dimensional factor analysis. *Foundations and Trends in Econometrics*, Vol. 3, No. 2, 89–163.

[39] Bai, J., & Ng, S. (2009) Boosting diffusion indices. *Journal of Applied Econometrics* 24 (4) , 607–629.

[40] Bai, J., & Ng, S. (2010) Panel data unit root test with cross-section dependence: a further investigation. *Econometric Theory* 26, 1088–1114.

[41] Bai, J., & Ng, S. (2013) Principal components estimation and identification of static factors. *Journal of Econometrics* 176 (1) , 18–29.

[42] Bai, J., & Wang, P. (2016) Econometric analysis of large factor models. *Annual Review of Economics* 8, 53–80.

[43] Balestra, P., & Nerlove, M. (1966) Pooling cross-section and time series data in the

estimation of a dynamic model: the demand for nature gas. *Econometrica* 34 (3) : 585–612.

[44] Baltagi, B. H. (2012) *Econometric Analysis of Panel Data*. Wiley.

[45] Baltagi, B. H., & Li, Q. (2002) On instrumental variable estimation of semiparametric dynamic panel data models. *Economics Letters* 76 (1) :1–9.

[46] Baltagi, B. H., Bresson, G., & Pirotte, A. (2008) To pool or not to pool? In *The Econometrics of Panel Data*, Chapter 10, 517-546. Springer-Verlag Berlin Heidelberg.

[47] Bartolucci, F., Belotti, F., & Peracchi, F. (2015) Testing for time-invariant unobserved heterogeneity in generalized linear models for panel data. *Journal of Econometrics* 184, 111–123.

[48] Bates, B. J., Plagborg-Møller, M., Stock, J. H., & Watson, M. W. (2013) Consistent factor estimation in dynamic factor models with structural instability. *Journal of Econometrics* 177 (2) , 289–304.

[49] Belloni, A., Chen, M., Padilla, O. H. M., & Wang, Z. (2019) High dimensional latent panel quantile regression with an application to asset pricing. *Working Paper*. Duke University.

[50] Bernanke, B. S., & Boivin, J. (2003) Monetary policy in a data-rich environment. *Journal of Monetary Economics* 50 (3) , 525–546.

[51] Bernanke, B., Boivin, J.& Eliasz, P. (2005) Measuring the effects of monetary policy: a factor-augmented vector autoregressive (FAVAR) approach. *The Quarterly Journal of Economics* 120 (1) , 387–422.

[52] Bester, C. A., & Hansen, C. B. (2016) Grouped effects estimators in fixed effects models. *Journal of Econometrics*, 190 (1) :197–208.

[53] Boivin, J., & Ng, S. (2005) Understanding and comparing factor-based forecasts. *International Journal of Central Banking* 1 (3) , 117–152.

[54] Boivin, J., & Ng, S. (2006) Are more data always better for factor analysis? *Journal of Econometrics* 132, 169–194.

[55] Bond, S., Leblebicioglu, A., & Schiantarelli, F. (2010) Capital accumulation and growth: a new look at the empirical evidence. *Journal of Applied Econometrics* 25, 1073–1099.

[56] Boneva, L., Linton, O., & Vogt, M. (2015) A semiparametric model for heterogeneous panel data with fixed effects. *Journal of Econometrics* 188, 327–345.

[57] Bonhomme, S., & Manresa, E. (2015) Grouped patterns of heterogeneity in panel data. *Econometrica*, 83 (3) :1147–1184.

[58] Bosq, D. (1998) *Nonparametric Statistics for Stochastic Processes: Estimation and Prediction*, 2nd Edition. Springer.

[59] Breusch, T. S., & Pagan, A. R. (1980) The Lagranger multiplier test and its application to model specifications in econometrics. *Review of Economic Studies* 47, 239–253.

[60] Brock, W., Dechert, W., Scheinkman, J., & LeBaron, B. (1996) A test for independence based on the correlation dimension. *Econometric Reviews* 15. 197–235.

[61] Cai, Z. (2007) Trending time-varying coefficients time series models with serially correlated errors. *Journal of Econometrics* 136, 163–188.

[62] Cai, Z. (2010) Functional coefficient models for economic and financial data. In: Ferraty, F., & Romain, Y. (eds.) *Oxford Handbook of Functional Data Analysis*. Oxford: Oxford University Press, 166–186.

[63] Cai, Z., Chen, L., & Fang, Y. (2015) Semiparametric estimation of partially varying-coefficient dynamic panel data models. *Econometric Reviews* 34(6-10):695–719.

[64] Cai, Z., Fan, J. & Yao, Q. (2000) Functional-coefficient regression models for nonlinear time series. *Journal of the American Statistical Association* 95, 941–956.

[65] Cai, Z., Fang, Y., Lin, M., & Su, J. (2010) Semiparametric varying-coefficient

instrumental variables models, *Working paper*, University of Kansas.

[66] Cai, Z., & Hong, Y. (2009) Some recent developments in nonparametric finance. *Advances in Econometrics* 25: 379–432.

[67] Cai, Z., & Li, Q. (2008) Nonparametric estimation of varying coefficient dynamic panel data models. *Econometric Theory* 24 (5) :1321–1342.

[68] Card, D. (2001) Estimating the return to schooling: progress on some persistent econometric problems. *Econometrica* 69 (5) :1127–1160.

[69] Carrasco, M., & Rossi, B. (2016) In-sample inference and forecasting in misspecified factor models. *Journal of Business & Economic Statistics* 34 (3) , 313–338.

[70] Carro, J. (2007) Estimating dynamic panel data discrete choice models with fixed effects. *Journal of Econometrics*, 140 (2) :503–528.

[71] Chambers, D., & Guo, J.-T. (2009) Natural resources and economic growth: some theory and evidence. *Annals of Economics and Finance* 10, 367–389.

[72] Chand, S. (2012) On tuning parameter selection of lasso-type methods-a Monte Carlo study. In *Proceedings of 2012 9th International Bhurban Conference on Applied Sciences and Technology (IBCAST)*, pages 120–129. IEEE.

[73] Chang, Y. (2002) Nonlinear IV unit root tests in panels with cross-sectional dependency. *Journal of Econometrics* 110, 261–292.

[74] Chen, L., Dolado, J. J., & Gonzalo, J. (2021) Quantile factor models. *Econometrica* 89 (2) , 875–910.

[75] Chen, B., & Hong, Y. (2012) Testing for smooth structural changes in time series models via nonparametric regression. *Econometrica* 80, 1157–1183.

[76] Chen, B. & Huang, L. (2018) Nonparametric testing for smooth structural changes in panel data models. *Journal of Econometrics* 202, 245–267.

[77] Chen, J., Gao, J., & Li, D. (2009) A new diagnostic test for cross-section uncorrelation in nonparametric panel data models. *Working Paper* No. 0075, University of Adelaide.

[78] Chen, J., Gao, J., & Li, D. (2012) Semiparametric trending panel data models with cross-sectional dependence. *Journal of Econometrics* 171, 71–85.

[79] Chen, R., & Liu, L.-M. (2001) Functional coefficient autoregressive models: estimation and tests of hypotheses. *Journal of Time Series Analysis* 22 (2) :151–173.

[80] Chen, R., & Tsay, R. (1993) Functional-coefficient autoregressive models. *Journal of the American Statistical Association* 88(421):298–308.

[81] Chen, X. (2007) Large sample sieve estimation of semi-nonparametric models, In Heckman, J.J., & Leamer, E. (eds.), *Handbook of Econometrics*, Vol. 6, pp. 5549–5632, North Holland, Amsterdam: Elsevier.

[82] Chen, X. (2013) Penalized sieve estimation and inference of semi-nonparametric dynamic models: a selective review. In *Advances in Economics and Econometrics*, Acemoglu, D., Arellano, M. & Dekel, E. (eds.), Cambridge University Press, pp. 485–544.

[83] Chen, X., Hong, H., & Tamer, E. (2005) Measurement error models with auxiliary data. *Review of Economic Studies* 72 (2) :343–366.

[84] Cheng, X., & Hansen, B. E. (2015) Forecasting with factor-augmented regression: A frequentist model averaging approach. *Journal of Econometrics* 186 (2) , 280–293.

[85] Chernozhukov, V. & Fernández-Val, I. (2011) Inference for extremal conditional quantile models, with an application to market and birthweight risks. *The Review of Economic Studies* 78, 559–589.

[86] Chudik, A., & Pesaran, M. H. (2015a) Common correlated effects estimation of heterogeneous dynamic panel data models with weakly exogenous regressors. *Journal of Econometrics* 188 (2) , 393–420.

[87] Chudik, A., & Pesaran, M. H. (2015b) Large panel data models with cross-sectional dependence: A survey. In Baltagi, B.H., (ed.) *The Oxford Handbook of Panel Data*. Oxford: Oxford University Press.

[88] Chudik, A., Pesaran, M. H., & Tosetti, E. (2011) Weak and strong cross-section dependence and estimation of large panels. *The Econometrics Journal* 14, C45–C90.

[89] Clements, M. P., & Hendry, D. F. (1996) Intercept corrections and structural change. *Journal of Applied Econometrics* 11 (5) , 475–494.

[90] Corradi, V., & Swanson, N. R. (2014) Testing for structural stability of factor augmented forecasting models. *Journal of Econometrics* 182 (1) , 100–118.

[91] de Jong, P. (1987) A Central limit theorem for generalized quadratic forms. *Probability Theory and Related Field*s 75 (2) :261–277.

[92] de Jong, R. M. (2002) A note on "convergence rates and asymptotic normality for series estimators" : uniform convergence rates. *Journal of Econometrics* 111 (1) : 1–9.

[93] Dechevsky, L., & Penev, S. (1997) On shape-preserving probabilistic wavelet approximators. *Stochastic Analysis and Applications* 15 (2) :187–215.

[94] Dhaene, G., & Jochmans, K. (2015) Split-panel jackknife estimation of fixed-effect models. *The Review of Economic Studies*, 82 (3) :991–1030.

[95] Djogbenou, A. A. (2021) Model selection in factor-augmented regressions with estimated factors. *Econometric Reviews* 40 (5) , 470–503.

[96] Dong, C., & Linton, O. (2018) Additive nonparametric models with time variable and both stationary and nonstationary regressors. *Journal of Econometrics* 207, 212–236.

[97] Easterly, W., & Levine, R. (2001) What have we learned from a decade of empirical research on growth? It' s not factor accumulation: stylized facts and growth models. *World Bank Economic Review* 15, 177–219.

[98] Fan, J., & Gijbels, I. (1996) *Local Polynomial Modelling and Its Applications*. Chapman & Hall, London.

[99] Fan, J., Li, K., & Liao, Y. (2021) Recent developments in factor models and applications in econometric learning. *Annual Review of Financial Economics* 7,

401–430.

[100] Fan, J., & Li, R. (2001) Variable selection via nonconcave penalized likelihood and its oracle properties. *Journal of the American Statistical Association* 96(456), 1348–1360.

[101] Fan, J., Li, R., Zhang, C.-H., & Zou, H. (2020) *Statistical Foundations of Data Science*. Chapman and Hall/CRC.

[102] Fan, J., Liao, Y., & Yao, J. (2015) Power enhancement in high-dimensional cross-sectional tests. *Econometrica* 83, 1497–1541.

[103] Fan, J., & Lv, J. (2008) Sure independence screening for ultrahigh dimensional feature space. *Journal of the Royal Statistical Society: Series B* 70 (5) , 849–911.

[104] Fan, J., & Yao, Q. (2008) *Nonlinear Time Series: Nonparametric and Parametric Methods*. Springer-Verlag New York.

[105] Fan, Y., & Li, Q. (1996) Consistent model specification tests: omitted variables and semiparametric functional forms. *Econometrica* 64, 865–890.

[106] Fan, Y., & Li, Q. (1999) Central limit theorem for degenerate U-statistics of absolutely regular processed with applications to model specification testing. *Journal of Nonparametric Statistics* 10, 245– 271.

[107] Feng, G., Gao, J., Peng, B., & Zhang, X. (2017) A varying-coefficient panel data model with fixed effects: theory and an application to U.S. commercial banks. *Journal of Econometrics* 196 (1) :68–82.

[108] Fernández-Val, I. and Weidner, M. (2016) Individual and time effects in nonlinear panel models with large n, t. *Journal of Econometrics*, 192 (1) :291–312.

[109] Forni, M., & Reichlin, L. (1998) Let’ s get real: a factor analytical approach to disaggregated business cycle dynamics. *The Review of Economic Studies* 65 (3) , 453–473.

[110] Fosten, J. (2017) Model selection with estimated factors and idiosyncratic

components. *Journal of Applied Econometrics* 32 (6) , 1087–1106.

[111] Frees, E. W. (1995) Assessing cross-sectional correlation in panel data. *Journal of Econometrics* 69, 393–414.

[112] Freyberger, J. (2012) Nonparametric panel data models with interactive fixed effects. *Working Paper*, University of Wisconsin-Madison.

[113] Gagliardini, P., & Gourieroux, C. (2014) Efficiency in large dynamic panel models with common factors. *Econometric Theory* 30, 961–1020.

[114] Gao, J. (2007) *Nonlinear Time Series: Semiparametric and Nonparametric Methods*. Boca Raton, FL: Chapman & Hall/CRC Press.

[115] Gao, J., & Gijbels, I. (2008) Bandwidth selection in nonparametric kernel testing. *Journal of the American Statistical Association* 103, 1584–1594.

[116] Gao, J., & King, M. (2004) Adaptive testing in continuous-time diffusion models. *Econometric Theory* 20, 844–882.

[117] Gao, J., Xia, K., & Zhu, H. (2020) Heterogeneous panel data models with cross-sectional dependence. *Journal of Econometrics* 219 (2) , 329–353.

[118] Giannone, D., Lenza, M., & Reichlin, L. (2010) Business cycles in the euro area. In Alesina, A. & Giavazzi, F. (Eds.), *Europe and the Euro*, pp. 141–167. Cambridge, MA: National Bureau of Economic Research: University of Chicago Press.

[119] Glass, A. J., Kenjegalieva, K., & Sickles, R. C. (2016) A spatial autoregressive stochastic frontier model for panel data with asymmetric efficiency spillovers. *Journal of Econometrics*, 190 (2) :289–300.

[120] Gongalves, S., Perron, B., & Djogbenou, A. (2017) Bootstrap prediction intervals for factor models. *Journal of Business & Economic Statistics* 35 (1) , 53–69.

[121] Gorman, W. M. (1981) *Some Engel Curves*. Cambridge University Press.

[122] Gourieroux, C., Monfort, A., Renault, E., & Trognon, A. (1987) Generalised residuals. *Journal of Econometrics* 34, 5–32.

[123] Granger, C., Maasoumi, E., & Racine, J. S. (2004) A dependence metric for possibly nonlinear time series. *Journal of Time Series Analysis* 25, 649–669.

[124] Greenaway-McGrevy, R., Han, C., & Sul, D. (2012) Asymptotic distribution of factor augmented estimators for panel regression. *Journal of Econometrics* 169, 48–53.

[125] Greenaway-McGrevy, R., Mark, N. C., Sul, D., & Wu, J.-L. (2018) Identifying exchange rate common factors. *International Economic Review* 59 (4) , 2193–2218.

[126] Gregory, A. W., & Head, A. C. (1999) Common & country-specific fluctuations in productivity, investment, and the current account. *Journal of Monetary Economics* 44 (3) , 423–451.

[127] Groen, J. J., & Kapetanios, G. (2013) Model selection criteria for factor-augmented regressions. *Oxford Bulletin of Economics & Statistics* 75 (1) , 37–63.

[128] Grossmann, G.M., & Krueger, A.B. (1993) Environmental impacts of a North American free trade agreement. In Garber, P. (ed.), *The Mexico–US Free Trade Agreement*, pp. 13–56. MIT Press.

[129] Grossmann, G.M., & Krueger, A.B. (1995) Economic growth and the environment. *Quarterly Journal of Economics* 110, 353–377.

[130] Hahn, J. & Kuersteiner, G. (2011) Bias reduction for dynamic nonlinear panel models with fixed effects. *Econometric Theory* 27, 1152–1191.

[131] Hahn, J., & Newey, W. (2004) Jackknife and analytical bias reduction for nonlinear panel models. *Econometrica*, 72 (4) :1295–1319.

[132] Hansen, B. E. (2000) Testing for structural change in conditional models. *Journal of Econometrics* 97 (1) , 93–115.

[133] Hansen, B.E. (2008) Uniform convergence rates for kernel estimation with dependent data. *Econometric Theory* 24, 726–748.

[134] Hansen, B.E. (2000) Testing for structural change in conditional models.

*Journal of Econometrics* 97 (1) :93–115.

[135] Hansen, B.E. (2015) A unified asymptotic distribution theory for parametric and nonparametric least squares. *Working Paper*, Department of Economics, University of Wisconsin, Madison.

[136] Hardle, W., & Mammen, E. (1993) Comparing nonparametric versus parametric regression fits. *The Annals of Statistics* 21 (4) :1926–1947.

[137] Henderson, D.J., Carroll, R.J., & Li, Q. (2008) Nonparametric estimation and testing of fixed effects panel data models. *Journal of Econometrics* 144, 257–275.

[138] Heston, A., Summers, R. & Aten, B. (2012) Penn World Table Version 7.1. Center for International Comparisons of Production, Income and Prices at the University of Pennsylvania.

[139] Hidalgo, J. & Lee, J. (2014) A CUSUM test for common trends in large heterogeneous panels. In Essays in Honor of Peter C.B. Phillips. *Advances in Econometrics*, vol. 33, pp. 303–345. Emerald Publishing Limited.

[140] Hoeffding, W. (1948) A nonparametric test of independence. *The Annals of Mathematical Statistics* 19, 546–557.

[141] Hong, Y. (1998) Testing for pairwise serial independence via the empirical distribution function. *Journal of the Royal Statistical Society: Series B*, 60, part 2, 429–453.

[142] Hong, Y. (2000) Generalized spectral tests for serial independence. *Journal of the Royal Statistical Society: Series B*, 60, part 3, 557–574.

[143] Hong, Y., & White, H. (1995) Consistent specification testing via nonparametric series regressions. *Econometrica* 63 (5) :1133–1159.

[144] Hong, Y., & White, H. (2005) Asymptotic distribution theory for nonparametric entropy measures of serial independence. *Econometrica* 73, 837–901.

[145] Horn, R., & Johnson, C. (2012) *Matrix Analysis*. New York, NY: Cambridge University Press.

[146] Horowitz, J.L. & Spokoiny, V.G. (2003) An adaptive, rate-optimal test of a parametric mean-regression model against a nonparametric alternative. *Econometrica* 69, 599–631.

[147] Hsiao, C. (1985) Benefits and limitations of panel data. *Econometric Reviews* 4, 121–174.

[148] Hsiao, C. (1995) Panel analysis for metric data. In Arminger, G., Clogg, C. C., & Sobel, M. E. (eds.), *Handbook of Statistical Modelling in the Social and Behavioral Sciences*. Springer.

[149] Hsiao, C. (2014) *Analysis of Panel Data*, 3rd Edition. Cambridge University Press.

[150] Hsiao, C. (2018) Panel models with interactive effects. *Journal of Econometrics* 206, 645–673.

[151] Hsiao, C., & Li, Q. (2001) A consistent test for conditional heteroskedasticity in time series regression models. *Econometric Theory* 17, 188–221.

[152] Hsiao, C., & Pesaran, M.H. (2008) Random coefficient models. In Matyas, L., & Sevestre, P. (eds.), *The Econometrics of Panel Data*, pp. 185–213. Springer.

[153] Hsiao, C., Pesaran, M. H., & Pick, A. (2009) Diagnostic tests of cross section independence for nonlinear panel data models. *IZA discussion paper* No. 2756.

[154] Hsiao, C., Shi, Z., & Zhou, Q. (2022) Transformed estimator for panel interactive effects models. *Journal of Business & Economic Statistics* 40, 1831–1848.

[155] Hsiao, C., & Tahmiscioglu, A. K. (1997) A panel analysis of liquidity constraints and firm investment. *Journal of the American Statistical Association*, 92(438):455–465.

[156] Huang, H., Kao, C., & Urga, G. (2008) Copula-based tests for cross-sectional independence in panel models. *Economics Letters* 100, 24–228.

[157] Hyslop, D. R. (1999) State dependence, serial correlation and heterogeneity in intertemporal labor force participation of married women. *Econometrica*, 67 (6) :

1255–1294.

[158] Inoue, A., Jin, L., & Rossi, B. (2017) Rolling window selection for out-of-sample forecasting with time-varying parameters. *Journal of Econometrics* 196 (1) , 55–67.

[159] Jin, S. & Su, L. (2013) Nonparametric tests for poolability in panel data models with cross section dependence. *Econometric Reviews* 32, 469–512.

[160] Johnson, D., & McClelland, R. (1998) A general dependence test and applications. *Journal of Applied Econometrics* 13, 627–644.

[161] Jones, C.I. (1995) Time series tests of endogenous growth models. *Quarterly Journal of Economics* 110, 495–525.

[162] Juodis, A. (2013) A note on bias-corrected estimation in dynamic panel data models. *Economics Letters* 118 (3) :435–438.

[163] Jurado, K., Ludvigson, S. C., & Ng, S. (2015) Measuring uncertainty. *American Economic Review* 105 (3) , 1177–1216.

[164] Kapetanios, G., & Pesaran, M. H. (2007) Alternative approaches to estimation and inference in large multifactor panels: Small sample results with an application to modeling of asset returns. In Phillips, G., & Tzavalis, E. (Eds.), *The Refinement of Econometric Estimation and Test Procedures: Finite Sample and Asymptotic Analysis*, pp. 239–281. Cambridge: Cambridge University Press.

[165] Karabiyik, H., Palm, F. C., & Urbain, J.-P. (2019) Econometric analysis of panel data models with multifactor error structures. *Annual Review of Economics* 11, 495–522.

[166] Kato, T. (1980) *Perturbation Theory for Linear Operators*. Springer-Verlag.

[167] Kelly, B., & Pruitt, S. (2015) The three-pass regression filter: A new approach to forecasting using many predictors. *Journal of Econometrics* 186 (2) , 294–316.

[168] Kirkland, L.-A., Kanfer, F., & Millard, S. (2015) Lasso tuning parameter selection. In *Annual Proceedings of the South African Statistical Association*

*Conference*, vol 2015, pages 49–56. South African Statistical Association (SASA)

[169] Kneip, A., Sickles, R.C., & Song, W. (2012) A new panel data treatment for heterogeneity in time trends. *Econometric Theory* 28 (3) , 590–628.

[170] Koenker, R., & Bassett Jr G. (1978) Regression quantiles. *Econometrica* 46 (1) , 33–50.

[171] Kottaridi, C., & Stengos, T. (2010) Foreign direct investment, human capital, and nonlinearities in economic growth. *Journal of Macroeconomics* 32 (3) :858–871.

[172] Lancaster, T. (2002) Orthogonal parameters and panel data. *The Review of Economic Studies*,69 (3) :647–666.

[173] Lavergne, P., & Vuong, Q. (2000) Nonparametric significance testing. *Econometric Theory* 16, 576–601.

[174] Lee, A. J. (1990) *U-statistics: Theory and Practice*. Marcel Dekker, Inc.: New York and Basel.

[175] Lee, J. & Robinson, P.M. (2016) Series estimation under cross-sectional dependence. *Journal of Econometrics* 188, 346–362.

[176] Lee, K., Pesaran, M.H., & Smith, R. (1997) Growth and convergence in a multi-country empirical stochastic growth model. *Journal of Applied Econometrics* 12, 357–392.

[177] Lee, Y. (2014) Nonparametric estimation of dynamic panel models with fixed effects. *Econometric Theory* 30, 1315–1347.

[178] Lee, Y.J. (2014) Testing a linear dynamic panel data model against nonlinear alternatives. *Journal of Econometrics* 178, 146–166.

[179] Li, D., Chen, J., & Gao, J. (2011) Non-parametric time-varying coefficient panel data models with fixed effects. *The Econometrics Journal* 14, 387–408.

[180] Li, D., Su, L., & Qian, J. (2016) Panel data models with interactive fixed effects and multiple structural breaks. *Journal of the American Statistical Association*

111, 1804–1819.

[181] Li, D., Tosasukul, J., & W. Zhang (2020) Nonlinear factor-augmented predictive regression models with functional coefficients. *Journal of Time Series Analysis* 41 (3) , 367–386.

[182] Li, H., Li, Q., & Shi, Y. (2017) Determining the number of factors when the number of factors can increase with sample size. *Journal of Econometrics* 197 (1) , 76–86.

[183] Li, Q., & Racine, J. (2007) *Nonparametric Econometrics: Theory and Practice.* Princeton University Press: Princeton.

[184] Li, Q., & Ullah, A. (1998) Estimating partially linear models with one-way error components. *Econometric Reviews* 17 (2) :145–166.

[185] Li, Q., & Wang, S. (1998) A simple bootstrap test for a parametric regression function. *Journal of Econometrics* 87, 145–165.

[186] Li, Q., (1999) Consistent model specification tests for time series econometric models. *Journal of Econometrics* 92, 101–147.

[187] Li, Q., Huang, C., Li, D., & Fu, T.-T. (2002) Semiparametric smooth coefficient models. *Journal of Business & Economic Statistics* 20 (3) :412–422.

[188] Lin, C. C., &Ng, S. (2012) Estimation of panel data models with parameter heterogeneity when group membership is unknown. *Journal of Econometric Methods*, 1 (1) :42–55.

[189] Lin, Z, Li, Q. & Sun, Y. (2014) A consistent nonparametric test of parametric regression functional form in fixed effects panel data models. *Journal of Econometrics* 178, 167–179.

[190] Liu, F., Gao,J., & Yańg, Y. (2020) Time-varying panel data models with an additive factor structure. *Working Paper* 42/20, Monash University.

[191] Lombardia, M.J. & Sperlich, S. (2008) Semiparametric inference in generalized mixed effects models. *Journal of the Royal Statistical Society, Series B (Statistical Methodology)* 70 (5) , 913–930.

[192] Lu, X. & Su, L. (2016) Shrinkage estimation of dynamic panel data models with interactive fixed effects. *Journal of Econometrics* 190, 148–175.

[193] Lu, X. & Su, L. (2017) Determining the number of groups in latent panel structures with an application to income and democracy. *Quantitative Economics*, 8 (3) :729–760.

[194] Lu, X. & Su, L. (2022) Uniform inference in linear panel data models with two-dimensional heterogeneity. *Journal of Econometrics*, forthcoming.

[195] Ludvigson, S. C., & Ng, S. (2009) Macro factors in bond risk premia. *The Review of Financial Studies* 22(12), 5027–5067.

[196] Lumsdaine, R.L., Okui, R., & Wang, W. (2023) Estimation of panel group structure models with structural breaks in group memberships and coefficients. *Journal of Econometrics* 233 (1) , 45–65.

[197] Ma, S., Lan, W., Su, L.,& Tsai, C.-L. (2020) Testing alphas in conditional time-varying factor models with high dimensional assets. *Journal of Business & Economic Statistics* 38 (1) , 214–227.

[198] Ma, S., Linton, O., & Gao, J. (2021) Estimation and inference in semiparametric quantile factor models. *Journal of Econometrics* 222 (1) , 295–323.

[199] Ma, S., Racine, J.S., & Yang, L. (2015) Spline regression in the presence of categorical predictors. *Journal of Applied Econometrics* 30, 705–717.

[200] Masry, E. (1996a) Multivariate regression estimation: Local polynomial fitting for time series. *Stochastic Processes and Their Application* 65, 81–101.

[201] Masry, E. (1996b) Multivariate local polynomial regression for time series: Uniform strong consistency rates. *Journal of Time Series Analysis* 17, 571–599.

[202] Massacci, D. (2017) Least squares estimation of large dimensional threshold factor models. *Journal of Econometrics* 197 (1) , 101–129.

[203] Massacci, D. (2019) Unstable diffusion indexes: With an application to bond risk premia. *Oxford Bulletin of Economics & Statistics* 81 (6) , 1376–1400.

[204] Meierrieks, D., & Gries, T. (2012) Economic performance and terrorist activity

in Latin America. *Defence and Peace Economics* 23, 447–470.

[205] Merlevede, F., Peligrad, M., & Rio, E. (2011) A Bernstein-type inequality and moderate deviations for weakly dependent sequences. *Probability Theory and Related Fields*, 151 (3) :435–474.

[206] Millimet, D.L., List, J.A., & Stengos, T.. (2003) The environmental Kuznets curve: Real progress or misspecified models? *Review of Economics and Statistics* 85, 1038–1047.

[207] Moon, H.R., & Weidner, M. (2015) Linear regression for panel with unknown number of factors as interactive fixed effects. *Econometrica* 83, 1543–1579.

[208] Moon, H.R., & Weidner, M. (2016) Dynamic linear panel data regression models with interactive fixed effects. *Econometric Theory*, forthcoming.

[209] Neumeyer, N., (2009) Testing independence in nonparametric regression. *Journal of Multivariate Analysis* 100, 1551–1566.

[210] Newey, W.K. (1997) Convergence rates and asymptotic normality for series estimators. *Journal of Econometrics* 79, 147–168.

[211] Newey, W. K., & Windmeijer, F. (2009) Generalized method of moments with many weak moment conditions. *Econometrica* 77:687–719.

[212] Okui, R. (2009) The optimal choice of moments in dynamic panel data models. *Journal of Econometrics* 151 (1) :1–16.

[213] Ohno, S., & Ando, T. (2018) Stock return predictability: A factor-augmented predictive regression system with shrinkage method. *Econometric Reviews* 37 (1) , 29–60.

[214] Onatski, A. (2009) A formal statistical test for the number of factors in the approximate factor models. *Econometrica* 77 (5) , 1447–1480.

[215] Onatski, A. (2012) Asymptotics of the principal components estimator of large factor models with weakly influential factors. *Journal of Econometrics* 168 (2) , 244–258.

[216] Pesaran, M. H. (2006) Estimation and inference in large heterogeneous panels

with a multifactor error structure. *Econometrica* 74 (4) , 967–1012.

[217] Pesaran, M.H. (2015) *Time Series and Panel Data Econometrics*. Oxford University Press.

[218] Pesaran, M.H. & Tosetti, E. (2011) Large panels with common factors and spatial correlation. *Journal of Econometrics* 161, 182–202.

[219] Pesaran, M.H. & Yamagata, T. (2008) Testing slope homogeneity in large panels. *Journal of Econometrics* 142, 50–93.

[220] Phella, A. (2020) Forecasting with factor-augmented quantile autoregressions: A model averaging approach. *arXiv preprint* arXiv:2010.12263.

[221] Prakasa Rao, B.L.S. (2009) Conditional independence, conditional mixing and conditional association. *Annals of the Institute of Statistical Mathematics* 61, 441–460.

[222] Qiu, Y., Xie, T., Yu, J., & Zhou, Q. (2022) Forecasting equity index volatility by measuring the linkage among component stocks. *Journal of Financial Econometrics* 20 (1) , 160–186.

[223] Racine, J.S. (2014) A primer on regression splines. CRAN.R-Project. Available online: http://cran.rproject.org/web/packages/crs/vignettes/spline_primer.pdf.

[224] Reese, S., & Westerlund, J. (2018) Estimation of factor-augmented panel regressions with weakly influential factors. *Econometric Reviews* 37 (5) , 401–465.

[225] Robinson, J. (2006) Economic development and democracy. Annual Review of Political Science 9 (1) :503–527.

[226] Robinson, P. (1988) Root-n-consistent semiparametric regression. *Econometrica* 56, 931–954.

[227] Robinson, P.M. (2012) Nonparametric trending regression with cross-sectional dependence. *Journal of Econometrics* 169, 4–14.

[228] Rodriguez-Poo, J. M., & Soberón, A. (2015) Nonparametric estimation of fixed effects panel data varying coefficient models. *Journal of Multivariate Analysis*

133:95–122.

[229] Ross, S. A. (1976) The arbitrage theory of capital asset pricing. *Journal of Economic Theory* 13 (3) , 341–360.

[230] Rossi, B., & Inoue, A. (2012) Out-of-sample forecast tests robust to the choice of window size. *Journal of Business & Economic Statistics* 30 (3) , 432–453.

[231] Sarafidis, V., & Weber, N. (2015) A partially heterogeneous framework for analyzing panel data. *Oxford Bulletin of Economics and Statistics*, 77 (2) :274–296.

[232] Schultz, T. P. (2003) Human capital, schooling, and health. *Economics and Human Biology* 1 (2) :207–221.

[233] Shao, J. (1996) Bootstrap model selection. *Journal of the American Statistical Association* 91，655–665.

[234] Shao, Q.M. & Yu, H. (1996) Weak convergence for weighted empirical processes of dependent sequences. *The Annals of Probability* 24, 2098–2127.

[235] Stock, J. H., & Watson, M. W. (1998) Diffusion indexes. *Technical Report*, National Bureau of Economic Research.

[236] Stock, J. H., & Watson, M. W. (2002a) Forecasting using principal components from a large number of predictors. *Journal of the American Statistical Association* 97(460), 1167–1179.

[237] Stock, J. H., & Watson, M. W. (2002b) Macroeconomic forecasting using diffusion indexes. *Journal of Business & Economic Statistics* 20 (2) , 147–162.

[238] Stock, J. H., & Watson, M. W. (2012) Dynamic factor models. In M. P. Clements & D. F. Hendry (Eds.), *The Oxford Handbook of Economic Forecasting*. USA: Oxford University Press.

[239] Su, L. & Chen, Q. (2013) Testing homogeneity in panel data models with interactive fixed effects. *Econometric Theory* 29, 1079–1135.

[240] Su, L. & Hoshino, T. (2016) Sieve instrumental variable quantile regression estimation of functional coefficient models. *Journal of Econometrics* 191, 231–

254.

[241] Su, L. & Jin, S. (2012) Sieve estimation of panel data models with cross section dependence. *Journal of Econometrics* 169, 34–47.

[242] Su, L., Jin, S., & Zhang, Y. (2015) Specification test for panel data models with interactive fixed effects. *Journal of Econometrics* 186, 222–244.

[243] Su, L., & Ju, G. (2018) Identifying latent grouped patterns in panel data models with interactive fixed effects. *Journal of Econometrics*, 206:554–573.

[244] Su, L., & Lu, X. (2013) Nonparametric dynamic panel data models: Kernel estimation and specification testing. *Journal of Econometrics* 176 (2) :112–133.

[245] Su, L., Murtazashvili, I., & Ullah, A. (2013) Local linear GMM estimation of functional coefficient IV models with application to the estimation of rate of return to schooling. *Journal of Business & Economic Statistics* 31 (2) :184–207.

[246] Su, L., & Wang, X. (2017) On time-varying factor models: Estimation and testing. *Journal of Econometrics* 198 (1) , 84–101.

[247] Su, L., Wang, X., & Jin, S. (2019) Sieve estimation of time-varying panel data models with latent structures. *Journal of Business & Economic Statistics* 37, 334–349.

[248] Su, L., Shi, Z., & Phillips, P. C. (2016) Identifying latent structures in panel data. *Econometrica*, 84 (6) :2215–2264.

[249] Su, L., & Zhang, Y. (2016) Semiparametric estimation of partially linear dynamic panel data models with fixed effects. In Essays in Honor of Aman Ullah. *Advances in Econometrics*, vol. 36, pp. 137–204.Emerald Publishing Limited.

[250] Sun, S. & Chiang, C.-Y. (1997) Limiting behavior of the perturbed empirical distribution functions evaluated at U-statistics for strong mixing sequences of random variables. *Journal of Applied Mathematics and Stochastic Analysis* 10, 3–20.

[251] Sun, Y., Carroll, R., & Li, D. (2009) Semiparametric estimation of fixed effects

panel data with smooth coefficient models. *Advances in Econometrics* 25:101–130.

[252] Swanson, N. R., & Xiong, W. (2018) Big data analytics in economics: What have we learned so far, and where should we go from here? *Canadian Journal of Economics/* 51 (3) , 695–746.

[253] Tran, K. C. (2014) Nonparametric estimation of functional-coefficient partially linear dynamic panel data model with fixed effects. *Economics Bulletin* 34:1751–1761.

[254] Villacorta, L. (2017) Estimating country heterogeneity in capital-labor substitution using panel data. *Working Paper*.

[255] Vogt, M., & Linton, O. (2019) Multiscale clustering of nonparametric regression curves. *arXiv preprint arXiv:1903.01459*.

[256] Wang, S., Cui, G., & Li, K. (2015) Factor-augmented regression models with structural change. *Economics Letters* 130, 124–127.

[257] Wei, J., & Zhang, Y. (2020) A time-varying diffusion index forecasting model. *Economics Letters* 193, 109337.

[258] Westerlund, J., & Urbain, J.-P. (2015) Cross-sectional averages versus principal components. *Journal of Econometrics* 185 (2) , 372–377.

[259] White, H. (2000) *Asymptotic Theory for Econometricians*, Revised Edition. Emerald Publishing Limited.

[260] Wooldridge, J.M. (2010) *Econometric Analysis of Cross Section and Panel Data*, 2nd Edition. MIT Press Academic.

[261] Wu, Y., & Liu, Y. (2009) Variable selection in quantile regression. *Statistica Sinica* 19 (2) , 801–817.

[262] Xu, Q.-H., Cai, Z., & Fang, Y. (2016) Panel data models with cross-sectional dependence: A selective review. *Applied Mathematics-A Journal of Chinese Universities* 31 (2) , 127–147.

[263] Yan, Y., & Cheng, T. (2022) Factor-augmented forecasting regressions with

threshold effects. *The Econometrics Journal* 25 (1) , 134–154.

[264] Zhang, Y. & Zhou, Q. (2021) Partially linear functional-coefficient dynamic panel data models: Sieve estimation and specification testing. *Econometric Reviews* 40, 983–1006.

[265] Zhang, Y., Su, L., & Phillips, P.C.B. (2012) Testing for common trends in semiparametric panel data models with fixed effects. *The Econometrics Journal* 15, 56–100.

[266] Zhao, H., Tu, W., & Yu, Z. (2018) A nonparametric time-varying model for panel count data. *Journal of Nonparametric Statistics* 30 (3) , 640–661.

[267] Zhou, B., You, J., Xu, Q., & Chen, G. (2010) Weighted profile least squares estimation for a panel data varying-coefficient partially linear model. *Chinese Annals of Mathematics, Series B* 31 (2) :247–272.